Die letzten 50 Tage

Die letzten 50 Tage

Als der Krieg zu Ende ging

Herausgegeben
von
Joachim Käppner und
Robert Probst

Süddeutsche Zeitung | Edition

Impressum

Herausgegeben von
Joachim Käppner und Robert Probst

Artdirector: Eberhard Wolf
Gestaltung: Stefan Dimitrov

Herstellung: Herbert Schiffers

Satz & Lithografie: JournalMedia GmbH, München
Druck: J. P. Himmer GmbH & Co. KG, Augsburg

Bildnachweis:
Titel: US-Infantristen marschieren Ende März 1945 durch Bensheim bei Worms.
SV-Bilderdienst: Seite 2 (US-Soldat vor dem Müchner Siegestor Ende April 1945), 13, 16, 22, 23, 24 (3), 25 (3), 26, 28, 32, 35, 36, 45, 50, 55, 58, 61, 66, 71, 80, 81, 100, 115, 118, 120, 121, 124, 147, 157, 162, 163, 177, 178, 180, 192, 203, 211, 219, 224, 237, 241, 245, 250; *akg-images:* 44, 45, 52, 136, 156, 158, 173, 176 (3), 178 (2), 183, 186, 242; *bpk Berlin*: 6, 43, 45, 46; *Ullstein:* 46, 48; *US-Army:* 110, 196, 201, 204, 247; *Stadtarchiv München:* 11, 62, 86; *National Archives Washington:* 112, 129; *The Lee Miller Archives:* 129; *Deutsches Historisches Museum:* 168, 169; *Gedenkstätte Buchenwald:* 104; *Corbis:* 97, 206, 148; *Getty Images:* 74, 130; *dpa:* 17, 61, 189; *ddp:* 136, 137; *AP:* 215; *Camerapix:* 92; *UPI:* 172; *Cinetext:* 153, *ZDF:* 190; *Dena:* 24; *Stefan Puchner:* 21; *J. Rüttgers:* 41; *Igor Sarembo:* 83; *Daniel Mordzinski:* 99; *Christian Fischer:* 107; *Rolf Walter:* 128; *Andreas Herzau:* 161; *Ralf Gerard:* 222; *Oliver Tjaden:* 235, 239; *Karin Steinberger:* 69; *Sebastian Schoepp:* 74; *Joachim Käppner:* 77; *Daniel Brössler:* 217; *Hermann Buchner:* 79; *Tino Walz:* 84; *E. Radczuweit:* 140; *J. Luxem:* 145; *Privatfotos:* 15, 209 (6), 230, 232; *Flugblatt entnommen aus dem Buch von O. Buchbender, Heil Beil, Stuttgart o.J.:* 156; Illustration S. 255: *Stefan Dimitrov*; Infografiken: *Adelheid Beck, Michael Mainka*; *Tageschroniken:* Robert Probst; *Tagebuchauszüge:* Robert Probst, Bernd Dörries

Printed in Germany

ISBN: 3-937793-59-3

Der Krieg, der alles veränderte

Wie die Serie „Die letzten 50 Tage" entstand

In den letzten 50 Tagen vor der deutschen Kapitulation verwüstete der Krieg endgültig das Land, von dem er mehr als fünf Jahre zuvor ausgegangen war. Deutschland fiel in Trümmer, Adolf Hitler beging in seinem Berliner Bunker Selbstmord, das NS-Regime zerbrach. Für die heutigen Jugendlichen sind der Zweite Weltkrieg und sein Ende bereits ein fernes historisches Ereignis. Und doch leben noch zahlreiche Menschen, die Krieg, NS-Terror und Zusammenbruch als Jugendliche selbst erlebt haben und die 60 Jahre danach darüber berichteten. Vielfach waren sie selbst erstaunt, wie groß das Interesse an ihren Erinnerungen heute ist.

Das Schicksal der Opfer von Bombenkrieg, Vertreibung und Vergewaltigungen wird in Deutschland heute weit intensiver debattiert als noch vor einigen Jahren; und es gibt nicht wenige Historiker, die darin einen bedenklichen Wandel sehen, einen „Gezeitenwechsel" in der Erinnerungskultur oder auch einen schlichten Rückfall in das deutsche Selbstmitleid der Nachkriegsjahre.

Dieses Buch ist kein wissenschaftliches Werk und keine Chronik der letzten Kriegstage. Es möchte vielmehr zum Verständnis dafür beitragen, dass es sich nicht ausschließt, Zeitzeugen zuzuhören und das Gehörte im Kontext richtig zu verstehen; dass es kein Widerspruch ist, sich mit dem Bombenkrieg auseinander zu setzen und keinen Zweifel daran zu lassen, wer den Krieg begonnen, das Unheil heraufbeschworen und Europa mit Terror und Vernichtung überzogen hat: Adolf Hitlers Deutschland. Daher beschränkt sich das Buch nicht auf die Zeitzeugen und das, was sie zu berichten haben; es handelt in einer Reihe von Beiträgen auch davon, wie der Krieg nicht nur Deutschland für immer veränderte, sondern auch seine Nachbarn und die Siegermächte.

Die Texte in diesem Buch sind zwischen Ende März und Anfang Mai 2005 unter dem Titel „Die letzten 50 Tage" als Serie in der *Süddeutschen Zeitung* erschienen. Dieses Buch – wie auch die Serie, auf der es basiert – wäre, wie man so schön und in diesem Fall völlig zu Recht sagt, nicht ohne die Hilfe vieler Kollegen zustande gekommen. Die Herausgeber danken Kurt Kister für energische Unterstützung des Projekts und konzeptionelle Beratung (und für nützliche Leihgaben aus seiner Weltkriegs-Bibliothek); Ernst Fischer für die Hilfe bei der Gestaltung und geduldige Recherchen im Münchner Stadtarchiv, wo er unter anderem auf das Tagebuch der Marianna Bronner stieß; Franziska Augstein für die Betreuung der wissenschaftlichen Texte; Stefan Dimitrov, der mit einem Mausklick im Layout möglich machte, was uns unmöglich erschien; Brigitte Fleischer für die kritische Durchsicht der Texte, sowie dem Bild- und Textarchiv des Verlags und dem Tagebucharchiv Emmendingen.

Unser Dank gilt natürlich auch allen Kollegen und den Autoren, die mit ihren Beiträgen die Serie bereichert haben.

Joachim Käppner
Robert Probst

Vormarsch Richtung Berlin: Die Rote Armee durchquert nach dem Beginn der Großoffensive im Januar 1945 den Ort Mühlhausen/Ostpreußen auf dem Weg zum Frischen Haff. Im Vordergrund gefallene deutsche Soldaten.

Zwischen Erinnerung und Geschichte

Sechzig Jahre nach dem Ende des Zweiten Weltkrieges wird es nicht mehr lange Gelegenheit geben, den Alten zuzuhören, um daraus auch für sich selbst zu lernen

Als wir Anfang der siebziger Jahre im Gymnasium zum ersten Mal das Dritte Reich und den Zweiten Weltkrieg „durchnahmen", erzählte unser Geschichtslehrer ausführlich von seinen Erlebnissen an der Ostfront. Der Oberstudienrat, etwas über 50, wollte uns die Schrecken des Krieges, nun ja, nahe bringen. In einem Schützengraben habe er hinter seinem Maschinengewehr gelegen, 1943, und Hunderte Russen, „ganze MPi-Bataillone", seien mit Geschrei auf seine Stellung zugerannt. Er habe geschossen, „bis der Lauf geglüht" habe.

Da stand ein Mann vor uns, den Rücken zur Tafel, der getötet hatte, der töten musste, als er nicht viel älter war als jene Jugendlichen, die er nun unterrichtete. Kaum einer von uns fand das damals sonderbar oder ungewöhnlich. Es war normal, denn unsere Eltern und Lehrer, die Bundestagsabgeordneten und die Bundeswehr-Generale entstammten der Kriegsgeneration. Wir kannten diese Geschichten von Familienfeiern, bei denen, wenn es später wurde, die Väter, Onkel und sonstigen Anverwandten über Witebsk, Bir Hacheim oder Falaise sprachen. Und fast jeder Deutsche, der damals älter war als vierzig, hatte so eine Geschichte, die von Tod oder Flucht, von Bomben oder Panzern, von Gräbern oder Vermissten handelte. Von Verbrechen wurde selten geredet. Wenn mal einer erzählte, dass Kriegsgefangene erschossen worden seien, dann kam der Zusatz: „Die Russen haben das auch gemacht." Unser Gymnasium übrigens stand in Dachau. In den ganzen neun Jahren bis zum Abitur 1976 haben wir mit der Schule kein einziges Mal die KZ-Gedenkstätte in unserer Stadt besucht. Auch das war damals normal.

Der Schotte Walter Scott, mit dessen Werken das Genre des historischen Romans groß wurde, wählte für seinen 1814 erschienenen *Waverley* den Beititel *'Tis Sixty Years Since* (es ist sechzig Jahre her). In diesem Satz steckt der Gedanke, dass 60 Jahre oder zwei Generationen später Geschehenes allmählich zu Geschichte wird. Zu Scotts Zeiten, als die Lebenserwartung viel niedriger war als heute, gab es 1806, 60 Jahre nach der für Schottland desaströsen Schlacht von Culloden, kaum mehr jemanden, der sie erlebt hatte. Charles Stuart, der Bonnie Prince Charlie, und seine Hochländer, die bei Culloden gefochten hatten, wurden von Objekten der Geschichtsschreibung mehr und mehr zu mythischen Gestalten.

Gewiss, dieses Muster – *'Tis Sixty Years Since* – stimmt heute so nicht mehr, in erster Linie, weil die Menschen länger leben. Noch gibt es in Deutschland viele, die vor 1935 geboren sind und als Kinder oder junge Erwachsene die Agonie des Deutschen Reichs erlebt haben. Und doch sind diese Menschen, Zeitzeugen, wie man sie gerne nennt, so alt geworden, dass man als Angehöriger der ersten Nachkriegsgeneration manchmal stutzt, wenn man sie in einer der zahllosen Fernsehdokumentationen sieht. Da sprechen Großmütter und gelegentlich Urgroßväter. Für uns aber, die Kinder und Enkel dieser Generation, war Opas Krieg eigentlich der Erste Weltkrieg. Unsere Großeltern wussten noch vom Steckrübenwinter, von Verdun und von der Kaiserschlacht zu erzählen. Irgendwann, wir haben es jedenfalls nicht bemerkt, diffundierte der Erste Weltkrieg aus der Erinnerung ins Reich der Geschichte. Es wird noch etwas dauern, bis Nazi-Deutschland und der Zweite Weltkrieg dort angekommen sind. Wenn es so weit ist, bedeutet diese Historisierung nicht zwangsläufig Vergessen. Das Ende der Erinnerung, der Tod der sich noch Erinnernden, muss nicht jener Schlussstrich werden, den so viele gefordert haben, die sich zwar erinnerten, dies aber sehr selektiv taten. Vergangenes kann Verpflichtung bleiben, wenn es als Lehre für die Zukunft verstanden wird. Dazu allerdings muss man wissen, was geschehen ist. Und man muss denen Paroli bieten, die am liebsten übergangslos von der Zeit der Erinnerung in die Ära der Mythen eintreten würden. Geschichtsschreibung ist auch Erklärung, Mythisierung dagegen in erster Linie Verklärung.

Beim nächsten so genannten runden Jahrestag, dem 1. September 2009, 70 Jahre nach Kriegsbeginn, werden nur noch wenige leben, die damals, und sei es als 18-jährige Grenadiere, in Polen einmarschiert sind. Die Erinnerung stirbt mit denen, die damals lebten. Dies ist ein Teil der Erklärung dafür, warum zum 60. Jahrestag des Kriegsendes, so viel über den Zusammenbruch des Reichs und die Befreiung Deutschlands vom Nationalsozialismus geschrieben, geredet und gesendet wird. In unserer Zeit, in der sich organisiertes Gedenken an Anlässe knüpft, ist dies der letzte Jahrestag, den die Nachkriegsgenerationen noch mit einem Teil der Kriegsgeneration erleben. Das Interesse an alledem ist so groß, weil die Alten Rückschau auf ihr Leben halten, und ihre Kinder allmählich selbst in ein Alter geraten, in dem man häufiger daran denkt, wo man herkommt und was einen geprägt hat, und nicht mehr nur daran, wo man morgen sein möchte. Die dritte Generation schließlich, die 1970 und später geboren ist, mag sich selbst von alledem nicht mehr sehr betroffen fühlen. Und dennoch gibt es bei etlichen Jüngeren eine verwunderte Neugier darauf, wie es sein konnte, dass noch ihre Großeltern in einem Deutschland gelebt haben, das Millionen Menschen vergaste, seine Nachbarn überfiel und als Folge davon in einer Orgie von Blut und Feuer unterging. Die letzten 50 Tage, denen sich die Serie der *Süddeutschen Zeitung* gewidmet hat, scheinen einerseits Lichtjahre vom heutigen Deutschland entfernt zu liegen. Andererseits gibt es viele Menschen, die sie noch erlebt haben, und die Wahrnehmung dessen, was Deutschland ist, wird nicht nur bei unseren Nachbarn bis heute zum Teil von jenem damaligen Deutschland, von dessen Hybris und Untergang geprägt.

Es hat starke Veränderungen gegeben im Prozess der öffentlichen Erinnerung in Deutschland. In der DDR stand die Erinnerung schon zu Zeiten, als sie fast noch Gegenwart war, im Dienste der Ideologie. Sie wurde von Anfang an mythifiziert, um den Arbeiter- und-Bauern-Staat mit einem historischen Überbau zu versehen. Vieles, was man erlebt hatte, zumal in den letzten 50 Tagen, als die Rote Armee von Polen über die Oder nach Berlin vorstieß, war im öffentlichen Gespräch tabu. Die Geschichtsumdeutung ging so weit, dass man die Gräuel, welche die sowjetischen Soldaten in den letzten Kriegswochen begingen, verschwieg und stattdessen nach Beispielen suchte, wo die Rote Armee in Brandenburg oder Mecklenburg als Befreier begrüßt worden sein soll. Eine interessante Folge dieses verbiegenden Schweigens ist die Tatsache, dass nach der Wende allüberall in den Städten und Landkreisen der ehemaligen DDR Lokalhistoriker Bücher über das Schicksal ihrer engeren Heimat in den letzten Kriegsmonaten schrieben. In vielen Buchläden zwischen der Ostsee und der tschechischen Grenze findet man heute diese oft im Selbstverlag erschienenen Chroniken. Auch so hat sich das Bedürfnis Bahn gebrochen, über jene Zeit zu sprechen, „als alles in Scherben fiel" (dies war der Titel einer SZ-Serie, die 1970 zum 25. Jahrestag des Kriegsendes erschien).

Auch in der Bundesrepublik war die öffentliche Erinnerung selektiv. Die Verbrechen lastete man *den* Nazis, *der* SS oder dem Führer an („Hitler marschierte in Polen ein"). In Dachau zum Beispiel war die lange übliche Sprachregelung, dass 1933 über der Stadt „dunkle Wolken" aufgezogen seien und das Konzentrationslager von „den Nazis", wohlgemerkt außerhalb der Stadtgrenze, eingerichtet und betrieben worden sei. In Westdeutschland konzentrierte sich die Funktionselite von Regierung über Justiz und Armee bis hin zur Wirtschaft völlig auf das Neue, auf Wiederaufbau und Westintegration. Große Teile dieser Führungsschicht gehörten allerdings auch in der Nazizeit bereits zur Funktionselite, so dass ihre Bereitschaft, die „bösen" Teile der Vergangenheit ruhen zu lassen, politisch opportun und persönlich angenehmer war. Während man im Osten Erinnerungen im Prozess der Geschichtsumdeutung unterdrückte, verdrängte man im Westen den völligen Zusammenbruch und seine Ursachen aus dem öffentlichen Gespräch. Im Westen führte dies 1968 ff. zum gesellschaftlichen Konflikt, weil 20 Jahre nach

Verbrannte Erde 19.3.1945

„Der Kampf um die Existenz unseres Volkes zwingt auch innerhalb des Reichsgebiets zur Ausnutzung aller Mittel, die die Kampfkraft unseres Feindes schwächen und sein weiteres Vordringen behindern." Mit diesen Worten beginnt der berüchtigte „Nero-Befehl" Adolf Hitlers vom 19. März. Beim Zurückweichen vor den Alliierten seien „alle militärischen, Verkehrs-, Nachrichten-, Industrie und Versorgungsanlagen sowie Sachwerte (...) zu zerstören". Ziel der Aktion sei, so heißt es in einem Durchführungsbefehl vom 29. März, das „Schaffen einer Verkehrswüste im preisgegebenen Gebiet". Nicht weniger als die Zerstörung der Lebensgrundlagen des deutschen Volkes und damit dessen Untergang hat Hitler vor Augen. Allerdings wird der Befehl von der Wehrmacht im Zusammenwirken mit hohen Repräsentanten des Staates wie etwa Rüstungsminister Albert Speer („Ich bitte Sie daher nicht selbst am Volk diesen Schritt der Zerstörung zu vollziehen"; Brief an Hitler vom 29. März) nicht ausgeführt. Einige Tage zuvor hat Speer Hitler den „endgültigen Zusammenbruch der deutschen Wirtschaft" in vier bis acht Wochen prophezeit. In einem Bericht des Reichsministeriums für Volksaufklärung und Propaganda vom 19. März heißt es beschönigend zur Stimmung der Bevölkerung in Mecklenburg: „In der Überzeugung, dass es keine andere Möglichkeit gäbe, als die Zähne zusammenzubeißen und durchzuhalten, tue der Arbeiter, was man ihm auferlege, und vertraue auf den Führer."

Kriegsende die Kinder der Täter- und Opfergeneration alt genug waren, um immer aggressiver die Frage zu stellen: „Wie konntet ihr nur?“ Die Erlebnisschilderungen und Memoirenwerke, die seit den fünfziger Jahren Medien und Buchmarkt dominierten, wurden abgelöst von der Auseinandersetzung mit Kriegsverbrechen, Vernichtungspolitik und der Verstrickung kleiner Leute in das System. Deutlich weniger wurde über das alltägliche Leid gerade der letzten Kriegsmonate, über Bombenkrieg, Flucht und Vertreibung veröffentlicht oder gesprochen. Wer dies tat, konnte in den Verdacht geraten, „aufrechnen“ zu wollen – was Rechte und Nationalkonservative ja durchaus auch bezweckten. In der Rückschau besonders eigenartig war das Jahr 1979. Da wurde in Deutschland die US-Fernsehserie „Holocaust“ gezeigt, die über Jahre hinaus neue Debatten und Veröffentlichungen zur Folge hatte. Am Dachauer Gymnasium führte diese Diskussion dazu, dass von da an der Besuch der KZ-Gedenkstätte Pflichtprogramm für die Klassen wurde.

Heute, 60 Jahre nach Zusammenbruch und Befreiung, sind Teile dieser deutschen Erinnerungspolitik selbst schon wieder Zeitgeschichte geworden. Wahrscheinlich interessieren sich viele Junge aus der dritten Nachkriegsgeneration eher für die Geschehnisse des Frühjahrs 1945 als für den langen Streit um ihre Interpretation. Wenn man gerade diesen Jungen nahe bringen kann, was damals passierte und wie es die Menschen empfanden, können sie auch besser verstehen, warum es bis heute wichtig ist. *Kurt Kister*

Vernichtungskrieg im Osten

Die Ziele des NS-Regimes und der Verlauf des Weltkriegs von 1939 bis 1945

Am 25. August 1939 läuft das Linienschiff *Schleswig-Holstein* in den Hafen der Freien Stadt Danzig ein. Deklariert ist die Aktion als Freundschaftsbesuch; zur Begrüßung der zahlreichen Besucher an der Anlegestelle spielt ein Musikkorps. Besichtigungen sind allerdings nicht erlaubt. Die *Schleswig-Holstein* ist damals das wohl älteste Schiff der deutschen Marine; gebaut 1906, hat es bereits an Seeschlachten im Ersten Weltkrieg teilgenommen. Später dient es als Kadettenschulschiff. Am 1. September um 4.48 Uhr eröffnet die *Schleswig-Holstein* aus 28-Zentimeter-Kanonen befehlsgemäß das Feuer auf die Westerplatte, ein befestigtes Munitionsdepot der polnischen Regierung. Mit der doppelten Lüge „Seit 5.45 Uhr wird zurückgeschossen“ beginnt der „Führer“ Adolf Hitler ohne Kriegserklärung den Zweiten Weltkrieg.

Seit der Errichtung der nationalsozialistischen Diktatur im Jahr 1933 hat Hitler zwei große, zunächst geheime Ziele: einen Eroberungskrieg in Osteuropa zur „Erweiterung des Lebensraums“ der „germanischen Herrenrasse“ und dann einen Vernichtungskrieg gegen die „jüdisch-bolschewistische Führungsschicht“ und die Juden im Osten. Auch wenn der außenpolitische

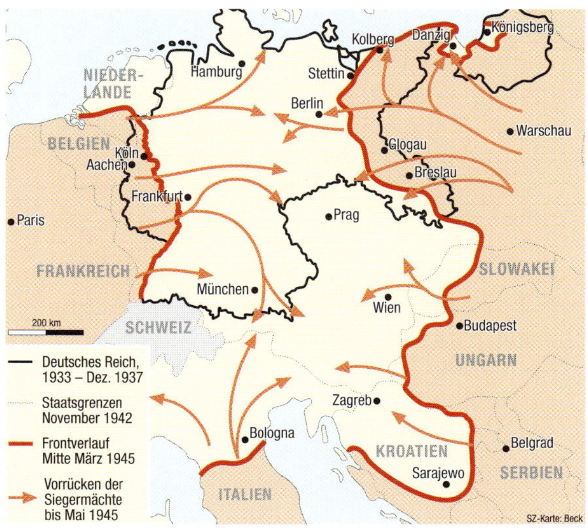

Kurz währte der illusorische Traum vom „Großgermanischen Reich“ (Karte nächste Seite). Die Realität im März 1945: Alliierte Truppen standen im Westen und Osten bereits im Reichsgebiet schon in Deutschland.

Kurs der deutschen Regierung zunächst nur als schärfere Art der Revisionspolitik der Weimarer Republik empfunden wird, mit der territoriale Verluste durch den „Schandfrieden“ von Versailles nach dem Ersten Weltkrieg rückgängig gemacht werden sollten, legt Hitler 1936 fest: Die Wehrmacht und die Wirtschaft müssen in vier Jahren kriegsfähig sein. In der Zwischenzeit geht Hitler Schritt für Schritt voran auf dem Weg zur Großmacht in Europa – Austritt aus dem Völkerbund 1933, Angliederung des Saargebiets 1935, Einmarsch ins entmilitarisierte Rheinland 1936, „Anschluss“ Österreichs 1938 – das Volk jubelt. Die europäischen Mächte sehen beinahe tatenlos zu, auch als längst klar ist, dass das NS-Regime geradlinig auf einen Expansionskrieg zustrebt. Selbst im September 1938 geben England und Frankreich noch nach, als Hitler das Sudetenland für sich beansprucht. Auch die „Rest-Tschechei“ und das Memelland verleibt sich das Großdeutsche Reich ein, bevor erste Schüsse fallen. Hitler stützt sich für sein Großprojekt hauptsächlich auf die Expansionsmächte Italien und Japan; weitere Bündnisse, etwa der Nichtangriffspakt mit dem Diktator Stalin, sind ihm nur Mittel zum Zweck und von vornherein nicht auf Dauer angelegt.

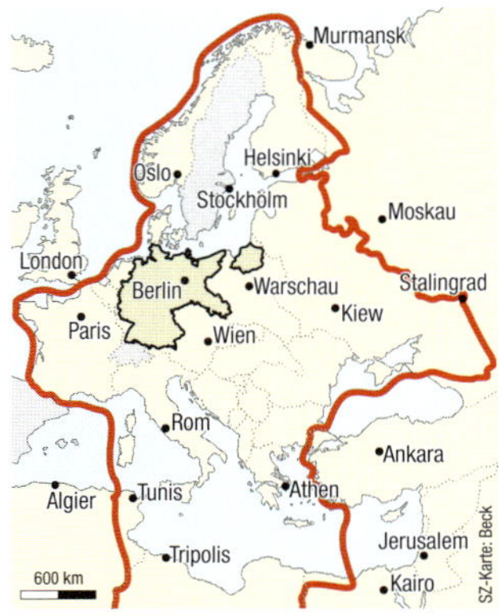

— Deutsches Reich, 1933 bis Dezember 1937
··· Staatsgrenzen November 1942
— Weitestes Vordringen der Achsenmächte, Nov. 1942

Widerstand am Westwall 20.3.1945

Am 20. März startet die jugoslawische Armee einen Generalangriff in Dalmatien auf der Linie Mostar-Visegrad-Drina gegen deutsche Stellungen. Das Alliierte Hauptquartier meldet: „Die Offensive gegen das Saargebiet, die Rheinpfalz und Rheinhessen hat weitere bedeutende Fortschritte gemacht.“ Am so genannten Westwall leistet die Wehrmacht allerdings erbitterten Widerstand. In der „Schlacht um West- und Ostpreußen“ drängt die Rote Armee bei Gdingen massiv Richtung Ostsee. Hamburg und Berlin werden durch schwere US-Luftangriffe getroffen. Die Reichshauptstadt Berlin wird von nun an 30 Nächte lang ununterbrochen bombardiert.

In wenigen Wochen wird Polen überrollt. Aus strategischen Gründen, zur Ausbeutung der Rohstoffe und Nutzung als Flottenbasis marschieren die Deutschen 1940 in Dänemark und Norwegen ein, danach folgt in schnellen Schritten – unter Verletzung der Neutralität der Benelux-Staaten – Frankreich. Die raschen Erfolge lassen den Gefreiten Hitler, den man nun für den „größten Feldherrn aller Zeiten“ hält, und auch den Großteil der Deutschen von einem neuen Weltreich träumen.

Doch die „Luftschlacht um England“ geht verloren. Im Juni 1941 wendet sich Hitler seinem Hauptziel zu, dem Vernichtungskrieg gegen die Sowjetunion. Doch hier greift die Strategie vom „Blitzkrieg“ nicht mehr. Vor Moskau bleibt der Vormarsch im Dezember stecken. Das hindert Wehrmacht und SS-Einsatzgruppen nicht daran, in Polen und der UdSSR die Führungsschichten systematisch zu ermorden, die Bevölkerung als Zwangsarbeiter zu deportieren und die jüdische Bevölkerung in Vernichtungslagern umzubringen. Auch in Nordafrika (1940-43), in Jugoslawien und Griechenland (1940-41) eröffnet die Wehrmacht im Hinblick auf Rohstoffe und die Vermeidung alliierter Fronten strategisch wichtige Kriegsschauplätze. Wo die Deutschen auftauchen, sind die Juden in Lebensgefahr.

Nach einigen weiteren Erfolgen der Wehrmacht 1942 zeichnet sich nach der Jahreswende mit der Kapitulation von Stalingrad eine kriegsentscheidende Wende ab. Inzwischen haben sich England, die USA und die Sowjetunion zur „Anti-Hitler-Koalition“ zusammengeschlossen mit dem Ziel, nicht zu ruhen, bis die Deutschen „bedingungslos kapitulieren“ würden. Die Landung alliierter Truppen in Nordafrika (1942), Italien (1943) und zuletzt in Nordfrankreich im Jahr 1944 zwingt schließlich das NS-Regime in einen nicht zu gewinnenden Zwei-Fronten-Krieg. Längst schon sind deutsche Städte das regelmäßige Ziel alliierter Luftangriffe. Obwohl die Deutschen an allen Fronten kontinuierlich zurückweichen, gibt es für Hitler nur „Endsieg“ oder Untergang. So kommt es, dass bis zur vollständigen Besetzung Deutschlands im Mai 1945 in dieser letzten Kriegsphase mehr Deutsche an den Fronten, in den besetzten Gebieten und in der Heimat selbst ihr Leben lassen als in den fünf Jahren zuvor. Dem „Führer“ ist das egal: Sein Volk habe sich als das schwächere erwiesen, es verdiene die Vernichtung, lässt er kurz vor seinem Selbstmord wissen. Mit in den Abgrund reißt der Diktator bis zu 60 Millionen Menschen. Der „totale Krieg“ endet in der totalen Niederlage.

Als wäre sie ein Symbol für das „Tausendjährige Reich“, ist übrigens auch die *Schleswig-Holstein* nach dem Beschuss der Westerplatte weiter im Kriegseinsatz. Bei einem Bombenangriff auf die Stadt Gdingen (Gdynia) wird der Stahlkoloss am 18. Dezember 1944 schwer getroffen und sinkt auf Grund. Vor fast genau 60 Jahren am 21. März 1945 wird das Schiff bei der Aufgabe von Gdingen durch die Deutschen gesprengt – nach dem Krieg, so wird erzählt, heben die Russen den Schrottkahn als Kriegsbeute und nutzen ihn bis 1956 als Zielscheibe.

Robert Probst

Spaziergang zwischen Ruinen: Passanten in der Münchner Theatinerstraße Anfang 1945.

„Es ist ein elendes, gemeines Leben“

Zwischen Tieffliegerangriffen und „Hungerpatrouillen“ – die Aufzeichnungen der Marianna Bronner (Teil 1)

1. März 1945. Unsere Sklavenketten rosten langsam. Zwar treibt Hitler und jeder seiner kleinen und großen Führer mit geradezu tödlicher Hast, mit ungestümer Ruchlosigkeit alles und jegliches in der Arbeit vorwärts. Sie alle kennen scheinbar die begrenzte Dauer ihrer unnatürlichen Herrschaft von Lüge, Gewalt und Terror.

Aber der Krieg, den sie vom Zaune gebrochen haben, dieser Krieg ist der größte Beschleuniger ihres Verfalles. Jede von Hitlers jetzigen Kriegsniederlagen, jede Städtezertrümmerung gleicht einer gewaltigen Amputation unseres Reichs- und Volkskörpers, einer Amputation mit hohem Blutverlust – in unseren Augen natürlich einem gewaltigen Heilungseingriff. Das Schlimmste ist nur, daß dabei immer so viele persönliche Existenzen zerbrochen werden.

1. März 45. Auf meiner Fahrt von Tölz nach München haben wir Reisende dreierlei Wagengarnituren benützt, von Tölz nach Holzkirchen italienische Wagen – von Holzkirchen nach Deisenhofen französische Waggons. In Deisenhofen gab es dann einen „Waldspaziergang“ wegen Alarms und Tieffliegern. Von Deisenhofen nach Giesing fuhren wir dann in ungarischen Wagen. So haben wir seit Jahren unsere Waggons zusammengestohlen. Ein Soldat lacht hämisch und meint: Wir haben all die Waggons „organisiert“.

Wenn ich diese zusammengestohlenen Wagen sehe, fällt mir der Spielsaal von San Remo ein. Als ich am ersten Abend dort war, fiel mir ein Mann auf, den Kopf in beide Hände gestützt, der unverwandt vor sich auf den Spieltisch hinstarrte. Schließlich verließ er wie ein

Schlafwandler den Spielsaal. Der Mann hatte – so flüsterte man – soeben den Rest seines Vermögens verspielt. Steht nicht auch Hitler gleich diesem Manne vor dem deutschen Volke und seiner zweitausendjährigen Kultur? Er hat ein großes Erbe verspielt: das Leben des deutschen Volkes und seine zweitausendjährige Kultur. Er ist ein Bankrotteur; aber er hat nicht den Mut, sich durch einen Schuß durch den Kopf zu seiner Schuld zu bekennen, wie es die Spieler an der Spielbank tun. Freilich ganz schuldlos sind wir bei diesem Niederbruch Deutschlands nicht. Wie konnten wir unser Schicksal so einem Manne anvertrauen?

Die Gasversorgung in München versagt vollkommen. Wir sind auf einen kleinen, primitiven Kocher mit Spiritustabletten angewiesen.

2. März 1945. Jetzt ist auch Goethes berühmtes Wohnhaus in Weimar zerstört. Das Frankfurter Goethehaus ist schon zerstört. Auch das Grab Herders ist vernichtet, ebenso das Schillerhaus und das Cranachhaus, in dem Lukas Cranach sein berühmtes Lutherbildnis malte.

3. März 1945. Die Anonymität eines möblierten Zimmers ist die einzige Heimat aller deutschen Geisteswanderer geworden. Bücher und Manuskripte sind die einzige Habe, die ich öfters auf dem Leibe als in der Hand trage. Sie sind meine einzige Habe in Tölz. Ein hochgestelztes, wackeliges Tischlein neben einer Ottomane, für Nippfiguren bestimmt, ist der Schreibaltar geworden. Dort denke ich, gestört von Alarm, Angriff, Sirenengeheul und Bunkerhetzerei als Unterbrechung meines Denkens über die Hintergründe unseres jetzigen Hunde-Daseins nach.

Die neuen Lebensmittelrationen sind der größte Schwindel, den es gibt: Wir bekommen Lebensmittelmarken zugeteilt und dann werden sie auf einmal für entwertet erklärt...

Es existiert ein schwunghafter Schwarzhandel mit Brot- und Fleischmarken. Für 1 kg Fleischmarken: 15 Mark. Für 1 kg Brotmarken (Weißbrot): 3 Mark.

Ich habe zum ersten Male Angst, in diesen Höllenschlund München zu tauchen, um Gegenstände zu holen – sinnlose Gegenstände und um nachzusehen, wieviel von meiner „Schandstraße“ noch geblieben ist. Daß es dahin kommen mußte! Und doch denke ich an das Kellerloch in meinem Hause zurück, als ob es selbst als Kellerloch meine Heimat wäre. Das Herumzigeunern hier heraußen von Kochtopf zu Kochtopf bringt Drangsale, seelische Verelendung mit sich.

Russen, Rumänen, Bulgaren, Türken, Ungarn, ostpreußische Flüchtlinge wälzen sich Schulter an Schulter durch die Tölzer Gassen. Alle Ostsprachen rauschen an einem vorüber, vom Kaukasisch bis zum Türkischen, bis zum Ungarischen und Polnischen... Was wird das erst nach dem Kriege werden!? Als Obdachlose sind sie von der einfachsten Familie bis zur Familie von höchsten Graden nur in Massenquartieren des Schulhauses untergebracht.

Wenn ich nur einen einzigen Blick in die Zukunft tun dürfte, etwa bis zum 1. März 1946.

Tölz, 5. März 45. Wenn ich in den Oberlandbräu gehe, ist zur Zeit ein kleines Papierpäckchen neben meinem Essensteller mein Trost. Auch meine Schwester Ella freut sich auf das Päckchen. Darin ist ein mit Leberwurst bestrichenes halbes Brot als „Zubuße“ zum Stammgericht aus Sauerkraut und 2 Kartoffeln (jede Kartoffel hat etwa 3 cm Durchmesser). Dieses Essen ist für unseren so ausgehungerten Magen Mittagsbrot, Nachmittagsbrot und Abendbrot. Damit müssen wir satt werden für den ganzen Tag. Hinter unseren Stühlen stehen bereits die nächsten Stammgäste. Sie sehen uns beim Speisen zu und machen große, hungrige Augen, während wir speisen.

Zwischen Niederrhein und Maas sind die Amerikaner durchgestoßen, auch im Saargebiet. Aber unser Führer behauptet frischfröhlich: „Wir haben den Zusammenhang aller Fronten in den Krisenlagen.“

Kulturmorphologisch sehe ich den Krieg als nichts anderes als den Kampf um das „Croix de feu“. Es hat sich zu immer geläuterteren Formen erhoben. Betrachten wir die Kreuzvereinigungen! Da sind die „Hakenkreuzler“, die „Ritterkreuzler“, die „Eisernen Kreuzler“. Roosevelt spricht von seinem „Kreuzzug gegen Deutschland“ . Unser gegenwärtiger Krieg ist der Triumph unseres Kreuzweges. An seinem Ende wird die Kreuzerhöhung stehen, unsere Kreuzerhöhung. Es ist alles so hoffnungslos.

Es gibt nicht mehr einen Fingerhut voll Salz in der ganzen Stadt Tölz, auch nicht in den Speisehäusern. Dadurch schmecken die Speisen widerlich.

Ich war heute in einer Fastenpredigt in der Tölzer Pfarrkirche. Sie handelte von der Bereitschaft zum Kreuzwege. Ehrlich gestanden: Ich wünsche mir weder das Leben noch das Sterben. Für mich ist beides ein Muß, obwohl ich mit beiden Füßen fest im Leben stehe.

Es wird ein Witz erzählt: Im Tölzer Friedhof werden Horchgeräte aufgestellt. Es wird festgestellt, ob einer der verstorbenen Männer noch schnauft. Dann wird er zum Volkssturm geholt.

Wir werden immer weniger im Gewichte, immer magerer.

Männer mit 44 Jahren zählen jetzt zu den „Jungen“, besonders in Flak- und Luftarmee. Die aus München evakuierten Leute halten sich meist in München einen „Zwangsmieter“, der auf ihre leeren Wände und auf ihre Ruinen aufpassen muß . Ein elendes und gemeines Leben ist das geworden.

Das Leben ist jetzt eine große Last. Wer von uns bleibt bei dem großen Schiffbruch von uns übrig? 3mal

Nach einem Luftangriff auf München bringt eine Frau ihre Habe, darunter ein Kruzifix, in Sicherheit.

bei Tag Alarm – 3mal bei Nacht Alarm. Meist kommen die Feinde im Tiefflug über Tölz und über unser Haus „Am Schuß". Das ist zu reichlich. Ein verdammtes Gefühl für uns!

In München sind alle Leute fortgezogen, die man gekannt hat, manche sogar ins Jenseits. N. ist mit 2 Kindern in Miesbach. Meines Bruders Frau ist in Überfilzen, deren Freundin nach Düsseldorf zurückgekehrt... Ob sie noch lebt, weiß man nicht. Meine Freundin Lotte B. ist total verarmt. Sie ist in das Ausweichhäuschen ihrer Eltern nach Murnau gezogen. Ihr 16jähriger Sohn ist schon zum Militär eingezogen. Von Münchner Kollegen und Kolleginnen weiß ich gar nichts mehr. So sind alle Bekannte in tausend Winde zerstreut. Alle sind aus dieser Ruinenstadt fort.

München, den 6. März 1945. Jetzt sind bei mir in München nur mehr die vier Zimmerecken zu Gaste. So einsam leben wir Münchner in unserer Heimatstadt. Heute umsingt mich noch dazu das monotone Singen und Rinnen des Regens. Es rauscht an den Wänden meiner leeren Bude nieder. Dieser Regengesang ist für unsere einsamen Herzen fast zuviel. Mein Herz tropft seit Jahren in Tränen und klagt und weiß um seine große Trauer nicht. Was ist es, daß ich so stumm geworden bin, daß ich mich so dem Harme ergeben habe? Hat etwas in mir Angst zu leben statt zu sterben? Oder vergeht der Mensch in mir vor dem allgemeinen Kummer, so, wie der Tag in die Nacht hineinvergeht? Wir „Heilige der letzten Tage", wir sterben nicht mehr vor Kummer, nein, wir trocknen vor Kummer ein. Wir werden immer kleiner und kleiner, wachsen förmlich in den Boden hinein, werden immer noch unscheinbarer, wachsen förmlich in den Boden hinein.

70jährige Männer hämmern und schlagen heute bei uns in aller Hergottsfrühe. Stützbalken sollen in den

Keller des Hauses „Am Schuß“ eingezogen werden. Mein Gedächtnis sucht und sucht: Wann war eigentlich in unserem Hause in München diese Arbeit fällig? Im Dezember 1942? Im November 1943? Ich möchte es erinnerungsmäßig gerne wissen, um errechnen zu können, wielange dann die Schrecken des Hitlerkrieges auf dem flachen Lande noch dauern werden, wielange wir noch so im Elend und in der Entrechtung über die Erde kriechen müssen, uns kaum satt essen dürfen und so arm leben müssen, daß ein Paar zerrissener Stiefel in unserem Leben eine Tragödie darstellt.

Tölz, 7. März 1945. Im Ausweichkrankenhaus in Tölz lernte ich einige Flüchtlingsfrauen kennen: die berühmte Frau D., welche von Kaiser Wilhelm II. ein Schmuckstück als Geschenk bekam. Auch mit Frau Baronin Meindl aus Laibach wurde ich bekannt und mit Frau Knorr (Suppenwürfel-Knorr). Eine andere Welt tut sich da plötzlich wieder auf für mich.

Die Postempfänge sind das einzige, worauf sich ein evakuiertes Menschenherz in seiner Einsamkeit freut. Ich habe den Brief eines Bekannten aus dem Felde erhalten. Gänseblümchen waren eingelegt.

Ich gebe Unterricht nur in Tölz. Andere Lehrerinnen müssen nicht nur an ihrem Orte unterrichten, sondern auch noch in weiter entfernte Orte zum Unterricht wandern. Wozu wird man wohl mich als Lehrerin im 4. Reiche einsetzen?

Tölz, 8. März 1945. Ob wir nicht alle gemäß militärisch-hitlerischem Befehle auf einer „Hungerpatrouille“ sind und in unsere körperliche Erschöpfung hineinmarschieren? Ein einziges Stammgericht am Tage: 3 Eßlöffel Sauerkraut und 3 Kartoffeln für den ganzen Tag! Auf gut Bayerisch ist das Stammgericht ein „Saufutter“.

Ich werde jetzt oft auf dem Wege schwindlig. Unser geschwächter Organismus übersteht den platten Hunger nicht.

Herr A. rät mir, mich mit schwarz gekauften Lebensmitteln einzudecken; denn es käme jetzt das schlimme Ende des Krieges. Ich müßte darum noch einmal zum Bauern nach Hohenlinden fahren; aber ich bin auch dazu zu müde. Ich bräuchte auch ein Backpulver (gegen 3 Taschentücher und 6 Zigaretten). Aber wo könnte ich denn Keks backen? Dringend bräuchten wir ihn für unsere größte Not, für die Belagerung von Tölz. Wo sollte ich den Keks backen?

Im Bierkeller des Bräus neben dem Pfarrhof wäre man vielleicht einigermaßen sicher; aber auch dort würde man wohl lebendig begraben. Die Bomber greifen ja jetzt auch schon heraußen auf dem Lande an. Peißenberg und Bichl sind nur 2 Beispiele dafür.

Wir erfahren: In Köln sind große Straßenkämpfe. Soviele Städte sind jetzt schon in den Frieden eingegangen, nach 3 bis 4wöchiger oder 6wöchiger Leidenszeit. Nur wir haben immer noch Krieg.

Ich bete nur immer, dass mir der liebe Gott meinen Verstand erhalten wolle – nur meinen Verstand – mehr nicht!

Samstag, 10.3.45. Vor Berlin bewahre Gott jeden Soldaten und jeden Zivilisten! Bei dem Namen schlage ich drei Kreuze! Die Berliner sollen jetzt nicht mehr aus ihrere Stadt ausreisen dürfen. Wenn sich doch unsere Berliner Verwandten und Freunde noch rechtzeitig bei uns herunten, im Gebirge, eine Unterkunft gesucht hätten!

Tölz, Montag, 12. März 1945. Ich bin gestern in München gewesen, in meiner traurigen Wohnung dortselbst: die Leitungen für Wasser eingefroren – eiskalt in allen Räumen – der Badeofen geplatzt, der Boden überschwemmt und vereist... „Flieh! Flieh! und ohne Wiederkehr“, heißt ein wunderschönes Lied. „Die Du geliebt, sind fortgezogen und kommen nimmer, nimmermehr...“

Im „Jodquellenhof“ lerne ich Frau O. kennen, die angeblich Besitzungen in Innsbruck, in Südamerika und in der Schweiz hat. Sie ist eine junge Frau mit einem noch jüngeren Gemahl. Bei Frau O. fließen alle Ströme für Verpflegungen zusammen, wie es mir scheint: Milch, Honig, Fleisch, Mehl, Konditorware sogar u.s.w. Frau O. bekommt angeblich alles im Schwarzhandel.

Brief: Den Russen in die Hände fallen – das ist für Frauen der Beginn einer Tragödie, schreibt mir ein Bekannter aus dem Militär.

Westliches Rheinufer verloren 21.3.1945

Zwei Wochen nach der spektakulären Eroberung der Brücke von Remagen meldet das Hauptquartier der Westalliierten: „Der deutsche Widerstand westlich des Rheins und südlich der Mosel ist zusammengebrochen.“ Die Amerikaner sind bereits bis Mainz und Ludwigshafen vorgerückt. Derartige Erfolge hat das Oberkommando der Deutschen Wehrmacht schon lange nicht mehr zu bieten, dennoch wird versucht, der verzweifelten Lage an der Ostfront – in beschönigenden Umschreibungen – noch positive Seiten abzugewinnen: von „wochenlanger erfolgreicher Abwehr“ „unserer tapferen Verbände“ wird berichtet. Der einzige Erfolg: „weiterer Raumgewinn der sowjetischen Divisionen“ wird verhindert. Nur etwa 55 Kilometer westlich der Rheinfront wird in Aachen, das schon im Oktober 1944 besetzt worden ist, der Freie Deutsche Gewerkschaftsbund nach Vorschriften des alliierten Oberbefehlshabers Dwight D. Eisenhower ins Leben gerufen. In linksrheinischen Städten beginnt bereits der Wiederaufbau einer Verwaltungsstruktur durch das US-Militär.

12. März. Kämpfen, weiterkämpfen, weiterkämpfen ohne einen Strahl von Hoffnung, nur, damit gekämpft wird und kein Friede ist. Das ist der Befehl des totalen Wahnes. Wer jetzt weiterkämpft, kämpft im Sinne gegen Deutschland. Wenn wir solche Gedanken denken, erstarren wir vor Entsetzen. Wir erstarren bei dem Gedanken, daß wir in Kürze den Sieger in unserer Mitte empfangen werden, ihm dafür noch Dank sagen müssen als dem großen Manne, der uns Geburtshilfe für ein neues Dasein schenken wird. Den Sieg der Feinde zu wünschen, das ist für uns das Schwerste – aber das einzig Richtige; denn wo sind Freiheit und Recht in unserer Nacht der Tyrannei. Statt Klarheit herrscht in unserem Lande Verwirrung, statt Zucht Fanatismus, statt Wahrheit Lüge, statt Friedenseinsatz Kriegseinsatz, statt Selbstverantwortung Kadavergehorsam. Nackte Gewalttat bedeckt die Blöße unserer Führer mit erborgtem Schimmer, mit Aberglauben, Mythologie, Schwärmerei. In einer Mühle der Propaganda wird alles zerrieben, was Wahrheit, Recht, Menschlichkeit heißt. Jetzt, zuguterletzt sollen wir alle samt und sonders noch Helden werden. Stoßtruppredner werden auf uns losgelassen. Sie verachten die Konsequenz des Denkens. Es gibt bei ihnen kein Verbot, irgendein Unrecht zu begehen. Wie ich sie hasse, diese Schwätzer, mit ihrem angemaßten Heldentum und ihrer menschlichen Überheblichkeit. Sie machen uns noch völlig vaterlandslos. Kein Mensch darf Herr über einen anderen sein, wenn ihm das Recht dazu nicht gegeben wird von den Gesetzen des Rechtes und der Menschlichkeit. Da dies unter Hitler nicht eingehalten wird, sind wir unter Hitler so arm geworden!

Wir sind gestrandete Menschen und jeder von uns sitzt auf seinem Wrack. Mein Trost ist, daß der Krieg dem Vesuv gleicht, nach dessen Lavamassen, die allen Pflanzenwuchs zerstörten, die Pflanzen üppiger als zuvor gedeihen.

Tölz, 13. März 45. Die Tommys kommen regelmäßig abends 8 Uhr. Unsere Gegend scheint den Tommys besonders lieb zu sein wegen der Ausfallsstraße nach dem Süden. Wir sind jetzt oft im Bunker. Sirenengeheul. Alarm. In größter Eile zum Bunker! Der Weg zum Bunker wird aber seit kurzem immer beschwerlicher.

Schon wieder ein Angriff auf Tölz!

Alarm ausgerechnet zur Essenszeit. Leidet nicht jedes Tier sogar, wenn es vom Futtertroge versprengt wird?

Tölz, 14. 3. 1945. Voralarm! Man wird langsam gleichgültig. Bleiben oder fortgehen, um sein Leben nur halbwegs zu schützen. Ewig bei Tageslicht ins Bunkerloch kriechen, wieder und immer wieder. Dabei danke ich dem Schöpfer, wenn ich fähig zur Flucht bleibe… Vielleicht sind wir binnen kurzem vom irdischen Dasein befreit. Wenn ich immer in mein Tagebuch schreibe, geschieht es mit heißen Tränen im Auge.

Die neue Lebensmittelkürzung trifft mich empfindlich. Ich bräuchte eine wunderbare biblische Brotvermehrung.

16. 3. 1945. Deutschland ist eine einzige Lesestube geworden. Alles liest und liest zu allen möglichen und unmöglichen Zeiten. Jeder Brief, der mich erreicht, enthält die Notiz: „Ich lese dies… Ich lese das…" Max in Berlin liest. Erich liest im Felde. Klementine liest. Das 80jährige Fräulein Feldmeier jammert, daß es ob seiner schlechten Augen nicht lesen könne. Alles liest, liest in der kargen Freizeit, um abgelenkt zu werden von dem Unheil, das sich über uns zusammengebraut hat.

Geflügelaspik-Zuteilung als Belohnung für die Angriffe im Juli. Die Zuteilung ist schon leicht stinkend.

17. 3. 45. Der Friede marschiert, wenn auch langsam, uns entgegen. Er wird einmal da sein wie der Frühling und Ostern.

18. März 1945. Die Schülerin Gerda Summerer schreibt (aus München-Giesing): „Wir gehören vorerst noch zu den Glücklichen, die ein Heim besitzen. Ich war in Ihrer Straße, der Preysingstraße. Da sieht es ja schrecklich aus. Mit Sehnsucht denke ich oft an meine Schulzeit zurück, besonders an die 6. Klasse bei Ihnen, unserer Schulmama."

19. März. Josefitag! Welche Erinnerung an frühere Familienfeste zum Namenstage meines Vaters. Wir können schon seit 1 Jahr nicht mehr an sein Grab im Waldfriedhof…

Marianna Bronner, die Autorin dieser Tagebuch-Aufzeichnungen, war Lehrerin. 1945 war sie 43 Jahre alt. Da ihr Haus in der Münchner Preysingstraße zerstört war, hauste sie als Evakuierte in einem Zimmer in Bad Tölz. Sie pendelte aber häufig zwischen den beiden Orten hin und her. Marianna Bronner überlebte den Krieg und baute mit ihrer Schwester das Haus in München wieder auf, in dem sie später eine Pension führte. Das Bild entstand 1951. Frau Bronner ist im Jahr 1972 gestorben.

US-Soldaten
vor einem Opfer
der Wehrmachtsjustiz
im April 1945.

„Dieses Gefühl von Schuld“

Das Los der Deserteure: Manfred Messerschmidt über den Terror der Militärrichter gegen die eigenen Soldaten

SZ: Im November 1918 revoltierten die Soldaten gegen die Fortsetzung eines verlorenen Krieges, obwohl dieser deutschen Boden noch gar nicht erreicht hatte. Im Frühjahr 1945 kämpfte die Wehrmacht in aussichtsloser Lage weiter, obwohl das Land dadurch endgültig in Trümmer fiel. Warum gab es 1945 nicht einmal einen Hauch von 1918?

Messerschmidt: Weil die Soldaten, die den sinnlosen Kampf gern beendet hätten – und das waren sehr viele – 1945 nirgendwo Rückhalt hatten. Es gab, anders als 1918, in der Diktatur keine Parteien, keine Verbände, niemanden also, der sie hätte unterstützen können – und vor allem nach dem 20. Juli keine Offiziere mehr, die einen Protest angeführt hätten.

SZ: Der einzelne Soldat stand allein.

Messerschmidt: Ja. Der Einzelne stand dem Regime, seiner Macht, seinem Verfolgungsapparat gegenüber, den dieses unbarmherzig gegen Abweichler einsetzte. Außerdem hatten die Bombenangriffe die Menschen in der Heimat zermürbt.

SZ: Dabei hatte der strategische Bombenkrieg die Deutschen doch in Aufruhr gegen das NS-Regime bringen sollen.

Messerschmidt: Er hat das Gegenteil erreicht, zumindest in dieser Hinsicht. In den Trümmern der Städte herrschten Verzweiflung und Resignation, nicht der Geist des Aufbegehrens.

SZ: Warum ist die Wehrmacht noch über Hitlers Tod hinaus das geblieben, was Sie einmal als „stählernen Garanten“ des NS-Regimes bezeichnet haben?

Messerschmidt: Es gibt einen aufschlussreichen Brief, den Feldmarschall Hans Günther von Kluge vor seinem Selbstmord am 19. August 1944 an Hitler schrieb. Kluge entschuldigt sich quasi bei Hitler, dass er jetzt den Tod wählt; er verweist auf die große Überlegenheit der Alliierten, die durch Frankreich vorstießen, rühmt Hitler als großen Strategen – und dann klingt da noch ein Gefühl durch, dass man sich als deutscher Offizier an vielen Verbrechen schuldig gemacht habe, vor allem im Osten. Das ist ein Schlüsselbegriff: die Schuld.

SZ: Sie hielt diejenigen zusammen, die sich schuldig fühlten?

Messerschmidt: Sie war sogar ein gewisser Kitt dafür, dass die Wehrmachtsführung bis zum Schluss weitermachte. Dabei wusste die Führung ganz genau: Jeder weitere Tag Krieg bedeutete: Städte werden bombardiert, und das Leid der Zivilbevölkerung wird noch schlimmer.

SZ: Der Terror fraß in den letzten Kriegswochen die eigenen Soldaten – aber nach dem Krieg galten die Opfer als Verräter.

Messerschmidt: Den Tätern ist es gelungen, die massenhafte Tötung eigener Soldaten und Zivilisten als zulässige Maßnahme der Militärjustiz hinzustellen. Nehmen wir den Fall des Dorfes Brettheim im Hohenlohischen. Da wollen Anfang April 1945 ein paar Hitlerjungen eine Panzersperre vor dem Dorf bauen. Ein beherzter Bauer nimmt ihnen die Panzerfäuste ab und wirft sie in den Dorfteich. Die Jungen alarmieren im Nachbarort eine SS-Einheit, die sogleich anrückt und ein Standgericht inszeniert. Der Bürgermeister Brettheims und sogar der Ortsgruppenleiter der Partei weigern sich, das Todesurteil gegen den Bauern zu unterschreiben. Also teilen sie sein Schicksal. Das SS-Standgericht lässt alle drei zum Tode verurteilen; sie werden an den Dorflinden aufgehängt.

SZ: Drei Opfer von vielen aus den letzten Kriegstagen.

Messerschmidt: Ja. Das Besondere ist aber: Die Angehörigen haben nach dem Krieg ein Wiederaufnahmeverfahren beantragt; sie gingen durch alle Instanzen bis zum Bundesgerichtshof. Der hörte als Sachverständige unter anderem den früheren Feldmarschall Kesselring und den Grafen Kielmannsegg, der immerhin Mitbegründer der Inneren Führung bei der Bundeswehr war und hohe Positionen bei der Nato hatte. Beide haben allen Ernstes vorgebracht, die Panzersperre von Brettheim sei militärisch wichtig und das Standgericht somit gerechtfertigt gewesen – und der BGH hat das Wiederaufnahmeverfahren abgelehnt. Das muss man sich einmal vor Augen führen.

SZ: Welche Rolle spielte der Terror dieser Art? Sie waren noch Soldat. Hatten Sie Angst davor?

Messerschmidt: Paradoxerweise nein. Ich war seit 1944 Soldat; und wir wussten gar nichts von Standgerichten oder Erschießungskommandos. Wir kannten nicht die Befehle, dass jeder Soldat, der ohne Marschbefehl im Hinterland angetroffen wird, ohne Verteidigung sofort vor das Standgericht zu stellen sei. Aber für viele war genau dies das Problem. Sie liefen ahnungslos den Häschern des Regimes in die Arme. Wir lagen am 10. April 1945 bei Minden, und da kam ein neuer Leut-

Manfred Messerschmidt, einst Leiter des Militärgeschichtlichen Forschungsamtes, widerspricht dem Mythos, NS-Militärrichter hätten Recht gesprochen.

nant und sagte: Jungs, geht nach Hause, der Krieg ist vorbei. Und das haben wir gemacht. Tja – wenn uns die SS geschnappt hätte und nicht die Amerikaner, würden wir heute vielleicht kein Interview führen.

SZ: Wie viele Soldaten haben schätzungsweise in den letzten Kriegsmonaten von sich aus aufgegeben?

Messerschmidt: Trotz Terror und Pathos vom Endsieg: Die Wehrmacht 1945 war eine Truppe in Auflösung. In den ersten drei Monaten des Jahres 1945 sind allein im Westen eine halbe Million Soldaten in Gefangenschaft geraten. Und sehr viele sind nicht hineingeraten, sondern freiwillig gegangen.

SZ: Wobei der Widerstand im Osten zäher war als im Westen.

Messerschmidt: Im Osten waren die Kräfte der Wehrmacht noch viel stärker als im Westen. Und die Motive, bis zum Schluss durchzuhalten, lagen an der Ostfront wohl bei vielen anders als im Westen: Da war das Leid der Zivilbevölkerung, das unklare Schicksal, das Kriegsgefangene bei den Sowjets erwartete. Im Westen dachten viele Soldaten: Retten wir unsere Haut, nichts wie ab in die Gefangenschaft. Die Leute waren am Ende.

SZ: Eine Massenflucht zum Feind...

Messerschmidt: Das war der einzige Weg aus dem Krieg. Diese Männer waren nicht feige, sondern realistisch. Sie wussten, dass jeder weitere Tag des Krieges nichts bringen würde als Tod und Unheil. Nur die Herren Generäle wollten das nicht verstehen. Der Panzergeneral von Manteuffel, später FDP-Abgeordneter, hat damals die Todesstrafe für Zivilisten gefordert, die flüchtigen Soldaten helfen; und die Wehrmachtsjustiz hat, im Zusammenspiel mit SS und Partei, ja auch die Zivilbevölkerung schikaniert, wenn sie Aufweichungen fürchtete.

SZ: Und so entstand eine zwiespältige Erinnerung: Die Offiziere des 20. Juli werden als Vorbilder verehrt, weil sie Hitler beseitigen wollten. Die Soldaten aber, die nicht mehr für Hitler kämpfen wollten, galten nachher als Feiglinge; sie wurden nicht entschädigt. Noch 2002, als das Parlament die Wehrmachtsdeserteure rehabilitierte, warnten CDU-Abgeordnete vor einer „Verklärung der Fahnenflucht".

Messerschmidt: Erfreulicherweise gab es in den vergangenen Jahren ein Umdenken – aber eben erst mehr als ein halbes Jahrhundert nach dem Krieg. Nun gibt es die Urteile des BGH und des Bundessozialgerichts, die eindeutig sind: Die Militärjustiz des Dritten Reiches hat mit ihren Urteilen gegen Deserteure Rechtsbeugung begangen. Aber zuvor hatten es die Täter von damals geschafft, dass ihre Rechtfertigung für die ungeheure Brutalität gegen die eigenen Soldaten weitgehend akzeptiert wurde. Und noch immer gibt es ein sehr verbreitetes und schiefes Bild von der Rolle der Wehrmacht und ihrer Justiz.

SZ: Zum Beispiel?

Messerschmidt: So vertritt der frühere Verteidigungsminister und Staatsrechtsprofessor Rupert Scholz von der CDU die Meinung, die Wehrmachtsjustiz habe in den meisten Fällen rechtsstaatliche Urteile gefällt. Dagegen spricht schon die Zahl: Im Dritten Reich wurden bis zu 22 000 eigene Soldaten hingerichtet, in der deutschen Armee des Ersten Weltkriegs einige Dutzend; in den Streitkräften der USA und Großbritanniens gab es 1939 bis 1945 sehr wenige Hinrichtungen. Hinzu kommt die Art und Weise des Verfahrens, die völlige Abhängigkeit der Wehrmachtsgerichte von den militärischen Gerichtsherrn. Bis heute sind völlig vergessen die Wehrmachtsgefängnisse, besonders das berüchtigte Gefängnis in Torgau. Die Feldstraflager waren nichts anderes als Konzentrationslager: Die Ernährung war katastrophal, und das bei schwerer Strafarbeit; viele Insassen wurden zum Minensuchen geschickt und kamen dabei zu Tode.

SZ: Die Täter wurden nie bestraft. Warum gibt es für den Terror gegen die eigenen Leute eigentlich kein Bewusstsein?

Messerschmidt: Das Schweigen über die Mittäterschaft der Wehrmacht erleichterte die Legendenbildung, die Truppe sei „sauber" gewesen. Natürlich gab es viele in der Wehrmacht, die keine Verbrechen begangen haben oder nicht einmal etwas darüber wussten. Wie groß die Verdrängung aber war, hat eigentlich erst der enorme Erfolg der Wehrmachtausstellung in den neunziger Jahren gezeigt.

SZ: Bis heute gibt es aber Streit um das Traditionsbild der Bundeswehr.

Messerschmidt: Bei der Bundeswehr hat sich da vieles gebessert, manches aber auch nicht. Erst in diesen Tagen erhielt eine Straße auf dem Gelände des Fürstenfeldbrucker Fliegerhorstes, die nach Ritter von Mann benannt war, einen neuen Namen. Ritter von Mann war Generalrichter beim Reichskriegsgericht; er hat mitgewirkt an Todesurteilen unter anderem gegen religiöse Verweigerer. Viele Soldaten denken ja immer noch: Ein Deserteur hat seine Kameraden beim Kampf im Stich gelassen. Aber auch das ist ein Mythos. Die meisten Wehrmachtsdeserteure sind einfach aus dem Urlaub nicht wiedergekommen, haben ein Mädchen kennen gelernt und sich bei ihm verborgen, sind in den Besatzungsgebieten bei der Bevölkerung untergeschlüpft.

SZ: Viele Soldaten glauben: Fahnenflucht wird in jeder Armee bestraft.

Messerschmidt: So ist es auch. Aber es ist doch die Frage, welches System welche Art von Strafe verhängt. Letztendlich gehörte 1945 zum Desertieren sehr viel mehr Mut als zum Bleiben. *Interview: Joachim Käppner*

Die Legende in der Legende

Jenseits des Rheins sah er sie im Nebel von den Bäumen hängen, „wie tote Raben an einem Strick". Der amerikanische Panzerkommandant Windsor Miller war schockiert, als er die gehenkten deutschen Soldaten sah, mit Schildern um den Hals, die sie als „Verräter" brandmarkten und als „Feiglinge": „Was sind das für Menschen, die ihren eigenen Soldaten so etwas antun?" Diejenigen, die für die furchtbare Militärgerichtsbarkeit des Dritten Reiches verantwortlich waren, gaben seit dem Krieg die Antwort: Es war, von Ausnahmen abgesehen, doch rechtmäßig. In der Legende, die Wehrmacht sei im NS-Staat „sauber" geblieben, steckte die Legende, ihre Gerichtsbarkeit sei im Kern rechtmäßig gewesen. Sie war es nicht. Nicht nur, dass viele Opfer unbekannt blieben, die in den letzten Kriegswochen von den Standgerichten und Erschießungskommandos von SS und Wehrmacht getötet wurden. Mindestens 22 000 Menschen ließ die Wehrmachtsjustiz hinrichten, Hunderttausende in Lagern und Gefängnissen einsperren, die wenig von Konzentrationslagern unterschied; Zehntausende landeten in Strafkompanien mit geringer Überlebenschance. Zum Vergleich: Großbritannien vollstreckte 1939 bis 1945 nur 40 Todesurteile gegen eigene Soldaten, davon 36 wegen Mordes. Die Anerkennung des Leids der Wehrmachtsdeserteure dauerte Jahrzehnte: Erst 2002 rehabilitierte der Bundestag die Opfer der NS-Militärjustiz. *Joachim Käppner*

Rheinübergang bei Oppenheim 22.3.1945

Amerikanischen Truppen gelingt bei Oppenheim südlich von Mainz eine weitere Rheinüberquerung. Schnell rückt die US-Armee Richtung Darmstadt und Frankfurt vor. Die NS-Parteizeitung „Völkischer Beobachter" kümmert sich derweil außer um Durchhalteparolen und geschönte Frontberichte unter der Überschrift „Das freizügige Sparkassenbuch" auch um praktische Dinge: „Die Flüchtlinge aus den feindbesetzten Gebieten, die ein Sparguthaben oder ein Giroguthaben besaßen, machen sich vielfach Sorge, wie sie am neuen Aufenthaltsort über dieses Guthaben verfügen können... Niemand hat es nötig, vor dem Verlassen des vom Feind bedrohten Wohnorts sein Sparguthaben abzuheben und mit sich zu führen. Es genügt, das Sparbuch mitzunehmen, das heute im ganzen Reichsgebiet eine fast unbegrenzte Freizügigkeit genießt." Über das Leid und Elend der Flüchtlinge aus den bislang deutsch besiedelten Gebieten in Osteuropa wird dagegen nichts berichtet.

„Fremde Truppen strömen durch den Ort"

„Noch immer strömen fremde Truppen durch den Ort. Sie sehen fast friedensmäßig aus, gut genährt und sauber, prächtig ausgerüstet. Die massigen Sherman-Panzer dröhnen mit ohrenbetäubendem Lärm durch die Straßen; die Häuser erbeben. Fernsprechtrupps legen Kabel. In der Nähe führt eine Benzinleitung vorbei. Sie kommt quer durch Frankreich von einem Atlantikhafen... Aus einer verlassenen Baracke organisieren wir Blechlampen. Man weiß ja nicht, ob und wann man diese Dinge wieder wird kaufen können."

(Tagebucheintrag von Rudi B., 15 Jahre alt, Mitglied der Hitlerjugend, am 22. März 1945. Er erlebte in Bexbach/Saarland den Einmarsch der US-Truppen. Quelle: Tagebucharchiv Emmendingen).

„Bei uns hat jeder eine Stimme", sagt Gerhard Seitz. Nicht nur die großen und berühmten. Man muss nichts Außergewöhnliches vollbracht oder erlebt haben im Leben, nur aufgeschrieben sollte man es haben. Und weil sich über Nichts schlecht schreiben lässt, haben die meisten eben doch etwas erlebt in ihrem Leben und darüber Tagebuch geführt. Es ist eine andere Perspektive auf die Geschichte. Lebendig und oft banal. Manchmal ist man ganz nah dran an der Geschichte, sitzt im Schützengraben. Manchmal ganz weit weg, sitzt in der Küche und schält Kartoffeln. So wie das Leben eben ist. Mehr als 1100 solcher Stimmen aus dem Alltag haben sie schon gesammelt, und jeden Tag werden es mehr.

Gerhard Seitz ist der Büroleiter des Deutschen Tagebucharchives in Emmendingen bei Freiburg, das seit sieben Jahren die Tagebücher sammelt und archiviert, die dem Archiv zugesandt werden. Dort kümmert man sich um die Erinnerungen. Es gibt Lesergruppen, die aus den Tagebüchern vorlesen. Wissenschaftler kommen bis aus den USA, um zu forschen. Das älteste Tagebuch stammt aus dem 18. Jahrhundert, die jüngeren berichten über Fluchten aus der DDR oder das Leben eines HIV-Infizierten. Die – bisher unveröffentlichten – Tagebuchauszüge aus den letzten Tagen vor dem Kriegsende 1945 stammen ebenfalls aus den Beständen des Tagebucharchivs. *Bernd Dörries*

Ein Stein des Anstoßes, verborgen im Garten

Zum Beispiel Ulm: 60 Jahre nach dem Krieg mag sich die Stadt noch immer nicht jener Männer erinnern, die aus Hitlers Armee flohen

Hildegard Henseler sagt, es sei eher Zufall gewesen, dass man in ihrem Garten der Deserteure gedenken kann. Es ist nicht sonderlich viel los, nur hin und wieder komme jemand vorbei. Was auch daran liegt, dass es recht kompliziert ist, zum Deserteursdenkmal zu kommen. Man muss bei Frau Henseler klingeln und dann durch ihr Wohnzimmer in den Garten gehen. Henseler hat jetzt eigentlich keinen Garten mehr, dafür aber ein ziemlich großes Denkmal. Bei Sonne leuchte es sehr schön, sagt sie.

Seit 15 Jahren nun steht es schon da, und ebenso lange streitet man in Ulm darüber, ob das Denkmal für die Männer, die nicht mehr in Hitlers Wehrmacht kämpfen wollten, auf einem öffentlichen Platz aufgestellt werden darf oder nicht. Es ist auch ein Streit darüber, ob und wie man der Wehrmachtsdeserteure gedenken soll. Und bis dieser Konflikt entschieden ist, steht das Denkmal eben im Garten von Frau Henseler.

Markus Kienle sagt, zum 50. Jahrestag des Überfalls von Hitler-Deutschland auf Polen habe man die Idee gehabt, der Deserteure zu gedenken, einer Gruppe, die auch Opfer des Krieges war, was aber oft vergessen werde. Kienle, der Fraktionschef der Grünen im Ulmer Gemeinderat ist, sagt, es gebe in Ulm eine „Vielzahl von Hinweisen auf die Herrlichkeit von Kriegen". Einen Erzengel im Ulmer Münster zum Beispiel, der zur Ehre der 5. Division aufgestellt wurde, die im Russlandfeldzug aktiv war: „Dem wollten wir eine Stätte gegenüberstellen, an der auch derer gedacht wird, die sich dem Krieg entzogen haben."

Also haben sie angefangen, Geld zu sammeln für ein Denkmal. Mehrere tausend Euro kamen zusammen, und die Künstlerin Hannah Stütz-Menzel hatte die Idee, einen „Stein des Anstoßes" zu gestalten. Es ist eine Art Domino-Effekt, eine kleine Stahlplatte, nur wenige Zentimeter groß, die im Kippen ist und die größeren mitreißt. Das Denkmal wurde dann vor einem Kulturzentrum auf- und bald wieder abgebaut, weil die Stadt keine Genehmigung gab.

Mit einem Kran wurde es dann über die Garage in den Garten von Henseler gehievt. Die Ulmerin hatte zufällig gehört, dass ein privates Grundstück für die Zwischenlagerung des Werkes gesucht wird, das ihr sehr gefiel. Also nahm sie es auf. Seitdem wird in Ulm in regelmäßigen Abständen von ein paar Jahren darüber gestritten, ob man die Skulptur aus dem Garten-Exil holen darf. Mittlerweile, im Jahr 2002, hatte auch der Bundestag die Aufhebung von Unrechtsurteilen gegen Deserteure beschlossen.

Aber in Ulm möchte man immer noch kein Deserteursdenkmal haben. Mitte März 2005 lehnte der Kulturausschuss die Aufstellung auf städtischem Gelände wieder einmal ab. Die Argumente der Befürworter und Gegner haben sich in all den Jahren nicht wesentlich verändert. Die CDU-Fraktion hatte bereits 1989 erklärt, man halte „Desertion nicht für denkmalwürdig". Die Gründe für ein solches Verhalten seien vielfältig gewesen und lägen nicht immer im Bereich des Edelmutes, deshalb könne man ihrer nicht pauschal gedenken. Deserteure hätten „weder den Kameraden an der Front noch der Zivilbevölkerung einen Dienst erwiesen", heißt es aus Reihen der CDU. Daran hat sich bis heute wenig verändert.

Oberbürgermeister Ivo Gönner (SPD) gehörte 1989 zu den Befürwortern des Denkmals – und ist heute dagegen. Die Stadt habe eine zentrale Gedenkstätte, an der sie an alle Opfer des Zweiten Weltkrieges und des Nationalsozialismus erinnere. Das müsse ausreichen: „Alles andere wäre eine Parzellierung in Opfergruppen." Die Denkmalkultur habe in der Vergangenheit auch nicht unbedingt die erhoffte „friedensstiftende Wirkung gehabt", sagt der Oberbürgermeister. Der Anfälligkeit gegen Extremismus müsse die Zivilgesellschaft jeden Tag auf der Straße und auf dem Schulhof begegnen und nicht mit immer neuen Denkmälern. Andererseits bekomme das „Thema durch die ständigen Diskussionen um die Aufstellung des Denkmals mehr Aufmerksamkeit, als wenn irgendwo in der Stadt ein Mahnmal aufgestellt wird und ein, zwei Leute am Tag stehen bleiben".

Oberbürgermeister Gönner erwartet aber, dass in nicht allzu langer Zeit wieder über das Denkmal diskutiert wird. Spätestens zum 65. Jahrestag des Kriegsendes. Bis dahin wird der Stein des Anstoßes weiter im Garten von Frau Henseler stehen, die sagt, sie gebe das Kunstwerk auch nur ungern her, so schön leuchte es in der Sonne.

Bernd Dörries

Hildegard Henseler und das Denkmal in ihrem Garten.

Hie und da gelang es Flüchtenden, einen Platz in einem Güterzug zu ergattern.

Sturm über dem Osten

Nach Hitlers Wahn vom „Lebensraum": Mehr als zwölf Millionen Deutsche verloren in Folge des Zweiten Weltkriegs ihre Heimat

In der Sprache der Diplomaten nennt sich der Vorgang „Bevölkerungstransfer". Er umschreibt die größte Flucht- und Vertreibungswelle in der modernen Geschichte, jene zwischen 1939 und 1950, in verschiedenen Phasen und Ausformungen. Der Begriff umfasst nicht die entsetzlichen Umstände wie Verlust von Haus und Hof, Hunger, Kälte, übernatürliche Anstrengungen, ständige Angst vor feindlichen An- und Übergriffen, und schließlich das Gefühl des Entwurzeltseins. Der Zweite Weltkrieg bedeutete für etwa 20 Millionen Menschen in Europa den Verlust ihrer Heimat – Polen, Tschechen, Slowaken, Weißrussen, Ukrainer, Litauer, Ungarn und Deutsche.

Lange bevor auf der „Konferenz von Potsdam" im Sommer 1945 ein Transfer in „geordneter und humaner Weise" verfügt wurde, waren Millionen Deutsche während der Endphase des Krieges vor der anrückenden Roten Armee nach Westen geflüchtet. Die „Westverschiebung" Polens war freilich seit den Konferenzen von Teheran 1943 und Jalta (Februar 1945) beschlossene Sache – ethnische Säuberungen inklusive. Schon im Sommer 1944 wurden erste Trecks aus Jugoslawien und Rumänien evakuiert. Als die Sowjettruppen dann im Herbst 1944 in Ostpreußen eindrangen und schnell weiter vorrückten, setzten sich große Menschenmassen in Bewegung, allerdings meist viel zu spät und völlig unvorbereitet, weil die NS-Führung, die immer noch von „Pflanzgärten germanischen Blutes im Osten" träumte, die Flucht untersagte und erschwerte. In kaum vorstellbaren Dimensionen hatte sich das NS-Regime nämlich eine „völkische Neuordnung" Europas ausgedacht. Hitlers „Generalplan Ost" hatte vorgesehen, bis zu 20 Millionen „Fremdrassige" zu deportieren oder zu ermorden und durch „Volksdeutsche" zu ersetzen. Ziel war 1941: „Die Ausschaltung des schädigenden Einflusses volksfremder Bevölkerungsteile" und die Verschiebung der deutschen Grenzen um 1000 Kilometer Richtung Osten. 1945 kam der Rückschlag: aus Rache und aus politischem Kalkül.

Besonders dramatische Szenen spielten sich Anfang 1945 im Gebiet um die später eingeschlossenen Städte Danzig und Königsberg ab. Nachdem die Rote Armee den Landweg abgeschnitten hatte, blieb für Hunderttausende nur noch die Flucht übers eisbedeckte Haff und die Hoffnung, auf eines der Schiffe Richtung Westen zu gelangen. Bis zur Kapitulation am 8. Mai gelang es der Kriegsmarine in gefährlichen Fahrten über die Ostsee bis zu zwei Millionen Flüchtlinge zu retten. Wer es nicht schaffte, dem drohten oft Mord, Vergewaltigung, Folter, Plünderung oder Deportation.

Die Kriegsmarine war für viele die letzte Rettung vor der Roten Armee, die immer wieder überfüllte Schiffe mit Torpedos angriff.

Nach Kriegsende folgten „wilde" Vertreibungen von Hunderttausenden Menschen aus den von der Roten Armee befreiten Gebieten in Polen und der Tschechoslowakei, zum Teil begleitet von brutalen Übergriffen. Im Herbst 1945 begann dann die letzte Phase. Mit den Beschlüssen von Potsdam wurde die Umsiedlung von mehr als vier Millionen weiteren Deutschen Richtung Westen von Seiten der Siegermächte sanktioniert.

Genaue Bilanzen gibt es nicht, doch allgemein wird angenommen, dass von den 18 Millionen Deutschen

Westwärts mit großen Mühen: Weil für den „Endsieg“ alle motorisierten Fahrzeuge im Dauereinsatz waren, versuchten die Menschen aus den deutschen Ostprovinzen, wie hier aus Ostpreußen, mit Pferdewagen Teile ihres Hab und Guts zu retten.

Nachdem er am Tag zuvor aus nächster Nähe den Übergang seiner Truppen über den Rhein beobachtet hatte, ließ sich Winston Churchill am 25. März an einem nicht umkämpften Frontabschnitt über den Fluss fahren. „In hellstem Sonnenschein und absolutem Frieden landeten wir am deutschen Ufer und gingen dort eine halbe Stunde unbelästigt spazieren“, schreibt der Kriegspremier in seinen Memoiren.

Ein Monument schon zu Lebzeiten

Warum der unbeugsame Kriegspremier Winston Churchill für die Briten bis heute als Inkarnation all dessen gilt, was ihr Land einst groß machte

Als Winston Churchills Privatsekretär John Colville dem Premierminister am 30. April 1945 mitteilte, das deutsche Radio habe soeben bekannt gegeben, Hitler sei „bis zum letzten Atemzug gegen den Bolschewismus kämpfend" gestorben, soll Churchill geantwortet haben: „Ich finde, dass er absolut Recht damit hatte, so zu sterben."

Diese trockene Bemerkung war typisch für Churchill selbst, der den Bolschewismus mindestens ebenso verachtete wie den Nationalsozialismus. Noch typischer allerdings ist ihre Überlieferung dafür, wie man seiner in Großbritannien gedenkt. Winston Churchill lebt in Anekdoten fort, mehr als jeder andere westliche Politiker des 20. Jahrhunderts. Einerseits gilt er den Briten als politisches Genie, als Hitlerbezwinger, als Weltliterat (1953 wurde ihm der Literatur-Nobelpreis verliehen) und als historisches Monument zu Lebzeiten – keine Hyperbel scheint zu hoch angesetzt. Andererseits ist er durch die Geschichten, die sich um ihn ranken, zu etwas geworden, das sich auf den ersten Blick mit dieser marmornen Monumentalität kaum vereinbaren lässt: eine Figur der britischen Folklore.

Dass jemand endgültig als Zitatenquelle in den Volksmund eingegangen ist, kann spätestens dann als sicher gelten, wenn ihm Sätze zugeschrieben werden, die gar nicht von ihm stammen. So hat Winston Churchill nie gesagt, jemand, der mit 25 kein Liberaler sei, habe kein Herz, und jemand, der mit 35 kein Konservativer sei, habe kein Hirn. Verbürgt ist dagegen zum Beispiel seine Einschätzung, nach der die Demokratie die schlechteste aller Regierungsformen sei, „abgesehen von allen anderen, die je ausprobiert worden sind".

Tatsächlich sind Winston Churchills historischer Rang und seine bemerkenswerte Zitierfähigkeit im Kleinen wie im Großen untrennbar miteinander verwoben. Anders als während des Ersten Weltkrieges wusste der gereifte Staatsmann in der Krise des Zweiten nicht nur, was wann zu tun war, er vermochte auch, es zum rechten Zeitpunkt der Öffentlichkeit nahe zu bringen. Im gleichen Maße, in dem die Deutschen rückblickend Adolf Hitlers Hart-wie-Kruppstahl-Satzfetzen als rhetorischen Ausdruck des nationalen Abstiegs in den Irrsinn deuten, definieren viele Briten, vor allem die Engländer, ihre nationale Identität bis heute über die brillanten Durchhalte-Reden ihres Kriegspremiers. Schlagworte wie „Finest Hour" (die „größte Stunde" Großbritanniens, der einsame Widerstand gegen Hitler 1940) und „We shall fight them on the beaches" („Wir werden sie schon an den Stränden bekämpfen" – die Ablehnung jeden Kompromisses mit den Deutschen, selbst bei Gefahr einer Invasion) wurden umgehend zum Gemeingut. John F. Kennedy sollte später bei der Verleihung der amerikanischen Ehrenbürgerschaft an Churchill sagen: „Er machte die englische Sprache mobil und schickte sie in die Schlacht." Dabei blieb nichts dem Zufall überlassen; John Colville berichtet, wie Churchill Tage und Wochen damit verbrachte, die Sätze seiner Reden zu „düngen".

Sein vielleicht berühmtester Ausspruch, den er in einer Rede vier Tage darauf unverändert wiederholte, war allerdings laut Churchills Stabschef General Hastings Ismay ein Produkt des Augenblicks. Ismay erinnerte sich später an einen Besuch des Premierministers im Kommandoraum der Royal Air Force am 16. August 1940: „Es gab einen Augenblick, in dem sich jede einzelne Schwadron im Kampfeinsatz befand; wir hatten keinerlei Reserven, und der Kartentisch zeigte immer neue Angriffswellen, die die Küste überflogen. Mir war übel vor Angst. Als der Abend näher rückte, nahmen die Kämpfe ab. Churchills erste Worte waren: ‚Sprechen Sie nicht mit mir; ich bin noch nie so ergriffen gewesen.' Nach etwa fünf Minuten lehnte er sich vor und sagte: ‚Nie zuvor haben auf dem Felde menschlichen Konflikts so viele so wenigen so viel verdankt.' Die Worte brannten sich in mein Hirn."

Will man die ungebrochene Faszination, die der Zweite Weltkrieg auf die Briten ausübt, auch nur im Ansatz verstehen, will man das Selbstbewusstsein nachvollziehen, das sie noch immer aus dem Überstehen des *German Blitz* ziehen, muss man sich jene Mentalität einer belagerten Inselbevölkerung vor Augen halten, welche sie immer dann besonders zu mobilisieren imstande waren, wenn die Lage aussichtslos schien. Von der Schlacht bei Agincourt gegen die Franzosen (1415) über die Vernichtung der spanischen Armada (1588) bis zur Zulu-Schlacht um die südafrikanische Rorke's Drift (1879): Immer war es der Glaube an den Sieg der „Happy Few", der wenigen auserwählten Recken gegen eine scheinbar unbezwingbare Übermacht gewesen, aus dem die Briten ihren Kampfgeist gezogen hatten.

Nur wenige hatten es überhaupt für möglich gehalten, dass der mittlerweile 65-jährige, bis Ende der dreißiger Jahre politisch nahezu isolierte Churchill ein derart strahlendes Comeback als Premierminister würde feiern können. Nur der Autor und spätere Staatssekretär Churchills, Harold Nicolson, hatte schon Jahre zuvor prophezeit: „Wenn die Hoffnungen Englands verloren gehen, wird man ihn wieder auffordern, die Führung zu übernehmen."

Drei Tage nach seinem Amtsantritt, am 13. Mai 1940, stellte Churchill die Weichen: „Ich habe nichts anzubieten als Blut, Mühen, Tränen und Schweiß", eröffnete er einem Unterhaus, das wenige Tage zuvor den Abgang des gescheiterten Appeasement-Premiers Neville Chamberlain mit höhnischen „Rule-Britannia"-Gesängen begleitet hatte. Es war der rhetorische Einstieg in eine Amtszeit, die Churchill paradoxerweise dem Aufstieg jenes Mannes verdankte, zu dessen Antipoden er im Laufe des Krieges werden sollte: Adolf Hitler. Winston Leonard Spencer Churchill betrachtete sich selbst stets als Mann des Krieges. Im Jahre 1874

Operation Varsity — 24.3.1945

„Und sind wir erst einmal jenseits des Rheins, werden wir wie ein Unwetter über die Norddeutsche Tiefebene dahinbrausen und den Feind vor uns herjagen, dass ihm Hören und Sehen vergeht." Diesen Tagesbefehl gibt der Oberbefehlshaber der britischen Truppen, Bernard Montgomery, am 23. März aus. Einen Tag später überquert die 21. Armeegruppe der Briten den Niederrhein wenige Kilometer westlich des Ruhrgebiets nahe der Stadt Wesel („Operation Plunder"). Gleichzeitig beginnt das vermutlich größte angloamerikanische Luftlandeunternehmen des gesamten Krieges, die „Operation Varsity": Mehr als 5900 Flugzeuge und Lastensegler der britischen 6. und 17. US-Luftlandedivision, die in England, Frankreich und Italien gestartet sind, setzen Zehntausende Soldaten per Fallschirm hinter den deutschen Linien im Gebiet um Lippstadt ab. Die Alliierten erleiden starke Verluste. Der Augenzeuge Churchill schreibt später: „Unsere von viel harter Erfahrung genährte Phantasie erlebte Tragödie um Tragödie mit." Insgesamt verläuft der Angriff mit vier Divisionen aber auf ganzer Länge erfolgreich, meldet das Alliierte Oberkommando. Auch die Briten haben nun – wie die US-Armee weiter südlich – ein „Sprungbrett" für den weiteren Vorstoß ins Innere Deutschlands.

als Sohn eines englischen Politikers und einer amerikanischen Millionärstochter geboren, nahm er zwischen 1895 und 1901 als Kriegsberichterstatter und Soldat an fünf Kolonialkriegen teil. Churchills politische Karriere begann mit der Jahrhundertwende. Als Tory-Abgeordneter 1901 ins Unterhaus eingezogen, trat er 1904 zu den Whigs über und wurde später Wirtschafts- und Innenminister. Während des Ersten Weltkrieges beging er als Erster Lord der Admiralität taktische Fehler, die zur desaströsen Niederlage bei Gallipoli führten. Churchill trat zurück und meldete sich als Major zum Dienst nach Frankreich, um nur ein Jahr später wieder von Premierminister Lloyd George als Rüstungsminister zurückgeholt zu werden. Nach Amtszeiten als Luftfahrt- und Kolonialminister wechselte er 1924 wiederum zu den Tories. Er wurde 1929 als Schatzkanzler abgesetzt, in der eigenen Partei rückte er an den rechten Rand. Churchill war innerhalb von 30 Jahren von einem liberalen zu einem erzkonservativen Politiker geworden. Seine Karriere galt als beendet, er selbst als „Kriegstreiber", besonders weil er sich von Beginn an vehement gegen die Appeasement-Politik der britischen Regierung gegen Nazideutschland gewandt hatte.

Doch genau diese unnachgiebige Haltung, die Klarsichtigkeit, mit der er dem Aufstieg Hitlers begegnete, sicherten ihm den Status als „Prophet der Wahrheit", als der er auf der Insel noch heute gefeiert wird. Mit erstaunlicher Akkuratesse sagte er den Expansionsdrang Hitlers voraus, während die Regierung Chamberlain noch versuchte, mit den Nazis zu einer gütlichen Einigung zu kommen. Während des Krieges, den er vor allen anderen vorausgeahnt hatte, war es vor allem der persönliche Mut, den der Premierminister als Oberkommandierender durch sein Ausharren in den Londoner Cabinet War Rooms bewies, der ihn zu einem Volkshelden werden ließ.

Konsequenterweise überwachte der bereits 70-Jährige zwischen dem 23. und dem 25. März 1945 persönlich „Operation Plunder" und „Operation Varsity", die Truppenüberquerungen des Rheins. Obwohl er sich aufgeräumt gab und mit General Montgomery picknickte, bevor er selbst den Rhein überschritt, war seine Grundstimmung keineswegs von Triumph geprägt. Schon Anfang 1945 hatte er gesagt: „Ich glaube, dass das Ende dieses Krieges noch enttäuschender ausfallen könnte als das des letzten." Zu Recht fürchtete er, dass Stalin sich nicht an das Jalta-Abkommen halten und dass den Westmächten in den noch mit ihnen verbündeten Sowjets bald der nächste große Gegner erwachsen würde.

Es ist sehr plausibel, dass es eines überzeugten Imperialisten wie Churchill bedurfte, um den inhärenten Expansionismus von Systemen wie dem nationalsozialistischen und des sowjetischen überhaupt so scharfsinnig erfassen zu können. Und man wird ohne Berücksichtigung des imperialen politischen Werdegangs Churchills nie die Kaltblütigkeit nachvollziehen können, mit der der Premier gegen Ende des Krieges die „Bombardierung deutscher Städte einfach zum Zweck der Erhöhung des Terrors" anwies. Die Zerstörung Dresdens 1945 war mithin zwar vom Umfang, nicht aber von der Strategie her einzigartig in Churchills Karriere. Der Zweck hatte für ihn zeitlebens die Mittel geheiligt. Zur Rettung seines Landes vor der Bedrohung durch Nazideutschland schreckte er daher weder vor Flächenbombardements zurück noch vor dem Bündnis mit den verhassten „Bolschewisten". Sein Erfolg, mit welchen Maßnahmen auch immer erreicht, hat ihm die ewige Dankbarkeit seiner Landsleute eingebracht. Nur eingedenk dessen wird man verstehen, warum Winston Churchill in einer BBC-Umfrage zum größten Briten aller Zeiten erkoren wurde. *Alexander Menden*

„Ein Mordskrach und Höllentanz"

„Die Amerikaner stehen am Ballheimer Wald. Tolle Flucht der Truppen über den Rhein mit der Fähre, mit dem Kahn. Am Morgen wurde die Brücke gesprengt... Um die Mittagsstunde beginnen Straßenkämpfe, Artillerie – Mg.-Infantrieschüsse. Ein Mordskrach und Höllentanz. Schüsse klatschen gegen unsere Mauern. Es brennt in der Stadt. Kampf um das Weißenburger Tor. 18.40. Die Amerikaner sind da. Mit ihren hellen Taschenlampen kommen einige in den Keller. ‚Come along!' ‚Go on!' , Follow me!' ‚Hands up!' – In der Durchfahrt stehen wir aufgereiht. Frauen hier. Männer drüben. ‚Fräulein Doktor, was werden sie mit uns tun?', ‚Werden sie uns totschießen?' – so werde ich von allen Seiten bestürmt. ‚Ach Unsinn! Gar nichts werden sie uns tun.' Die Männer werden auf Waffen untersucht. Der Oberstabsarzt und Dr. Z. in Hemdsärmeln werden mit den anderen Männern abgeführt. Dr. K., der gerade beim Operieren war, blieb ungeschoren. Eine Frau fällt in Ohnmacht, ein Mädchen bekommt einen hysterischen Anfall. Dann beginnt die Ari [Abkürzung für Artillerie] toll zu schießen und: ‚All women into the cellar!' heißt es. Um 22 Uhr beginnt erneutes Ari-Feuer. Unsere eigenen Geschütze schießen das Städtchen zusammen und in Brand."

(Tagebucheintrag der Krankenhausärztin Liesel K., die damals etwa 27 Jahre alt war, aus Germersheim/ Pfalz vom 24. März 1945; Quelle: Tagebucharchiv Emmendingen)

Ein Held, den sie Monty nannten

Der Oberbefehlshaber der Briten, Feldmarschall Bernard Law Montgomery, trieb seine Truppen mit Hochdruck Richtung Ostsee

Auf geht es über den Rhein!", feuert ein hagerer Mann mit schlichtem Barett seine Soldaten an. Es ist die Nacht zum 24. März 1945, Feldmarschall Bernard Law Montgomery, Oberbefehlshaber der Briten, gibt den Befehl zur „Operation Plunder". Am Rhein haben sich die Alliierten aufgebaut, jetzt stoßen sie vor ins Land der Feinde. „Die vollständige Niederlage der Deutschen ist sicher", gibt sich Montgomery siegesgewiss. Zu dem Zeitpunkt ist Montgomery, dessen 8. Armee das Afrika-Korps des deutschen Feldmarschalls Erwin Rommel besiegte, bereits ein Held, den sie Monty nennen. Wie anders sah es 1939 aus: Da saß Monty mit einer Divison südlich von Lille und sah zu, wie Polen fiel. Franzosen und Briten warteten ab, „besessen von der Theorie der Defensive", wie Montgomery später klagte. Statt den Feind an der Westgrenze anzugreifen, habe man Deutschland mit Flugblättern bombardiert – „wenn das ein Krieg sein sollte, verstand ich ihn nicht!" Schon bald mussten die Briten eine Invasion ihrer Insel abwehren. Im Sommer 1940 begann die Luftschlacht um England. Erst nach heftigen, verlustreichen Kämpfen sagte Hitler die Invasion ab. Der Luftkampf verlagerte sich nach Deutschland; bis zum Ende des Kriegs verlor das britische Bomberkommando mehr als 55.000 Mann.

Im Februar 1941 landete Rommel mit seinem Afrika-Korps in Tripolis und wurde zum monatelangen Albtraum der Alliierten. Lange fanden die Briten kein Mittel gegen die deutschen Panzer, einmal ließen sie sich sogar durch Attrappen täuschen. Aber an Rommel, dem zum Wüstenfuchs verklärten deutschen Propaganda-Liebling, wuchs schließlich Montgomery. In Afrika wird der rebellische Sohn einer strengen Mutter zu dem Helden, den die Briten seit den bangen Wochen des Luftkriegs suchten. Montys knochiger Kopf mit dem Barett ist ihnen bald so vertraut wie Churchills fleischiges Gesicht mit der Zigarre.

Montgomery kommt nach Afrika, weil das Flugzeug des eigentlich ausgewählten Generals abgeschossen wurde. Als den Deutschen der Treibstoff ausgeht, zwingt er

Bernard Law Montgomery (1887-1976), der bereits im Ersten Weltkrieg Frontoffizier gewesen war, wurde Ende 1943 zum Oberbefehlshaber der britischen Truppen ernannt, mit denen er 1944 an der Küste der Normandie landete. Seine Kriegspläne wurden oft als einfallslos kritisiert.

sie in die Schlacht von El Alamein, westlich von Alexandria. Am 23. Oktober 1942 beginnt der Wüstenkampf, Zehntausende sterben. Die Briten unterbinden den deutschen Nachschub, im November ist Rommels Armee geschlagen. „Für die Briten war damit der Wendepunkt des Krieges erreicht", schreibt Montgomery später. Auf Rommels Truppen sollte er in der Normandie noch einmal treffen – und mit der erneuten Konfrontation die deutsche Niederlage wieder ein Stück näher rücken.

Nach dem Krieg wird Montgomery geadelt, nennt sich nun Viscount von Alamein. Doch noch vor seinem Tod vor 29 Jahren kratzen Kritiker am Mythos Monty. Sie sagen, in Afrika habe sich der Feldmarschall auf eine große Übermacht und fertige Pläne seiner Vorgänger stützen können. Der Feldmarschall war ein kauziger, um nicht zu sagen exzentrischer und eitler Charakter. Ihm gehörte ein harmloser Hund, den er Rommel rief. Im Alter irritierte Montgomery die Öffentlichkeit: Wähler der Labour-Partei gehörten ins Irrenhaus; Deutschland riet er, den alten Adenauer könne man mit etwas Pflanzenschutzmittel loswerden. Und wie erst vor wenigen Jahren bekannt wurde, schlug er der britischen Regierung ein Apartheid-Programm für ganz Afrika vor, weil die „Wilden" sich nicht selbst regieren könnten.

Während des Kriegs gab es oft Krach zwischen Montgomery und dem Oberkommandierenden der Alliierten, US-General Dwight D. Eisenhower. Der Brite rieb sich an vielen Entscheidungen des „Yankees"; nicht nur insgeheim hielt er sich für den besseren Oberbefehlshaber. Obwohl sich die beiden freundschaftlich mit Monty und Ike anredeten, war das Verhältnis gespannt. Montgomery nannte Eisenhower später einen „zweitklassigen Soldaten"; dieser hielt Monty für viel zu bedächtig und behauptete, man habe dessen Worten nie trauen können.

Je näher die Alliierten ihrem Sieg kamen, desto mehr trat nicht nur die Rivalität ihrer Generäle hervor. Briten und Amerikaner hatten die Nachkriegsordnung im Blick und fürchteten den Machtgewinn der Sowjets. Als Montgomery seine Truppen über den Rhein geführt hatte, trieb er sie mit Hochdruck Richtung Norden. Anfang Mai 1945 eroberten die Briten den Zugang zur Ostsee. Am 4. Mai ergaben sich die Deutschen im Norden und Westen des Landes – der „News Chronicle" titelte: „Monty's Job done". *Tanjev Schultz*

„Wir sind nun rein zivilistisch"

„Alle verwundeten Soldaten werden von den Amis abtransportiert. Wir sind nun rein zivilistisch. Dr. K. verwahrt sich energisch gegen die Anrede Oberstabsarzt. Wie sich die Menschen ändern. Die Amerikaner sind sehr anständig. Ich dolmetsche. Es wird Ausgehverbot für 48 Stunden verhängt wegen Beschuß. Dann sollen alle in ihre Häuser – soweit sie noch vorhanden sind. Abends ab 22h wieder Beschießung. Tolles Artilleriefeuer. Granaten pfeifen unaufhörlich über unsre Köpfe. Unangenehmes Gefühl! Man hört auf Abschuß und Einschlag – und schläft schließlich doch. Wie lange sind wir schon hier? Ist nicht alles ein Traum?"

(Tagebucheintrag von Liesel K., 27, Krankenhausärztin in Germersheim/Pfalz vom 25. März 1945; Quelle: Tagebucharchiv Emmendingen)

Jüdische Brigade 25.3.1945

Der Oberbefehlshaber der britischen Truppen, Bernard Montgomery, erlässt ein Fraternisierungsverbot für seine Soldaten mit der Bevölkerung im besetzten Deutschland. Die Kontakte sollen auf Dienstangelegenheiten beschränkt werden, freundschaftliche Begegnungen sind untersagt. Das Verbot wird freilich oft umgangen. In Italien gibt US-General Clark die Aufstellung einer jüdischen Brigade bekannt. Clark betont: „Ich zweifle nicht daran, daß sich die Männer der jüdischen Brigade vorzüglich halten und einen wertvollen Zuwachs der alliierten Kampftruppen bilden werden, die jetzt bereit sind, dem Feind den Todesstoß zu versetzen." US-Truppen besetzen Worms, damit ist in der Pfalz „der organisierte Widerstand des Feindes zusammengebrochen." Als letztes deutsches Schiff verlässt die *Ubena* die eingeschlossene Stadt Danzig, an Bord sind 4000 Menschen.

Vom Zerstörten und Zerstören

Erinnerungen eines kinderlandverschickten Jungen an eine ver-rückte Welt ohne Zusammenhänge

Mein Krieg? Ein letztes „Jawoll!" allen damaligen Schar-, Fähnlein- und Stammführern. Ich betrachtete die grob gestrickten Herumbrüller aus staunender Distanz. Verträumt, zart, feminin, nach eigenem, heutigem Empfinden, schrecklich etepetete, verwöhnt und zimperlich. Das war ich. Die Jung-Naziführer wollten, mittels Geländeübungen, Heimabenden, dümmlichen Marschliedern, Antreten in Reih und Glied einen wehrtüchtigen, kollektivbereiten, gehorsamen Jungvolk-Bräunling aus dem weichen Material formen, flink wie ein Windhund und zäh wie Kruppstahl. Das misslang. Das Elternhaus! Es blieb also erhalten ein Beiseite-Kind, welches verborgene Welten sich einzubilden immer Lust hatte, das irgendeiner, womöglich groben Wirklichkeit nicht bedurfte, sondern lediglich feiner Anstöße, materieller wie immaterieller, um die innerliche Abenteuermaschine in Gang zu setzen. Ein Kind allerdings, welches lieber vorbeials hinsah, vorbei an den schmutzigen, lauten, sprotzenden Seiten des westfälisch-slawischen Schmelztopfes Ruhrgebiet.

Deutsche Front „durchlöchert" 26.3.1945

Die Westalliierten dehnen ihre Brückenköpfe östlich des Rheins immer weiter aus, US-Truppen dringen in Frankfurt/Main ein und rücken bis Aschaffenburg vor. Immer mehr deutsche Truppen müssen sich Richtung Osten zurückziehen. Das Oberkommando der Wehrmacht räumt ein: „Die Abwehrschlacht im Westerwald hat die deutsche Front an einigen Stellen durchlöchert."

Ausflüge in die kindliche Innenwelt waren reiche Belohnung für die Hänseleien des rauhen, schulischen Plebs, welcher nicht verstehen wollte, dass ich mich zu fein dünkte (oder zu feige war), mich zu prügeln, und lieber Anschluss suchte bei den Schicksen. Ein lächerliches Bild: Um sich des ihn umringenden Chores hänselnder Belästiger zu erwehren, schlug das Kind nach den Klassengenossen, ziemlich erfolglos, mit einer Fliegenklatsche. Die Fliegenklatsche war eine pelzlederne Mütze.

Die angeborene dichterische, weltfremde Exaltiertheit ließ sich unter Verlusten „durchhalten", der Einbruch anormaler Umstände während der Kriegsjahre zwei und drei in eine bürgerliche Pastorenhaus-Kindheit aber war nicht abzuwehren, ja, etliche erste Schichten der kostbaren Unbefangenheit wurden unversehens abgeschmirgelt.

Es gab Zeichen.

Näherte sich in der großen Pause auf dem Schulhof des – wie konnte es anders sein – Adolf-Hitler-Gymnasiums ein reiferer Klassenkamerad und raunte „Flüsterwitze" ins Ohr des mutmaßlich Gleichgesinnten: Kommt ein SA-Mann aus der Kneipe, sein Fahrrad ist weg. Auf einem Zettel steht: Alle Räder müssen rollen für den Sieg! SA marschiert! Ach wie harmlos, ach wie gefährlich, solch ein Kinderspiel zur Nazizeit. Nachts, immer häufiger, drangen schwächere britische Geschwader und „Störflugzeuge" (es war erst die Ouvertüre der alliierten Luftoffensive) meist über den Raum Goch in das Reichsgebiet ein, erreichten Essengelsenkirchenbochum im Nu, die Zechen, die Stahlwerke, die abgedunkelten Hochöfen, also alle die 1001 Zielfeuer der deutschen Kriegsmaschine im Ruhrgebiet.

„Voll-Alarm" scheuchte den Pastorenclan in den ausgebauten Schutzraum, Katze vornan. „Instinkt des Tieres" war eine stehende Redensart. Links am Fuß der steilen, polterigen Holztreppe wäre es in den Kohlenkeller gegangen; Anthrazit, Koks und Küchenkohle, viele Tonnen. „Hilfste mal Herrn Trenschewski einschaufeln!" Ungern. Aber es half nichts. Gnade Gott, wenn eine Stabbrandbombe in die Kohlehaufen...

Wir stürzten rechts in das muffigfeuchte, erzwungene Nachtasyl, komisch aufmöbliert, Teppiche, pseudogemütlich. Stahltüren schlossen die Schleusen nach draußen. Wenn es ging, gefühlsmäßig (ja, man bekam Gefühl für die Richtung derer da oben, auch als kleiner Mensch – Krupp diesmal?!), wenn man also glaubte, nicht selbst ein Ziel zu sein, ließ man sich – wieder muss ergänzt werden: anfangs – vom Himmelskriegsschauspiel faszinieren. Das suchende, nervöse Hin und Her der kilometerhoch in die Nacht stechenden Flakscheinwerfer vor den Silhouetten der Fördertürme, bis sie einen „drin hatten", im Kreuzungspunkt, bis das Gesuchte – der Bomber am Himmelszelt – gefunden war. Ziel für die Leuchtspurmunition auf ihren krummen Bahnen, für das rollende Feuer der Achtacht auf dem Mechtenberg, den Erzeuger der Explosionswölkchen dicht bei den gebündelten Strahlen. Aha, die ta-

Himmelfahrtskommando: Eine der letzten Propaganda-Aufnahmen der NS-Zeit vom 17. April dokumentiert unfreiwillig, mit welch primitiven Mitteln die Alliierten aufgehalten werden sollten. Das „Panzerjagdkommando" an der Oderfront war mit Fahrrädern und Panzerfäusten unterwegs.

ten was! Nachher, nach der Entwarnung, trauten wir uns auf den Kirchplatz, in die oftmals brandige Nacht, während Splitter des Flakfeuers, meteoritengleich der Erdanziehung folgend, verzögert um uns einschlugen. Gefährlich? Aber auch Ehrensache, sie zu finden, ehe das zackige Metall abgekühlt war von seiner hitzigen Luftreise. Dann das Fundstück der Flaksplitter-Sammlung einzuverleiben.

Vormittags Schule, todmüde. Tagebucheintragungen des Elfjährigen für den fernen Vater zum Geburtstag: „22. Juli 42. Ein Flugzeug war, nicht übertrieben, eine Viertelstunde lang im Scheinwerfer. Es brannte sehr heftig in Katernberg und im Beisen. In der Kolonie brannte jedes vierte Haus. Der Bahnhof in Altenessen war abgebrannt. 26. Juli. In der Nacht zum 26. Juli war Alarm ohne große Bedeutung, wenn auch ziemlich lange. Am Nachmittag verzichteten wir auf den Kuchen und dachten an Euch. Ich vergaß noch zu schreiben, dass ich mit Schwester Minchen zu dem Bombentrichter ging…“ Erschütterung? Noch nicht. Altkluges Gruseln. Und Schule, wo war dein Sinn? Ach ja, das A.-H.-Gymnasium. Wo waren sie geblieben, in meinem übermüdeten Köpfchen, angefüllt mit nie zuvor gewesenen Eindrücken? Wohin hatten sie sich verflüchtigt, die unregelmäßigen lateinischen Verben!

Unter dem Pultdeckel die jüngste Ausgabe des Adler, eine raffinierte, den Heldennachwuchs stimulierende Propaganda-Zeitschrift aus Görings Luftfahrtministerium. Kühn gezeichnete Luftkämpfe, Stukas, Siegerflieger. Schicke Monturen. War nicht Vater bei den eleganten Paderborner Husaren gewesen, einen Krieg zuvor? Der Adler druckte Fortsetzungen vom Jagdflieger aller Jagdflieger. Major Mölders erzählt sein Leben: „… ich war kein guter Schüler.“ Dafür aber aus Gelsenkirchen. Und trotzdem Schwerter mit Brillanten? Na siehste!

Es war klar, träumte mir beim Blättern, dass ich eine Messerschmitt Me-109 fliegen würde, den schnellsten und lautesten Jäger aller Zeiten und Welten. Oder die Me-110? Immerhin zwei Motoren! Hütete ein Büchlein, welches alle Kriegsflugzeuge aufführte, auch englische. Der nächtliche Alarmverursacher und Bombenwerfer war demnach eine Bristol Blenheim.

Am frühen Abend, wenn die Empfangsbedingungen besser waren (wir besaßen eine privilegierte Antenne, einen Draht zum Himmel, zum Kirchturm, bis zu den Schalllöchern der Glockenstube), fand man mich am Volksempfänger. Ein einfacher, rückgekoppelter „Geradeausempfänger“, las ich später, was unfreiwillig witzig ausdrückt, dass dieses Radio Hitler- und Goebbels-Reden zu verbreiten hatte, Nazi-Propaganda und erwünschte Weisen. Ein weiter reichender Empfang war nicht vorgesehen. „Feindsender“ standen unter schwerer Strafe. Das Bübchen entwickelte sich kriegshalber zum frühen Nachrichten-Junkie, hörte offiziöse Wehrmachtsberichte, unfassbare Gefangenen-Zahlen aus den „Kesseln“ in Russland, ließ sich von den Fanfaren der bombastischen „Sondermeldungen“ anlocken. Obligate Triumphschreie nach jedem eroberten, sprich, überfallenen Land – und fand sich ungewollt mit der übrigen Volksgemeinschaft „vor dem Lautsprecher“ wieder, wenn nämlich die allererste Radio-Liveshow reichsweit ausgestrahlt wurde, das „Wunschkonzert für die Wehrmacht“. Eine Art Nazi-Heimat-Front-Wetten-dass der damaligen Radiostars Goedecke und Krug. („Wetten dass gleich Feldwebel Pottschulte im Sendesaal – er marschierte vom Nordkap bis nach Sizilien…“) So ähnlich. Das suggerierte nicht nur kleinen Jungs: Allüberall sehr großes deutsches Reich!!!

An dieser Stelle wird eine Zäsur fällig. Das Kind im Ruhrgebiet, von welchem bisher die Rede war, erlebte und verstand die ersten Kriegsjahre naiv, pueril, neugierig, ratlos, gar nicht. Also altersgemäß. Und verschlossen. Damalige Markierungen und Befindlichkeiten sind den schwach gefüllten Speichern des Gedächtnisses entnommen worden, nicht aber, nach Möglichkeit, einer späteren Reflexion oder den Aufbesserungen durch zeitgeschichtliche Lektüre. Nun verschwand die anfängliche, scheinbare Erträglichkeit des Krieges an der so genannten Heimatfront im selben Maße wie die Intensität der Luftangriffe zunahm, Todesnachrichten sich häuften – eine Unübersehbarkeit des Zerstörten und Zerstörens sich ausbreitete. Da begann ich, vorsichtig und ohne mich zu verraten, eine geheime Ausnahmewelt zu erschaffen, das eigene Universum, den autonomen Planeten Claus. Ich bildete mir ein, „Krieg“ sei sichtbar, hörbar, lesbar, spürbar – nur dort wo ich mich befand. Darüber hinaus, jenseits „meiner“ schmalen Kriegszone, herrsche Friede. Nicht-Zerstörung. Kein Vollalarm. Eine höhere Macht (nein, nicht „Gott“, der war im Kindergottesdienst und in meinem Vater, wenn er von der Kanzel predigte), eine unbekannte Macht wollte mir demonstrieren, abschreckend zeigen, mir, dem Auserwählten: Wahnsinn, Krieg, Alarm, Bomben, dort, wo ich mich befand; nur dort. Wehrmachtsberichte aus dem Radio, nur aus dem. Tiefflieger feuerten auf jenen Zug, in dem ich gen Barby fuhr; nirgendwo sonst rollte ein Rad für den Sieg. Nicht einfach zu knüpfen, dieses leicht größenwahnsinnige, anfangs etwas grobe, später verfeinerte System einer Flucht vor der Totalität und Grausamkeit des Realen. Es hatte manche Lücken und war offensichtlich angesichts zerstörter Städte schizophren. Aber wenn ich zurückdenke: Es hat (mir) geholfen. Der kleine Planet Claus behielt die Autonomie seiner Welt-Kriegs-Betrachtung bis ins fünfte Kriegsjahr.

Also gelangte ich an die Elbe, die übrige Klasse nach Prien/Chiemsee in ein kaserniertes, indoktrinierendes KLV, Kinder-Land-Verschickungs-Lager, weil alliierter Luftkrieg und geregelte gymnasial-nationalsozialis-

Nicht nur beim „Volkssturm", auch bei der Wehrmacht selbst wurden Kinder an die Front geschickt.

tische Erziehung allmählich einander ausschlossen. Die Separierung des Träumer-Kindes, der Hinauswurf aus dem psychisch und physisch zerbröselnden, fein gepolsterten Kokon eines behütenden Pfarrhauses musste einerseits Wahrnehmungsvermögen und Selbsterhaltungstrieb schärfen. Andererseits bildeten sich aus lauter ich-süchtiger Wut über die sich anbahnende Zerstörung einer – immateriell – luxuriös angelegten Kindheit detailreiche Erinnerungen. Der nunmehr Halbwüchsige beobachtete an sich und um sich fassungslos und stumm die Auflösung strammer Hierarchien, das Lächerlicherwerden der Erwachsenenwelt – lächerlich für immer.

Barby, das „Ackerstädtchen" an der sanften, auenreichen Mittelelbe unweit der Saalemündung. Lieb und wohlvertraut. War gezeugt worden in Barby. Und war in den Ferien seit Säuglingstagen auf dem Rittergut der Verwandten. Geschichten von Bismarck und Wilhelm Zwo raunte man den Kindern zu. Die Heroen des Wilhelminismus, getrennt, versteht sich, fanden sich ein im „Hasenwinkel" des Deutschen Reiches zu Treib- und Kessel-Jagden. Superb war getafelt worden. Das berühmte Puter-Rezept. Auch bürgerlich war man wer. Ein Vorfahr aus dem 17. Jahrhundert, Pastor und Geistlicher Rath, grüßte streng gemalt von einer Wand der Johanniskirche. Und Fontane hatte sich bedient, das ausgestorbene Geschlecht der Grafen von Barby in seinen „Stechlin" versetzt. Allerhand Weltbeziehungen also an unscheinbarer Stelle. Die Herzog-Heinrich-Aufbau-Schule dahingegen war das Gegenteil eines humanistischen Gymnasiums. Griechisch gab sie nicht.

Irgendwo in Barby war ein grauer Bauwagen untergestellt, angefüllt mit allem, was wertvoll gewesen, zu Hause, im Luftkriegs-Ruhrgebiet. Das Aussteuer-Silber. Meißner Porzellan. Biedermeier-Möbel. An der Elbe war es doch sicher!

Das solitär kinderlandverschickte Kind, aus dem Nest gefallen, plötzlich gereift und für vertrauenswürdig befunden, wurde ausgesandt, den Feindsender BBC „abzuhören", ja, Vortrag zu halten über die Kriegslage. Leichtsinnig angesichts der Denunziationsfreudigkeit der Volksgenossen; andererseits unbewusste Initiierung des Politischen, welches statt des gewünschten Poetischen an die erste Stelle treten sollte. Über uns Bomberströme gen Berlin, Magdeburg etcetera; dröhnende Luftbeherrscher im ehern wirkenden Formationsflug. Bewölkten den Himmel über Barby mit ihren Kondensstreifen, so viele waren es. Ach ja: Können Kinder fatalistisch sein? Kinderlandverschickte Kinder mussten es sein können. Alliierte Bomberflotten waren überall. Der „Wehrmachtsbericht" meldete einmal: Durch Angriffe britischer Terrorflieger entstanden in den Räumen... Gelsenkirchen... zum Teil schwere Schäden. (14.3.45) Ein anderes Mal: Anglo-amerikanische Terrorbomber... bei Tag und Nacht... Schäden entstanden vor allem in Gelsenkirchen. (23.1.45) Lebten sie, die Eltern? Hallo, Gelsenkirchen ?! Keine Verbindung, Leitung tot.

Endgültig Mitte/Ende 44 brach mein schützender Kokon auseinander. Dem Dreizehnjährigen erschien das quälendlangsam sich hinziehende Ende des Krieges... heute würde ich sagen: es stellte sich dar wie ein Film von Mel Brooks, wie der Irrwitz von Monty Python. Seinerzeit schon „lächerlich", zum Lachen. Einzelheiten des Barbyer Finales erschienen grotesk-komisch, wie auch eine Beerdigung komisch sein kann. War nicht ein Kennzeichen der Nazizeit und jenes Krieges auch die „informelle Einschließung" in Luftschutzkellern, zerbombten Städten, verschworenen Familien, durch Desinformation und Verdunkelung? Man wurde „ver-rückt" in einer Welt ohne Zusammenhänge.

War es nicht zum Lachen, filmisch gesehen, wenn dünnschultrige Jungs der Herzog-H.-Schule im „Kriegseinsatz" zerteilte Baumstämme über die Elbbrücke schleppten, in langer Reihe, von Ostelbien nach Westelbien, Futter für ominöse Panzersperren? Eine Brücke notabene, die ich liebte, weil man auf den Bohlen trampelnd ein wundersames Raunen erzeugen konnte. Gesprengt in letzter Sekunde sperrte sie den Fluss wie ein Sauriergerippe. War es nicht auch komisch, dass wir

Ein Schleppnetz für die letzten Fische

Alles ist eine Frage der Zeit – warum früher so viele Nazi-Täter durch die Maschen schlüpften und gerade jetzt ein Ermittlungsboom herrscht

Es ist nur eine kurze Zeitungsnotiz, doch sie führt zum Kern der Frage, die alle hier zu beschäftigen scheint. Kriminalhauptkommissar Manfred Haag hat sich die Meldung an die Wand vor dem Schreibtisch geheftet, weshalb ihm der Papierschnipsel, der zwischen Familienfotos und Schmuckkalendern hängt, jetzt ständig ins Auge fällt. „Ältester Deutscher stirbt im Alter von 111 Jahren", liest der Kriminaler aus der Meldung vor. Dann dreht er sich um und grinst: Wenn alle so alt würden wie der Mann aus der Zeitungsnotiz, gäbe es ja wohl noch genug zu tun.

Der Kripobeamte sowie die fünf Richter und Staatsanwälte, die in den benachbarten Büros unter breiten Landkarten und Organisationsplänen sitzen, spüren einer besonderen Klientel von Delinquenten nach, die inzwischen in die Jahre gekommen ist: Sie jagen deutsche NS-Täter und Kriegsverbrecher. Die alten Herren in irgendeinem Erdenwinkel zu finden, Beweise gegen sie zu sammeln und sie vor ein deutsches Gericht zu bringen, ist ein Wettlauf mit der Zeit geworden, den die Ermittler schon oft genug verloren haben. Aber auch die Behörde selbst, die offiziell unter dem langatmigen Namen „Zentrale Stelle der Landesjustizverwaltungen zur Aufklärung nationalsozialistischer Verbrechen" firmiert, hat im Laufe der Zeit immer neue Beweise vorlegen müssen, um ihre Daseinsberechtigung zu behaupten: 60 Jahre nach Kriegsende stellt sich diese Frage heute mehr denn je, und deshalb scheint sie in dem ehemaligen Frauengefängnis von Ludwigsburg, wo die „Zentrale Stelle" seit vielen Jahrzehnten residiert, auch allgegenwärtig zu sein – freilich anders, als man denken würde.

„Ich will nicht sagen, dass wir ein lebender Leichnam sind", meint Staatsanwalt Joachim Riedel in munterem Plauderton, doch es gebe wohl wenige Behörden in Deutschland, „die so oft totgesagt wurden wie wir". Riedel ist stellvertretender Leiter der „Zentralen Stelle", in seinem Amtszimmer sitzt er wie eingemauert zwischen Bücherreihen und Aktenbergen – der 63-Jährige macht keineswegs den Eindruck, als ob er demnächst seinen Schreibtisch räumen wollte. Stattdessen bereitet er gerade seine nächste Recherche-Reise an die Schwarzmeerküste vor. Es stehen Termine in Odessa und Nikolajew an, auch nach Moskau will der Staatsanwalt reisen: Im Archiv des Geheimdienstes KGB, meint Riedel, „dürften wahre Schätze für uns liegen".

Auch im benachbarten Büro von Oberstaatsanwalt Kurt Schrimm, dem Behördenleiter, werden Reisevorbereitungen getroffen: Schrimm fliegt demnächst nach Washington, wo mit dem Holocaust-Museum und den National Archives zwei weitere Fundgruben für deutsche Ermittler existieren. Seit die Amerikaner Box für Box ihrer nach Kriegsende gesammelten Aktenbestände freigeben, eröffnen sich immer neue Informationsquellen. Später im Jahr will Schrimm auch nach Prag, Argentinien steht ebenfalls auf dem Programm, und wer weiß, wohin der 55-jährige Schwabe noch eilen wird. „Wir machen eine Art Schleppnetzfahndung nach den letzten Tätern", sagt Kollege Riedel, während sein Blick über die Aktenberge auf seinem Schreibtisch wandert: „Erst wenn alle tot sind, macht die Behörde zu."

Das kann noch ein bisschen dauern. Kürzlich hat Riedel 16 Namen von Männern ausfindig gemacht, die „ganz konkreter Taten bezichtigt werden", wie er sagt. Ein paar Türen weiter sitzt Thomas Will in seinem Amtszimmer mit einem Italienisch-Lexikon am Computer und eröffnet ein Vorermittlungsverfahren nach dem anderen. Der Jurist, der vom Amtsgericht Dessau nach Ludwigsburg abgeordnet wurde, kümmert sich um Kriegsverbrechen, die deutsche Soldaten und SS-Männer während der Okkupation Italiens 1944/45 verübten. Er führt zurzeit allein 17 offene Verfahren, und er hat „noch 200 weitere Tatbestände" im Auge – Italien, wo Deutsche während der letzten Kriegsmonate allein rund 10.000 Zivilisten und mindestens 15.000 Partisanen töteten, ist ein Ermittlungsschwerpunkt in der Zentralen Stelle.

„Mein Ehrgeiz ist, alle Taten in Italien zu erfassen und die am besten belegten Fälle auf den juristischen Weg zu bringen", sagt Staatsanwalt Will und fügt leise hinzu: „Wenn wir das jetzt nicht schaffen, wird es wohl keiner mehr machen." Auch der Kriminalhauptkommissar Haag pflegt zurzeit eine rege Korrespondenz mit den italienischen Carabinieri, überdies führt er Untersuchungen in der Nähe von Potsdam, in Göttingen und andernorts. Und so ist, 60 Jahre nach Kriegsende, ein regelrechter Ermittlungsboom in Ludwigsburg ausgebrochen.

„Man kann fragen, warum das erst jetzt geschieht", philosophiert Staatsanwalt Riedel in seiner Aktenburg. Und der Behördenleiter Schrimm räumt unumwunden ein, dass „in der Vergangenheit sicher einiges versäumt wurde". Auch dies hat mit der Zeit zu tun, die wohl erst vergehen musste, bis der Zeitgeist reifte für eine offensive Auseinandersetzung mit der Vergangenheit: Die „Zentrale Stelle" ist, wie alle deutschen Justizbehörden, nur ein Spiegel der Gesellschaft. Vermutlich mussten erst junge Juristen wie der 44-jährige Will antreten, um an die alten Geschichten heranzugehen. Als die „Zentrale Stelle" vor 47 Jahren eröffnet wurde, war Thomas Will noch nicht geboren. Die Landesjustizminister riefen sie im November 1958 ins Leben – eine Amtsgründung wider Willen. Es gab weniger echten Aufklärungswillen als politischen Handlungsbedarf, denn kurz zuvor hatte der so genannte Einsatzkommando-Prozess für Schlagzeilen gesorgt. In Ulm waren zehn Männer schier unglaublicher Verbrechen angeklagt: Als Angehörige des Kommandos „Tilsit" sollten sie hinter der Front Tausende von Menschen umgebracht haben, in einem alten Fernschreiben war von nahezu 140.000 Toten die Rede.

„Finden Sie mal einen Lehmann" – Behördenchef Kurt Schrimm mit den Staatsanwälten Frank Schilder und Joachim Riedel (v. links).

Dass die Männer nach 1945 zunächst jahrelang unbehelligt in Büros und Betrieben gearbeitet hatten, erschütterte die Öffentlichkeit. Indes hatte die unterlassene Strafverfolgung durchaus Methode: Herkömmliche Staatsanwaltschaften sahen es nicht als ihre Aufgabe, über Taten zu ermitteln, die im Ausland begangen worden waren – schon gar nicht, wenn Namen und Wohnsitze der Verdächtigen nicht feststanden.

Mit der „Zentralen Stelle" sollte diese Zuständigkeitslücke geschlossen werden. Fortan war die neue Behörde damit betraut, Vorermittlungen über im Ausland begangene Verbrechen zu führen, Namen und Wohnorte möglicher Täter ausfindig zu machen und die Akten an die örtlich zuständigen Staatsanwaltschaften weiterzugeben. Objekt der Ermittlungen waren vor allem die Massentötungen in den Vernichtungslagern und Erschießungsaktionen von Einsatzkommandos. Mit vier Mitarbeitern nahm die Behörde 1958 ihre Arbeit auf, wenige Jahre nach der Gründung gab es einen ersten Skandal: Oberstaatsanwalt Erwin Schüle, der erste Leiter der Zentralstelle, war selbst NSDAP- und SA-Mitglied gewesen – nach Protesten im In- und Ausland musste er 1966 den Posten räumen.

Ihm folgte Adalbert Rückerl, ein streitbarer Staatsanwalt, der bald mit dem konservativen Establishment in Konflikt geriet. Als er 1968 mit einigen Mitarbeitern nach Moskau reiste, um Dokumente über Judenliquidierungen und Partisanenerschießungen einzusehen, wurden die Ermittler von einem CDU-Abgeordneten im Bundestag als „unsere Idioten" beschimpft, und bei der Behörde gingen Morddrohungen ein. Noch im selben Jahr machte das Parlament mit einer scheinbar geringfügigen Gesetzesänderung einen wichtigen Bereich der NS-Ermittlungen zunichte: Plötzlich waren die Schreibtischtäter von SS-Chef Heinrich Himmler, die Bürokraten der Endlösung, wegen fortgeschrittener Verjährung nicht mehr zu belangen – und so endete ein akribisch vorbereiteter Prozess gegen Mitarbeiter des berüchtigten Reichssicherheitshauptamtes im Nichts.

Schon zuvor hatten die Ermittler mit allerlei rechtlichen Hürden zu kämpfen. So war es nach den Überleitungsverträgen der Alliierten grundsätzlich nicht möglich, gegen Tatverdächtige vorzugehen, die nach dem Krieg bereits im Visier von Amerikanern oder Engländern gewesen waren – selbst wenn zwischenzeitlich eine völlig neue Beweislage eingetreten war. Auch mit den deutschen Polizeidienststellen gab es Probleme. So enthüllte die zeitweise nach Ludwigsburg abgeordnete Mannheimer Staatsanwältin Barbara Just-Dahlmann seinerzeit bei einer Tagung, dass in der Zentralstelle zuweilen gezögert werde, Ermittlungsunterlagen an die Polizei weiterzugeben: Weil man nicht wisse, „ob die Akten dort nicht in die Hände eines Beamten geraten, der zu dem von ihr gesuchten Täterkreis gehört". Eine durchaus begründete Sorge, denn ausgerechnet bei der Polizei waren nach dem Krieg besonders viele einstige Angehörige von Erschießungskommandos gelandet.

Anfang der siebziger Jahre, zwischenzeitlich hatte die Studentenbewegung für Wirbel im Lande gesorgt und die mangelnde Auseinandersetzung mit der NS-Vergangenheit zum Thema gemacht, brach die Hochzeit der Zentralen Stelle an. Jetzt fahndeten 126 Mitarbeiter nach NS-Tätern, darunter 48 Staatsanwälte und Richter. Zahlreiche Dolmetscher gingen ihnen zur Hand, Justizgehilfen legten Karteikarten über Karteikarten an. Mit Hilfe der Ludwigsburger wurden die wichtigsten deutschen NS-Prozesse der Nachkriegszeit vorbereitet: Von den beiden Auschwitz-Verfahren in Frankfurt bis zu dem Majdanek-Prozess, der 1981 in Düsseldorf seinen Abschluss fand.

Mittlerweile hatte es die Behörde selbst im konservativen Residenzstädtchen Ludwigsburg zu Ansehen gebracht. Vom ehemaligen Männergefängnis, ihrem ersten Domizil, zog sie in den einstigen Frauenknast um, ein Gebäude mit typisch deutscher Vergangenheit. Bei Renovierungsarbeiten fand sich ein Dielenbrett mit der Aufschrift: „Verlegt unter der Herrschaft der Hackenkreuzler 1933". Und: „Letzte Hoffnung, armes Volk." Nach dem Krieg wurde die „Hexe von Buchenwald", Ilse Koch, die aus Ludwigsburg stammende Frau des Buchenwalder KZ-Kommandanten, zeitweise in dem Bau gefangen gehalten. Heute prangt in schwarzer Lackfarbe ein „SS"-Zeichen auf der hohen Bruchsteinmauer, die das aus dem Barock stammende Gebäude umgibt.

Drinnen hat man im ersten Moment das Gefühl, als sei die Zeit stehen geblieben. Eine uralte Adressiermaschine arretiert die Eingangstür, am Glasfenster zur Pförtnerloge klebt ein handgeschriebener Zettel: „Bin im Hof". Im ersten Stockwerk stapeln sich vergilbte Mappen in altertümlichen Holzregalen, während am Konferenztisch des Chefzimmers Bedienstete das Mittagsmahl einnehmen. Die Belegschaft der Zentralstelle ist auf 20 Mitarbeiter zusammengeschrumpft, doch der Aktenbestand ist schier überwältigend. Hinter einer immerhin mittels elektronischer Technik gesicherten Tür liegt das Herzstück des Gebäudes, der Karteikartenraum. Genau 1.657.567 Karten stecken hier in grauen Blechschränken. 687.380 Namen sind darauf vermerkt, 608.945 Orte und 4.247 Einheiten.

In Ludwigsburg sind nahezu alle NS-Verfahren gespeichert, die je in der Bundesrepublik geführt wurden. Wer immer beschuldigt war oder auch nur vernommen wurde – sein Name sollte sich in einem der Blechkästen finden. Die Karteikarten sind heute von unschätzbarem Wert für die zeitgeschichtliche Forschung, namhafte Historiker, ob Christopher Browning oder Daniel Goldhagen, haben schon Monate in Ludwigsburg verbracht. Auch das Bundesarchiv streckte seine Arme aus: Seit dem Frühjahr 2000 hat sich eine Außenstelle in Ludwigsburg breit gemacht. Zug um Zug lösen die Archivare jetzt die vergilbten Papiere aus den alten Schnellheftern und packen sie in saubere graue Pappkartons, die mit frischen weißen Schildchen gekennzeichnet sind – so wandelt sich Strafverfolgung unmerklich in Zeitgeschichte.

Insgesamt etwa 16.000 Ermittlungsverfahren mit ungefähr 100.000 Beschuldigten haben die Ludwigsburger Ermittler seit 1958 angestoßen. Überdies sammelten sie alle Kopien von Verfahren, derer sie habhaft werden konnten. Freilich schützte ihre Sammelwut die Fahnder nicht davor, zahlreiche NS-Täter zu übersehen. So war der Elan von Ludwigsburg schon sichtlich erschlafft, als die Kommission der Vereinten Nationen für Kriegsverbrechen 1986 kistenweise Akten nach Deutschland sandte. Aus den Unterlagen wurden kaum nennenswerte Ermittlungen eröffnet, man schloss die Mappen schon nach oberflächlicher Prüfung. Dabei enthielten sie, wie man heute weiß, wertvolle Informationen, allerdings waren diese, da von Mikrofilmen abkopiert, oft so klein gedruckt, dass sich die Beamten wohl nicht die Augen daran verderben wollten.

Heute gehen die Ermittler hingegen auch dem kleinsten Hinweis nach. Da versucht Kriminalhauptkommissar Haag mühevoll, Puzzlesteine über die Erschießung von 127 italienischen Kriegsgefangenen in der Nähe des brandenburgischen Ortes Treuenbrietzen zusammenzuklauben. Die Tat war am 23. April 1945 begangen worden, zwei Wochen vor Kriegsende. „Die Opfer sind mir alle namentlich bekannt", meint Haag. Von den Tätern aber weiß er praktisch nichts. Lehmann soll einer der Haupttäter geheißen haben – „finden Sie mal einen Lehmann, Müller oder Schmidt", stöhnt Haag. Er ist schon zufrieden, „wenn ich nur irgendwen entdecke, der am Tatort war".

Doch selbst wenn er einen Täter aufspüren würde, wäre der Weg zur Verurteilung noch weit – praktisch gelten inzwischen die meisten Tötungsdelikte nur noch als Totschlag, wie Behördenleiter Schrimm erklärt, „und das Delikt ist verjährt". So geht es ihm denn auch vor allem darum, am Ende „alles getan zu haben für die Aufklärung, was in unserer Macht stand". Erst dann kann er guten Gewissens die Schließung vorschlagen.

Christiane Kohl

Bombenhagel auf deutsche Städte

Das Flugzeug als Massenvernichtungsmittel: Briten und Amerikaner warfen von 1942 bis 1945 mehr als zwei Millionen Tonnen Sprengsätze über Deutschland ab

Es verlohnt sich kaum noch, jeden Tag die Serie von Luftangriffen zu verzeichnen, die Stunde um Stunde in das Reichsgebiet hereinprasselt. Eine Abwehr ist praktisch kaum verspürbar. Man kann sich vorstellen, welche Folgen das in der öffentlichen Meinung nach sich zieht", notierte Reichspropagandaminister Joseph Goebbels am 23. März 1945 in sein Tagebuch. Über die praktischen Folgen des Bombenkriegs für die Bevölkerung machte sich Goebbels längst keine Gedanken mehr. Seit mehr als drei Jahren waren bereits deutsche Städte in regelmäßigen Abständen das Ziel britischer und amerikanischer Bombenabwürfe. Mit verheerenden Folgen für die Zivilbevölkerung, deren Wohnungen und die Infrastruktur der Städte. Unabhängig von der heiß umstrittenen Frage nach der moralischen Einordnung des Bombenkriegs steht fest: Während des Zweiten Weltkriegs wurden Flugzeuge zu einem Massenvernichtungsmittel.

Zu Beginn des Zweiten Weltkriegs besaß die deutsche Luftwaffe die Lufthoheit: Sie nutzte sie auch zur Bombardierung von Warschau, Rotterdam, London und vor allem Coventry. Vom „brutalen Einsatz" der Luftwaffe sprach Hitler während der „Schlacht um England". Auch von „Terror-Angriffen" zur Brechung des Widerstandswillens war in der deutschen Führung die Rede. Bis zum Kriegsende 1945 wurden etwa 60.000 Briten durch deutsche Bomben- und Raketenangriffe getötet.

Die Wende kam 1942. In diesem Jahr erfanden die Briten das „area bombing". In aller Radikalität umgesetzt wurde diese Strategie vom neuen Chef des Bomber Command, Arthur Harris. Oft wurden mehr als 1000 Flugzeuge gleichzeitig über einer deutschen Stadt konzentriert, wo sie ihre tödliche Fracht innerhalb weniger Minuten abluden. Seit Anfang 1943 attackierten auch die Amerikaner deutsche Ziele aus der Luft. Allerdings schafften es die Royal Air Force (RAF) und die United States Army Air Forces (USAAF) zwar, die deutsche Kriegsindustrie zu schwächen, nicht aber die Bevölkerung in Aufruhr gegen das Regime zu treiben. 1944/45 wurden die Bombardements noch einmal massiv gesteigert – insgesamt fielen mehr als zwei Millio-

Wanderung durch eine Steinwüste: Passanten vor dem in Brand geschossenen Hamburger Pressehaus im März 1945.

In Schutt und Asche gelegt: Die Nürnberger Innenstadt nach der Zerstörung im Januar 1945.

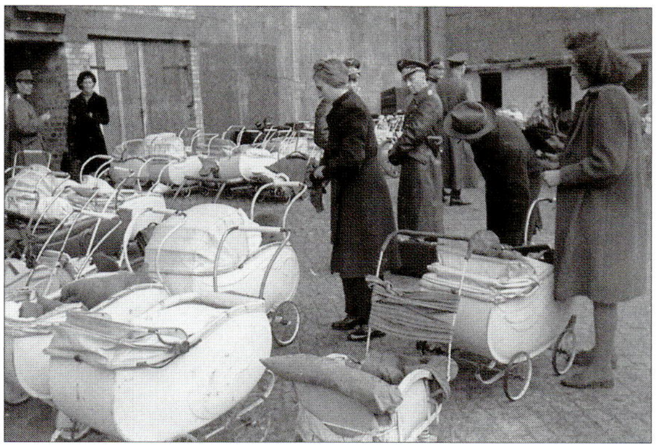

Der Weg zum Luftschutzbunker, wie hier in Berlin, gehörte für viele Deutsche über Jahre hinweg zur erzwungenen Routine.

Beißender Rauch und Staubwolken nach einem Luftangriff: In Berlin wagen sich erste Einwohner nahe des Anhalter Bahnhofs wieder auf die Straße.

Nur der weltberühmte Dom ragt noch aus einer Trümmerlandschaft: Schon am 31. Mai 1942 warfen mehr als 1100 Flugzeuge 1500 Tonnen Bomben über Köln ab. Bis Anfang März 1945 blieb die Stadt Ziel von Angriffen, der Dom diente dabei als Markierung.

nen Tonnen Bomben auf 131 deutsche Städte. Selbst als Deutschlands Niederlage längst absehbar war, wurden etwa noch Dresden, Würzburg und Potsdam völlig zerstört. Mehr als drei Millionen Kampfeinsätze flogen die Alliierten insgesamt, sie verloren dabei 40.000 Flugzeuge und 160.000 Mann.

Es fehlen exakte Angaben, doch laut Schätzungen starben mehr als 500.000 Zivilisten bei den Luftangriffen auf Deutschland, mehr als 800.000 wurden verwundet. In den Städten türmte sich 1945 ein Trümmerhaufen von etwa 300 Millionen Kubikmetern. Hauptproblem war – verschärft durch das Millionenheer der Flüchtlinge – die „Wohnraumbeschaffung". Von den 1939 vorhandenen etwa 19 Millionen Wohnungen im Reichsgebiet waren mehr als vier Millionen zerbombt. Während Großstädte wie Köln, Berlin, Dortmund und Hamburg bis zu 70 Prozent der Wohnungen verloren, hatte es einige Mittelstädte noch härter getroffen. Praktisch kein Haus stand mehr in Düren, Hanau und Paderborn. So erfüllte sich auf tragische Weise der Satz eines US-Generals, die Flugzeuge hätten den Krieg „bis direkt in die Wohnstätten der Deutschen getragen".

Robert Probst

„Der hat seinen Wanst gemästet"

„In den Luftschutzkellern der Städte ist der Reichsmarschall [Göring, Chef der Luftwaffe] Gegenstand heftiger Schmähungen. Von ihm... wird gesagt: ‚Der hat in Karinhall gesessen und seinen Wanst gemästet, statt die Luftwaffe auf der Höhe zu halten.' (Rüstungsarbeiter), oder: ‚Der ist schuld, daß alles, was wir besitzen, in Schutt und Asche liegt. Wenn ich den Kerl erwische, bringe ich ihn um.' (Arbeiterfrau)"

(Behördliche Aufzeichnungen von Ende März 1945. Quelle: Heinz Boberach, Meldungen aus dem Reich, Bd. 17, Herrsching 1984.)

28. März 1945

Alltäglicher Horror: Brennende Häuser und zerstörte Gebäude gehörten in großen Städten von 1942 bis 1945 zum Straßenbild. Nach Luftangriffen wurden Vermisste mit Hilfe von Kreideaufschriften auf Hausmauern gesucht.

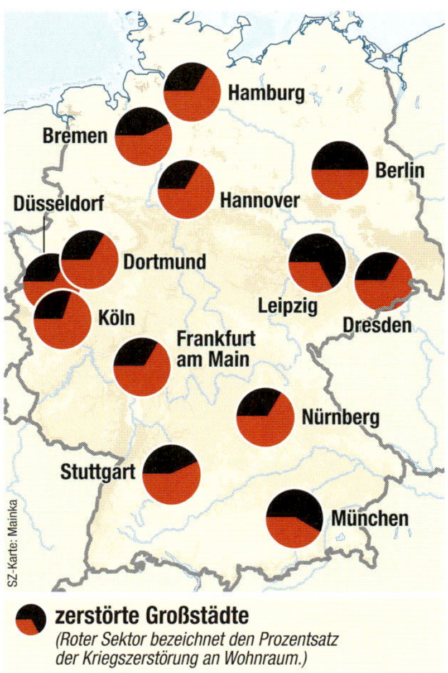

Rote Armee erobert Gdingen — 28.3.1945

Das Sowjetische Informationsbüro meldet: „Truppen der 2. weißrussischen Front erstürmten Gdynia an der Ostseeküste." Das Alliierte Hauptquartier gibt bekannt: „Der deutsche Widerstand am Niederrhein zeigt Anzeichen des Erlahmens." In Aachen wird der von NS-Partisanen ermordete Oberbürgermeister Franz Oppenhoff beerdigt. Er war von den Amerikanern eingesetzt worden. NS-Propagandaminister Joseph Goebbels schreibt zur Terror-Aktion von Aachen in sein Tagebuch: „Trotzdem bin ich mit der Arbeit unserer Werwolf-Organisation nicht zufrieden. Sie läuft erst sehr langsam an, und es scheint nicht der richtige Druck dahinter zu stehen."

Uncle Joe und der Streichholz-Plan

Wie die Teilung Europas begann: Im Tauziehen um Polen trickste der sowjetische Diktator Stalin die Westalliierten aus

Anfang April 1945 saß Tomasz Arciszewski in London auf gepackten Koffern. Er war Chef der dort residierenden polnischen Exilregierung und wollte möglichst schnell zurück nach Warschau. Er war darauf vorbereitet, in ein Trümmerfeld zu kommen: Die deutschen Besatzer hatten nach der Niederschlagung des Aufstandes der Untergrundarmee (AK) im Herbst 1944 die Innenstadt systematisch gesprengt, bevor sie den Rückzug antraten. Arciszewski hatte aber auch die Bilder von der ersten Truppenparade der Roten Armee in den Ruinen im Januar 1945 gesehen. Die Nachrichten aus der Heimat bedrückten ihn: Der sowjetische Geheimdienst NKWD begann, AK-Führer zu verhaften.

Seit ein paar Wochen wusste Arciszewski, dass Stalin der große Sieger des Krieges sein würde. Denn er hatte von den Vereinbarungen erfahren, die die Großen Drei – Stalin, Roosevelt und Churchill – im Februar auf der Konferenz von Jalta getroffen hatten. Demnach sollte Polen zur sowjetischen Einflusszone gehören und seinen Osten verlieren. Mit beidem wollte sich die Führung der Polen im Exil nicht abfinden.

Doch der polnische Protest verhallte ungehört. Stalin hatte längst in Ostpolen eine sowjetische Verwaltung aufbauen lassen. Er behielt somit das Gebiet, das ihm Hitler im geheimen Zusatzabkommen zum deutsch-sowjetischen Nichtangriffspakt vom August 1939 zugestanden hatte. Erstmals waren Stalin, Churchill und Roosevelt im November 1943 in Teheran zusammengekommen, um über die Nachkriegsordnung zu beraten. Dabei erörterten sie auch die Verschiebung Polens von Ost nach West zu Lasten des Deutschen Reiches. Die Sowjetunion sollte nach dem Vorschlag Churchills die Gebiete östlich der Flüsse Bug und San mit Ausnahme des heute zur Ukraine gehörenden Lemberg (Lwiw) behalten. Für seine von Moskau beanspruchten Ostgebiete sollte Polen mit Ostpreußen, Ostpommern sowie Oberschlesien entschädigt werden. Churchill veranschaulichte seinen Plan mit drei Streichhölzern: Das rechte verschob er nach ganz links.

Stalin bestand aber auf Lemberg, das in der Vergangenheit nie russisch gewesen war. Da weder Amerikaner noch Briten wegen dieser Frage einen Konflikt mit Stalin und somit ein Auseinanderbrechen der Anti-Hitler-Allianz riskieren wollten, übten sie Druck auf die polnische Exilführung in London aus, diese Grenzziehung zu akzeptieren.

Doch die Polen konnten sich zunächst nicht mit der Formel anfreunden, Danzig sei „mit Sicherheit nicht weniger wert als Lemberg". Sie akzeptierten auch nicht Churchills Argument, das lautete: „Sie werden im Westen Gebiete erhalten, die viel besser sind als die Pripjet-Sümpfe." Arciszewski versuchte Churchill klarzumachen, dass Polen überdies an einer weitflächigen Ausdehnung nach Westen nicht interessiert sein könne; das Land könne nicht acht bis zehn Millionen Deutsche verkraften: „Wir wollen den Anschluss Ostpreußens, Oberschlesiens und eines Teils von Pommern. Wir wollen weder Breslau noch Stettin. Wir fordern unsere ethnisch und historisch polnischen Gebiete." Damit meinte er die Gebiete um Lemberg und Wilna (Vilnius), die heutige Hauptstadt Litauens. Arciszewski, der Sozialist war, setzte sich mit dieser Position indes in einen Gegensatz zu rechten Gruppierungen. Diese hatten schon vor dem Krieg die Ausdehnung Polens mindestens bis zur Oder propagiert, wollten aber den Osten behalten.

29. März 1945

Während die Exilpolen in London sich noch Gedankenspielen hingaben, bereiteten die polnischen Kommunisten mit Rückendeckung Stalins die Machtübernahme vor. Denn mittlerweile war es zum Bruch zwischen der Exilregierung und dem Kreml gekommen; Anlass waren die 1943 in einem Wald unweit des russischen Dorfes Katyn entdeckten Massengräber. In ihnen lagen die Leichen von mehr als 4.000 erschossenen polnischen Offizieren. Eine Delegation des polnischen Roten Kreuzes, die von den Deutschen aus Propagandagründen nach Katyn eingeladen worden war, war zum Schluss gekommen, dass der Massenmord auf das Konto des NKWD ging. Der sowjetische Propagandaapparat brandmarkte hingegen die Deutschen als Täter. In Moskau geschulte Kommunisten und andere Linke riefen am 22. Juli 1944 in der ostpolnischen Stadt Lublin das Komitee zur Nationalen Befreiung aus, das sogleich vom Kreml als Übergangsregierung anerkannt wurde. Bereits vier Tage später schlossen Moskau und diese neue Regierung ein Geheimabkommen über die polnische Westgrenze an Oder und Neiße sowie die Vertreibung der Deutschen aus den Gebieten östlich dieser Linie.

Die Westalliierten erfuhren zwar nichts von diesem Geheimvertrag, doch hatten sie die Zwangsaussiedlung von mehreren Millionen Deutschen längst akzeptiert. Im Dezember 1944 plädierte Churchill vor dem Unterhaus für die „vollständige Entfernung der Deutschen aus den Gebieten, die Polen im Westen und Norden gewinnt". Die Frage war nur, wie weit dieser Gebietszuwachs reichen sollte. Die Großen Drei konnten in Jalta jedoch keine Einigkeit über die Westgrenze Polens erzielen. Nur so viel: Sie solle auf einer Friedenskonferenz festgelegt werden.

Weitaus wichtiger als die Grenzfrage waren für die Amerikaner Garantien für demokratische Wahlen in den Ländern, in denen die Rote Armee stand. Stalin stimmte der Bildung von Mehr-Parteien-Regierungen zu. Roosevelt glaubte diesen Zusagen und war bereit, Stalin gegenüber noch mehr Zugeständnisse zu machen, als dieser versicherte, die Sowjetunion werde die USA im Krieg gegen Japan unterstützen. Gegenüber Churchill nannte Roosevelt den sowjetischen Generalissimus „Uncle Joe". Der Präsident begriff nicht, dass die Souveränität Polens eine Illusion war. Am 12. April 1945 starb er. Churchill erkannte Stalins Absichten zu spät. Denn gestützt auf die Rote Armee und den NKWD gelang es Kaderkommunisten auch in Polen, die demokratischen Politiker auszuschalten. Willkürliche Verhaftungen und Mordanschläge waren an der Tagesordnung. Abteilungen der offiziell aufgelösten AK gingen wieder in den Untergrund, sie bekämpften nun die Rote Armee und die kommunistische polnische Miliz. Diesem Bürgerkrieg fielen Tausende zum Opfer. Die neue Führung in Warschau war auch nicht an einer

Staatliche Wiedergeburt von Stalins Gnaden: Erstmals seit dem Überfall des NS-Regimes auf Polen 1939 marschieren im Januar 1945 wieder Mitglieder der polnischen Armee durch Warschau. Während des Aufstands 1944 hatten die Deutschen Polens Hauptstadt völlig zerstört.

Das Märchen von der Felsenfestung

Phantasie mit Folgen: Wie die Amerikaner an den Mythos glaubten, Hitler lasse in den Alpen ein letztes Bollwerk errichten

Als nach der Kapitulation US-Geheimdienstmitarbeiter führende Nationalsozialisten und hohe Wehrmachtsgeneräle zum Verhör führten, galt ihr Interesse vielfach einer Sache, die sie in den letzten Monaten des Krieges stark beschäftigt hatte. Doch praktisch keiner der Gefangenen, nicht mal die Auskunftsfreudigen, konnte den Amerikanern weiterhelfen. Sie zuckten vielmehr verwundert mit den Schultern und betonten, sie hätten noch nie davon gehört. In Zeitungen und den Köpfen von US-Geheimdienstlern hatte diese Idee allerdings schon längst ein blühendes Eigenleben entfaltet, bevor sich während der allerletzten Zuckungen des Dritten Reiches diverse NS-Führer ernsthaft damit beschäftigten. Bis heute ist die „Alpenfestung“ eines der erfolgreichsten Gerüchte aus der NS-Zeit.

Obwohl schnell klar war, dass es die „Alpenfestung“ nie gegeben hatte, beflügelt auch 60 Jahre nach dem Kriegsende dieses Nebenprodukt des untergehenden NS-Reiches die Phantasie diverser Forscher. Mit unzähligen, manchmal eher halbseriösen Büchern und Abhandlungen wird versucht, Profit aus dem Faszinosum des Bösen zu schlagen. Meist geht es darum, die Existenz oder zumindest Seriosität der Pläne für das „letzte Bollwerk der Nazis“ in den Alpen zu beweisen oder plausibel zu machen.

Erfunden hatte die „Alpenfestung“ die freie westliche Presse – in der Erwartung, dass ein sechsjähriger

Vom Berghof auf dem Obersalzberg, den manch einer für die mögliche Zentrale einer „Alpenfestung" gehalten hatte, blieb nach der Zerstörung durch die Royal Air Force nicht viel übrig. Im Juni 1945 blicken US-Soldaten aus einem Fenster des einstigen zweiten Machtzentrums des NS-Staats.

Krieg mit Millionen von Opfern nicht einfach so zu Ende gehen könne, sondern eines abschließenden, wohl auch blutigen, Höhepunkts, einer Art „Götterdämmerung", bedürfe. Was passte da besser als ein Showdown vor möglichst eindrucksvoller Kulisse? So tauchten im Sommer 1944 in Schweizer Zeitungen erste Spekulationen auf, Hitler würde für ein „nationales Reduit" in den Alpen rüsten. Zum Vorbild hatten die Schweizer ein tatsächlich existierendes „alpines Rückzugsgebiet", nämlich ihr eigenes, das seit 1940 für den Fall eines deutschen Angriffs systematisch in den eidgenössischen Bergen entstanden war. Schnell zogen amerikanische Zeitungen nach, und bald wurde auch der US-Geheimdienst auf diese besorgniserregenden Gerüchte aufmerksam. Im Laufe der folgenden Monate entstand in der westlichen Welt sogar etwas wie eine „Reduit-Psychose", genährt aus Versatzstücken der germanischen Heldensagen, laienhafter Interpretation nationalsozialistischer Ideologie und Schreckensbildern eines mörderischen Endkampfes.

Mit „Alpenfestung" war keineswegs etwa nur Hitlers Sommerdomizil, der Berghof bei Berchtesgaden, gemeint. Die Rede war von einem gigantischen, befestigten Areal zwischen Bayern, Oberitalien, der Schweiz und Oberösterreich, von „uneinnehmbaren, vereisten Gipfeln", von bombensicheren Waffenschmieden, riesigen Mengen an Vorräten und Ausrüstung in Höhlensystemen und einer „Untergrundarmee" zur Befreiung Deutschlands von feindlichen Mächten. „Es sieht beinahe so aus, als hätten sich Verfasser von Gruselromanen in die Nachrichtenabteilung des alliierten Oberkommandos eingeschlichen", schreibt der Historiker William L. Shirer.

Als NS-Größen diese Berichte lasen, waren sie verblüfft und amüsiert. Die Propaganda vom „Endsieg" hatte es bisher geradezu verboten, überhaupt über einen Rückzug der Truppen ernsthaft nachzudenken. Da aber die endgültige Niederlage des Deutschen Reichs nach der Invasion in der Normandie absehbar war, glaubten führende Köpfe des NS-Regimes, die Idee der „Alpenfestung" gewinnbringend einsetzen zu können. Der Gauleiter von Tirol, Franz Hofer, schließlich hielt die Meldungen für so überzeugend, dass er dem „Führer" allen Ernstes im November 1944 vorschlug, ein solches Reduit „mit dem Einsatz aller Mittel raschest" zu errichten. Hofers Absicht: Sicherung seines Gaus und Verlängerung des Kampfes, um den lange erhofften Bruch der Westalliierten mit der Sowjetunion abzuwarten, dann eventuell die militärische Niederlage in einen Teilerfolg umzuwandeln oder gar gegen die Russen weiterzukämpfen.

Letztere Hoffnungen hegten auch andere NS-Größen, etwa Heinrich Himmler. Hitler selbst, dem Bormann das Memorandum erst im März 1945 vorlegte, war weniger beeindruckt. „Es ist völlig zwecklos, im Süden zu sitzen, weil ich dort keinen Einfluss und keine Armee habe", sagte er am 25. April in selten realistischer Einschätzung der Lage – als er bereits eingeschlossen in seinem Berliner Bunker saß. Am selben Tag machte übrigens die Royal Air Force den Berghof per Bombenabwurf dem Erdboden gleich. Dennoch gab Hitler am 28. April den Befehl zum Ausbau einer „Alpenfestung", zwei Tage später beging er Selbstmord. Weil die Wehrmacht unter dem Bevollmächtigten General Karl Wolff am Tag darauf eine Teil-Kapitulation in Italien aushandelte, war die „Alpenfestung" schneller Geschichte, als der Befehl ankommen konnte. Die Festung war das Papier nicht wert, auf dem sie geschrieben stand. Einen „Endkampf" im Süden hat es nie gegeben. Alle Voraussetzungen dafür fehlten.

Danzig wird polnisch 30.3.1945

Nach schweren Kämpfen erobert die Rote Armee am Karfreitag die Stadt Danzig an der Weichselmündung. Die Konflikte um den Status der Freien Stadt hatte Hitler 1939 zum Vorwand genommen, um Polen zu überfallen und so den Zweiten Weltkrieg zu beginnen. Das Sowjetische Informationsbüro meldet am Tag darauf: „Über der Stadt weht die polnische Nationalflagge." Die Innenstadt Danzigs ist zu 90 Prozent zerstört. Gleichzeitig startet die Rote Armee an der Südfront eine Offensive im Grenzbereich zwischen Ungarn und der Tschechoslowakei, Ziel des Vorstoßes ist die österreichische Hauptstadt Wien. Die Wehrmacht bestätigt die Erfolge der Gegner in Ungarn.

Die Alpenfestungs-Forscher interessiert jedoch mehr das Hätte, Könnte und Wäre. Sie verweisen auf große unterirdische Rüstungsprojekte in Oberösterreich, in denen vor allem KZ-Häftlinge Fronarbeit leisten mussten, auf Befestigungsanlagen sowie den Transport wichtiger Unterlagen, Geld und Gold und wichtiger NS-Einrichtungen Richtung Süden. Sie verweisen nicht auf die Tatsache, dass auch in Norddeutschland per Führerbefehl ein Rückzugsraum zur „Reichsverteidigung" geschaffen werden sollte. Hitler sah durchaus voraus, dass Deutschland durch die Zusammenführung von West- und Ostfront im Reichsinneren gespalten würde. Auch in Norddeutschland gab es solche unterirdischen Rüstungsstollen, in Schleswig-Holstein residierte die letzte Reichsregierung – nicht in Berchtesgaden. Und in Schleswig-Holstein geriet auch der Reichsführer SS, Heinrich Himmler, in Gefangenschaft – nicht auf einem vereisten Berggipfel.

Eine Wirkung hatte das NS-Märchen vom alpinen Endkampf allerdings. Die Amerikaner hielten die „Alpenfestung" keineswegs für ein Phantom. Der Oberkommandierende der Alliierten, Dwight D. Eisenhower, beschloss Ende März 1945 nach Überschreitung des Rheins – und nach einer Absprache mit Stalin –, auch aufgrund der Nachrichten vom „nationalen Bollwerk" Berlin quasi links liegen zu lassen und auf dem schnellsten Wege im mitteldeutschen Industrierevier Erfurt-Leipzig-Dresden mit der Roten Armee zusammenzutreffen. Nur durch die Spaltung von Nazi-Deutschland sei der letzte Widerstand schnellstmöglich und vollständig zu brechen. Einen längeren Guerillakrieg in den Bergen wollte Eisenhower gern vermeiden, zumal es ja galt, so schnell wie möglich die Pazifiktruppen zu verstärken. Am 31. März setzte er den britischen Kommandierenden Bernard Montgomery von seinem neuen Plan in Kenntnis: „Sie werden bemerkt haben, daß ich überhaupt nicht Berlin erwähnt habe. Dieser Ort ist für mich nur noch ein geographischer Begriff, und ich habe für derlei noch nie Interesse gehabt."

Sofort protestierten die Briten, allen voran Premier Winston Churchill. Eisenhower denke nur strategisch, nicht politisch, lautete der Vorwurf. Auf die psychologisch bedeutsame Einnahme Berlins – als Faustpfand gegen den unberechenbaren Stalin, dachte er insgeheim – dürfe man nicht verzichten, forderte Churchill („Ich halte es für äußerst wichtig, dass wir den Russen die Hand so weit im Osten wie möglich reichen.") und konstruierte aufgrund dieser US-Politik im Nachhinein sogar eine Vorentscheidung für eine Welt ohne Frieden nach 1945 – ohne freilich auf die seit der Konferenz von Jalta festgelegte Zonenaufteilung hinzuweisen. Doch auch Montgomery war sicher, Eisenhower begehe einen „schrecklichen Fehler."

Die Aussage des bedeutenden US-Strategen General Omar Bradley, der 1951 schrieb: „Erst nach dem Feldzug sollten wir erfahren, daß die Alpenfestung lediglich in der Vorstellung einiger fanatischer Nazis existierte. Die Geschichte war so grotesk, daß ich mich wundere, wie wir in aller Unschuld an sie glauben konnten", legte stets die Vermutung nahe, die Amerikaner hätten das Alpen-Phantom völlig überschätzt. Inzwischen wird auch dies teilweise relativiert. Als eine Komponente für die Entscheidung, seine Truppen Anfang April noch weiter nach Süden schwenken zu lassen, habe Eisenhower durchaus die Gefahr eines Rückzugs deutscher Truppen in den Alpenraum in Betracht gezogen – in einer Zeit, da die US-Geheimdienste die Gerüchte um die Gebirgsfestung bereits als haltlos einstuften. Allein die Möglichkeit aber, dass aufgrund der Pläne die Legende entstehe, die Nazis hätten nie kapituliert, schien dem General wichtig genug, Süddeutschland für die Niederringung des NS-Regimes als bedeutsam anzusehen. „Natürlich war die Alpenfestung ein Mythos, aber es waren keineswegs Mythen und Chimären, sondern nüchternes strategisches Kalkül", die Eisenhowers Entscheidung rechtfertigten, urteilt der Historiker Klaus-Dietmar Henke.

Besonders verwundert über den ausbleibenden Showdown waren übrigens die westliche Presse und ihre Leser. In allen Farben war der „alpine Endkampf" ausgemalt worden – und dann fiel er einfach aus. Der so geschaffene Mythos aber überlebte, bis heute.

Robert Probst

„Furchtbares hat sich abgespielt"

„Schon am Morgen geht das Elend los: Es kommen Frauen und Mädchen – immer mehr, die von den Marokkanern vergewaltigt wurden, welche jetzt mit den Franzosen unser Städtchen besetzt haben. Furchtbares hat sich abgespielt und ist draußen noch im Gang. Die Frauen werden verfolgt in den Häusern, den Männern wird mit dem Erschießen gedroht. Berichte, wie sie aus dem Osten gegeben wurden... Der Pater und der Doktor versuchen zu den Kommandanten durchzudringen. Umsonst. Der eine hält gerade Mittagsschlaf, der andere lacht und sagt: ‚C'est la guerre!' Und – was man immer wieder hört: ‚Eure SS hat es bei uns genauso gemacht'."

(Tagebucheintrag von Liesel K., Krankenhausärztin in Germersheim/Pfalz vom 31. März 1945. Quelle: Tagebucharchiv Emmendingen)

Auf „Hasenjagd“ in Niederbayern

Auch die Provinz blieb nicht verschont: Die Bevölkerung auf dem Land litt am Ende des Krieges stark unter Tieffliegerangriffen

Schriftliche Warnung: Alliierte Tiefflieger waren eine ständige Gefahr. Das Bild entstand 1944.

Eines Tages im März 1945 lud die Bäuerin Maria Hartl auf einem Feld bei Landshut gerade eine Fuhre Mist ab, als über dem Wald plötzlich Tiefflieger auftauchten und mit einem unheimlichen Brummen über die Fluren donnerten. Schon seit Wochen verbreiteten die alliierten Fliegerverbände in Niederbayern Angst und Schrecken. Maria Hartl flehte reflexartig die Muttergottes um Hilfe an und duckte sich in ihrer Not unter die Kühe, die vor eine scharfzahnige Egge gespannt waren. Dass die Tiere vor Schreck nicht durchgingen, grenzte an ein Wunder. Andernfalls hätten die Eisenzähne der Egge von Maria Hartl gewiss nicht mehr viel übrig gelassen.

Weit weniger Glück hatte kurz darauf eine junge Magd, die einige Kilometer weiter ebenfalls auf einem Feld arbeitete. „Ein Granatsplitter hat ihr den Kopf abgerissen“, notierte Maria Hartl später in ihr Tagebuch. Von da an wollte der Schrecken auch auf dem bis dahin friedlichen Land kein Ende mehr nehmen. Die ländlichen Regionen in Süddeutschland waren lange Zeit vom Krieg verschont geblieben. Vor allem in Niederbayern mit seiner weitgehend intakten Versorgungslage suchten bis ins Frühjahr 1945 Hunderttausende aus den ausgebombten Städten Schutz und Zuflucht. Manche bezeichneten das ländliche Bayern gar als des „Reiches Luftschutzkeller“. Kurz vor dem Kriegsende aber war es damit vorbei. Die Alliierten hatten rundherum die meisten Ziele von strategischer Bedeutung längst zerstört.

Die nächste Stufe sah vor, den Luftkrieg auf das Land zu tragen. Dabei hatte die deutsche Zivilbevölkerung stark zu leiden.

Küstrin in sowjetischer Hand 31.3.1945

Die NS-Zeitung „Völkischer Beobachter" berichtet unter der Überschrift „Vorfrühling im Hofgarten" über das Dachauer Schloss – zwei Kilometer Luftlinie vom Konzentrationslager entfernt: „Hier also läßt sich ein Stückerl Heimatland finden, das uns grad in dieser Frühlingszeit als ein sichtbares, verheißungsvolles Beispiel vor Augen stellt, dafür nämlich: wie doch das Leben allem zum Trotz immer wieder einen neuen Anfang gewinnt und wie sichs uns doch wieder schön und immer aufs neue lebenswert zeigt." Das Oberkommando der Wehrmacht meldet: „Küstrin ist der feindlichen Übermacht erlegen." Küstrin ist nur 70 Kilometer von Berlin entfernt.

Das Ziel der Angriffe war auch, den Verkehr im deutschen Hinterland der Front zu lähmen. Auch Bahnhöfe und Züge nahmen die Alliierten daher unter Beschuss, der Reiseverkehr wurde immer umständlicher und zeitraubender. Der Landshuter Wolf H. Rösel erlebte selber einen Angriff auf einen Zug: „Unterwegs wurden wir bei langsamer Fahrt auf freier Strecke von amerikanischen Lightnings im Tiefflug angegriffen. Sie machten wieder einmal ‚Hasenjagd', wie wir es nannten."

Schon im Herbst 1944 hatten die ersten Fliegerangriffe in der bayerischen Provinz einen Vorgeschmack auf die kommenden Schrecken gegeben. Nachdem amerikanische und britische Verbände Städte wie München, Nürnberg, Augsburg, Aschaffenburg, Fürth, Schweinfurt und Würzburg fast dem Erdboden gleichgemacht hatten, dehnten sie das Bombardement in den letzten Kriegsmonaten auf kleinere Städte wie Landshut, Erding und Mühldorf und schließlich auch auf das flache Land aus. Die alliierten Bombengeschwader hatten jetzt leichtes Spiel, die deutsche Luftwaffe lag quasi am Boden, die wenigen Flak-Geschütze bedeuteten keine Bedrohung mehr.

„Neben den großen Formationen viermotoriger Bomber, die nun auch tagsüber völlig ungestört über das Land hinwegzogen, tummelten sich pausenlos Jabos, die wendigen Lightnings und die schnellen amerikanischen Mustangs am Himmel", erinnerte sich der ehemalige Landrat von Landshut, Hans Geiselbrechtinger, kurz vor seinem Tod an die dramatischen Wochen des Kriegsendes. Der Landwirt Georg Mundigl, der 70 Kilometer nordöstlich von München aufgewachsen ist, hat bis heute nicht vergessen, welchen Schrecken ihm und den übrigen Dorfbuben die Detonationen in München und Landshut damals einjagten: „Trotz der großen Entfernung zu den beiden Städten ruckelten bei uns die Fenster und Türen, die Erde bebte." Nach den Beobachtungen mehrerer Zeitzeugen reagierten die Piloten der alliierten Jagdbomber sehr unterschiedlich, wenn sie eindeutig auf Zivilisten stießen. Nicht jeder habe sich an der Jagd auf Zivilpersonen beteiligt; viele zogen die Maschine wieder hoch, ohne die Bordwaffen auszulösen, wenn sich ein Bauer im Fadenkreuz bewegte und verzweifelt versuchte, seine Pferde zu beruhigen. Andere dagegen nahmen auf nichts mehr Rücksicht. Sie töteten Radfahrer, Fußgänger und Feldarbeiter, wie etwa jenen Bauern aus dem niederbayerischen Niedereulenbach, der mit einem Pferdegespann nach Rohr unterwegs war und von Tieffliegern erschossen wurde. Manchmal attackierten die Flieger sogar Tiere, wie etwa am 2. März 1945, als Tiefflieger nahe Vilsbiburg in eine große Schafherde feuerten und Hunderte Tiere töteten.

Regelmäßig gingen jetzt auch Notabwürfe von Fliegern nieder, die sich vor dem Absturz oft noch ihrer Bomben entledigten. Allerdings stehen der späteren Behauptung der Alliierten, es habe sich in solchen Fällen fast ausschließlich um Notabwürfe gehandelt, häufig konträre Beobachtungen der Landbevölkerung gegenüber. In dem niederbayerischen Dorf Hinterskirchen beschwor eine Hundertschaft von Zeugen, am 24. März 1945 habe ein Tiefflieger um die Mittagszeit ganz gezielt, wie an der Schnur gezogen, von einem Dorf zum anderen Splitterbomben abgeworfen. Eine dieser Bomben fiel auf ein Anwesen in Hinterskirchen, wobei ein Splitter die nichts ahnende Bäuerin Franziska Petermaier, die gerade Wied hackte, tödlich traf. Auch die Nachbarin Anna Geiringer war durch den Lärm aufgeschreckt worden und eilte vom Mittagstisch zur Haustüre hinaus. Sogleich wurde auch sie von einem Splitter getötet.

Hin und wieder stürzte ein alliiertes Flugzeug im Feindesland ab. Wenn die Piloten den Absturz überlebten, schwebten sie in großer Gefahr, denn Polizei und Volkssturm machten sich unverzüglich auf die Suche nach ihnen. Vor allem fürchteten die Piloten die Rache der Zivilbevölkerung. Tatsächlich kam es im Reichsgebiet immer wieder zu Fällen von Lynchjustiz an alliierten Fliegern, wie etwa im Herbst 1944 bei Sillershausen im Landkreis Freising. In Niederbayern ist diesbezüglich jedoch kein Fall bekannt. Sehr begehrt waren die Fallschirme der Piloten und die dazugehörigen Schnüre, denn ein kostbarerer Nähstoff als die Fallschirm-Seide war damals nicht zu kriegen. Sie wurde aufgetrennt und zu Blusen und Pullovern verarbeitet.

Die Leichen von abgestürzten britischen und amerikanischen Piloten wurden in der Regel auf den nächstgelegenen Dorffriedhöfen bestattet. Nach dem Krieg wurden die Toten exhumiert, oft unter erzwungener Mithilfe von ehemaligen NSDAP-Mitgliedern, wie etwa jene sechs Amerikaner, die im September 1944 in der Gemeinde Hohenegglkofen bei Landshut abgeschossen, im Friedhof von Weihbüchl vom Ortspfarrer christlich bestattet und dann in den US-Soldatenfriedhof nach Vilshofen überführt wurden. *Hans Kratzer*

Die Schuld der deutschen Wirtschaft

Der mörderische Einsatz von KZ-Häftlingen bei Kriegsende war das dunkelste Kapitel in der düsteren Geschichte der Zwangsarbeit

„Geht nach Haus, wir brauchen euch nicht mehr." So mögen es die Unternehmer 1945 formuliert haben. In den letzten Kriegstagen brachten die Bombenangriffe alle Produktion zum Erliegen – zumindest in den oberirdischen Werken der deutschen Industrie. Das Heer von Zwangsarbeitern wurde überflüssig und zunehmend als Bedrohung empfunden. Die Bewacher reagierten äußerst nervös, sagt der Münchner Historiker Andreas Heusler. Selbst kleinste Verstöße wurden mit standrechtlichen Erschießungen geahndet.

Von 1939 bis 1945 gehörten Zwangsarbeiter in Deutschland und den besetzten Gebieten zum Alltag – und nicht nur in der Rüstungsindustrie. Harmlos umschrieben als Fremd-, Gast- oder Ostarbeiter, waren sie faktisch rechtlose Arbeitssklaven – und sie gehörten zum ganz normalen Leben der Deutschen. Kaum ein Lebensbereich ohne Zwangsarbeiter: „Ausgenommen waren nur Banken und Versicherungen und die Verwaltung, sowohl öffentlich wie privat", schildert Heusler die Lage in München. „Man fand sie beim Bäcker an der Ecke, in der Gastronomie, als Dienstmädchen in Privathaushalten, als Kulissenschieber am Nationaltheater, als Statisten im Bavaria-Filmstudio, im Handwerksbetrieb, auf dem Bau, bei Brauereien, in Krankenhäusern." Die 130 Barackenlager, in denen sie lebten, waren über das gesamte Stadtgebiet verteilt.

Die Zahl der Zwangsarbeiter im Großraum München erreichte ihren Höhepunkt mit 120.000 Menschen gegen Ende 1944. Im gesamten Reichsgebiet waren es wohl acht Millionen – etwa ein Viertel aller Arbeitskräfte. Allein in der Landwirtschaft arbeiteten, einschließlich der Kriegsgefangenen, 2,4 Millionen Ausländer. Im Flugmotorenwerk II von BMW in München-Allach waren 1944 etwa 11.600 Ausländer eingesetzt. Das entsprach 67 Prozent der Gesamtbelegschaft, weiß Florian Triebel, Chefhistoriker des Unternehmens. Für die KZ-Häftlinge unter ihnen unterhielt das KZ Dachau auf dem BMW-Werksgelände ein eigenes Außenlager.

„Der Zwangsarbeitereinsatz in der deutschen Kriegswirtschaft war keine regimeinduzierte Nebenerscheinung, sondern bildete eine der wesentlichen Voraussetzungen des von Deutschland fast sechs Jahre lang geführten Krieges", schreibt der Freiburger Historiker Ulrich Herbert. Bei Kriegsausbruch herrschte Vollbeschäftigung, die Rüstungskonjunktur boomte. Nach der Mobilmachung fehlten die eingezogenen Soldaten bald in den Betrieben und vor allem in der Landwirtschaft. Dort wurden 1939/40 die ersten verschleppten Polen eingesetzt.

Anfangs kamen manche Arbeitskräfte noch freiwillig, zum Beispiel aus dem verbündeten Italien oder den besetzten Gebieten im Westen wie Frankreich oder Dänemark. In Polen und der Sowjetunion ging das sehr bald in Zwangsrekrutierungen über. Immer mehr deutsche Männer wurden eingezogen. Ersatz musste her, zumal die Rüstungsbetriebe ihre Kapazitäten laufend ausbauten. Bei der Knorr-Bremse in München (damals Südbremse) fehlten zwei Drittel der männlichen

Ruhrarmee eingekesselt 1.4.1945

Das Alliierte Hauptquartier meldet für Ostersonntag einen großen Erfolg: „Die von West und Süd vorrückenden alliierten Streitkräfte haben bei Lippstadt, 120 km östlich des Rheins, die Verbindung miteinander hergestellt und alle im Ruhrgebiet befindlichen Streitkräfte der deutschen Wehrmacht eingeschlossen." Später wird man vom „Ruhrkessel" sprechen. Dort sind nun 340.000 Soldaten der Heeresgruppe B unter Generalfeldmarschall Walter Model zwischen den Flüssen Ruhr, Rhein und Sieg umzingelt. Die Alliierten rücken indessen weiter Richtung Osten und stehen vor Kassel, Fulda und Würzburg; bei Philippsburg überschreitet die Erste Französische Armee den Rhein. Im Radio meldet sich erstmals öffentlich der Sender „Werwolf". Nach dem Mord am Aachener Bürgermeister Franz Oppenhoff am 25. März, der dem „Werwolf" zugeschrieben wird, ruft Propagandaminister Joseph Goebbels alle deutschen Zivilisten auf, sich ohne Rücksicht auf militärische Konventionen und mit allen Mitteln am Guerillakrieg gegen die Alliierten und „Verräter" zu beteiligen. Die aktive Beteiligung am Heckenschützenkrieg bleibt gering, bei Alliierten und Zivilisten wächst jedoch die Furcht vor Attentaten aus dem Hinterhalt. Im Pazifik beginnen die Amerikaner mit der Landung auf der japanischen Insel Okinawa; die Schlacht endet nach mehreren Wochen mit der Vernichtung der japanischen Flotte.

deutschen Beschäftigten, 1.000 Zwangsarbeiter ersetzten sie.

In Kiew wurden ganze Stadtviertel abgeriegelt und nach arbeitsfähigen jungen Männern und Frauen durchkämmt. Die Deutschen legten Werke still und verschleppten die Belegschaft. Auf dem Land brannten die Besatzer Bauernhöfe nieder und requirierten das Vieh. Die so ihrer Lebensgrundlage Beraubten mussten mit nach Deutschland, viele noch halbe Kinder.

Im Reich herrschte um die Ankömmlinge ein regelrechter Wettbewerb unter den Firmen. Wer zum Zuge kommen wollte, musste seinen Bedarf bei den Arbeitsämtern anmelden. Die nach Nationen getrennte Unterbringung der Zwangsarbeiter in Barackenlagern – dafür konnte man fertige Bausätze ordern – waren Sache des Unternehmens. Die Arbeitskräfte mussten dafür Miete zahlen. Während Arbeiter aus Westländern bei Lohn und Lebensmittelmarken mit ihren deutschen Kollegen anfangs fast gleichgestellt waren und zunächst sogar Heimaturlaub bekamen, erhielten die Ostarbeiter, die das NS-Regime als „rassisch minderwertig" ansah, nur einen Hungerlohn.

Bei KZ-Häftlingen ging der „Lohn" gleich an das Wirtschaftsverwaltungshauptamt, erklärt BMW-Historiker Triebel. Sein Unternehmen habe sich bemüht, die Arbeiter gut zu behandeln und unterzubringen, um sie arbeitsfähig zu halten. Betriebsarzt und Gesundheitshaus hätten auch Zwangsarbeitern zur Verfügung gestanden. Ein Produktionsleiter habe ausdrücklich darauf gedrängt, Strafen der Firma und nicht der SS zu überlassen.

Doch in der Regel war die Behandlung der Zwangsarbeiter der deutschen Wirtschaft erbärmlich, liest man zum Beispiel die Berichte in dem Buch *Zwangsarbeit bei Daimler-Benz*. Bis zu 70 Stunden mussten sie schuften. Es gab Wassersuppe und Minirationen Brot. Ungeziefer und Kälte quälten die Arbeiter aus der Fremde. Krankheiten grassierten, von deren Folgen sich manche ein Leben lang nicht erholten.

Besonders schlecht behandelt wurden Arbeiter aus dem Osten, gekennzeichnet mit einem „P" für Pole oder einem Ostabzeichen. Sie durften mit den Deutschen eigentlich nicht zusammenarbeiten, stellten sie doch laut Naziideologie eine „Gefahr für die deutsche Frau" dar. Im betrieblichen Alltag war die strikte Trennung zwar kaum zu organisieren. Doch sonst hatten sie kaum Bewegungsfreiheit, lebten hinter Stacheldraht, durften viele öffentliche Einrichtungen nicht betreten. Fluchtversuche schlugen ohne Papiere, Lebensmittelmarken und Sprachkenntnisse meistens fehl. Es gab mangels Aussicht auf Erfolg nur wenig organisierten Widerstand unter den Zwangsarbeitern.

Auch die Arbeitgeber wehrten sich nicht. „Man kann nicht sagen, dass die Unternehmer zur Beschäftigung von Zwangsarbeitern gezwungen wurden", sagt Heus-

Einsatz für den „Endsieg": Häftlinge aus dem Konzentrationslager Dachau mussten im BMW-Werk in München-Allach arbeiten. Zu diesem Zweck wurde eigens ein Außenlager in der Nähe eingerichtet. Insgesamt gab es etwa 30.000 solcher Baracken-Lager für Zwangsarbeiter.

Prüfstelle
Schlußkontrolle

ler. Den meisten ging es nur darum, die Produktionsvorgaben zu erfüllen. Sie taten nichts für die entwurzelten Menschen, die sie in ihrer Gewalt hatten. „Zwar herrschte keine freie Marktwirtschaft, und die Unternehmer waren in ihren Entscheidungen nicht autonom. Doch waren sie auch nicht Teil der Bürokratie", sagt der Historiker: „Das Privateigentum war nicht abgeschafft." Die Unternehmer verdienten am Krieg – und an den Zwangsarbeitern. Auch der BMW-Aufsichtsratschef Emil Georg von Stauss hat die Ausbeutung der Zwangsarbeiter nicht problematisiert, wie Triebel sagt. Er habe es als seine Aufgabe gesehen, das Management vor dem Druck aus Berlin zu schützen. Das Reichsluftfahrtministerium hatte 1942 und 1944 jeweils den Vorstandsvorsitzenden auswechseln lassen, weil die Produktionsquoten nicht erreicht wurden.

Das dunkelste Kapitel: Gegen Kriegsende, als der Arbeiter-Nachschub aus dem Osten versiegte, nutzen die großen Rüstungsbetriebe auch KZ-Häftlinge in der Produktion – in den Stollen und Bunkern, in denen die Fertigung unter grauenvollen Bedingungen bis zum bitteren Ende weiterlief. Eine Ausnahme bildete hier der damalige Chef von MAN, Otto Meyer: Er lehnte ihre Beschäftigung ab.

Kamen die Displaced Persons aus Westeuropa, konnten sie nach Kriegsende versuchen, sich in die Heimat durchzuschlagen. Kamen sie aus dem Osten, war das angesichts zerstörter Verkehrswege zunächst gar nicht möglich. Später wurden viele von den Alliierten zwangsweise in ihre Heimat zurückverfrachtet, obwohl ihnen unter Stalin wieder Verfolgung und Arbeitslager drohte, waren sie doch als Kollaborateure der Deutschen abgestempelt. Jahrzehntelang waren diese Schicksale vergessen. Bei den Nürnberger Prozessen gab es zwar Verurteilungen wegen des „Sklavenarbeiterprogramms". Doch die Geschichtswissenschaft entdeckte das Thema Zwangsarbeiter erst Mitte der achtziger Jahre. Daimler-Benz und Volkswagen begannen damals vorsichtig, sich ihrer Vergangenheit zu stellen. Aber erst nachdem Ende der neunziger Jahre ehrgeizige Anwälte in den Vereinigten Staaten Sammelklagen gegen europäische Unternehmen anstrengten, stieg der Druck.

Die deutsche Industrie hatte einen guten Namen zu verlieren, vor allem mit Blick auf ihr Geschäft in Amerika. Unter Führung von Bundesregierung und Daimler-Finanzchef Manfred Gentz entstand eine Stiftungsinitiative, die bis Ende des Jahres 2005 fünf Milliarden Euro an ehemalige Zwangsarbeiter überwiesen haben will – im Schnitt sind das 2500 Euro pro Person (im Gegenzug wurden die Sammelklagen von der US-Regierung als „politisch nicht gewollt" qualifiziert, was der deutschen Industrie eine gewisse Rechtssicherheit einbrachte). Es war der Versuch, sehr spät ein kleines Stück Gerechtigkeit für die Zwangsarbeiter von einst wiederherzustellen. *Cornelia Knust*

Wurzeln der Freiheit

Carl Goerdeler, Walter Eucken, Ludwig Erhard: Wie Vordenker schon während des Zweiten Weltkriegs die Soziale Marktwirtschaft entwarfen

Das Dritte Reich hatte auch mitten in der Katastrophe noch groteske Seiten. Ende März 1945 – die amerikanischen Truppen standen kurz vor Würzburg – wollte Reichsfinanzminister Johann Graf Schwerin von Krosigk die Verbrauchssteuern erhöhen, um den Ruin der Staatsfinanzen aufzuhalten. Propagandaminister Joseph Goebbels legte Protest ein: Die Steuerreform sei zu „unsozial"; das könne sich das Regime „im gegenwärtigen Zeitpunkt nicht leisten". Die makabere Episode zeigt nicht nur den Realitätsverlust der NS-Machthaber, sondern auch, wie diese bis zuletzt versuchten, die wirtschaftlichen Folgen des Krieges so weit wie möglich vom eigenen Volk fern zu halten. Die Kriegsfinanzierung war darauf angelegt, die Lasten auf die besetzten Länder in Europa und/oder die Zukunft zu verlagern. Der frühere Oberbürgermeister von Leipzig und spätere Widerstandskämpfer Carl Goerdeler wies bereits 1940 als Preiskommissar darauf hin, dass im Reichshaushalt von 1941 die Zinsen nicht mehr aus den laufenden Einnahmen zu finanzieren waren. Goerdeler wurde am 2. Februar 1945 in Berlin-Plötzensee hingerichtet.

Der Konservative Goerdeler hatte, wie viele andere Wirtschaftsexperten, anfangs Sympathien für die Politik der Nazis, andere waren schon immer Nazi-Gegner, alle zusammen aber haben, was heute weitgehend vergessen ist, entscheidend zur Konzeption der Sozialen Marktwirtschaft beigetragen und damit zur Wirtschaftspolitik, mit der die Bundesrepublik Deutschland nach 1949 Erfolg hatte.

Es brauchte für einen Ökonomen schon vor dem Krieg wenig Weitsicht, um zu erkennen, dass Hitlers Politik sowohl in den Krieg als auch in den Staatsbankrott führen würde. Für manch einen, zum Beispiel für Goerdeler, war diese Erkenntnis der erste Schritt in den Widerstand. Ein anderes Beispiel dafür ist Jens Jessen, NSDAP-Mitglied und Wirtschaftsprofessor zuerst in Kiel, später in Berlin. Er entfernte sich immer weiter vom Regime, stand in Kontakt mit den Verschwörern vom

20. Juli und wurde am 30. November 1944 in Plötzensee ermordet.

Das Zentrum der ökonomischen Neubesinnung im Schatten der Diktatur war die Universität Freiburg. Die herausragende Persönlichkeit war hier der 1891 geborene Walter Eucken, der seit 1927 in Freiburg Volkswirtschaft lehrte. Eucken hatte sich schon früh von der in Deutschland verbreiteten historischen Schule der Nationalökonomie verabschiedet und forschte stattdessen über Fragen des Wettbewerbs und der Wirtschaftsordnung. Er lehnte Plan- und Staatswirtschaft ebenso ab wie den Laisser-faire-Liberalismus und forderte stattdessen einen starken Staat, der aktiv den Wettbewerb vor der Konzentration wirtschaftlicher Macht schützte. Dies wurde später als „Ordoliberalismus" bezeichnet. Anders als die meisten seiner Kollegen lehnte er den Nationalsozialismus von Anfang an ab. Nach Inkrafttreten der Nürnberger Rassengesetze 1935 schrieb Eucken: „Diese Sünde, die das deutsche Volk begeht, indem es wehrlose Menschen seelisch und körperlich misshandelt, wird sich an ihm furchtbar rächen."

Die Pogrome gegen die jüdischen Deutschen vom 9. November 1938 erschütterten Eucken tief. Unter dem Eindruck der Ausschreitungen in Freiburg rief er einen Gesprächskreis ins Leben, in dem sich Ökonomen, Juristen, Historiker und Theologen der Bekennenden Kirche trafen. Wichtig waren dabei außer Eucken vor allem die beiden konservativen Wirtschaftswissenschaftler Constantin von Dietze und Adolf Lampe. Aus diesem Kreis heraus entstand 1942 eine Denkschrift für den Berliner Theologen Dietrich Bonhoeffer über eine „Politische Gemeinschaftsordnung". In dem Kapitel über die Wirtschafts- und Sozialordnung findet sich vieles, was später in der Sozialen Marktwirtschaft übernommen wurde. Nach dem Attentat auf Hitler vom 20. Juli wurden Dietze und Lampe am 8. September 1944 verhaftet; sie überlebten das Dritte Reich in Gestapo-Haft. Bonhoeffer wurde am 9. April 1945 ermordet.

Zu den Oppositionellen in Freiburg gehörte auch der Ökonom Erwin Beckerath, der ursprünglich durchaus im Sinne der Nazis geforscht hatte und – ähnlich wie Jessen – erst langsam auf Distanz zum System geriet. Er gründete eine informelle Arbeitsgemeinschaft, die sich unter anderem mit Fragen der Währungsreform und den Plänen für den Internationalen Währungsfonds beschäftigten.

Ein besonderes Dokument des Widerstands wurde erst vor kurzem entdeckt: Eine „Volkswirtschaftsfibel", die 1941 oder 1942 in Freiburg für Carl Goerdeler verfasst wurde. Das Manuskript, dessen Thesen aus heutiger Sicht sehr konservativ und kulturkritisch wirken, war von Goerdeler, der bei einem Erfolg der Verschwörer des 20. Juli Reichskanzler geworden wäre, als Instrument der Volksbildung gedacht. Goerdeler übernahm die Thesen schließlich doch nicht, sondern verfasste seine eigene Fibel „als Schlüssel für die materielle und geistige Heilung der Welt". Aber ohne die Freiburger Anregungen wäre der Text vermutlich nicht entstanden.

Pioniere der sozialen Marktwirtschaft: Zukunftsgerichtete Ideen für die Zeit nach dem Krieg entwarfen die Wissenschaftler Constantin von Dietze (oben) und Walter Eucken.

Und schließlich darf auch die Rolle Ludwig Erhards nicht vergessen werden. Der spätere Vater des westdeutschen Wirtschaftswunders lebte bei Ende des Krieges in Fürth als Leiter eines Instituts für Wirtschaftsforschung. Erhard war damals schon ein überzeugter Wirtschaftsliberaler und wollte – entgegen der deutschen Tradition – die Konsumwirtschaft anstelle der Schwerindustrie fördern. Unter anderem hatte er Vorschläge für eine Währungsreform und für den Umgang mit den Schulden des Reiches erarbeitet. Einige dieser Vorschläge schickte er an Goerdeler. In einer Denkschrift für die Mitverschwörer vom 20. Juli schrieb dieser 1944: „Doktor Erhard... hat über die Behandlung dieser Schulden eine sehr gute Arbeit geschrieben, der ich im wesentlichen beistimme. Er wird Euch gut beraten." Am 18. April 1945 marschierten die US-Truppen in Erhards Heimatstadt Fürth ein. Tags darauf bot Erhard den Befreiern seine Mitarbeit an. *Nikolaus Piper*

„Rache ist unser Feldgeschrei"

„Der Werwolf hält sich nicht an Beschränkungen, die dem innerhalb unserer regulären Streitkräfte Kämpfenden auferlegt sind. Für die Bewegung sind jeder Bolschewist, jeder Brite und jeder Amerikaner auf deutschem Boden Freiwild. Wo immer wir eine Gelegenheit haben, ihr Leben auszulöschen, werden wir das mit Vergnügen und ohne Rücksicht auf unser eigenes Leben tun. Haß ist unser Gebet, Rache unser Feldgeschrei."

(Proklamation von Propagandaminister Joseph Goebbels am 1. April 1945, Quelle: Enzyklopädie des Nationalsozialismus, Stuttgart 1997)

Ein Kruzifix liegt der zerstörten Münchne Frauenkirche, nur ei schmaler Weg zum Alta ist freigeräumt. Das Bil stammt vom 25. Novem ber 1944. Das herabge stürzte Kreuz wurde e gens auf den Schutt ge legt, um den Luftangri auf den Dom als beson ders barbarischen Akt z brandmarke

„Wir sind aus Furcht zusammengesetzt"

Ein Leben zwischen Bangen und Hoffen und in ungeduldiger Erwartung des Feindes – die Aufzeichnungen der Marianna Bronner (Teil 2)

21. März 1945. Die Crème de la Crème speist jetzt beim Oberlandbräu mit uns: Frau Knorr, Frau Döppner, die Schwiegermutter des Tiefbaudirektors K., eine Frau Baronin aus Laibach, Frau H. mit ihren Besitzungen in Südtirol und Italien, auch andere Damen noch, die Brillanten an den Händen tragen und nicht nur zwei Ringe.

Sie essen unser Stammgericht: Sauerkraut mit Kartoffeln; aber sie schimpfen, sie wollten lieber noch den Glauben wechseln und einen Juden oder einen Amerikaner heiraten, damit sie wieder in ihre alten Verhältnisse kommen könnten. Wir gewöhnliche Sterbliche lachen dazu.

Tölz, 22. 3. 45. Bomber dröhnen am Himmel. Alarm. Sind wir in Tölz an der Reihe? Es ist wohl besser im Türrahmen des Luftschutzbunkers stehen zu bleiben, als beim Zusammensturz des Hauses „Am Schuß 8" das ganze Haus auf sich liegen zu haben. Unser Luftschutzkeller hier hat ja keinen Betonbau.

Tölz, 23. März 1945. Heute ist mir, als fiele mir der Magen durch. Diese kärgliche Ernährung! Das Mittagessen im Gasthause wird immer weniger und weniger und für das Abendessen bleiben keine Marken mehr übrig. Ich träume davon, daß wir einmal wieder einen Rollmops mit Essiggurke bekommen (Friedenspreis 5 Pfennig) und 1/4 Liter süßen Rahm (Friedenspreis 8 Pfennig).

Wir haben in Tölz nur Essenszuweisung für 6.000 Tölzer; aber 30.000 Menschen (Tölzer, Flüchtlinge, Ausländer und Evakuierte) müssen mit dieser 6.000-Mann-Zuweisung ernährt werden. Also bekommt jeder in Tölz praktisch nur 1/5 seiner ihm zustehenden Ration. 4/5 Ration müssen an die Evakuierten und Flüchtlinge verteilt werden.

24. 3. 45. Mein Gehalt, meine mir auch rechtmäßig zustehende Mehrvergütung wegen Außendienstverwendung habe ich seit 6 Monaten nicht bekommen. Man schickt mir jeden Monat wieder das ausgefüllte Formular zurück mit dem Bemerken, irgendeine Kleinigkeit stimme im Formular nicht.

Bei Danzig soll ein schweres militärisches Ringen sein... Das entsetzliche Schlußschicksal unseres Volkes tritt jetzt an uns heran.

Palmsonntag, den 25. März 45. Ich muß rasch zur „Jugendverpflichtung" in den Badteil von Tölz hinüber, wohl bemerkt zur „Jugendverpflichtung". (Solch einfältige Worte noch zu so fortgeschrittener Schicksalsstunde!) Der Jugendführer spricht im Hotel Kaiserhof über: „Die Jugend, das Zentrum des Widerstandskampfes". Der neue Orden der Jugend muß der Panzerbrecher werden u.s.w. .??

Wie stolz die Jungen bei dieser Jugendverpflichtung aufstehen! Wie sie steigen! Wie sie sich gehaben bei ihrer Art Eid! (Das Wort Eid wird absichtlich vermieden!)

In Dresden soll es schlimm aussehen, hört man. Überall Brände und Vernichtung durch Explosionsbomben.

Das Sammeln von Palmzweigen für Fertigung von Palmkreuzlein ist verboten, weil Weiden ein wertvoller Rohstoff für die neue Rüstungswirtschaft Deutschlands geworden sind. Schneiden der Zweige mit Rüstungsausweis gestattet.

Außerhalb des Militärs erhält niemand, niemand nur ein wenig Benzin.

München, 26. 3. 45. Das Tagesgericht, das wir jetzt einmal am Tage beziehen, ist nur mehr 1/2 Kartoffel aufgeschnetzelt. Ich werde ganz schwindelig vor Hunger. Brot habe ich nach einer Woche schon nicht mehr; die Versorgung für 4 Wochen ist von mir bereits aufgegessen.

Wo sind all die Leute, die mit mir einst Luftschutzwache in der Wörthschule machten? Wohl verstreut in alle Winde! Jede Nachtwache mit meinen Kollegen und Kolleginnen machte ich absichtlich zu einem Feste. Ich kaufte auf dem Schwarzmarkte, was es Gutes gab, stellte Kaffee, Sekt und Zigaretten zur Verfügung.

Unsere Gespräche drehten sich um gute Bücher. Ich wollte, dass keiner von den Leuten der Luftschutzwache daran dachte, daß jeden Augenblick Alarm kommen kann und wir unseren Luftschutzdienst erfüllen müssen. Wo werden all diese Leute heute Ostern feiern?

Goebbels hat am 2. März schrecklich gelogen, als er sagte, „die Lebensmittelkarten werden nun bald aufhören. Bald wird alles in Hülle und Fülle wieder da sein...“ Die Wirklichkeit aber ist: Ich muß wie ein Bettler bei unserer Bäuerin die Hände aufheben, um Eier zu bekommen. Die Bäuerin gibt mir nicht ein Stäubchen Mehl, kein Scheibchen Wurst, nichts von nichts.

Bei meiner Rückfahrt sind die Waggons voll von Ausländern. Auch Großbauerntöchter und Großbäuerinnen in ihren Trachten aus unseren Ostprovinzen fahren zuhauf. Sie suchen die ihnen zugewiesenen Quartiere als Evakuierte.

27. März 1945. Meine Schülerin R. sagte heute zu mir: „Der H. J.-Dienst kann mich am A... lecken. Ich gehe nicht mehr in den H. J.-Dienst. Von jetzt ab gehe ich ins Kino. Meine Mutter sagt auch: Ihr habt nur Lumperei in der H. J. gelernt.“ In unserem Regime herrscht seit 12 Jahren nur ein Einschüchterungsmittel: Furcht. Wir sind heute aus Furcht zusammengesetzt. Eine chaotische Zeit!

28. 3. 45. Ich habe einen Schuster, den Vater einer meiner Schülerinnen aus München in Tölz gefunden. Solch ein Fund ist ein wahres Glück. Er bessert mir Schuhe über Nacht aus. (Sonst muß man 2-3 Monate auf das Ausbessern von Schuhen warten.) Er will mir auch Schuhe für meinen Bruder Hans machen.

Man sieht kein einziges deutsches Flugzeug mehr am Himmel.

Wie sehr ist mein Herz aufgespalten in allem Schmerze, wenn ich höre, daß alle Stätten der Kultur in Grund und Boden hinein vernichtet werden und wenn es sich dennoch über jeden Schritt beim Vorrücken der Feinde freuen muß, damit das „Leben in Furcht“ ein Ende nimmt. (Furcht vor dem Führer, Furcht vor jedem Unterführer, Furcht vor der Anzeige durch die H. J., Furcht beim Abhören des Feindsenders, Furcht vor den Nachbarn, Furcht, Eier zu Ostern vom Bauern hereinzuholen, Furcht vor dem Einschlafen aus Erschöpfung, sodaß ich die Sirene beim Alarm überhöre, Furcht, Furcht...) So satt habe ich dieses Zusammenleben mit der Furcht!

München, Gründonnerstag, 29. 3. 45. Um 5 Uhr morgens bin ich in meine „Schuttheimat“ München gefahren. Dort ist für mich keine Freundin mehr da und kein männlicher Freund. Die 6 Jahre des Krieges machen einen so ganz allein. Meine grazilen Füße springen nicht mehr so lebfrisch über die Schutthalden. Meine braunen Locken haben graue Fäden bekommen.

Überall Ruinen, zugenagelte Ladentüren, verpflasterte Fenster, dem Erdboden gleichgemachte Häuser, geköpfte Bäume, große Erdlöcher von Sprengtrichtern. Die weite Halle einer Kirche zeigt Stuckatur und Rankenwerk. Sie ist bloß gelegt und ohne Dach steht die Kirche da. Aus den Nischen der Fassaden sind die Figuren herabgestürzt.

O, meine Stadt! Ich bin zornig und traurig zugleich, weil ihr soviel Schlimmes widerfahren ist! In einem großen Innenstadthaus arbeiten Männer und Frauen mit Schubkarren und Putzkübeln. Die Reste einer Stiege sind zu sehen. Oben im dritten Stockwerk steht eine Badewanne offen da. Die Wände sind aber abgebrochen. „Arbeitsdienstpflicht“ heißt es; Schutträumen bis zur Einkaufszeit um 17 Uhr! Ich habe Kalkstaub auf die Lippen und in den Mund bekommen vom bloßen Durchgang durch die Straßen.

Der Wind pfeift einem um die Ohren. – 17 Uhr. Was gibt es denn noch zu verkaufen?? – Strümpfe auf Ostern, Strümpfe. Gegen Punkte natürlich oder vielmehr jetzt auch noch gegen Fliegerschaden-Bezugsschein.

Ich stelle mich auch an. Sicher sind die Kauflustigen mehr als die Ware, die aus dem Ausweichlager kommt. Nach einer Stunde des Anstehens empfinden wir, wie die Kälte in uns hochsteigt. Der Mantel hilft da auch nichts mehr.

In dem Geschäftsstand fehlt die Rückwand. Man sieht hinaus in den Regen und den Schutt.

Wir alle werden nach so langem Anstehen nervös.

Richtig, da bläst schon die Sirene, Natürlich, um diese Zeit bläst sie immer.

Fort! Fort zum Bunker, zum nächsten! Wo ist er?

Ich verspüre eine aufsteigende Halsentzündung. Ich bin so müde, sterbensmüde.

Als der Alarm schließt, der Angriff vorbei ist, hat es zu regnen aufgehört. Auf den Straßen ist es schrecklich „dreckig“.

Vielleicht könnte man noch ein paar Kartoffeln bekommen. Dann könnten wir vielleicht noch warme Kartoffeln bekommen. Das wäre schon eine feine Mahlzeit.

Anstehen!

Bis ich in den Laden hineinkomme, sind die Kartoffeln ausverkauft. Man könnte wütend werden.

Halt! Da vorne warten Menschen; da gibt es etwas zu kaufen. Anstellen!

Wieder ist eine halbe Stunde vertan.

Kein Platz mehr auf den äußeren Stufen der Straßenbahn!

Also heißt es gehen. Früher konnte ich laufen. Ich nahm beim Stiegensteigen sogar 2 Stufen auf einmal. Heute komme ich kaum über die Treppe. So mühsam ist das Treppensteigen für mich.

Ob ich wohl vom Glaser eine kleine Fensterscheibe bekomme 10 cm zu 20 cm, nur für ein einziges Fenster, damit doch ein Raum meiner Behausung nicht die Kälte von außen einläßt. Meine Erkältung wird jetzt übergroß. Habe ich vielleicht Fieber? Mit Stiefel und Kleidung bei mir zuhause ins Bett. Zuerst aber noch den Pappdeckel zurechtgedrückt, damit der Wind nicht durch die Fenster hereinbläst; denn sie haben ja keine Scheiben mehr.

„Bitte, mein lieber Herrgott, keinen Alarm!" So mein Nachtgebet. Der Schlaf ist das einzige Wunder noch in unserem Leben.

Sonntag, 1. April 1945. Bei Nußdorf/Inn
Wieder ein Ostern, wo Schmalhans Küchenmeister ist – ein Ostern voll Armut. Es gibt nur ½ Fleisch für eine Familie mit 6 Personen (250 Gramm: 6). Die Kinder sehen auf meinem Tische eine halbe Zwiebel liegen. Sie betteln sogleich darum und verspeisen sie mit Appetit.

Auf dem Evakuiertengrabe unserer Mutter haben wir Primeln und Veilchen gepflanzt, die wir in den Innauen ausgegraben hatten.

Donnerstag, 5. 4. 45. Wieder in Tölz.
Die „Werwolf-Organisation" wird noch unser Untergang werden. Jedes Mittel ist dem Werwolf recht, um mit seiner eigenen Gerichtsbarkeit Rache zu nehmen. Ich werde die Radio-Nachrichten hören müssen, um im Bilde zu sein. Es ist Nacht; aber ich kann nicht schlafen vor Sorgen. Ein kleiner Hocker, der auch als Sitz dienen kann, trägt bereits mein Notgepäck, auch meines Geliebten Preisarbeit in Medizin, damit sie erhalten bleibe.

Meine Parole ist: Ich bin bei Dir. Ich werde Dich wiedersehen, weil ich Dich wiedersehen will. Sollte aber Menschliches passieren, so ist mein Trost: Christen sehen sich niemals zum letzten Male!

5. April 1945. Unglück haben, ist Menschenlos; aber kein Recht mehr haben, das heißt des Vorzuges beraubt sein, ein Mensch zu sein. Dahin haben wir es unter Hitler gebracht.

Nach meinem Dafürhalten sind die Grundsätze der Partei nicht nur böse, im landläufigen Sinne des Wortes, sondern geradezu Grundsätze des Bösen: Menschen, die keines Verbrechens überführt sind, werden ihrer Habe beraubt. Es wird ihnen Unterkunft versagt. Sie werden aus ihrer Landschaft verjagt oder einfach „über den Haufen geschossen", durch künstliche Pestschwaden erstickt, ihrer Zeugungsfähigkeit beraubt, weil durch sie angeblich Krankheiten vererbt würden...

Es entstehen die Konzentrationslager mit all ihrem Elend. Ein ganzes Netz von Konzentrationslagern überzieht schließlich das Land. Zum Schluß ist ganz Deutschland ein einziges Konzentrationslager.

Warum eigentlich konnte Hitlers Moral in unserem Lande siegen? Warum?

Tölz, Samstag, 7. April 45. Tölz ist kein gutes Pflaster in der jetzigen Lage, der S. S.-Junkerschule halber.

Soll man da dem Feindeinzug ausweichen? Soll man bleiben? In welcher Richtung sollte man ausweichen? Tiefer ins Gebirge hinein? Oder den feindlichen Panzern entgegen? In diesem Falle ist der Schrecken groß, aber kurz.

Gestern sind in Tölz 4.000 Flüchtlinge eingetroffen. In der ersten Morgenfrühe kamen die Züge mit dem zivilen Elend an. Unter ihnen ist nicht ein einziger Mann in der Vollkraft der Jahre. Es sind nur Greise, Frauen und Kinder, die ihr Heim von einer Sekunde auf die andere verlassen mußten.

Sie sind scheu wie junge Pferde, traben zuerst mit ihrem Bündel durch unsere Hauptstraße herein, bleiben plötzlich stehen und spitzen die Ohren und hetzen dann, wie von unsichtbaren Peitschen getroffen, weiter. Sie fürchten das Dröhnen der Motoren über uns, sogar das Knattern der Autos, die in Wagenkolonnen durch die Ortschaft fahren.

Die tägliche „Futtersuche" strengt mich sehr an. Oft erwischt man sein „Futter" im Gasthause nicht mehr: 3 mittelgroße Kartoffeln und 3 Eßlöffel Sauerkraut.

Tölz, 8. April. Es scheint mir auch, daß bei uns nicht nur zwischen den sozialen Schichten, auch zwischen den Generationen, ganz besonders zwischen den letzteren die Gaben von Glück und Leid recht ungleich und ungerecht verteilt sind. Als ich noch ein Kind war, war das Jahrhundert der älteren Generation; jetzt, da ich älter bin, ist das Jahrhundert des Kindes. Ein Giesinger Vater sagte zu mir: „Das ist ein würdiger Abschluß unserer Erziehung von heute: Die eigene Tochter zeigt ihre Eltern beim Parteigericht an. Oder: Die Tochter gibt den Eltern die bereits erfolgte Hochzeit mit dem H. J.-

Himmlers Flaggenbefehl 2.4.1945

Angesichts der verzweifelten Lage an allen Fronten und vor allem aufgrund des schnellen Vordringens der Amerikaner und Briten erlassen die NS-Führer immer drakonischere Strafandrohungen für „Kollaborateure". Der Reichsführer SS, Heinrich Himmler, gibt am 2. April folgenden Befehl heraus: „Gegen das Heraushängen weißer Tücher, das Öffnen bereits geschlossener Panzersperren, das Nichtantreten zum Volkssturm und ähnliche Erscheinungen ist mit härtester Maßnahme durchzugreifen. Aus einem Hause, aus dem eine weiße Fahne erscheint, sind alle männlichen Personen zu erschießen." US-Truppen erobern Fulda und Aschaffenburg. Im Deutschen Reich wird der Treibstoff knapp, Medikamente sind praktisch nicht mehr verfügbar.

Führer bekannt. Das neu vermählte Paar kommt; dann kriechen die Eltern dem neu vermählten Paar noch in den A... hinein."

Ich will Optimist bleiben, solange ich nur kann. Laß uns diese „lausigen" Zeiten überstehen! Dann werden wir aufholen – dann, dann, ja. Nachher wird schon mein Bruder Chirurg, der als Arzt, Gottlob, einen international brauchbaren Beruf hat, überdauern, ebenso wie ich mit meinem Berufe als Lehrerin.

Das glaube ich. Dazu meine Bekannten im Auslande. Sie werden hoffentlich nicht versagen. Wir müssen doch alle wieder einmal ein erträgliches Leben bekommen...

Tölz, den 9. April 1945. Vielleicht habe ich Glück, noch teilhaben zu können an einem Kartoffelpüreé oder an unserem Stammgericht: Kartoffeln mit Sauerkraut. (Mein Gewicht: 82 Pfund.)

Die preußischen Jungbannführer quälen sogar die heimische H. J.. Ohne zu fragen, schreiben sie auf das Meldeblatt des Fünfzehnjährigen: „Kriegsfreiwilliger". Bei Einspruch oder Widerspruch teilt der Jungbannführer Johannes Müller persönlich „Watschen" (Ohrfeigen) an jene aus, die es wagen, Einspruch zu erheben. Müllers Adjutant setzt den Watschentanz fort, in der Kreisleitung...

Tölz, 10. April 45. Die Folgen unserer armseligen, jetzt auch noch salzarmen Kost bleiben nicht aus: Schwindel, Blutleere im Gehirn, Gedächtnisschwäche, allgemeine Erschöpfung. Wir treiben eben den Kult, von der Luft leben zu wollen, zu weit. Wir sind alle hohlwangig. Die Kleider schlottern an uns wie an einer Vogelscheuche.

München, 11. 4. 45. Personalunion zwischen Ämtern des Staats und der Partei wird heute mit sofortiger Wirksamkeit aufgehoben, damit keine Übergabe der Stadt erfolgen kann.

13. 4. 45. Beim Zähneputzen bricht mir ein Seitenzahn ab, bricht ab wie morsches Holz. So schlecht sind unsere Zähne durch unsere Ernährung bereits geworden.

Marerl, eine Schülerin meiner Klasse, stapft über die Stiege herauf, klopft an und stellt das Aluminiumkännchen mit dem „blauen Heinrich" (= nämlich Magermilch) auf meinen Tisch: 1/8 Liter für 2 Tage.

Beim Abschiednehmen zwinkert sie mir zu und sagt: „Heute ist Freitag, Fräulein, Freitag ist!" Ich weiß, was das heißen soll, was sie mir sagen will. „Kommen sie abends zu uns! Kommen Sie gewiß!" Ich werde heute abends bestimmt zu Marerls Familie gehen.

Abends 8 Uhr 10 spricht der Schweizer Sender. Es kann mir in Marerls Familie nichts passieren. Das weiß

Die „Hauptstadt der Bewegung" im Frühjahr 1945 nach diversen Luftangriffen.

ich. Diese Familie denunziert nicht. Der Vater ist im Felde. Die Mutter möchte morgen mit den Kindern auf 4 Tage zum Hamstern nach Niederbayern fahren.

Wie soll einer das wissen ohne die Sondermeldungen des Schwarzsenders? Der Radioapparat steht an schwer zugänglicher Stelle und er ist vor den Mitbewohnern des Hauses wohl geschützt, getarnt und mit einer Decke überhangen.

Wir hören den Schwarzsender.

Eine Nachricht schmettert mich nieder: „Roosevelt tot." Mir läuft es kalt über den Rücken. Sollte jetzt ein Zufall den Sieg über Hitler aufhalten? Ist Roosevelt vielleicht ermordet worden? Roosevelt tot! Um Gotteswillen!

In meiner Schulstunde sitzen ein paar Schülerinnen, deren Väter Richter bei der Gestapo sind. Diesen Schülerinnen fallen beinahe die Augen heraus vor Schauen, Lauern und Wittern, damit sie bei ihren Vätern jemand anzeigen können!

Sonntag, 15.4.45. Zum wievielten Male packe ich eigentlich wieder? Gestern schon habe ich die schriftlichen Erinnerungen an meine große Orientfahrt, meine vielen Italienreisen, Frankreichreisen und an meine Fahrten und Wanderungen durch unsere deutschen Lande zusammengepackt. Es wäre doch schade, wenn sie verloren gingen! Wie schön war das alte Europa! Was wird von ihm nach diesem Kriege noch geblieben sein?

Montag, 16. 4. 45. Ich muß in die Stadt München hinein. Ich muß zu meinem Zahnarzt in München. Töricht, sage ich zu mir! Weiß man denn, ob man die frischen Zahnplomben nicht schon morgen in ein rasch geschaufeltes Grab mit hinunternimmt?! Das Zahnarztzimmer sieht entsetzlich aus. Der nickelblitzende „Marterstuhl" für den Patienten ist das einzige, das in dem Chaos der Zahnarztpraxis geblieben ist.

Als Morgen- und Abendgebet lesen wir immer wieder die verbotenen Abschriften der Prophezeiungen des bayerischen Waldlerbuben Stromberger und die Prophezeiungen der seligen Katharina von Emmerich. Sie werden als Kettenbriefe herumgereicht. Sogar während der Tagesstunden holen wir sie hervor und lesen sie heimlich. Wir glauben, wir könnten den rätselhaften Sätzen doch einen Ratschlag für unsere jetzige, ausweglose Situation entnehmen.

Tölz/18. 4. 45. Bei uns in Tölz tut sich etwas. Überall werden Rote-Kreuz-Flaggen aufgesteckt: auf den Hotels, den Lazaretten, mitten auf den Wiesen. Auf dem Bahnhofe ist ein Lazarettzug schon seit Tagen hinterstellt. Autos mit dem Roten Kreuz fahren ständig durch den Ort. Wer ist drinnen? Was bedeutet das? Wozu geschieht das?

Eine Flucht, die niemals endet

Warum es für eine Frau unerträglich wurde, in einer Stadt zu leben, die geprägt ist von den Traumata der Eltern und Großeltern

Mitten in Dänemark steht sie, vor einem „Brugsen"-Supermarkt. Wie vereinbart. Es ist nicht schwer, sie zu finden. Es gibt in Tebstrup nur eine große Straße, und in der Straße nur einen Laden. Und davor gibt es momentan nur eine Frau. Sie hat einen dieser aufgeblähten Daunenanoraks an. Und sie lacht. Sie weiß selber, dass es ein bisschen eigenartig ist, hier zu leben.

„Heimat war für mich immer schon etwas, was ganz weit weg war", sagt sie, steigt ins Auto und fährt noch weiter hinein ins Land. Das Haus, in dem sie lebt, ist klein und gemütlich, es gibt keinen Fernseher, im Garten stehen Schafe und ein Isländer Pony. Anita Knapek sitzt da, hinter ihr liegt flach und ereignislos Dänemark, unter ihrem Stuhl der Schäferhund. Warum sie ausgerechnet hier gelandet ist, weiß sie auch nicht. Nur eines weiß sie: „Ich wäre eher nach Simbabwe gezogen, als in Neutraubling zu bleiben."

Sie hat sich aus dem Staub gemacht. Ist mehr als tausend Kilometer in den Norden gezogen. Erst nach Berlin, dann immer weiter hoch, hinter Flensburg, Richtung Legoland. Und noch ein Stückchen weiter. Seit 14 Jahren lebt sie mit ihrem Mann und drei Kindern in Tebstrup. „Es war wie aus einem Zwang heraus", sagt sie. „Letztlich habe ich die Geschichte meiner Eltern nachgespielt." Flucht, Neuaufbau. Sie nennt es ihren zwanghaften Neubeginn. Dann schaut sie aus dem Fenster, zum nächsten Hof. Die Bauern hier haben sie am Anfang so behandelt, wie die Deutschen nach dem Krieg die Flüchtlinge behandelt haben. Abweisend. Sie hat es gemacht wie die Eltern damals. Sie war fleißig, hat sich die Anerkennung der Anderen erarbeitet. „Ich wollte unbedingt jemand werden, der wo hingehört."

Anita Knapek gehört jetzt zu Tebstrup, zu Dänemark. Egal wozu, nur nicht zu Neutraubling. Wenn sie heimfährt, friert sie. Neutraubling macht ihr Angst. Immer schon und immer noch. Warum, hat sie erst verstanden, als sie in Vejle einen Vortrag über Flüchtlingskinder hörte. Afghanistan, Irak, Iran. Dort wurde über traumatisierte Eltern geredet. Und darüber, dass sie ihre

Traumata an die Kinder weitergeben. Von einer Generation zur nächsten werden Bilder oder Verhaltensweisen weitergereicht, auch wenn man nicht darüber spricht. Oder vielleicht gerade, weil man nicht darüber spricht.

Anita Knapek saß da, schweißüberströmt, und dachte sich: „Das bin ja ich."

Das ist schon die Geschichte. Wie der Horror weiter arbeitet, über Generationen. Egal ob Täter oder Opfer. Enkel haben Schwierigkeiten, sich zu entscheiden, weil die Großmutter auf der Flucht nach links gegangen ist und überlebt hat. Zufällig. Rechts war der Tod. Enkel haben Angstzustände, Panikattacken, Schuldgefühle, Verhaltensstörungen – wegen Erlebnissen, die sie nie selber hatten. Der Psychologe Jürgen Müller-Hohagen aus Dachau arbeitet seit Jahren an den Auswirkungen der Nazizeit auf nachfolgende Generationen und ist selber erstaunt darüber, „in welchem Maße wir bis in tiefste Schichten vom Leben unserer Vorfahren bestimmt sind". Von einem Leben auf fremden Schienen spricht er, von einer deutschen Unterwelt und davon, dass Kinder eine Riesenantenne für alles haben, was existenziell ist. „Die saugen alles auf und leiden diffus darunter."

Auch Anita Knapek sog alles auf. „Das könnt ihr euch nicht vorstellen", sagte der Vater immer nur, wenn er von Krieg und Flucht sprach. Sonst nichts. Nie sprach jemand von den Leichen am Straßenrand, von den Erschießungen, den Internierungslagern, von der Schande, dem Hunger, dem Irrsinn, der Schlaflosigkeit, dem Verlust, auch der Schuld. Sie hörte nur ein paar Worthülsen und sah die erfrorenen Finger des Vaters. Damit ließen die Erwachsenen die Kinder allein. Sie sagten nichts, um sie zu schützen. Auch Anita Knapek sagt nichts weiter über die Eltern, keine Herkunft, keine Details, vielleicht auch, um sie zu schützen.

Doch das Ungesagte war bedrohlich. Ihre ganze Kindheit war umwabert von diesem Dunklen, Unaussprechbaren, das sich über die Reihenhäuser und Vorgärten Neutraublings legte. Ihre ganze Kindheit war voller Zwangshandlungen und Ängste. Der Tod und die Eltern, das hing irgendwie zusammen. Also erfand Anita Knapek Auswege, absurde Pflichten, wie die, alle Schlüssel in den Türschlössern waagerecht zu stellen. Nur so konnten die Eltern überleben. Es war eine furchtbare, nie endende, lebenswichtige Arbeit für das Kind. Die Schlüssel mussten quer stehen. Das war der Auftrag. Es ging um Leben und Tod. Und alles lag in ihrer Hand. Kinderhand. Später kamen Panikattacken, wenn sie ihre eigenen Kinder aus den Augen verlor, im Zug. Es war, als sei sie plötzlich in einer anderen Zeit, in einem anderen Zug, auf der Flucht, im Krieg. Im Strandgut sucht sie noch heute nach Leichenteilen.

Erst viel später verstand sie, dass ihr Körper auf etwas reagierte, was gar nicht ihre eigene Geschichte war. Am schlimmsten war der Wald. Dort hingen sie, die Toten, mit großen Augen. Vielleicht ist Gerlinde schuld. Tante Gerlinde, die sie nie sah. Gerlinde und ihr Kind, die sie hastig vergraben haben, im Heimatboden, vor der Flucht. Gerlinde, die die Angst, die weißen Armbinden für die verhassten Deutschen, die Schande nicht ertragen konnte. „Gerlinde hat sich erhängt", hatte man ihr gesagt. Sonst nichts. Es ist das Nichts, das ihr zu schaffen machte, das Platz ließ für furchtbare Bilder. Blass und aufdringlich hingen sie in ihren Kindheitsträumen herum. Die tote Gerlinde und ihr totes Kind. Immer und immer wieder.

Es war fast wie eine Erlösung, als wirklich jemand starb.

18 Jahre war Anita Knapek alt, als ihr Freund sich umbrachte. Es war ihr erster eigener Toter, ihre erste eigene Trauer. Sterben war endlich real, nichts Unaussprechbares mehr, das sich in der Phantasie aufblähte zu einer alles überwuchernden Angst. Es war ein Neubeginn, eine Befreiung vom fremden Leid. „Ich habe als Kind Tränen für andere geweint", sagt Anita Knapek, die Anfang der sechziger Jahre geboren wurde. Und dann: „Wie muss es unseren Eltern erst gehen, die das alles wirklich erlebt haben? Die Menschen dahinter, ohne das Erlebte, kannten wir ja nicht." Nur die Philosophie der Eltern kannte sie: Erwarte das Schlimmste, dann kann es nur Erleichterung geben.

Wenn der Freund nicht gestorben wäre, vielleicht wäre sie dann nie losgekommen von Neutraubling, diesem Ort ohne Wurzeln, errichtet auf den zerbombten Resten eines Fliegerhorstes, auf dem die Nazis auch den „Sturmvogel" Me 262 bauten. 1946 wurde das Gelände für den Zuzug von Flüchtlingen und Heimatvertriebenen freigegeben. Dann kamen sie, die fremden Deutschen: Schlesier, Sudetendeutsche, Egerländer, Ostpreußen. Sie kamen mit kleinen Beuteln und quälenden Erinnerungen. Aus der alten Heimat vertrieben, in der neuen nicht willkommen. Sie bauten kleine Ba-

US-Armee in Thüringen 3.4.1945

Am 3. April erobert die Rote Armee die ungarischen Ölfelder von Nagykanizsa, andere Truppen stehen kurz vor Wien – das von Gauleiter Baldur von Schirach zur Festung erklärt wird. Das Oberkommando der Wehrmacht bestätigt den Verlust der „Festung Glogau" in Niederschlesien. Im Westen erobern Briten und Amerikaner Münster und stehen bereits wenige Kilometer vor Eisenach. Bei schweren Luftangriffen auf den Kieler Hafen muss die deutsche Marine den Verlust mehrerer Kriegsschiffe hinnehmen.

„Ich wollte unbedingt jemand werden, der irgendwo dazugehört“: Anita Knapek aus Neutraubling bei Regensburg vor ihrem Haus in Dänemark.

racken zwischen die Trümmer und fingen an zu arbeiten. Später kamen Rumäniendeutsche, Russlanddeutsche und mit ihnen noch mehr traurige Geschichten. Es ist eine eigenwillige Mischung.

Anita Knapek sagt: „Die Stadt war geballtes Leid. Und sie war wie eingefroren. Nach außen hin haben sie agiert, nach innen hin waren sie wie tot.“ Sie kann sich nicht erinnern, dass die Familie einmal zusammen geweint hätte.

Dann blättert sie in einem Heft. „Neutraubling in Trümmern – anfangen, aufbauen, leben“. Sie blättert, lacht, blättert. „Genau das ist es. In Neutraubling ist die Zeit stehen geblieben. Als ob 1945 erst gestern war.“ Sie blättert weiter. Luftaufnahmen vom zerbombten Fliegerhorst, Fliegerbombenreste, Kinder beim Ziegelklopfen, der Bau der Kirche, ein zerbrochener Kamm, ein Nachthemd, Fluchtgepäck. Und Landkarten, auf denen Pfeile von Ost nach West jagen. Sie sehen aus wie Geschosse. Deutsche aus dem Baltikum, Ostpreußen, Danzig, Pommern, Brandenburg. Flüchtlinge aus der SBZ, Schlesier, Sudetendeutsche, Deutsche aus Rumänien, aus Ungarn, aus Jugoslawien. Mit einem dieser Geschosse kam Siegfried Wildner. Er sitzt in seinem Haus in der Altvaterstraße in Neutraubling. Er mag diese Stadt. Weggehen würde er nicht. Wohin auch. Gut, es war schon mal besser, ganz am Anfang, als sich noch alle kannten, als sie unter sich waren, die Flüchtlinge und Heimatvertriebenen, als sie aus Ruinen die florierendste Stadt der Gegend aufbauten. Als sie gemeinsam die Gärtnersiedlung und die Junghanssiedlung und den Staffelbau in der Schlesischen Straße bauten. Als sie hier ihr kleines Wirtschaftswunder vollbrachten und wie Klone aus der Heimat Fabriken wie Müller's Karlsbader Puddingpulver oder die Artus-Brotfabrik entstanden. Hier waren sie wer, hier kämpften sie gegen ihren sozialen Abstieg und dagegen, dass man sie überall sonst behandelte wie Lumpenpack. Neutraubling war Sicherheit.

Wildner ist Schlesier, auf der Karte findet er sie erst gar nicht, seine Geburtsstadt Troppau. Er war nie wieder dort, ist immer nur mit seiner Frau in ihre Heimat gefahren, an den Fuß des Riesengebirges. Die Frau hatte eine aktivere Landsmannschaft. Er hat sich ihre Identität irgendwie übergestülpt. Von seiner Landsmannschaft habe er nie etwas gehört, sagt er. Vielleicht wollte er auch nichts hören.

Der Sohn hat immer gesagt: Ihr mit eurem Revanchistenverein. Siegfried Wildner lacht. Der Sohn wollte auch nie mitfahren, in die alte Heimat. Aber vor kurzem hat er zum Vater gesagt, schreib alles auf. Das hat den Vater überrascht. Auch ein wenig gefreut. Vielleicht fährt er doch noch mal in die alte Heimat, jetzt, wo die Frau tot ist und der Sohn fragt. Wer weiß. Nicht um Politik geht es ihm, sondern um ein Wiedersehen. Über die „Betonköpfe" regt sich Siegfried Wildner selber auf. Reden ständig davon, dass sie zurück wollen. „Die wollen nur rüber, um zu gucken und um billig einzukaufen. Wer will denn das Gelumpe zurück haben? Arm wären wir dran, wenn wir geblieben wären."

Doch das, was die Jungen Revanchistenvereine nennen, das war für die Alten der einzige Halt im Neuen. Landsmannschaften, Vereine, noch heute gibt es mehr als 40 in Neutraubling: Anglerverein, Kleingartenverein, Siedlerbund, Schützenverein, Rassegeflügelzuchtverein. Jeder wollte dazugehören. Die Jungen interessiert das nicht. Sie bringen höchstens mal die Enkel zu den Landsmannschaften und lassen sie bei den Großeltern, die vom Zusammenhalt träumen und von fremden Welten. Es sei wie im Wilden Westen gewesen, am Anfang, sagen die Alten. Alles war möglich und alle waren gleich. Dass ausgerechnet ein „Einheimischer", ein Bayer, die bis heute erfolgreichste Firma aufgebaut hat, das Maschinenbau-Unternehmen Krones, ärgert sie manchmal. Sie nennen sich immer noch Flüchtlinge und die anderen Einheimische. Aus Trotz.

Für Aufarbeitung war kein Platz. Die einen wollten sie nicht hören, die anderen wollten sie politisch benutzen. Und über allem lag die deutsche Schuld. Also sperrten sie ihre Traumata in immergleiche Phrasen, die die Jungen langweilten und in ihnen unterschwellig rumorten. Siegfried Wildner hat seine Geschichte aufgeschrieben. Darüber reden will er nicht, vom Blut, das Frauen aufwischen mussten, von der Weltuntergangsstimmung, von der Kälte. Von der Ankunft hier, als er Bauernknecht wurde, geschunden, verachtet. „Viele haben nicht geredet, man hätte doch nur weinen müssen", sagt er. Dann erzählt er vom Geruch des Führerpakets, Weihnachten 1944. Das Haus ausgebombt, doch das Paket für Kinderreiche kam: Hartwurst, Lebkuchen, Marmelade, Fliegerschokolade. „Der Führer wünscht gute Weihnachten."

Selbst dem Pfarrer wird es manchmal zu viel. So viele Geschichten hat er schon gehört, dass ihm jetzt gar keine einfällt. Pfarrer Ludwig Gradl sitzt im Pfarramt der St. Michael Kirche. Er überlegt und sagt, dass es oft ein ritualisiertes Erzählen sei, ohne Details. „Sie kommen nur selten aus dem Allgemeinen raus." Er überlegt noch einmal, weil eigentlich über nichts anderes geredet wird als über Flucht und Krieg und Aufbau. Unterschwellig. „Besonders an Jahrestagen kommt es hoch, da reicht ein Stichwort. Manchmal würde man sich wünschen, dass sie es einem ganz anvertrauen, dann wäre vielleicht Heilung möglich." Sagt der Pfarrer, der sich an keine Geschichte erinnern kann. Es war ja auch immer gleich Politik, das Erinnern der Vertriebenen. Ihre Traumata hingen immer zwischen der deutschen Schuld und den Taten der anderen. Der Pfarrer hält sich vorsichtshalber an das Gute. Erzählt von der Pfarrpartnerschaft mit Kraslice in Tschechien, ehemals Graslitz. Jedes Jahr fährt seine Kirchengemeinde hin. Zweieinviertel Stunden Autofahrt. Es ist eine kurze Fahrt zurück in die Vergangenheit. Beim ersten Besuch sagte der Pilsener Bischof, sie sollen der Sauerteig für die Einigung Europas sein. Ein paar haben Bäume mitgebracht, die jetzt in Neutraubling stehen. Bei Beerdigungen werfen sie den Menschen Erde aus Schlesien und Pommern und Egerland mit ins Grab. „Die meisten wollen nicht zurück, aber Heimat sagt zu Neutraubling auch keiner", sagt der Pfarrer.

Anita Knapek sagt, sie hätte in Bayern gelebt, aber sei nicht wirklich in Bayern aufgewachsen. „Das war wie im Ghetto." Die meisten sind da nie angekommen. Sie feiern das Weinfest der Sudetendeutschen Landsmannschaft, das Fischessen der Donauschwaben, das Maibaumaufstellen der Egerländer Gmoi. „Man muss sich das mal vorstellen. Andere sind mit der Ente nach Frankreich gefahren, während ich um den Maibaum tanzte", sagt sie und lacht. „Bei uns gab es Powidltatschkerln und drei Kilometer weiter Studentenunruhen. Das ist alles völlig an uns vorbeigegangen." Und weil sie gerade wütend ist, sagt sie noch etwas: „In Neutraubling gibt es Ärzte, Schulen. Es ist praktisch, aber wurzellos. Man könnte es auch morgen abreißen."

Ganz so sieht das Bürgermeisterin Eleonore Mayer nicht. „Es gibt sicher romantischere Städte, aber hier lässt es sich gut leben", sagt sie. Dann redet auch sie von Schulen und Ärzten, von BMW und Krones. Mehr als 13.000 Menschen, Neutraubling wächst und ist schon weit über das Flughafenareal hinausgequollen, aber keiner liebt es. Die Bürgermeisterin sitzt im Rathaus, das modern ist und ohne Charme. Es hängt am Rand von Neutraubling wie hingepappt.

Es gibt Leute, die nennen es das Herz der Stadt.

„Ist Ihnen aufgefallen, dass Neutraubling kein Herz hat?", fragt Anita Knapek. Dann kommt ihre Tochter ins Wohnzimmer. Acht Jahre ist sie alt. Es gab die Vereinbarung, dass sie jederzeit reinkommen darf, damit sie nicht denkt, hier wird über etwas Schlimmes geredet. „Ich habe Angst, dass ich meine Kinder anstecke", sagt Anita Knapek. Ihre Tochter sieht das Neutraubling-Heft und fragt: „Ist da Krieg drin?" Dann blättert sie in schwarz-weißer Erinnerung, hält sich die Augen zu und sagt: „Tu es weg."

Karin Steinberger

Schmerzhafter Prozess

Unangenehme Fragen und Selbstzweifel: Bis heute wissen die Tschechen nicht so recht, wie sie den 60. Jahrestag des Kriegsendes begehen sollen

Es war eine triumphale Rückkehr. Als der tschechoslowakische Präsident Edvard Benes am 4. April 1945 nach mehr als sechs Jahren im Exil in sein Heimatland zurückkehrte und in dem von der Roten Armee befreiten ostslowakischen Kosice/Kaschau per Dekret die erste Nachkriegsregierung ernannte, waren er und die meisten seiner Landsleute überzeugt: Die Tschechoslowakei würde wieder an ihre demokratische Tradition von 1918 anknüpfen und als eigenständiger Staat im europäischen Mächtekonzert bestehen können. Noch war der Kampf zwar nicht gewonnen, aber von Westen her näherten sich die amerikanischen Streitkräfte, die Rote Armee hatte gerade

Tragischer Held: Präsident Edvard Benes – hier im Kreise tschechischer Kinder während seiner Exilzeit – schaffte es nach seiner Rückkehr 1945 nicht, den Aufstieg des Kommunismus zu stoppen.

Verklärung nahe der Verherrlichung: Fliegerheft aus dem Jahr 1957.

Der Sturmvogel aus dem Reich des Bösen

Mythen und Legenden ranken sich um die Me 262, den ersten Düsenjäger – militärisch blieb sein Einsatz 1945 ohne Bedeutung

Die wenigen, die überlebten, haben den Anblick nie vergessen. Deutsche Jagdpiloten sahen 1945, wenn sie überhaupt noch in die Luft kamen, Hunderte viermotorige, silberglänzende Fliegende Festungen am Himmel über dem Reich, der Festung ohne Dach; das gewaltige Abwehrfeuer der Bomber, von denen jeder 13 Maschinengewehre trug; die Schwärme der Begleitjäger, meist Mustangs, die den deutschen Me 109 und Focke-Wulffs weit überlegen waren. Die Alliierten kämpften mit besseren Flugzeugen, den erfahreneren Piloten, für die bessere Sache.

Auch Hermann Buchner glaubte im Frühjahr 1945 nicht, er könne noch etwas wenden. Aber er lebte im Augenblick, der ihm, mitten im Zusammenbruch, ein Flugzeug verschafft hatte, das ein neues Zeitalter der Luftfahrt einläutete, einen Me 262-Düsenjäger, bewaffnet mit vier schweren Maschinenkanonen und 24 Raketen, mit mehr als 900 Kilometern Höchstgeschwindigkeit 200 Kilometer schneller als die besten Propellermaschinen der Alliierten. „Die Me war ein tolles Gerät", sagt Buchner noch heute. Zwölf Abschüsse, zehn davon schwere Bomber, mit der Me 262 wurden ihm zugeschrieben; nur zwei Luftwaffenpiloten waren mit dem Jet erfolgreicher.

Buchner war von den Schlachtfliegern gekommen, die die sowjetischen Panzer bekämpften, und er galt schon dort als „As", wie es bei der Luftwaffe hieß. „Ich war ein harter Gänger", sagte der alte Mann, der heute, 86 Jahre alt, in einer einfachen Vorkriegswohnung der österreichischen Fliegertruppe bei Linz lebt, umgeben von selbst gemalten Ikonen und stolzer Besitzer seines Ritterkreuzes. Er war zuletzt Oberst bei den österreichischen Fliegern. Als er im November 1944 zum „Kommando Nowotny" nach Lechfeld bei Augsburg abkommandiert wurde, hatte er noch nie von dem neuen Flugzeug gehört, das dort erste Einsätze flog. Aber bald jagte er wie berauscht mit dem haifischförmigen Jet über die Alpen, obwohl er wusste: Es sind zu wenige Maschinen, und sie kommen zu spät.

Im März flog er von Parchim aus. Die Düsenjäger, selten mehr als ein Dutzend Maschinen, attackierten über Norddeutschland die Pulks der B-17. „Es ging rasend schnell", sagt Buchner, „die riesigen Bomber schienen am Himmel stillzustehen, rasend schnell wuchsen sie ins Visier hinein. Es blieben immer nur ein paar Sekunden, um zu schießen und die Raketen abzufeuern." Die R 4 M-Raketen, die sich auf einmal auslösen ließen wie ein Schrotschuss, waren eine fürchterliche Waffe. Bei Hamburg sah Buchner einen getroffenen Bomber, der buchstäblich zerfetzt wurde. „Der Luftkrieg war gnadenlos", sagt Buchner.

„Es war, als ob ein Engel schiebt", schrieb Adolf Galland, General der Jagdflieger, später in seinen Erinnerungen über seinen Erstflug mit der Me 262 im Mai 1943. Er verabscheute die NS-Führung und vor allem den feisten und inkompetenten Luftwaffenchef Hermann Göring; aber auch Galland kümmerten die Zwangsarbeiter, die den himmlischen Schub beim Bau der Me 262 mit dem Leben bezahlten, selbst nach dem Krieg wenig. Er sah vor allem das, was er für die größte verpasste Chance des Luftkrieges hielt: „Das wäre die Waffe gewesen."

Me 262-Pilot Hermann Buchner: „Der Luftkrieg war gnadenlos."

Die Waffe, die Ströme der Bomber zu stoppen, die Luftüberlegenheit zurückzugewinnen? Buchner besitzt noch den Brief eines alten Freundes, der mit ihm die Me 262 flog und später schrieb, „dass wir mehr Verluste als Erfolge hatten". Gewiss, der Jet kam später als es möglich gewesen wäre – weil weder Hitler noch die Luftwaffenführung das Potenzial dieser revolutionären Technologie erkannten. Immerhin flog der Prototyp des Strahljägers schon 1942. Hitler, fixiert auf eine längst verloren gegangene Offensive, erzwang zu Gallands blankem Entsetzen nach einer Vorführung im Novem-

Warnung vor Hungersnot 5.4.1945

Die V 2-Angriffe auf Großbritannien und Belgien werden nach einem letzten Beschuss eingestellt. An allen Fronten geht der Vormarsch der Alliierten weiter: Die Russen erreichen die südlichen Bezirke von Wien, die Franzosen besetzen Karlsruhe, die Amerikaner sind in Bielefeld und kämpfen tief in Thüringen, im Teutoburger Wald und im Spessart. Der Ernährungsspezialist der Wehrmacht, Ernst-Günther Schenk, warnt in einem Memorandum vor einer baldigen Hungersnot und gibt Tipps für die Verbesserung der Ernährungslage, die selbst nach offizieller Darstellung bereits unter dem Existenzminimum liegt. Zum Verzehr seien geeignet: Raps, Rapskuchen, Kastanien, Eicheln, Zucker- und Runkelrüben, Wildpflanzen, Wurzeln, Frösche und Schnecken.

ber 1943 die zeitraubende Umrüstung zum Jagdbomber: „Kann dieses Flugzeug Bomben tragen?"

Es konnte, bewährte sich dabei jedoch nicht. Galland sprach vom Rennpferd, das einen Pflug ziehen müsse. Bombenangriffe mit den Me 262 wie beim „Unternehmen Bodenplatte", als die Jets zu Neujahr 1945 teilnahmen am selbstmörderischen Angriff der Luftwaffe auf alliierte Militärflugplätze, blieben meist völlig erfolglos. Erst Anfang 1945 wurden hastig Me 262-Jagdverbände aufgestellt, in München-Riem unter Führung des in Ungnade gefallenen Galland.

Wohl 1.200 Maschinen erhielt die Luftwaffe noch, von denen etwa die Hälfte aus Mangel an Treibstoff und Piloten niemals startete; viele andere wurden abgeschossen oder von Bomben am Boden zerstört. „Mehr als 400 aber machten Bruch", so der Historiker Rolf-Dieter Müller in seinem Buch „Der Bombenkrieg". Die Maschine war äußerst anfällig; im Sturzflug konnte es passieren, „dass der Steuerknüppel feststeckte wie Zement", sagt Buchner, und der Jet unkontrolliert zu Boden raste: „Wir haben wahrscheinlich mehr Menschen und Maschinen durch Unfälle verloren als durch Feindeinwirkung." Die neue Waffe forderte einen furchtbaren Preis: Die unerfahrenen Piloten, die das Flugzeug beim Landen nicht bremsen konnten und zerschellten; den erfolgreichen Jagdflieger Walter Nowotny, der die erste Me 262-Gruppe aufbaute und im November 1944 von US-Jägern beim Landen abgefangen und getötet wurde; Johannes Steinhoff, später Vorsitzender des Nato-Militärausschusses, der fürs Leben entstellt wurde, weil ein Triebwerk beim Start wie eine Lötlampe in Flammen geriet und das Flugzeug in einen Vorhang aus Feuer hüllte.

Die Me 262 war in der Tat noch einmal ein Gegner, den die alliierten Jäger fürchteten; die Jets tauchten aus dem Nichts auf, feuerten auf die Bomber und flogen den Verfolgern davon. Gelang es diesen aber, die Messerschmitts in einen Luftkampf zu zwingen oder bei Start und Landung abzufangen, dann stand es schlecht um die Jetpiloten. Und ihre Startbahnen wurden ständig von alliierten Fliegern attackiert.

Außer den V 1- und V 2-Raketen waren Düsenflugzeuge Hitlers zweite wirklich existierende „Wunderwaffe". Technisch zuverlässiger als die Me 262 war die Arado 234, ein Bomber und Aufklärer, von dem allerdings – ebenso wie von den eher für die Piloten als für die Gegner riskanten raketengetriebenen Me 163 – nur noch wenige gebaut wurden. Zum Mythos aber wurde die Me 262 – für Autoren von Kriegsheftchen wie den in den Fünfzigern sehr beliebten „Fliegergeschichten", in denen heldische Piloten sagen dürfen: „Mit diesem Vogel müßte man den Teufel aus der Hölle holen können"; und bis heute für Männer, die sich gern damit beschäftigen, wie man den Krieg doch noch hätte gewinnen können. Aber auch auf angelsächsischer Seite geriet der Jet zur viel beschriebenen Legende, der „stormbird" (so der Titel von Buchners nur auf Englisch erschienenen Erinnerungen), der Sturmvogel aus dem Reich des Bösen, ein gruseliges Faszinosum, das sogar von der Rockband „Blue Oyster Cult" besungen wurde („How red were the skies").

Es ist aber unwahrscheinlich, dass ein früherer Einsatz der Me 262 etwas geändert hätte. Vor dem Sommer 1944 wäre sie keinesfalls in nennenswerten Stückzahlen bei der Luftwaffe gewesen, und da war die Luftüberlegenheit der Alliierten schon erdrückend. Die technischen Probleme, der Pilotenmangel, die zerstörten Produktionsanlagen, das alles hätte wohl verhindert, dass die Me 262 tatsächlich zu jener „tödlichen Gefahr" hätte werden können, die der Oberbefehlshaber der US-Luftstreitkräfte, General Carl Andrew Spaatz, 1944 einen Moment lang fürchtete, als die ersten Düsenjäger seinen Geschwadern zugesetzt hatten. Außerdem produzierten die Briten mit der Meteor dann einen eigenen Jet, der schon Ende 1944 gegen deutsche V 1-Raketen eingesetzt wurde. „Ob die Me 262 den Luftkrieg hätte wenden können? Ich weiß es nicht", sagt Buchner schlicht: „Ich bin sie einfach geflogen."

Es ist nicht leicht, sich heute in Männer wie Hermann Buchner hineinzuversetzen. Er war jung, er hatte die zerbombte Trümmerlandschaft Berlins gesehen, und der neue Jäger war für das letzte Aufgebot der Luftwaffenpiloten die Waffe, noch einmal zurückzuschlagen. Sie waren Jagdflieger, keine Verbrecher; sie zählten zu einer militärischen Elite, und doch stand diese im Dienst eines verbrecherischen Krieges. Buchner spricht wenig über Schuld und Unschuld. Er mochte die Bonzen der Partei nicht; aber er behauptet auch nicht

Hermann Buchner (vorne rechts) im November 1944 in Lechfeld vor einer Me 262. Je länger der Krieg dauerte, desto massiver attackierten alliierte Flugzeuge die Stützpunkte der Düsenjäger.

wie viele seiner Generation, verführt oder in seinen Idealen getäuscht worden zu sein. Er sagt: Es war, wie es war. Aber es soll niemals zurückkommen.

Er flog die Me 262 zum letzten Mal am 8. April 1945. Bei Bremen attackierte sein Schwarm einen gewaltigen Verband Fliegender Festungen; sie erzielten einige Treffer, „doch das Abwehrfeuer war zu stark", so Buchner. Die Mustangs stürzten sich in Scharen auf die Jets. Sie mussten flüchten. Mit dem letzten Treibstoff flog er heim nach Parchim, als ihn bei der Landung ein unbekannter Jäger erwischte: „Der war wohl genau so überrascht wie ich." Beide Triebwerke brannten, Buchner brachte das zerschossene Flugzeug noch auf den Boden. Er schaffte es, sich aus dem Cockpit zu zwängen, 50 Meter weiter brach er bewusstlos zusammen. Da stand sie lichterloh in Flammen, die Messerschmitt, der „Sturmvogel", die letzte Wunderwaffe des Regimes. Es war vorbei.

Joachim Käppner

„Das sind doch auch Menschen"

„In ein stark überfülltes Abteil der S-Bahn drängte sich noch ein Transport von Sowjetkriegsgefangenen hinein. Als sich auf einer der nächsten Stationen das Abteil etwas leerte, belegten die Gefangenen sofort die freigewordenen Sitzplätze. Obwohl ältere Frauen standen, wurde von keinem der anwesenden Volksgenossen ein Einwand erhoben. Im Gegenteil, als ein Soldat einen Gefangenen beim Kragen nahm und eine Frau aufforderte, dessen Platz einzunehmen, lehnte diese ab und machte dem Soldaten noch Vorwürfe wie: Das sind doch auch Menschen, und wie kann man nur so hart sein! Diese Einstellung wurde von mehreren Reisenden geteilt."

(Bericht eines Wehrmacht-Propaganda-Offiziers aus Berlin für den Zeitraum vom 30.3. bis 7.4.1945; Quelle: Wolfram Wette (Hg.) u.a., Das letzte halbe Jahr. Stimmungsberichte der Wehrmachtspropaganda 1944/45, Essen 2001)

5. April 1945

Drei Monate lang wurde Königsberg von der Roten Armee belagert, während die Nazis Durchhalteparolen ausgaben.

In der kalten Hölle

Die „Wunderwaffen“ und das Grauen der Zwangsarbeit

Die Nacht war fast wolkenlos, hell lag Deutschland im Licht des vollen Mondes. Die Besatzungen der 5. Royal Air Force-Bombergruppe würden das Ziel leicht erkennen können – und ebenso leicht selbst zum Ziel werden. Geoff Whitten, Navigator einer Lancaster, erinnerte sich später daran, „dass ich genug sah – Bomber, die brennend abstürzten –, um zu erkennen, dass wir für diese Operation einen hohen Preis zahlten“. Es war die Nacht vom 17. auf den 18. August 1943. Die Verluste der RAF waren hoch. 40 von 560 Flugzeugen kamen nicht zurück, und doch war die Operation, so der britische Historiker Robin Neillands, der „wahrscheinlich wichtigste Bombenangriff des Krieges“. Denn das Ziel hieß Peenemünde.

Schon seit 1937 arbeiteten die Deutschen unter den Pionieren Wernher von Braun und Walter Dornberger in Peenemünde am V 1- und V 2-Programm. Die V 1 war noch eine ungesteuerte fliegende Bombe, die V 2 aber eine überschallschnelle Fernrakete. Die Produktion war weit fortgeschritten, als die RAF zuschlug. Arthur Harris, der Chef des Bomber Command, hatte sich dem Drängen Winston Churchills auf diese Spezialoperation sogar widersetzt; er wollte sich durch nichts abhalten lassen von der Auslöschung der deutschen Städte, von der er sich die Kriegswende erhoffte. In Peenemünde aber zeigte die RAF, wie später bei Präzisionsattacken etwa auf das Gestapo-Hauptquartier in Kopenhagen, dass Punktangriffe mehr bewirken konnten als Feuerstürme: 1.800 Tonnen Bomben verwüsteten die Anlagen und töteten Hunderte, darunter allerdings auch 500 Zwangsarbeiter im ungesicherten Lager Trassenheide. Die Entwicklung der „Wunderwaffen“, mit denen Hitler „fürchterliche Vergeltung“ üben wollte, wurde um Monate zurückgeworfen.

Einsatz von Arbeitssklaven: Im KZ Mittelbau-Dora bei Nordhausen/Thüringen mussten Häftlinge – hier eine Aufnahme nach der Befreiung – auch an „Wunderwaffen“ arbeiten. 20.000 Häftlinge starben.

Erst im Herbst 1944 brachten vor allem die ballistischen V 2-Raketen, während Hitlers Reich im Sterben lag, den Schrecken des Krieges nach England und später ins befreite Antwerpen zurück, das logistische Zentrum der Allied Liberation Army. 1300 V 2 trafen London noch, die letzte schlug am 29. März 1945 ein. Die V 1 und V 2 kosteten 15.000 Menschen, meist Zivilisten, in Frankreich, Belgien und Südengland das Leben. Besonders die schnellen V 2 verbreiteten Furcht, da es kein Mittel gegen sie gab (während viele der 20.000 eingesetzten V 1 von der Luftabwehr abgeschossen wurden), militärisch aber blieben sie ohne große Bedeutung.

Das wäre grundlegend anders gewesen, hätte es atomare Sprengköpfe für die neuen Waffen gegeben. Braun und Dornberger bastelten sogar an der A 10-Rakete, die bis nach Amerika reichen sollte. Trotz sensationsheischender Berichte, die es bis heute über „Hitlers Atombombe“ gibt: Als die Alliierten ihr Nuklearwaffenprogramm Anfang 1945 fast fertiggestellt hatten, war Hitlers Reich, so der Militärhistoriker John Keegan, noch „Jahre von der Herstellung einer Atombombe entfernt“.

Die neuen Waffen, Raketen und Jets, schafften das Wunder nicht mehr, auf das die Nazis im letzten Kriegsjahr hofften. Die strategische Bomberoffensive verwüstete die deutsche Industrie, die Fronten wichen zurück: Das Reich besaß nicht mehr die Kraft, seinen Vorsprung in der Triebwerks- und Raketentechnik militärisch entscheidend zu nutzen. Die Produktion wurde vor den alliierten Luftflotten in Stollen und Bergwerken versteckt, die Ort grauenvoller Verbrechen waren. Für die Wunderwaffen starben Tausende Zwangsarbeiter und KZ-Häftlinge: In Peenemünde und den Stollen von Mittelbau Dora bei der V 2-Produktion, beim Bau der Me 262 im Flugzeugwerk Reimahg bei Kahla. Hans Frankenthal, Sohn einer jüdischen Viehhändler-Familie, war damals 19 und Zwangsarbeiter; er schrieb später: „War Auschwitz die heiße Hölle gewesen, so war Dora die kalte Hölle.“

Joachim Käppner

Die Stadt als Beute

Nach der Eroberung von Königsberg: Die Rache der Sieger war noch brutaler als anderswo im Osten

Als Reno Komarowskij zum ersten Mal nach Königsberg kam, war er Anfang zwanzig, saß in einer Tupolew und warf Bomben auf eine Stadt, die er mehr ahnte, als dass er sie sah: „Königsberg – das war Rauch, Rauch, Rauch. Und Ruinen." Das war im März 1945.

Als Walentin Makowskij Königsberg zum ersten Mal sah, war er neun und staunte über den fremden Luxus: „Zu Hause, in Rostow am Don, hat mein Vater gesagt: In Königsberg bekommt ihr eine Badewanne." Das war im April 1946. Walentin Makowskij bekam eine deutsche Badewanne – und einen deutschen Freund, Walter. Wenn er von Walter spricht, leuchten seine Augen wie 100-Watt-Birnen. Eines Tages war Walter weg.

Ein Jahr von Frühjahr bis Frühjahr, zwölf Monate, um siebenhundert Jahre deutscher Geschichte auszuradieren: Königsberg, Stadt der deutschen Ordensritter, Stadt der Aufklärung, Kant-Stadt, Front-Stadt, Stadt Herders und Hamanns, aber auch Schieders und Conzes, jener jungen Historiker, die dem Kampf um den „Lebensraum im Osten" akademischen Flankenschutz gaben, dieses Königsberg starb nicht mit einem Knall, sondern mit einem Wimmern. Der Veteran Komarowskij, der heute unter Hirschgeweihen sitzt und zur Feier des Besuchs seine beachtlichen Spirituosenvorräte öffnet, und der einstige Neusiedler Makowskij, der in ein Haus einzog, in dem buchstäblich die Betten noch warm waren, sie haben geholfen, Königsberg in Kaliningrad zu verwandeln. Aber in gewisser Hinsicht hat dies die versunkene Stadt nur noch stärker werden lassen, noch schöner, geistvoller, lebendiger. Das Königsberg, das sie damals zum ersten Mal sahen, war anders, jedenfalls in der sowjetischen Propaganda: Ein „Faschistennest“, eine „Todesfabrik“, die „schwarze Stadt Europas“. Und irgendwie, sagt Komarowskij, war es ja auch so: „Königsberg war eine Festung: die Zitadelle, die Forts. Ganze Divisionen wurden hier ausgebildet.“ In keiner anderen Stadt, nicht mal in Berlin, klafften deutsches Selbstbild und sowjetisches Feindbild so weit auseinander wie hier.

Bevor Komarowskij seine Tupolew nach Preußen lenkte, war er über Breslau geflogen, Minsk und Moskau, hatte von den Deutschen zerstörte Städte, ausradierte Dörfer gesehen – „am schlimmsten war Warschau, die brennende Stadt, die Berge von Toten“. Als er Bomben auf Königsberg warf, spürte er Hass? Komarowskij wiegt sein kahles Haupt, sagt dann, vorsichtig, um den Gast nicht zu verletzen: „Ja, auch Hass, eine kurze Zeit.“ Haben sowjetische Flieger deshalb Flüchtlinge beschossen? „Das waren nicht wir“, sagt er: „Es mag Einzelfälle gegeben haben, aber unsere Befehle lauteten anders.“ Und wenn es anders gewesen wäre, wenn es Befehle gegeben hätte? „Soldat ne winowat“, sagt Komarowskij: Der Soldat ist nie schuld.

Zwanzig Tage warf er Bomben auf Königsberg, dann ging es weiter Richtung Berlin, zur Parade auf dem Roten Platz, immer weiter, nach Osten, gegen die Japaner. Die Brust seines Anzugs ist bunt und schwer vor Orden, aber für mehr als eine Plattenbauwohnung hat es nicht gereicht, und nun streicht Russland den Pensionären auch noch die Vergünstigungen. Die Veteranen des Großen Vaterländischen Krieges sind eine verschwendete, benutzte Generation, Statisterie für Feiertage, Claqueure im Polittheater, ansonsten lästige Kostgänger. Was sich im Frühjahr 1945 auf dem Boden abspielte, hat Komarowskij nicht mehr erlebt, und es hätte ihm wohl auch nicht gefallen. Drei Monate war Königsberg belagert worden, drei Tage lang wurde es gestürmt. Am 9. April war alles vorbei: Die Stadt war zur Beute geworden. Ihr Schicksal hat Solschenizyn beschrieben in seinem Gedicht „Ostpreußische Nächte“. Und Lew Kopelew. Der spätere Dissident und damalige Offizier schildert in seinem Buch „Aufbewahren für alle Zeit“, wie seine Kameraden lastwagenweise Mobiliar fortschleppten, wie sie vergewaltigten, Deutsche, Polinnen, Französinnen, tausendfach, wie er die Leiche einer Frau entdeckt – „Das Gesicht vom hochgerutschten Mantel bedeckt, die Beine, in den Knien abgewinkelt, auseinander gerissen. Eine dünne Schneeschicht und ein Stofffetzen verhüllten kaum den verkrümmten, geschändeten Körper“ –, er schildert, wie ein Leutnant seine Männer zu einer im Torweg liegenden Deutschen anstehen lässt und ein Vorgesetzter Nachsicht fordert, wenn Soldaten „auch kleine Fritzen töten, bis es ihnen selbst über ist“. Kopelew will eingreifen, abhalten. Im April 1945 wird er verhaftet wegen „Mitleid mit dem Feind“. Was in Königsberg geschah, schreibt der Historiker Jürgen Manthey, „ist ohne Beispiel. Es übertrifft alles, was Überlebende aus anderen eroberten Städten berichtet haben.“

Nur: Warum Königsberg? Gewiss, es war die erste deutsche Stadt, die die sowjetischen Soldaten nach vier Jahren deutschem Vernichtungsfeldzug betraten, irre vor Leid, aufgepeitscht von einer hysterischen Propaganda und provoziert von den verbrecherischen Durchhalteaktionen der Nazis, die noch im Frühjahr „Feiglinge“ im Königsberger Tiergarten erschossen. Aber das erklärt es nicht ganz, jedenfalls nicht für Jurij Nuschtajew. Der Hobby-Historiker – Mitte dreißig, Lederjacke, lange Haare, Augenringe wie Bombentrichter – sitzt im Café, während es draußen schneit, und zieht in Gedanken eine pfeilgerade Schneise von den Verwüstungen durch die russische Armee im Siebenjährigen Krieg über Tannenberg bis zum 6. April 1945. Russland, sagt er, quäle ein Minderwertigkeitskomplex, über Jahrhunderte habe es auf diese nahe und doch so fremde Stadt voller Neid geblickt, aber auch voller Liebe: „Keine andere deutsche Stadt hat ein so enges Verhältnis zu Russland.“ Vor drei Jahren hat er eine Initiative gegründet, um die Umbenennung Kaliningrads in Königsberg durchzusetzen. Er geriet unverzüglich unter Separatis-

Befreiung Sarajewos 6.4.1945

Königsberg, die östlichste deutsche Großstadt, die von 40.000 Wehrmachtssoldaten verteidigt wird, liegt unter pausenlosem Feuer. Der Großangriff der Roten Armee hat begonnen. Schon seit Ende Januar sind die Schienenverbindungen Richtung Westen abgeschnitten, die Stadt ist eingeschlossen. Einzige Fluchtmöglichkeit ist der Marsch durch einen schmalen Korridor in die etwa 50 Kilometer entfernte Hafenstadt Pillau und von dort per Schiff über die Ostsee. Gauleiter Erich Koch hat sich längst per Schiff nach Dänemark abgesetzt. Im Westen rücken die Alliierten von Süden und Norden auf die im „Ruhrkessel“ eingeschlossene Wehrmacht vor. Die US-Truppen sind bereits bis zur Weser vorgedrungen, die Franzosen stehen am Neckar. Marschall Tito gibt die Einnahme der bosnischen Hauptstadt Sarajewo durch jugoslawische Truppen bekannt. Unterdessen versucht das NS-Propagandablatt *Völkischer Beobachter* den „unerschütterlichen Willen zur Standhaftigkeit“ (Münchens Gauleiter Paul Giesler) der „Volksgenossen“ mit substanzlosen Berichten über „Streikbewegungen in den anglo-amerikanischen Ländern“ oder eine drohende Hungersnot in England und den USA anzuregen.

Drei Tage dauerte der Sturm. Heute gehört der Dom zu den wenigen Zeugnissen deutscher Kultur. Kaliningrad ist eine russische Stadt, aber es lebt entspannt mit dem fremden Erbe.

musverdacht. Tschetschenische Rebellen solidarisierten sich mit dem vermeintlichen Unabhängigkeitskampf, und die Nationalbolschewiken Eduard Limonows drohten ihm, dem Feind Russlands, auf ihrer Webseite mit dem Tod.

Die meisten Kaliningrader sehen die Sache längst entspannter, sahen es wohl immer. Walentin Makowskij jedenfalls war neun, als er merkte, dass die Propaganda das eine und die Wirklichkeit etwas anderes ist, dass diese bedrohlichen Deutschen eigentlich arme Schweine waren. Hunger hatten alle im April 1946, aber Deutsche ohne Arbeit bekamen nicht mal Lebensmittelkarten. „Sie starben wie die Fliegen; fielen einfach um, mitten auf der Straße", sagt Makowskij. Beunruhigt dokumentierte die Gebietsverwaltung Fälle von Kannibalismus. Eines Tages brachte Makowskijs Vater, der Offizier, der Königsberg gestürmt hatte, Gertrud mit, eine Waise, die halb Hausmädchen und halb Haustochter wurde. Und es gab Walter, Walter Kasten, den Walentin in Pronitten traf, dem heutigen Slawjanskoje, wohin die Familie zog: Ein Teufelskerl, größer, älter, bestimmt schon siebzehn. Walter konnte Russisch, hatte einen Schäferhund, Nicha, und wenn er mit dem Vater nach den Pferden sah, fuhr Walentin mit und platzte vor Stolz. Dass die Sache nicht ewig so weitergehen würde, war klar, die Deportation waren lange angekündigt worden. Aber als Walter eines Morgens 1948 weg war, brach doch eine Welt zusammen. „Die wenigsten wollten fort", sagt Makowskij: „Deutschland war für sie doch auch Fremde." Er wüsste gern, was aus seinem Freund geworden ist. Gefragt hat er nie. Walter war Deutscher, der Feind. Auch Propaganda schafft Wirklichkeit.

Der Historiker Jurij Kostjaschow hat Hunderte Neuankömmlinge wie Makowskij befragt. Er untersuchte, wie Stalin die Siedler lockte mit Steuervergünstigungen, Wohnungen, „je einem Mantel, 10 Liter Kerosin, 10 Kilo Salz und 40 Schachteln Streichhölzer." Eine ganze Stadt auszulöschen, das ging ja nicht über Nacht. Ab Juni 1946 hieß Königsberg Kaliningrad, im Oktober 1948 wurden die letzten Deutschen deportiert. Davor aber lagen Monate eines präzedenzlosen Clash of Civilisations. Die Neusiedler stolperten durch die fremde Kultur, schraubten Drainagen ab und ließen das Land vertrocknen, pflügten zu tief und zerstörten den Boden, schleppten das preußische Zuchtvieh nach Russland, wo es einging. „1,2 Millionen Menschen kamen, 800.000 gingen zurück", sagt Kostjaschow. Und doch war man sich näher gekommen: 1948 wurden Hunderte deutsch-sowjetische Beziehungen getrennt, die es nie hätte geben dürfen. 1991 war Kostjaschows Buch über die Neuansiedler fertig. Es dauerte sechs Jahre, bis es auf Russisch erschien. (Deutsch: E. Matthes (Hg.), Als Russe in Ostpreußen. Sowjetische Umsiedler über ihren Neubeginn in Königsberg/Kaliningrad, 1999)

Doch die Zeiten haben sich geändert, Kaliningrad versteckt sein deutsches Erbe nicht mehr im Giftschrank wie die geheime Kartothek der deutschen Straßennamen im Stadtmuseum. Längst blickt die Jugend interessierter nach Westen als nach Russland, und soeben hat die Universität beschlossen, sich „Staatliche Russische-Kant-Universität" zu nennen. Das alles macht die

Späher im Kreml nur noch misstrauischer, und so sind die anstehenden Feiertage auch ein Test für die Großwetterlage zwischen Moskau und seiner Exklave. Die Feier zum 6. April, die Siegesfeier am 9. Mai, das ist alles noch Gedenkroutine. Was aber ist mit dem 750. Stadtjubiläum im Juli? Moskau hätte es am liebsten ausfallen lassen, aber Kaliningrad entschied, dass sich der Kalender nun mal nicht ändern lässt. Und feiert. Inzwischen ist die Innenstadt komplett aufgerissen, Kaliningrad ändert die gesamte Verkehrsführung, zum ersten Mal soll es sogar Einbahnstraßen geben. Die riesige Kathedrale auf dem Platz des Sieges wächst, der Lenin davor, der immer so aussah, als käme er gerade aus der Kirche, ist abmontiert. Eine Initiative Ewiggestriger hätte gern ein neues Stalin-Denkmal aufgestellt, war aber chancenlos. Die Zeit lässt sich nicht zurückdrehen.

Kommunalpolitisch ist so ein Stadtgeburtstag ein Hauptgewinn, das wissen die Russen seit dem 300. Geburtstag Sankt Petersburgs. Wie viel Geld in Kaliningrad fließen wird, kann Silvia Gurowa, die Vizebürgermeisterin, nicht genau sagen, es gebe da diese 1,5 Milliarden Rubel (42 Millionen Euro) vom Staat und 42 Millionen von der Stadt, aber wer wisse schon, wie es am Ende aussehe: „Wir restaurieren die historischen Stadttore, wir planen Kulturwochen, aber das Wichtigste für uns sind die Reparaturen der Krankenhäuser, Schulen." Offiziell hat der Kreml gerade einen Vorschlag abgeschmettert, Kaliningrad den Status eines „Auslandsterritoriums" zu verschaffen, mehr Unabhängigkeit von Moskau: ein russisches Neukaledonien. Eine Absage, die sie ärgert.

Kaliningrad hofft auf Besucher, denn die Heimweh-Touristen sind selten geworden. Weil sie alt werden, und weil Kaliningrad dem versunkenen Arkadien der Aufklärung so wenig entgegenzusetzen hat. Selbst im einstigen Amalienau, wo man noch Zehlendorf-artige Villenseligkeit findet, verzwergen die neuen Paläste der russischen Nouveaux Riches allmählich die deutsche Gediegenheit. Für die größte Scheußlichkeit, für das kraterartige Viertel um den Dom, wo die Ruine des Hauses der Räte wie ein fauler Zahn in die Luft ragt, plant die Stadt immerhin einen Architekturwettbewerb. „Sie versprachen, an der Stelle des Hortes preußischen Militarismus' eine helle sozialistische Stadt zu errichten", schreibt die *Kaliningradskaja Prawda* bitter: „Seht euch an, wie gemütlich die alte Stadt war, wie menschenfreundlich. Kaliningrad aber ist die langweiligste Stadt des Baltikums." Sie werden das alte Königsberg nicht los, die Deutschen nicht und nicht die Russen. Die versunkene Stadt führt ein Eigenleben, drängt nach oben. Vor kurzem legten russische Historiker einen Stadtplan vor, mit den deutschen Straßennamen. Auch der Kalinin-Prospekt war mit dem alten Namen eingezeichnet, aber nicht als Österreich-, sondern als Horst-Wessel-Straße. *Sonja Zekri*

Ein Kadett bepackt mit Kronjuwelen

Wie ein Schweizer im April 1945 Bayerns wichtigste Kunstschätze rettete

Schon seit 1943 war München bombardiert worden. Aber bereits lange vorher hatte ein kleines Häuflein von Museumskuratoren und Kulturverantwortlichen damit begonnen, das Undenkbare zu denken und angefangen, für die Zeit nach dem verlorenen Krieg zu planen. Zentrale Frage: Würden sich die eventuellen Sieger, anders als die Deutschen selbst, an das halten, was 1907 in Artikel 56 der Haager Landkriegsordnung festgelegt worden war, und den Schutz

Der bayerische Kronschatz im April 1945 in drei Kisten verpackt vor Schloss Neuschwanstein.

von Kulturgütern garantieren? Längst hatte man deshalb insgeheim Zug um Zug Dokumentationen von den wichtigsten Baudenkmälern erstellt. Wo möglich, waren in Schlössern und Kirchen Teile des Inventars ausgebaut worden, als Muster für Rekonstruktionen. Ein Zentrum dieser „defätistischen" Aktionen war früh schon die Bayerische Schlösser- und Seenverwaltung, die im Wesentlichen den 1918 verstaatlichten Besitz der Wittelsbacher Könige zu betreuen hatte. Dazu zählten freilich nicht nur die prunkvollen Immobilien einer monarchischen Vergangenheit, sondern vor allem auch Kunstschätze. Und je mehr die Bombenzerstörung der Städte zunahm, desto intensiver konzentrierte man sich auf die wenigen verbliebenen und transportablen Kleinodien. In Bayern war das vor allem der in der Münchner Residenz untergebrachte Kronschatz der Wittelsbacher sowie der einzigartige, bis in die Renaissance zurückreichende Bestand des Kupferstichkabinetts der Veste Coburg.

Von der Münchner Residenz standen im April 1945 nur noch ein paar Mauern, und die mittelalterliche Burg in Coburg war von Hitler in einem Anfall von Umnachtung zur bis zuletzt zu verteidigenden Festung erklärt worden. Spätestens jetzt war höchste Eile geboten. Und man musste improvisieren können. Für diesen Fall verfügten die bayerischen Kunstschützer über eine Art Geheimwaffe in der Person von Albert, genannt Tino Walz. Der diplomierte Architekt war nicht nur bestens vertraut mit allen Interna der Verwaltung. Schließlich arbeitete er seit seinem Studienabschluss beim bayerischen Denkmalschutz. Wesentlicher freilich: Der gebürtige Engadiner besaß einen neutralen Schweizer Pass und vor allem ein Auto, für das er als Zivilist sogar – über welche Kanäle auch immer – Benzin besorgen konnte. Beides zusammen garantierte ihm in den Wirren der letzten Kriegstage maximale Bewegungsfreiheit und prädestinierte ihn für die anstehenden heiklen Missionen.

Zunächst ging es darum, die Coburger Grafiken nach München zu holen. In einer geheimen Aktion brachen er und sein damaliger Chef Dr. Thoma deshalb am 6. April 1945 auf, um das Herzstück der Coburger Sammlungen davor zu bewahren, im zu erwartenden Feuer der amerikanischen Armee vernichtet zu werden. Der heute 92-Jährige hat die Details dieser lebensgefährlichen Rettungsaktion erst kürzlich in einem Buch veröffentlicht: Die Suche nach einem Mainübergang bei Nacht mit abgedunkelten Scheinwerfern. Den Angriff der Amerikaner auf Coburg, vier Stunden nachdem er und sein Begleiter die Stadt mit zwei schweren Kisten auf den Rücksitzen eines Opel Kadett verlassen hatten. Und nicht zuletzt die Versenkung der weltberühmten Kunstwerke in verlöteteten Zinkbehältern unweit des Klosters im Tegernsee. Ein russischer Kriegsgefangener half dem Schweizer ironischerweise damals, die Behälter mit deutschen Kunstschätzen in sichere Tiefen zu versenken. Wenige Tage später dann der nächste Einsatz: Der Kronschatz der Wittelsbacher – zunächst in der Kelheimer Befreiungshalle, dann in Herrenchiemsee und schließlich in Schloss Neuschwanstein zwischengelagert – musste verschwinden. Walz fand dafür mit Hilfe eines Freundes den Kartoffelkeller eines Bauern in der Nähe von Miesbach.

Als im Sommer 1945 dann endgültig feststand, dass die Amerikaner deutsches Kulturgut schützen würden, gab Walz die geretteten Schätze im Central Collecting Point ab. Die Grafiken kamen zurück nach Coburg. Und im ehemaligen Küchentrakt der Münchner Residenz wurde im Zuge des Wiederaufbaus die heute weltberühmte Schatzkammer eingerichtet. Federführender Architekt war Tino Walz. *Christoph Wiedemann*

„Beim Fußlappengeschwader"

„Um 7 Uhr war Aufstehen. Wir waren natürlich nur auf einem Strohlager auf dem Fußboden. Dann gingen wir wieder zum Bahnhof, wo wir in der Rote-Kreuz-Verpflegungsstelle Suppe, Kaffee und Brot erhielten. Um 12 Uhr gabs dann zwei Tassen Gemüsesuppe und danach gings per Bahn 3 Bahnstationen weiter nach Mittelsteine. Hier staunten wir – inzwischen eine graue Panzeruniform tragend – nicht schlecht, daß wir jetzt bei der Infanterie gelandet sind, wir Artilleristen... nannten die Infanteristen doch nur ‚Fußlappengeschwader'. Nach einem Fußmarsch von etwa einer Stunde kamen wir im Batallions-Geschäftszimmer des Heeres... in Schlegel an. Nach einer Wartezeit von zwei bis drei Stunden waren wir auf die einzelnen Kompanien verteilt, ich kam zur dritten. Diese lag in einem benachbarten Weiler, ‚Rasterschmiede' genannt, etwa 25 Minuten Wegzeit von Schlegel entfernt. Nach der Unterbringung empfangen wir Kaffee und Wurst, das Brot stand zu unserem Erstaunen Laib für Laib stapelweise auf dem Tisch, wir konnten davon essen, bis wir genug hatten, wovon wir reichlich Gebrauch machten. Hatten wir doch Hunger, da drei Tage lange sehr wenig gegessen."

(Tagebucheintrag von Otto S. vom 6. April 1945. S. war damals 19 Jahre alt, wurde 1944 – gegen seinen Willen – zur Wehrmacht eingezogen und anschließend auf einen langen Weg an die Front nach Schlesien geschickt, wo seine Einheit im April ankam. Quelle: Tagebucharchiv Emmendingen)

7. April 1945

Immer wenn der Kuckuck rief

Fliegeralarm, akute Luftgefahr, Vorentwarnung, wieder Fliegeralarm – der irrsinnige Alltag in der zertrümmerten Stadt

In das Chaos der völligen Kriegszerstörung war München seit 1942 durch mehr als siebzig Luftangriffe hineingerissen worden, wobei erst durch den schweren Angriff vom 25. April 1944 und das mehrtägige Bombeninferno vom 11. bis zum 16. Juli 1944 das Gesicht der Stadt irreparabel entstellt war. Was Fleiß und Kunstsinn vieler Generationen in Jahrhunderten aufgebaut und gepflegt hatten, war nun im April 1945 zu Schutthalden aufgetürmt, und vieles war für immer ausgetilgt, was der Stolz auf die „Kunststadt München" einst hochgepriesen hatte. Nur zerborstenes Gewölbe und Fragmente von Außenmauern markierten das altehrwürdige Kirchenschiff von St. Peter, und die in makabrer Schönheit freigestellten schlanken Chorpfeiler des Domes schienen allein zur Stütze des Firmamentes bestimmt zu sein.

Musste es nicht wie ein besonderer Zynismus wirken, dass ausgerechnet die größenwahnsinnigen Baudenkmäler des Dritten Reichs von der allgemeinen Katastrophe der Stadt nicht betroffen waren: Das Haus der Deutschen Kunst, Führerbauten und Ehrentempel blieben unter ihren Tarnnetzen vom Untergang verschont. Die in der Regel nachts geflogenen Angriffe der Engländer wurden seit dem Frühjahr 1943 noch durch Tagesangriffe der Amerikaner ergänzt, die aus massierten Verbänden heraus Bombenteppiche auf Verkehrswege und Industrieanlagen legten und Wohngebiete nicht minder in Mitleidenschaft zogen.

Das Schutzraumangebot war in ganz München bei Kriegsbeginn völlig unzureichend, weshalb Staat und Stadt seit 1943 auf „Evakuierung" setzten. Zunächst wurden alle zehn- bis fünfzehnjährigen Buben und Mädchen mittels der so genannten Kinderlandverschickung (KLV) in Unterkünfte im Oberland eingewiesen, in denen der Unterricht durch die bisherigen Lehrkräfte weitergeführt wurde. Die offiziellen Evakuierungsmaßnahmen, die sich in der Folge auch auf alte Menschen und Frauen mit Kleinkindern erstreckten (hier stand die private Abwanderung zu Verwandten auf dem Lande im Vordergrund) führten dazu, dass bei Kriegs-

Straßenszene im München des Jahres 1945: Eine behelfsmäßige Straßenbahn ersetzte in den letzten Kriegsmonaten die Waggons der Trambahn.

Fahrt

8. April 1945

Die Flamme des Widerstands

Im April 1945 stieß eine eigene französische Armee nach Deutschland vor – ein später Triumph für den unbeugsamen Charles de Gaulle

Es waren Tage des Triumphs: Als die Alliierten im April 1945 immer tiefer ins Reich vordrangen, war auch eine französische Truppe dabei, die 1. Armee unter dem US-General Jacob Devers. Militärisch spielten die Kämpfe in Südwestdeutschland zum Verdruss Charles de Gaulles nur eine Nebenrolle, da sich auch die Amerikaner bald nach Süden wandten; politisch aber hatte sich Charles de Gaulle einmal mehr durchgesetzt: Frankreich war mit eigenen Streitkräften an der Niederringung Hitler-Deutschlands dabei, von dem es 1940 so tief gedemütigt worden war, und sollte als vierte Siegermacht eine eigene Besatzungszone erhalten. Das Ausmaß dieses Triumphs wird erst erkennbar, wenn man bedenkt, dass Briten und Amerikaner im Vorjahr das befreite Frankreich am liebsten unter alliierte Administration gesetzt hätten. De Gaulle, als Führer des Freien Frankreich, hatte diese Art der politischen Vormundschaft nur mit Mühe verhindert.

De Gaulle, Frankreichs Held: Als die Grande Nation 1940 besiegt war und Philippe Pétain, der Marschall und Held des Ersten Weltkriegs, das Land in die Schmach der Kollaboration mit Hitlers Deutschland führte, blieb es einem unbekannten General vorbehalten, die Ehre der Nation zu retten. Charles de Gaulle ließ sich sein Selbstbewusstsein und seine Unbeugsamkeit nicht austreiben. Sein Appell an seine Landsleute, der von der Londoner BBC nach Frankreich ausgestrahlt wurde, war schon in jenem Tremolo gehalten, das ihm für große Augenblicke angemessen schien. Die berühmte Rede im Namen des „Freien Frankreich" begann pathetisch mit den Worten: „Moi, général de Gaulle..." Es war der 18. Juni 1940, ein Datum, auf das die Republik noch heute stolz ist.

Charles de Gaulle, den man zum Dank für einen der wenigen französischen Siege des kurzen Krieges von 1940 zum jüngsten General Frankreichs befördert hatte, wurde in die letzte Regierung unter Ministerpräsident Paul Reynaud zum Unterstaatssekretär für Verteidigung berufen. Er war nicht nur als fähiger

Stolzer Sieger im Herzen von Paris: General Charles de Gaulle (rechts) mit dem britischen Premier Winston Churchill bei einer Parade im November 1944 nach der Befreiung der Hauptstadt von deutscher Besatzung.

8. April 1945

Kommandeur aufgefallen, sondern auch als strategischer Experte. Nun aber ging es für ihn um höhere Fragen: Als sich die französische Führung den Deutschen ergab, verweigerte er den Befehl, die Waffen niederzulegen. Dafür wurde de Gaulle von einem Gericht in Toulouse in Abwesenheit zum Tode verurteilt. Aber da hatte er sich schon ins Exil nach England zurückgezogen.

Frankreich habe eine Schlacht verloren, nicht jedoch den Krieg: So machte der General seinen Landsleuten Mut. Er sprach von der „Flamme des französischen Widerstands", die „nie erlöschen wird". Die Kernsätze dieser Rede sind heute auf Emaille-Schildern an öffentlichen Plätzen der Republik nachzulesen. Denn am Ende sollte sich de Gaulle auf der Seite der Sieger wiederfinden. Dabei war Frankreichs Beitrag zum Sieg über Hitler und seine Wehrmacht mehr symbolisch als kriegsentscheidend. Gerade die Symbole aber hat sich dieser Mann zeitlebens nicht austreiben lassen.

Nach der Kapitulation hatte de Gaulle mit wenigen Getreuen den Widerstand gewählt und befehligte eine vergleichsweise lächerliche Streitmacht von siebentausend Soldaten. Trotzdem versuchte er dem britischen Kriegspremier Winston Churchill immer wieder klar zu machen, dass es nicht seine Funktion sei, England Hilfstruppen zur Verfügung zu stellen, sondern dass es ihm vielmehr darum gehe, Frankreich im Krieg zu halten. De Gaulle kämpfte um die Souveränität seines Landes, also musste Frankreich den Kampf fortsetzen. Nicht nur im Widerstand gegen die Besatzung, sondern auch auf dem Schlachtfeld.

Churchill ging der hochgewachsene Franzose, der zu großen Gesten neigte, bald auf die Nerven. In seinen Erinnerungen nannte der Brite „das Kreuz Lothringens das schwerste, das ich im Krieg zu tragen hatte". Das lothringische Kreuz war das Zeichen des Freien Frankreichs des General de Gaulle. Oft gerieten die ungleichen Führer aneinander. „Sie sagen, Sie sind Frankreich. Sie sind nicht Frankreich", blaffte Churchill einmal, „ich erkenne Sie nicht als Frankreich an." Der Mann war zwar Soldat, und Churchill hatte immer eine Hochachtung vor Soldaten, aber der Franzose war ihm lästig mit seinen ewigen Forderungen. „Warum diskutieren Sie mit mir, wenn ich nicht Frankreich bin?", fragte de Gaulle zurück. Bei allen Spannungen zwischen den beiden hätte der General seine Mission ohne die Unterstützung Churchills nicht erfüllen können.

Franklin D. Roosevelt hingegen hatte de Gaulle nie ganz vertraut. Im Gegenteil, der amerikanische Präsident hatte die Beziehungen zum Vichy-Regime aufrechterhalten, bis sie von Pétains Ministerpräsidenten Pierre Laval abgebrochen wurden. Für Roosevelt hatte de Gaulles Freies Frankreich einfach nichts Konkretes zu bieten, außer dem Ansinnen, den Kampf gegen Deutschland fortzusetzen. Roosevelt bewahrte sich sein Misstrauen bis zu seinem Tode. De Gaulle hat es verbittert, dass er in die Unternehmen „Torch" (Landung in Nordafrika) und „Overlord" (Landung in der Normandie) erst verspätet eingeweiht wurde. Zweimal sind sich die beiden Männer begegnet: einmal in Casablanca, als de Gaulle beim Treffen Roosevelt-Churchill nur geduldet war, und ein zweites Mal, 1944, als de Gaulle nach Washington reiste und Roosevelt widerwillig die provisorische französische Regierung anerkannte. „De Gaulle ist ein Soldat und sicherlich ein aufrechter Patriot", sagte Roosevelt seiner Frau, „aber er ist auch ein Politiker und Sektierer, und er hat, glaube ich, alle Attribute eines Diktators."

Für die Franzosen aber ist de Gaulle der Mann, der das Land gerettet hat, weil er Nein gesagt und sich nicht mit der Niederlage abgefunden hat. Im Nachhinein kann seine Haltung mit staatsmännischer Klugheit und unbeugsamen Patriotismus erklärt werden. Dabei war bei vielen seiner Handlungen auch Bluff und List im Spiel. Seinem Weggefährten André Malraux gegenüber war er ehrlich. „1940 habe ich Frankreichs Leichnam in den Händen gehalten und die Welt glauben machen, dass es lebe", zitiert der Dichter den General: „Unter uns können wir die Sache ja beim Namen nennen: La grandeur, c'est fini." Bei seinem Appell 1940 hatte sich de Gaulle gefühlt, „wie ein Mann am Ufer eines Ozeans, den er schwimmend überqueren soll". Doch er ging nicht unter; und ihm hatten die Franzosen schließlich zu verdanken, dass ihr Land zwar in Jalta – als Churchill, Roosevelt und Stalin Deutschland aufteilten – nicht vertreten war und doch im besiegten Deutschland eine Besatzungszone bekam. Gewiss, die Truppen des Generals, die unter anderem Paris befreiten, haben Tapferkeit

Buchenwald „evakuiert" 8.4.1945

Das KZ Buchenwald bei Weimar, das damals größte noch existierende Konzentrationslager, soll auf die Schnelle vor den heranrückenden Amerikanern geräumt werden. Knapp 30.000 Häftlinge werden von der SS Richtung Flossenbürg und Dachau transportiert, die meisten müssen zu Fuß gehen. Tausende sterben bei diesen „Todesmärschen". In Nordwestholland, das Hitler insgesamt zur „Festung" erklärt hat, setzen die Alliierten zahlreiche Luftlandeeinheiten ab, vor allem kanadische Truppen sind an diesem Einsatz beteiligt. Die Amerikaner dringen in Meppen und Gelsenkirchen ein, schwere Luftangriffe treffen die Treibstoffwerke im Hamburger Hafen.

bewiesen, entscheidend war ihr Einsatz nicht. Als de Gaulle schließlich über die Champs Elysées vom Triumphbogen zur Place de la Concorde schritt, war das der große Augenblick seines Lebens. Anschließend formulierte er vor dem Pariser Rathaus wieder einen seiner Appelle für die Geschichtsbücher. Noch auf den Tonaufnahmen hört man die Ausrufezeichen. „Geschändetes Paris! Zerschlagenes Paris! Gemartertes Paris! Aber befreites Paris!“ Sein Denkmal steht an den Champs Elysées, dort schreitet er für immer in der ihm eigenen Haltung. Mag Frankreichs weltpolitische Größe auch Vergangenheit sein: Der General bleibt der größte Franzose des 20. Jahrhunderts.

Gerd Kröncke

Letzte Entscheidung einer Marionette

Marschall Pétain hätte eigentlich in der Schweiz Asyl erhalten sollen

Marschall Philippe Pétain, der Chef des französischen Kollaborations-Regimes, hatte die letzten Kriegsmonate unfreiwillig in Deutschland verbracht. Als die Alliierten in Frankreich vormarschierten, wollte er sich eigentlich in seiner Hauptstadt Vichy erobern lassen. Er hoffte auf ein Arrangement mit den Amerikanern, die zu ihm noch bis 1942 diplomatische Beziehungen unterhalten hatten und Charles de Gaulle, dem Führer des Freien Frankreich, tief misstrauten. Doch die Deutschen hatten den Marschall bei ihrem Rückzug mitgeschleppt und ihm auf dem Hohenzollern-Schloss Sigmaringen über der Donau ein Exil-Hauptquartier verpasst.

Vom 17. September 1944 bis 21. April 1945 wehte über dem Schlosstor die Trikolore. Pétain hatte kein Land mehr, kein Volk und nichts mehr zu sagen. In die Intrigen seines Hofstaates mischte er sich nicht länger ein. Der Schriftsteller Louis-Ferdinand Céline, der dabei war, zählte im Umkreis des Schlosses 1142 solcher „zum Tod Verurteilter“, die sich fürchteten „vor der Armee Leclerc und ihren Senegalesen mit den Ab-Murks-Messern – für unsere Köpfe!“ Gleichzeitig versuchten die Verdammten, in den drei Cafés der Stadt Klein-Paris zu spielen. Der Marschall und seine Frau machten unterdessen Ausfahrten in ihrem Citroën und speisten ruhevoll: Er verfügte ex officio über 16 deutsche Lebensmittelkarten und hatte sich nichts vorzuwerfen. Was danach folgt, ist Schulbuch-Geschichte. Pétain fuhr von Sigmaringen durch das noch in deutscher Hand befindliche Oberschwaben in die Schweiz. Er hielt sich zwei Tage im Schloss-Hotel Mariahalden in Weesen auf, lobte die Walensee-Felchen und weigerte sich, Tee aus englischem Porzellan zu trinken. Nachdem seine kaputten Schuhe repariert waren, reiste er weiter an die französische Grenze bei Vallorbe, um sich zu stellen. Vorzuwerfen hatte er sich ja nichts. General König empfing ihn in Habacht-Stellung, übersah aber die ausgestreckte Hand des Marschalls. Er wurde schon im August 1945 wegen Hochverrats zum Tod verurteilt, von Präsident de Gaulle begnadigt und starb 1951 als 92-Jähriger in Verbannung auf der bretonischen Insel Yeu. Alle Präsidenten von de Gaulle bis François Mitterrand ließen zum Todestag Blumen aufs Grab legen. Die Ehrung galt nicht dem Staatschef von Vichy, sondern dem Retter von Verdun, der durch seinen Sieg Nationalheld geworden war. Erst Präsident Jacques Chirac ließ dieses politisch nicht korrekte Blumengebinde abbestellen.

Wenig bekannt ist dagegen, dass alles ganz anders geplant war. De Gaulle hatte mit der Schweiz diskret vereinbart, dass Pétain dort um Asyl nachsuchen sollte. Die Schweizer hatten dies zugesagt. Als nächstes hätte de Gaulle in Bern Protest einlegen sollen. Die Eidgenossenschaft hätte dies zur Kenntnis genommen, aber nicht mehr. Von de Gaulle hatte der französische Oberbefehlshaber in Deutschland, General Jean de Lattre de Tassigny, die Anweisung, Pétain in die Schweiz entweichen zu lassen. Der Sohn des schweizerischen Oberbefehlshaber General Guisan, selber Oberst, hielt sich in dieser Sache am 22. April bei de Lattre in Karlsruhe auf.

Nur der Marschall, der sich nichts vorzuwerfen hatte, machte nicht mit. Er glaubte, sich rechtfertigen zu können, und hatte offensichtlich keine Ahnung von der Stimmung in seiner Heimat. Sein Entschluss, dennoch zurückzukehren, war die erste und letzte Entscheidung seit Jahren, bei der er nicht als Marionette anderer gegängelt wurde.

Ein Pétain-Prozess kam de Gaulle in der damaligen Lage nicht gelegen. Die Kommunisten gehörten der Regierung an. Die Säuberung Frankreichs von Kollaborateuren mit ihren Exzessen war in vollem Gange. Gleichzeitig musste der General den Grundstein für die Versöhnungslegende legen, nach der im Grunde genommen fast alle Franzosen im Widerstand waren.

Hinzu kamen persönliche Beziehungen. Pétain war Kommandeur des Regiments in Arras, bei dem de Gaulle 1912 Leutnant wurde, und fand an ihm bald Gefallen. Zwischen den Kriegen befreundeten sich die beiden Militärs. Sie hatten dasselbe politische Weltbild, konservativ, patriarchalisch und vom Katholizismus geprägt. Als de Gaulles Sohn zur Welt kam, wurde er „Philippe" getauft. Dass der Marschall Pate war, ist nicht verbürgt. Die Freundschaft zerbrach kurz vor Ausbruch des Zweiten Weltkriegs, nicht aus politischen Gründen, sondern weil de Gaulle in seinem Buch *La France et son Armée*, das ursprünglich von Pétain inspiriert war, eine Widmung des Marschalls verändert hatte.

Leclercs Truppen erreichten Sigmaringen am 22. April 1945. Kaum 36 Stunden, nachdem Pétain das Schloss verlassen hatte, wurde die Trikolore wieder gehisst. Auf dem Schreibtisch des Marschalls fanden die Soldaten eine angebrochene Flasche Mineralwasser: nicht Vichy, sondern Vittel. *Rudolph Chimelli*

„Mit brutalen Mitteln vorgehen"

„In Berlin-Rahnsdorf haben zum ersten Male seit Beginn des Krieges kleinere Volksaufläufe stattgefunden. 200 Männer und Frauen haben zwei Bäckerläden gestürmt und sich dort die Brote genommen. Ich fasse gleich den Entschluss, mit brutalen Mitteln dagegen vorzugehen, denn solche Symptome einer inneren Schwäche und eines aufkeimenden Defaitismus dürfen unter keinen Umständen geduldet werden... Die Rädelsführer werden im Laufe des Nachmittags schon vom Volksgericht abgeurteilt. Drei werden zum Tode verurteilt... Jedenfalls bin ich der Meinung, dass in der nächsten Zeit in Berlin keine Bäckerläden mehr geplündert werden. So muss man vorgehen, wenn man in einer Millionenstadt Ordnung halten will."

(Tagebucheintrag von NS-Propagandaminister Joseph Goebbels am 8. April 1945.)

Als statt der Freiheit der Hunger kam

Eisenbahnerstreik, Eiseskälte, Hamsterfahrten: Wie der Notwinter 1944/45 für die Niederlande zum nationalen Trauma wurde

Es dauert etwas, aber dann hat Rita Kohnstamm das Buch mit dem vergilbten Umschlag gefunden. Wie oft wurde es wohl schon durchgeblättert? Die Fotos, alle schwarz-weiß, zeigen Männer mit ausgemergelten Gesichtern, frierende Mädchen, Kinder vor den Garküchen. Bilder, auf denen Hunger und Kälte das alles beherrschende Thema sind. „Der Winter war damals extrem streng und dauerte sehr lange, bis zum März 1945", erzählt die niederländische Psychologin und blättert weiter. Wieder Fotos mit Frauen ohne Schuhe, wieder die Garküche; wieder Menschen in der Wohnung um den Allesbrenner, Salamander genannt. Dann steifgefrorene Tote, Männer in Uniformen, geplünderte Häuser. „So war das damals", sagt Rita Kohnstamm.

Sie ist heute Ende 60 und hat die Schlussphase der deutschen Besatzung als Mädchen in Den Haag erlebt. Unter dem Schlagwort „Hungerwinter" hat sich dieser Albtraum tief in das Gedächtnis der Niederländer gegraben. Zwischen 18.000 und 20.000 Menschen haben ihn nicht überlebt. „Der Hungerwinter wurde in Holland später auf die gesamte Besatzungszeit projiziert," erklärt David Barnouw, Historiker beim Institut NIOD, das die Geschichte der Niederlande während des Zweiten Weltkrieges untersucht.

Bis Ende September 1944 aber war das Leben im besetzten Holland für viele halbwegs normal verlaufen – für all jene, die nicht aus rassischen oder politischen Gründen verfolgt wurden. Es gab genug zu essen, Theater, Kinos sowie Konzertsäle erlebten goldene Zeiten. Die Situation änderte sich dramatisch, als die niederländische Exilregierung in London über BBC am 17. September zum Generalstreik der Eisenbahner aufrief, um die scheinbar unmittelbar bevorstehende Befreiung des Landes zu unterstützen: „Keine Angst, wir sind in einer Woche wieder bei euch", prophezeite der Radiosprecher aus London. Der Süden des Landes war bereits befreit, und im Norden wartete die Bevölkerung darauf. Dann aber wurden die Alliierten in der Schlacht um die Brücke von Arnheim zurückgeschlagen, die Front erstarrte an Rhein und Waal. Der Bahnstreik war keine strategische Waffe mehr, denn die Alliierten hatten keine Absicht, den Norden im Winter zu befreien. Der Streik sollte aber bis zum Kriegsende dauern.

Mit dieser Aktion wollte die Bahn-Direktion beweisen, dass sie „auf der richtigen Seite" stand. Bis dahin hatte sie eng mit den Besatzern kooperiert: Die holländische Bahn transportierte Zwangsarbeiter nach Deutschland und 107.000 Juden in die Vernichtungslager – nach Plan und ohne Sabotage.

Es gab genügend Lebensmittel im Land, aber die erreichten wegen des Streiks nicht mehr die Menschen. Betroffen war das großstädtische Dreieck, Randstad genannt, zwischen Utrecht, Amsterdam, Haarlem, Den Haag und Rotterdam. Als auch noch der Schiffsverkehr eingestellt wurde – die Wasserstraßen waren zugefroren, alliierte Flugzeuge bombardierten die Schiffe – waren vier Millionen Menschen in Lebensgefahr. Hunger, Kälte, Krankheiten und Tod bestimmten die letzte Phase des Krieges. Katzen und Hunde verschwanden aus dem Stadtbild. Im Januar 1945 lag die Tagesration bei 460 Kalorien, im März waren es nur noch 340.

Tiefe Narben im Gedächtnis der Holländer: Ein Junge steht 1944 vor einem zerbombten Haus.

Rita Kohnstamm berichtet: „Einmal täglich konnten wir uns in der Zentralküche einen Teller grauer Suppe abholen. Wir nannten den fiesen Papp Mäusesuppe. Aus Zuckerrüben und Tulpenzwiebeln machten wir Kuchen und Suppen." Elektrizität, Gas und Telefon waren abgesperrt. Tote wurden nicht begraben. Es kam zu Plünderungen, zu Raub, Diebstahl und Verrat.

Täglich zogen Zigtausende über Land, um bei Bauern im Tausch gegen Silber, Porzellan, Gemälde oder Wäsche Lebensmittel einzukaufen. Manche nutzten die Notlage der Hungernden schamlos aus; andere teilten ihr letztes Brot. Hatte man Essbares ergattert, lauerte neue Gefahr: Die berüchtigte Landwacht, die alles konfiszierenden Hilfspolizisten der niederländischen Nazipartei NSB.

Die Lage entspannte sich erst ein wenig, als schwedische Schiffe Lebensmittel und Kohlen brachten. Britische Lancasters warfen erst am 29. April Lebensmittel über dem Hungergebiet ab, die „Operation Manna". Kurz zuvor hatten noch englische Bomber das Wohnviertel Bezuidenhout in Den Haag zerstört. Etwa 500 Bewohner kamen ums Leben. Das eigentliche Ziel waren die V 2-Abschussrampen. Rita Kohnstamm: „Es war ein wunderliches Schauspiel, wenn die V 2 mit ihrem kreisenden Feuerschein über uns flogen."

Über Sinn und Unsinn des Eisenbahnerstreiks wurde nach dem Krieg erbittert diskutiert. Manches wird unaufgeklärt bleiben, da Königin Wilhelmina einen Großteil ihrer Unterlagen im Londoner Exil verbrannt hatte. Eine Untersuchungskommission urteilte zehn Jahre später, der Streik sei eine Tat des Widerstands, die in ihrer psychologischen Bedeutung nicht genug gewürdigt werden könne. Andererseits stellte sie fest, dass der Streik bereits im Dezember „keine militärische Bedeutung mehr gehabt hatte". Der Vorwurf, die Besatzungsmacht habe das Land aushungern wollen und Lebensmittel abtransportiert, wurde später als Erfindung des Widerstandes entlarvt. Als Anfang Mai die Kapitulationsurkunde in Anwesenheit von Prinz Bernhard unterzeichnet wurde, war der Hungerwinter vorbei, aber für Amsterdam der Krieg noch nicht. Zwei Tage später hatte sich vor dem Königspalast eine Menschenmenge versammelt. Sie wollten ihren kanadischen Befreiern zujubeln – deutsche Marinesoldaten feuerten in die Masse. 22 Amsterdamer starben, 120 wurden verwundet.

Bilder wie diese und die vom Hungerwinter haben sich im Gedächtnis der Niederländer eingegraben und eine Narbe hinterlassen, die niemals ganz heilen wird. Auch das erklärt – außer der schmerzlichen Frage nach dem Ausmaß der Kollaboration – das manchmal noch immer belastete Verhältnis zum großen Nachbarn im Osten.

Siggi Weidemann

Aufbruch in die Wüste des Schreibens

Vom Lager erzählen – ein Gespräch mit dem Schriftsteller Jorge Semprún

Das Leben des 1923 geborenen Jorge Semprún wurde von zwei Totalitarismen geprägt: dem Nazismus und dem Stalinismus. Während des spanischen Bürgerkrieges musste seine Familie emigrieren. Im französischen Exil schloss Semprún sich der Résistance an. 1943 wurde er ins KZ Buchenwald deportiert. Weil er Kommunist war und Deutsch sprach, überlebte er. Später arbeitete er im Untergrund gegen das Franco-Regime. Seiner liberalen Ansichten halber wurde er 1964 aus der spanischen KP ausgeschlossen. Seitdem ist er Schriftsteller und Drehbuchautor. Er lebt in Paris. Anlässlich des Festaktes, mit dem der 60. Jahrestag der Ankunft der Amerikaner in Buchenwald begangen wurde, hielt Semprún in Weimar eine Ansprache.

SZ: Herr Semprún, Ihr erstes Buch, „Die große Reise“, haben Sie 1963 veröffentlicht. Wie konnten Sie, was Sie damals über das Lager sagen wollten, in einer Erzählung von der Zugfahrt nach Buchenwald mitteilen?

Semprún: Die Beschreibung der Reise, ungefähr vier Tage und vier Nächte, erlaubte es mir, Rückblenden und, sozusagen, Vorausblenden einzufügen. Das Ganze spielt nicht nur im Waggon.

SZ: Ja, aber übers Lager konnten Sie auf diese Weise wenig reden.

Semprún: Nein, nein, das wollte ich auch nicht. Dazu war ich noch nicht fähig. Ich habe überhaupt nur in einem einzigen Buch aus dem Lager heraus erzählt, in „Was für ein schöner Sonntag“, das 1980 erschien.

SZ: Welche anderen Bücher über das KZ-System hatten Sie vor 1963 gelesen?

Semprún: Absichtlich sehr wenige. Ich kannte „Jours de notre mort“ von David Rousset, Eugen Kogons Buch über den SS-Staat, Robert Antelmes „Das Menschengeschlecht“.

SZ: Was hielten Sie davon?

Semprún: „Das Menschengeschlecht“ ist ein großartiges Buch, aber ich fand nicht, dass es vom Lager handelte. Natürlich: Es spielt dort, aber eigentlich handelt es mehr von Demütigung, Entfremdung, Elend, von Dingen also, die man auch außerhalb eines KZ erlebt. Antelme war in einem Außenlager Buchenwalds, in Gandersheim, dort kannte er jeden: die Mitgefangenen, die Kapos, die SS-Aufseher, fast jeden. Das Wort gehört sich nicht in diesem Zusammenhang, aber es gibt da eine Art Familiarität in seiner Erzählung. Ich habe das anders erlebt: In Buchenwald, wo es nicht einige hundert, sondern Tausende Gefangene gab, herrschte die Anonymität. Man kannte fünf, sechs, sieben Kameraden. Im Übrigen wusste man nicht einmal, wie die Leute hießen. Von manchen kannte man die Nummer. Eine der Schlüsselszenen Antelmes handelt davon, wie er, der Gefangene, ein Büro ausfegt und eine Frau angewidert vor ihm zurückweicht. Das ist aber nicht charakteristisch fürs KZ, das kann ein afrikanischer oder arabischer Immigrant heutzutage in einem Bürohaus genauso erleben. Das Entscheidende an der Szene hat weniger mit dem Lager zu tun als mit der Demütigung, die der Fremdenhass mit sich bringt.

SZ: Antelme hat aber auch den Verfall seines Körpers beschrieben. Was Sie sagen, gilt dafür nicht. War Ihr physischer Zustand besser als der seine?

Semprún: Sehr viel besser. Ich wurde nicht auf einen Marsch geschickt, ich hatte nicht Typhus. Weil ich in der so genannten Arbeitsstatistik arbeitete, gehörte ich zur Nomenklatura des Lagers, das war ein Privileg, wenngleich nicht im Hinblick auf die Ernährung. Anfangs habe ich von den Reserven gelebt – als junger Mensch hat man unglaubliche Reserven. Nach einem Jahr waren die verbraucht. Während der letzten sechs Monate war ich an der Grenze. Ich weiß nicht, wie lange ich nach dem April 1945 noch gelebt hätte. Deshalb kann ich die Obsession gut verstehen, mit der Antelme über Nahrungsmittel geschrieben hat. Ich hätte das auch tun können. Aber: Ich lebe, ich war nicht so krank wie Antelme, ich habe nicht Monate der Genesung gebraucht. Deshalb habe ich nicht so viel übers Essen geschrieben.

Bereits mit sieben Jahren, hat Jorge Semprún gesagt, habe er Schriftsteller werden wollen.

SZ: Haben Sie schon in Buchenwald begonnen, ein Buch zu schreiben, zumindest im Kopf?

Semprún: Ja, im Kopf ja. Aber nach meiner Rückkehr ging es nicht mehr...

SZ: Und wie haben Sie das gemacht? Hatten Sie sich im Lager vorgenommen, alles gut in der Erinnerung zu behalten?

Semprún: Das war nicht nötig. Ich habe ein sehr gutes Gedächtnis, es funktioniert wie ein Computer, ich kann Erlebnisse abrufen, wann immer ich will. Da gibt es Mechanismen, mittels derer ich Erinnerungen rekonstruiere. Heute noch kann ich Unterhaltungen in Buchenwald wiedergeben, die ich nie aufgeschrieben habe. Aber das Buch, das ich in Buchenwald im Kopf hatte, war nicht so angelegt wie „Die große Reise". Anfangs wollte ich aus dem Lager erzählen. Als ich es dann 1945/46 versuchte, bin ich gescheitert. Ich kam bei diesen Versuchen dem Lager zu nahe – und damit dem Tod.

Bertolt Brecht war ganz einverstanden mit der DDR-Kunst, die des KZ Buchenwald gedachte. Jorge Semprún weniger.

Nichts garantierte mir, dass ich mich nach der Niederschrift nicht umbringen würde. Ich war sicher, dass die Vollendung dieses Buches auch das Ende meines Lebens bedeuten würde. Wenn man an Primo Levi denkt oder an Jean Améry ist der Gedanke auch nicht gar zu absurd. Ich hatte aber keine Lust, mich umzubringen. Also habe ich beschlossen, gar kein Buch zu schreiben. Entweder dieses Buch oder keines. Ich hätte ja schlecht eine Liebesgeschichte oder einen Krimi verfassen können.

„Die große Reise" zählte allerdings zu den Büchern, die ich 1945/46 dann doch nicht geschrieben habe. Das Konzept dieses Buches gehörte zu denen, die ich damals schon im Kopf hatte.

SZ: Jean Améry ist in den sechziger Jahren gewarnt worden: Es gebe schon genug KZ-Literatur, er solle sich zurückhalten. Haben Sie dergleichen auch anhören müssen?

Semprún: Mal wurde gesagt, es gebe nicht genug Bücher, dann wieder, es gebe zu viele. Das ist normal, das kommt und geht. In „Die Atempause" erzählt Primo Levi von einem Albtraum: Er ist nach Turin zurückgekehrt, sitzt mit seiner Familie beisammen und redet ein wenig übers Lager; nach fünf Minuten stehen alle einer nach dem anderen auf und verlassen den Raum: Niemand will ihn anhören. Das hat mich beschäftigt. Ich habe mir gesagt: Es war richtig, dass ich selbst nie darüber gesprochen habe.

SZ: Aber mit Ihrer Frau haben Sie damals darüber gesprochen?

Semprún: Ja, das aber nicht, weil ich mit ihr zusammenlebte, sondern bei Treffen der französischen kommunistischen Partei. Nur in diesen Runden, da es ums Politische ging, habe ich erzählt. Als „Die große Reise" 1963 erschien, gab es viele, die keine Ahnung davon hatten, dass ich in einem Lager gewesen war. Dies Buch, das ich 1945 nicht hatte schreiben können, war mein Eintrittsbillett in die Schriftstellerei.

SZ: Waren Sie überrascht über den Anklang, den das Buch fand?

Semprún: Anfangs war es nur mäßig erfolgreich.

SZ: Aber Sie erhielten einen Preis.

Semprún: Einen Preis?... Ach ja, den Prix Formentor. Der bedeutet in Frankreich nicht viel. Das Buch wurde auch in zwölf Sprachen übersetzt...

SZ: Na eben!

Semprún: Ja, gut. Aber erst im Lauf der Jahre hat das Buch seine Leser gefunden. Bei „Schreiben oder Leben", das 1994 herauskam, war das ganz anders: Da wurden in Frankreich auf Anhieb 200.000 Exemplare verkauft. Zufällig fiel das Erscheinen mit dem 50. Jahrestag des Kriegsendes zusammen. Und zufällig kam das Buch zu einer Zeit heraus, als die Distanz zur Geschichte hinreichend groß war, aber noch nicht so groß, dass die Leute gesagt hätten: wovon redet der eigentlich? Was „Die große Reise" angeht, will ich nicht meckern, aber die Geschichte des Buches ist tatsächlich mehr eine Sache der longue durée.

SZ: Sie haben nach 1946 und schon vor der „Großen Reise" aber versucht, das Lager zum Thema zu machen.

Semprún: Ein Theaterstück habe ich halb geschrieben. Einen Roman habe ich 1950 auf halbem Wege abgebrochen. Da wollte ich alles mögliche hineinpacken. Das geht bei ersten Romanen oft so: Dass der Autor alles auf einmal sagen will.

9. April 1945

SZ: Sie haben gesagt, von Jean Giraudoux hätten Sie gelernt, den Tod zu erkennen. Was bedeutet das?

Semprún: Giraudoux spricht in seinen Romanen oft von Zeichen; die erscheinen und werden dann von den Figuren interpretiert. Nun, das ist Literatur. Die Vorzeichen hingegen, die bei mir vorkommen... Sie beziehen sich auf eine Passage in „Was für ein schöner Sonntag"?

SZ: Ja, unter anderem.

Semprún: Der SS-Mann, der da neben dem eingeschneiten Baum steht: Das habe ich damals nicht als Anzeichen des Todes wahrgenommen, das war etwas anderes. Seltsamerweise – aber was heißt das schon, ich bin kein Experte der Philosophie vom Tod – seltsamerweise habe ich heutzutage zwei starke Empfindungen. Die eine ist offensichtlich: Es bleibt mir wenig Zeit, und die wenige Zeit, die bleibt, ist zudem sehr kurz. Wenn man zwanzig ist und weiß, dass man noch fünf Jahre hat, dann ist das ungeheuer viel. In meinem Alter sind ein paar Jahre gar nichts. Das ist das Eine. Andererseits haben die Anzeichen des Todes sich verflüchtigt. Früher hatte ich das Leben vor mir, und es gab diese Zeichen – etwa in Madrid, wenn ich zu einem geheimen Treffen musste und irgendein Zeichen darauf hinwies, dass die Polizei womöglich auch da war. Heute ist der Tod nicht nur viel näher, er hat sich auch völlig maskiert, der Mistkerl. Die Ungewissheit ist komplett. Das ist sehr seltsam.

SZ: In Ihrem jüngsten Buch, „Zwanzig Jahre und ein Tag", das in Spanien spielt, nimmt der Tod auch eine große Rolle ein, er ist geradezu ein Protagonist, ein Verführer sogar.

Semprún: Ja, aber das ist typisch spanisch, nicht wahr?

SZ: Ist es das?

Semprún: Ja, ich denke schon. Ich kann nur sagen, dass ich das nicht absichtlich mache. Das kommt spontan.

SZ: Alle, die übers Lager schreiben, sagen, es sei unmöglich, diese Erfahrung ganz zu schildern. Warum?

Semprún: Weil es eine unendliche Geschichte ist.

SZ: Aber eigentlich ist doch jede Geschichte unendlich, eine jede kann man in immer mehr Facetten darstellen.

Semprún: Das stimmt. Aber Erzählungen aus den Lagern sind es besonders und auf besondere Weise. Das Unendliche des Lagers ist etwas anderes als, sagen wir, das Unendliche der Liebe. Jede Erzählung ist unendlich, insofern der Autor nicht weiß, wo er anfangen und aufhören soll. Prousts „Auf der Suche nach der verlorenen Zeit" ist auch unendlich: Die Geschichte hört irgendwann auf, aber Proust hätte ohne weiteres noch zehn Bände anfügen können. Übers Lager erzählen ist trotzdem etwas anderes... es fällt in eine andere Kategorie...

SZ: Vielleicht kann man es so beschreiben: Einerseits kann man niemals alles erzählen, und andererseits kann niemand es ganz verstehen.

Semprún: Voilà! Das ist es. Wenn man eine Liebesgeschichte schreibt, weiß man genau, dass man verstanden wird. Dies deshalb, weil die Liebe universell ist. Das Lager ist es nicht. Man weiß nie: bin ich verstanden worden? Man kommt also darauf zurück, erzählt die Geschichte etwas anders, in der Hoffnung, der Leser möge diesmal begreifen. A priori hat man das Gefühl, sich nicht verständlich machen zu können. Die Geschichte ist nicht nur schwer verstehbar, sie ist eigentlich nicht einmal vernehmbar. Daher die Empfindung, dass es sich um eine unendliche Geschichte handelt.

SZ: Wieso „nicht vernehmbar"?

Semprún: Selbst wer genau zuhört, kann das Wesentliche verpassen. Das Wesentliche, worin liegt das?

Oppositionelle hingerichtet 9.4.1945

Am 9. April um 17.20 Uhr meldet der Festungskommandant von Königsberg, Otto Lasch: „Munition verschossen, Verpflegungslager vernichtet." Wenige Stunden später unterzeichnet er die Kapitulation der ostpreußischen Stadt, Lasch und mehr als 27 000 Wehrmachtssoldaten gehen in russische Gefangenschaft. Hitler verurteilt Lasch in Abwesenheit zum Tode, er habe die „deutsche Soldatenehre geschändet". Festungskommandanten hätten die Pflicht, „bis zur letzten Patrone" zu kämpfen. Am selben Tag beginnen die Alliierten mit einer Großoffensive über die ganze Breite der italienischen Halbinsel im Raum Bologna-Ferrara. Ebenfalls am 9. April lässt das NS-Regime einige bedeutende Widerstandskämpfer und Oppositionelle ermorden. Im KZ Flossenbürg werden die „Hochverräter" Dietrich Bonhoeffer, evangelischer Theologe der „Bekennenden Kirche", Admiral Wilhelm Canaris, ehemals Chef der Abwehr und später Hitler-Gegner, sowie General Hans Oster hingerichtet. Gleiches geschieht mit dem im KZ Dachau inhaftierten Schreiner Georg Elser, der 1939 versucht hatte, Hitler mit einer Bombe im Bürgerbräukeller zu töten. Auf Befehl Himmlers soll die Liquidation so aussehen, als sei Elser bei einem Bombenangriff der Alliierten ums Leben gekommen. Schwere Kämpfe toben in der Wiener Innenstadt, die deutsche Besatzung weicht immer weiter zurück.

Der Autor weiß es ja selbst nicht. Wenn er eine Liebesgeschichte erzählt, weiß er genau, worauf es ankommt. Da gibt es kulturelle Gewohnheiten, einen Code, der allgemein gültig ist und allen bekannt. Für das Lager gibt es keinen Code. Du verabschiedest dich bei jedem Buch aufs Neue in die Wüste der Darstellung. Das Wesentliche des Lagers kennt man als Autor selbst nicht, man sucht, es im Schreiben zu erfassen. Und weil man nicht sicher ist, ob die Verständigung mit dem Leser gelingt, ist die Geschichte, die man erzählt, unendlich.

SZ: Vor zehn Jahren haben Sie gesagt, beim Schreiben übers Lager kehre die Angst zurück. Vor 25 Jahren haben Sie festgestellt, das Schreiben sei ein Mittel gegen die Angst. Was von beidem ist zutreffender?

Semprún: Das hängt davon ab, von welcher Zeit Sie reden. Viele Jahre lang war das Schreiben eine Hilfe gegen die Angst. Jetzt, da ich alt bin, hat die Angst ihr Auftreten verändert. Es geht nicht mehr um die Angst vor dem Lager, sondern um die Angst vor dem Tod. Diese Angst bezieht sich auf die Zukunft. Das Lager erinnert an den Tod, aber der Tod steht sowieso an, auch wenn er mit dem Lager womöglich gar nichts mehr zu tun hat. Viele Jahre lang habe ich mir mittels des Schreibens, mittels der ästhetischen Form, die Angst vom Hals gehalten. Das verschafft etwas Gelassenheit, aber die verliert sich auch schnell wieder. Eine Vorstellung, ein Satz genügt.

SZ: Träumen Sie noch von Buchenwald?

Semprún: Nein. Früher oft. Jetzt nicht mehr.

SZ: In „Was für ein schöner Sonntag" haben Sie erzählt, dass Sie an dies Buch schon dachten, bevor „Die große Reise" überhaupt erschienen war: Als Sie Anfang der sechziger Jahre entdeckten, welchen verderblichen Weg der Kommunismus genommen hatte, wussten Sie, dass Sie unbedingt nochmals über Buchenwald schreiben mussten, und zwar aus der Perspektive desjenigen, der am Kommunismus verzweifelt ist. Trotzdem haben Sie „Was für ein schöner Sonntag" erst 1980 publiziert. Warum so spät?

Semprún: Ich habe Drehbücher geschrieben, andere Sachen gemacht. Außerdem neige ich dazu, zu sagen: Es reicht, ich will mein Leben nicht damit verbringen, vom Lager zu erzählen. Dann schreibe ich über andere Dinge. Bis die Erinnerung sich wieder in den Vordergrund drängt.

SZ: Sind Ihre Erinnerungen ans KZ vergleichbar mit denen an Ihre Existenz als Kommunist?

Semprún: Nicht, was das alltägliche Leben angeht. Das versteht sich. Aber in übergeordneter Hinsicht kann man den Vergleich sehr gut ziehen.

SZ: Welche Erinnerung ist schmerzhafter?

Semprún: Schmerzhafter? Der Kommunismus! Im Lager habe ich keine Desillusionierung erlebt. Ich komme dort an, ich weiß, was der Nazismus ist, nichts kann mich da überraschen, die Brutalität überrascht mich nicht. Wenn ich die Leute sehe, die sagen: diese gemeinen Kerle, was machen die mit uns?, dann sage ich: Was denkt ihr, habt ihr geglaubt, ihr seid hier in den Ferien, oder was? Aber die Entdeckung, dass der stalinistische Kommunismus, wie ich ihn kannte, trotz der Kommunisten, trotz der Großherzigkeit der Kommunisten eine völlige Verirrung war, das hat mich böse überrascht. Das Lager ist nicht auszuhalten, es ist tödlich, unerträglich, aber nicht schmerzhaft. Im Gegenteil, jeden Abend sagt man sich: Ah, schon wieder ein Tag, den du durchgehalten hast. Heute ist es gelungen, den und den zu retten, dem und dem etwas Essen zu beschaffen. Am Ende eines Tages findet jeder irgendetwas Gutes. Die andere Erfahrung ist viel schmerzhafter, weil du gezwungen bist, dich selbst zu verleugnen, einen Teil von dir selbst zu zerstören. Deshalb gibt es so viele Kommunisten, die das nie getan haben: Den Schmerz, den das bereitet, wollten sie sich ersparen.

SZ: Was halten Sie vom gegenwärtigen Stand der Auseinandersetzung mit der Vergangenheit?

Semprún: Derzeit erleben wir eine Phase des offiziellen Gedenkens. Dabei gibt es einen neuen Aspekt: Das Unglück der Juden ist mittlerweile in den Vordergrund gerückt. Früher wurde es als zweitrangig behandelt, das hat sich zum Glück geändert. Besser wäre es, wenn das Interesse noch umfassender wäre: Von den Zigeunern wird nicht genug gesprochen. Außerdem meine ich, dass diese neue umfassende Sicht sich auf ganz Europa erstrecken muss. Solange Europa nicht auch den Gulag in seine Erinnerung einbezieht, wird etwas fehlen. Dabei geht es nicht um eine Art Antisowjetismus, nein, beides ist wichtig: die Erinnerung an den Nazismus und die an den Stalinismus. Ich finde es erstaunlich, wie schwer Europa sich damit tut, sich das historische Gedächtnis des Ostens zu Eigen zu machen. Etwas Ähnliches werde ich in meiner Rede in Weimar sagen, allerdings mit einer Präzisierung: Die Erinnerung an die Lager der Nazis, die am längsten fortleben wird, ist die der Juden. Es gab keine Kinder der Résistance, die deportiert wurden, es gab aber jüdische Kinder. Diese Juden werden die letzten sein, die sich ans Lager erinnern können. Und diese jüdische Erinnerung, die übrig bleiben wird, darf nicht nur jüdisch sein, sie muss universell sein. Die Juden müssen sich der Erinnerung aller Deportierter bemächtigen und sie fortschreiben – damit sie nicht verloren geht. Das ist es, was ich sagen werde.

Interview: Franziska Augstein

den toten Genossen widmet er den Roman. Nach dem Kind gefragt, sagt er, es lebe, aber er wisse nicht wo. Jahre später beginnen Journalisten aus der DDR mit der Suche. 1963 finden sie Stefan Jerzy Zweig. Zuerst liest er den Brief, den Apitz ihm geschrieben hat. Darin steht, der Roman erzähle von seiner Rettung. Danach liest er den Roman. Ein altes Exemplar steht heute noch im Regal seiner Wohnung.

„Jerzy Zweig, unserem wiedergefundenen ‚Sohn' aus Buchenwald", hat Apitz ihm hineingeschrieben. Von seinem Vater steht in dem Buch kein Wort.

Es stört sie, den Vater und ihn, aber sie wissen, ein Roman ist Literatur und kein Tatsachenbericht und sie fühlen sich den Kommunisten verpflichtet, die ihnen geholfen haben. Also nimmt Stefan Jerzy Zweig die Einladung in die DDR an.

„Du bist kein Held", sagt sein Vater, „lass dich nie auf ein Podest stellen."

Als er kommt, schreiben alle Zeitungen, das Buchenwaldkind lebe. Der Tag gehe in die Geschichte der antifaschistischen Widerstandsbewegung ein.

Es ist, als hole die DDR ihr verlorenes Kind heim. Den Beweis, dass das Gute siegt, erst im Lager, nun im Staat, immer unter der Führung der Partei.

In Buchenwald trifft Zweig alte Männer, die Tränen in den Augen haben, als sie ihn sehen. Aber er erkennt keinen wieder. Die Reporter fragen, woran er sich erinnert. Aber er erinnert sich kaum. Er ist Anfang zwanzig, höflich aber scheu.

„Es war zu viel für mich", sagt er.

Trotzdem zieht er später in die DDR.

Es gab damals in Israel nichts, das auf ihn wartete, das Mathematikstudium hatte er schon zweimal abgebrochen, zuerst in Tel Aviv, später in Lyon. Nicht mal auf dem Bau fand er Arbeit.

„Jedes jüdische Kind war ein Genie", sagt er lächelnd, „nur ich war keins."

Als die DDR ihm anbietet, an der Filmhochschule Babelsberg zu studieren und Kameramann zu werden, nimmt er an. In den ersten Wochen fährt man ihn zu Lesungen, zu Interviews, zu Demonstrationen, wochenlang. Einmal stellt man ihn auf eine Tribüne, das Fernsehen fragt ihn live, da will er nicht mehr und antwortet nur mit ja und nein. Die Ärztin, die die Studenten der Filmhochschule betreut, merkt gleich, dass es ihm nicht gut geht.

„Man kann mit Ihnen nicht sechs Millionen tote Juden wieder auferstehen lassen", sagt sie, „das halten Sie nicht aus."

Nach dem Studium bringt man ihn bei der „Aktuellen Kamera" unter, er mischt sich in einen Kommentar über Israel ein, da versetzt man ihn in die Unterhaltung.

Als er die DDR 1972 verlässt, steht er in Berlin, am Flughafen Schönefeld, acht Jahre zuvor war er hier als Kind von Buchenwald angekommen, damals empfing ihn eine Kapelle, jetzt ist niemand da.

Er zieht nach Wien, zusammen mit der Frau, die er in der DDR gefunden hat, sie haben einen Sohn, später bekommen sie noch einen. Zweig arbeitet beim ORF als Kameramann. Jahre später fragt eine Zeitung der DDR den Leiter der Gedenkstätte Buchenwald, was aus dem Kind wurde. Er antwortet, man erwähne sein heutiges Leben nicht, „weil er nicht gerade das beste Beispiel einer klaren Haltung zu unserer Entwicklung gegeben hat".

Stefan Jerzy Zweig sitzt in seiner Wohnung, auf dem Tisch liegt sein Buch. „Tränen allein genügen nicht" heißt es, vor Tagen hat er es zu einem Verlag geschickt, sie haben sich noch nicht gemeldet.

„Bei denen rauchen bestimmt die Köpfe", sagt er, „das wird ein Bestseller."

Das Buch ist sehr dick, es besteht aus Text, Fotos, Karikaturen und Akten. Es darf nichts daran geändert werden, sagt er. Wahrscheinlich bringt er es im Eigenverlag heraus. In einem Kopierladen hat er zwei Exemplare drucken lassen. Seine Hautärztin liest sie jetzt Korrektur.

Stefan Jerzy Zweig hat Schuppenflechte, auf dem Bauch, den Armen, den Beinen. Sie ist mal stärker, mal schwächer, im Moment ist sie wieder stark.

„Ich habe keine Auschwitznummer", sagt er, und krempelt seinen Hemdärmel hoch, „ich habe was Besseres."

Am Tag, an dem in Buchenwald der Befreiung des Lagers gedacht wird, wird er in einem Hotel am Toten Meer sitzen, sein Buch vorstellen und seine Haut retten, wie er sagt.

Wenn Volkhard Knigge aus dem Fenster seines Büros schaut, sieht er auf einen Parkplatz, auf dem sonst Schulklassen aus Bussen steigen, um in die Gedenkstätte zu gehen. Jetzt steht dort ein riesiges Zelt, und in zwei Stunden kommen Leute vom Kanzleramt. Es geht um die Feier.

Knigge ist Direktor der Gedenkstätte, ein Mann Mitte fünfzig, der leise redet und sich oft mit der Hand durch die grauen Haare fährt. Vor ihm liegt ein Ordner, in dem E-Mails abgeheftet sind, die Stefan Jerzy Zweig ihm geschickt hat.

Darin steht, Knigge sei Antisemit.

„Wenn es jemand anders gewesen wäre", sagt er, „ich hätte ihn angezeigt."

Es hat zwischen ihnen nur ein einziges Gespräch gegeben, 1998 war das, hier an dem Tisch. Volkhard Knigge weiß noch, wie er dachte, da sitzt ein kranker, einsamer Mann, der eine einzige Wunde ist.

„Lassen Sie uns zusammen aus der falschen Geschichte aussteigen", sagte er.

Im Archiv war eine Liste aufgetaucht, auf ihr standen die Namen von Kindern, die im August 1944 auf einen Transport nach Auschwitz geschickt werden sollten. Stefan Jerzy Zweig war Nummer 200. Doch sein Name war gestrichen. Die Schreibstube hatte eine Ergänzung angefertigt. Darauf steht ein Ersatz vermerkt. Er heißt Willy Blum, als Zigeunerjunge inhaftiert, sechzehn Jahre alt.

Das hat Stefan Jerzy Zweig gerettet.

Funktionshäftlinge, die in der Schreibstube saßen und für die SS die Transporte zusammenstellten, hatten einen anderen geschickt. Das war nicht ungewöhnlich. An diesem Tag tauschten sie noch elf weitere Kinder aus. Aber nur eins wurde später zum Kind von Buchenwald.

Volkhard Knigge hat Zweig in dem Gespräch davon nichts erzählt. Er erzählt es ein Jahr später, in einem Interview, da wird die neue Ausstellung über die Gedenkstätte in der DDR eröffnet. Früher war jede Schulklasse einmal dort, der Roman von Apitz Pflichtlektüre. Er galt als Tatsachenbericht einer Rettung.

„Aber auf dieser Liste sehen wir den Preis, den sie gekostet hat", sagt Knigge, „das zerstört die schöne Geschichte."

Er hat überlegt, ob er sie zeigen soll. Er wollte Zweig schützen, aber auch Willy Blum gerecht werden, und er wollte der Legende nicht das letzte Wort lassen. Ohne die Liste begreife man nicht, was Konzentrationslager heißt. Er verstehe, dass Menschen hören wollten, es habe Hoffnung gegeben, aber es gab keine, keine ohne Preis, das müssen sie aushalten.

„Diese Geschichte von Stefan Jerzy Zweig bleibt ein Stück Unglück", sagt er, „anders ist sie nicht erzählbar."

Die Liste hängt heute nicht nur in Buchenwald, auch im Jüdischen Museum in Berlin, daneben ein Foto von Stefan Jerzy Zweig. Er ist wieder ein Symbol.

Knigge hat ihm in einem Brief erklärt, er wolle nicht die Kommunisten schuldig sprechen, die SS habe den Transport befohlen. Er wolle nur zeigen, wie das Lager wirklich war. Er dachte, Zweig liege daran, den Roman von Apitz zu korrigieren. Aber der Brief kam zurück.

Stefan Jerzy Zweig sitzt in seiner Wohnung und zeigt ein Bild, das er für sein Buch hat zeichnen lassen. Darauf stehen Knigge und er in Buchenwald, nebeneinander, und Knigge pinkelt ihn an.

„Er will mich bestrafen", sagt er, „es stört ihn, dass ich überlebt habe."

Er versteht nicht, was die Liste beweisen soll. Er hat auf vielen Listen gestanden. Er hätte jeden Tag sterben können. Elf andere Kinder seien damals gerettet worden, über die spreche Knigge nicht.

„Er will den Mythos brechen", sagt er, „aber ich bin kein Mythos, ich bin ein Mensch aus Fleisch und Blut."

Manchmal, wenn er wütend ist, will er alles, was in Buchenwald an ihn erinnert, entfernen. Dann sagt er, Knigge sei es, der alles entfernen wolle. Aber es ist beides unmöglich. Zweig gehört dazu.

Auf dem Titel seines Buches steht er als Kind im Lager und daneben steht er noch einmal, als Kameramann, und beobachtet sich. Vielleicht schreibt er in dem Buch die eine Geschichte, die keiner über ihn erzählen kann, als er selbst.

„Einer Nußschale gleich schaukelte das Kind über den wogenden Köpfen. Im Gestau quirlte es durch die Enge des Tores, und dann riß es der Strom auf seinen befreiten Wellen mit sich dahin."

So endet der Roman von Apitz, die Uhr zeigt Viertel nach drei, Häftlinge befreien das Lager. Es ist die Stelle, an der man an Stefan Jerzy Zweig denkt und seine früheste Erinnerung, die ein Gefühl gewesen ist. Das Gefühl, er schwebe. *Marcus Jauer*

„Tränen allein genügen nicht", heißt der Titel des Buches, das Stefan Jerzy Zweig geschrieben hat.

Unsichtbare Narben der Geschichte

Als der Krieg einer Generation die Kindheit raubte: Erst im Alter wird vielen Menschen ihre seelische Verwundung bewusst

Jedes Jahr am 23. Juni kam die Kerze auf den Geburtstagstisch. Mamas Taufkerze, das Wachs hart und gelblich, die Taube, die aufs Wasser herniederstieß, ein wenig verdrückt, das Blattgold abgerieben. Und in der Mitte jener dünne, ungleichmäßige Ring aus rußigem Wachs, die Narbe der Geschichte. „Mama, erzählst du uns, was mit der Kerze war?" Und so kam jedes Jahr der Krieg für ein paar Minuten zurück, bevor es Käse-Sahne-Kuchen gab. Die Amerikaner haben die Taufkerze zerbrochen, als sie ins Ruhrgebiet marschierten, dabei das Chemiewerk in Marl-Hüls besetzten und die Zeche in Drewer.

Die verängstigten Deutschen hockten im Keller oder in den Bunkern aus Stahlbeton, die dort heute noch die Gegend verschandeln; die fremden Soldaten durchsuchten die Häuser nach letzten Hinterhalten. Der Strom war weg, so zündeten sie Kerzen an, aus der großen Taufkerze machten sie zwei. Die Bomben hatten die kleine Werkswohnung verschont, die Flak nur den Dachgiebel weggeschossen. Und dann war der Ami gekommen, und als er wieder ging, war bloß die Kerze eines dreijährigen Mädchens zerbrochen. Was für ein Glück. Kein Vater blieb im Krieg, man musste nicht fort aus Pommernland, selbst das Feuer vom Himmel verschonte die Familie. Und doch gab es so viele Geschichten: die Geburt im Bombenkeller, die nächtlichen Sirenen, die ersten, bleibenden Erinnerungen: Angst, Hast, Dunkelheit, Brummen, Explosionen. Das kleine Mädchen, das immer wieder im Bunker singt: „Alle Vögel sind schon da", bis einer, überschnappend vor Angst und Wut, schreit: „Das Kind nimmt uns die Luft weg!" Ein lebloser Körper, um die Ecke, wo es einen Bunker getroffen hat, wie es nach einem Angriff Papierschnipsel regnet, bis die Straße weiß ist. Die Evakuierungen, zum guten Bauern, zum hartherzigen Bauern, die Betteltouren ins Münsterland um ein bisschen Obst für die fünf Kinder. Oder die Erinnerungen des Vaters, damals fast sieben: Der stärkste in der Straßenbande darf den Hitler spielen, er, der kleinste, muss der dicke Göring sein.

Was für ein Glück, eigentlich. Es ist die Angst des Jungen vor engen Räumen bis heute geblieben, das Mädchen zuckte noch als Frau, wenn eine Sirene heulte oder ein größeres Propellerflugzeug über sie hinwegdröhnte, es blieben Albträume: Wieder zittert die Luft vom tiefen, gleich bleibenden Brummen, es muss ein sicherer Ort gefunden werden, schnell, schnell... Anderen Kindern ging es schlimmer. Herbert Steiner war zwölf, als die Fliegerbombe das Haus der Großeltern traf, in dem er wenige Minuten zuvor noch gespielt hatte, alle Bewohner waren tot; wenig später starb ein Spielkamerad im Bombenhagel. Nach Kriegsende musste er ansehen, wie russische Soldaten drei Frauen vergewaltigten – erst 55 Jahre später, auf einer Tagung der evangelischen Akademie in Bad Boll, konnte er darüber reden. Andere Kinder mussten miterleben, wie neben ihnen die Eltern starben oder wie sie im Chaos eines Flüchtlingstrecks von ihnen getrennt wurden.

Sie konnten 15 sein in jenem Frühjahr 1945, tagsüber in die Schule gehen und nachts als Flakhelfer das Todesspiel vom Schießen und Getroffenwerden spielen. Sie konnten als Neugeborene die Angst ihrer Eltern spüren, als Dreijährige in den Trümmern umherirren, als Achtjährige vaterlos sein. Sie konnten unterschiedlicher nicht sein, eins aber hatten alle gemeinsam: Sie hatten Hitler nicht gewählt, das Morden nicht geplant, und was ein Konzentrationslager war, wussten sie tatsächlich nicht. Und doch drängte sich der Krieg oft mehr als bei den Erwachsenen ins Unterbewusste, prägte Lebenseinstellungen. Wie vielen Millionen der Krieg die Kindheit raubte in Russland, Polen, Frankreich, Belgien, Italien und Deutschland, kann niemand sagen.

In Deutschland aber wurden sie mehr als anderswo zu einer „vergessenen Generation", wie sie die Autorin Sabine Bode nannte, die sich als eine der ersten mit den deutschen Kriegskindheiten befasste. Konnte das Leid der Deutschen in der Öffentlichkeit, der Forschung, eine Rolle spielen angesichts des unendlichen Leids, das die Deutschen über die halbe Welt gebracht hatten? Was zählte das Grauen des Bombenkriegs und der sinnlosen Schlachten um die deutschen Städte angesichts der Hölle von Auschwitz, der Verbrechen der Wehrmacht in Russland und Polen? Die Feinde von einst waren bald Freunde oder erhoben drohend den Anspruch, welche zu sein – besonders in der DDR schärften die Lehrer den Kindern ein, dass sie über das, was sie erlebt hatten, zu schweigen hätten. Und überhaupt: Kinder, so dachte man, verstehen sowieso nur die Hälfte und leben bald wieder fröhlich weiter. „Die Deutsche Mutter und ihr erstes Kind", der erfolgreichste Erziehungsratgeber der Nazizeit, warnte vor Verzärtelung; das Buch wurde, nur an einigen, besonders ideologisch belasteten Stellen verändert, in der Nachkriegs-Bundesrepublik zum Bestseller.

So schweigen sie, die Kriegskinder, wuchsen heran, erlebten den Aufstieg, wurden selber wohlhabend wie nie eine Generation vor ihnen, hatten Kinder, so zahlreich wie nie wieder in der Geschichte der Bundesrepublik. Viele von ihnen revoltierten in ihrer Studentenzeit gegen das Spießertum ihrer Eltern – ein großer Teil der 68er waren die Kriegskinder von einst. Manche allerdings wurden auch krank an Körper und Seele, ohne dass die Ärzte und Therapeuten einen richtigen Grund fanden. „Wir haben da jahrzehntelang etwas übersehen", sagt heute Michael Ermann, Professor für Psychotherapie an der psychiatrischen Uniklinik in München. „Wir haben die Daten der Patienten aufgenommen: geboren 1942 im Sudetenland, vertrieben, aufgewachsen in München. Und dann haben wir nach den Vater-Tochter- und den Sohn-Mutter-Verhältnissen gefragt, ohne nachzuhaken: Was war da, 1945?" Die Frage war nicht vorgesehen. Alle Phantasie Sigmund Freuds hätte nicht gereicht, sie auszudenken, und in den Vereinigten Staaten, wo die Analyse in den 50er und 60er Jahren ihren großen Aufschwung erlebte, stellte sie sich auch nicht.

Dabei ist Ermann selber eines dieser traumatisierten Kriegskinder. 1943 geboren, in Stettin in Pommern zwischen zwei Bombennächten, und als die Hebamme mit der Mutter und dem Kind wieder aus dem Bunker kam, war die Klinik ein Schutthaufen. Zwischen dem ersten und zweiten Lebensjahr evakuiert ohne die Eltern, dann die Flucht, die irgendwo in Vorpommern stecken blieb, überrannt von der Roten Armee, zurück nach Stettin, der Vater an Typhus erkrankt, dann die endgültige Vertreibung, aus der Heimat, wo die kleine Fabrik des Vaters stand, der später nie darüber geredet hat, wen er dort im Krieg zu welchen Bedingungen beschäftigt hat. Aus den Fabrikantenkindern wurden Habenichtse. In zehn Jahren wohnte die Familie an acht Orten, besuchte der Junge fünf Schulen. „Und ich habe mich immer gewundert, warum ich Beziehungen zu anderen Menschen nur mit großer Vorsicht aufnehme, dann klammere und es als Katastrophe empfinde, wenn etwas schief geht", sagt Ermann. „Warum ich kaum Pausen und Ruhezeiten ertrage, ich immer weiter, immer weitermachen muss. Und warum ich bis heute kein Brot wegwerfen kann."

Seit ungefähr fünf Jahren reden die Kriegskinder, sind ihre Geschichten auch öffentlich ein Thema – „in den Familien waren sie es immer", sagt Ermann. Aber nun gibt es Bücher und Fernsehsendungen, Projekte wie das in Bad Boll, einen Verein „Kriegskind" mit Sitz in Kiel, eine große Tagung kommende Woche in Frankfurt. „Wir werden überflutet", sagt Dierk Schäfer, der in Bad Boll die Kriegskinder-Geschichten betreut. Gerade hat einer hundert Seiten geschickt, andere senden kurze E-Mails, suchen das persönliche Gespräch, „es ist, als wäre ein Damm gebrochen". Warum erst jetzt? Vielleicht, weil viele Kriegskinder nun Rentner sind und ihre Erinnerungen ordnen. Oder weil die historisch-politische Debatte auf einmal auch um den Bombenkrieg, die Vertreibungen, die deutschen Opfer geht.

Die größte wissenschaftliche Untersuchung ist die des Münchner Teams um Professor Ermann, unterstützt von den Kollegen in Münster und Rostock. Seit 2003 sammeln sie per Fragebogen die Daten von Kriegskindern, fünfhundert machen derzeit mit, Tendenz steigend. 250 haben sich zusätzlich zu weiteren Gesprächen bereit erklärt, 130 sind ausgewählt und werden gerade interviewt. „Viele sagen uns nachher: ‚Jetzt erst begreife ich, warum ich so geworden bin'", sagt Ermann. Die Hobbymalerin, die nur Schönes malen will, die Frau, die ihr Geld in Häuschen, Rosengarten, Seeblick und Stille investiert hat – „viele wollen gegen die Zerstörungen in der Kindheit etwas Schönes, Harmonisches aufbauen". Andere merken erst jetzt, dass die skurrilen, schrägen, makaberen Geschichten aus der Kriegszeit gar nicht so lustig waren, wie sie immer klangen auf den Familienfesten. Sie merken erst jetzt die Verletzungen, die Schuldgefühle, weil sie überlebten, während andere starben. Oder warum sie 1968 ihre Väter anschrieen. Es gibt viele Traumatisierungen, sagt Ermann, „aber mich wundert immer mehr, wie viele Kinder seelisch einigermaßen gesund blieben, wenn man bedenkt, was sie alles erlebt haben". Vielleicht, mutmaßt der Forscher, weil sie, anders als etwa die Opfer sexuellen Missbrauchs, selten alleine blieben.

„Wir haben ja Glück gehabt", das ist der Satz vieler Kriegskinder geworden. Gab es nicht immer einen anderen, dem es schlechter ergangen war, hatte man selber nicht später in Frieden und wachsendem Wohlstand gelebt? Glück ist, dass es anderen noch schlechter gegangen ist, vielleicht ist dieser Satz nun ins Wanken geraten und hat die Kriegskinder zum Reden gebracht. Sie sehen nun, woher ihre Macken, Phobien, Ängste, Träume stammen, vielleicht auch jener katholische Pazifismus des kleinen Mädchens, das einst im Bunker sang und zwei schlimme Sünden kannte: Sex vor der Ehe und Atomraketen. Wir Kinder durften keine Waffen haben – und haben uns dann die Kekse zu Pistolen zurechtgeknabbert. Sonst: Keine Schäden in der nachfolgenden Generation. Vielleicht, dass selbst in den Albträumen des Autors immer noch Flugzeuge, vor deren Bomben man sich verstecken muss, eine wichtige Rolle spielen. Ist aber selten geworden die letzten Jahre.

Matthias Drobinski

Gefährliches Spielzeug in einer kaputten Welt: Zwei Kinder beschäftigen sich mit Waffen, die die Wehrmacht 1944 auf ihrem Rückzug aus Frankreich in einem Hinterhof hat liegen lassen.

Als Held der Roten Armee gefeiert, als Deutschenhasser dämonisiert

Wie der Schriftsteller und Kommentator Ilja Ehrenburg zwischen die politischen Fronten geriet und seine Rache-Propaganda plötzlich unerwünscht war

Ilja Ehrenburg, Kriegskorrespondent und Kommentator der Armeezeitung *Krasnaja Swesda* (Roter Stern), durchlebte Angstzustände. Die *Prawda* hatte nämlich am 14. April 1945 einen Artikel mit dem schlichten Titel „Genosse Ehrenburg vereinfacht" veröffentlicht. Er rechnete jeden Moment mit seiner Verhaftung. Das Parteiorgan warf ihm vor, alle Deutschen pauschal als Nazis angeprangert zu haben. Dies sei falsch: „Das Sowjetvolk hat niemals die deutsche Bevölkerung mit der verbrecherischen faschistischen Clique gleichgesetzt, die Deutschland regiert." Der *Prawda*-Angriff gipfelte in dem Vorwurf: „Seine Auffassungen stellen eine Abart des mit dem Sowjetgeist unvereinbaren Faschismus und Rassenhasses dar." Dies war haltlos, denn Ehrenburg war einer der Gründer des Jüdischen Antifaschistischen Komitees (JAFK). Auch hatte er während der vergangenen Jahre nichts anderes getan, als sich streng an die Parteilinie zu halten: nämlich Rache für den deutschen Vernichtungskrieg in der Sowjetunion zu fordern.

Der Artikel war nicht zufällig vor Beginn der „Berliner Operation", des Zangenangriffs auf die Reichshauptstadt – der am 16. April 1945 beginnen sollte –, erschienen. Er signalisierte die neue Propagandalinie: Die Rotarmisten sollten als Befreier, als Garanten von Recht und Ordnung dargestellt werden. Bislang galt die Parole: „Wir nehmen Rache für die Verbrechen der Deutschen!" Damit gemeint waren die Massenexekutionen von Zivilisten durch Wehrmacht und SS, die Deportationen zur Zwangsarbeit, die verhungerten sow-

„Wir hassen die Deutschen auch deshalb, weil uns von allen Worten, die den Menschen zu eigen sind, nur das eine geblieben ist: Töte!“, schrieb Ilja Ehrenburg, während deutsche Truppen in der Sowjetunion wüteten. Als Aufnahmedatum des Fotos wird 1943 angegeben.

jetischen Kriegsgefangenen, die zerbombten und zerschossenen Städte sowie die verbrannten Dörfer.

Offenbar hatten die Rotarmisten bei ihrem Rachefeldzug bislang durch ihr ungezügeltes Verhalten auch zur Massenflucht der Deutschen aus den Gebieten östlich von Oder und Neiße beitragen sollen, da diese nach dem Willen Stalins an Polen fallen sollten. Jedenfalls war die Armeeführung zunächst kaum gegen Brandschatzungen, Plünderungen, Massenvergewaltigungen in Ostpreußen, Pommern und Schlesien eingeschritten. Doch für die Gebiete westlich der Oder galten andere Vorgaben: Die dort lebenden Deutschen waren dazu ausersehen, den Sozialismus aufzubauen. Sie sollten als Verbündete gewonnen werden – und deshalb musste Ehrenburg, der von der NS-Propaganda dämonisierte „Deutschenhasser", gemaßregelt werden. Auf einem anderen Blatt steht, dass es der sowjetischen Armeeführung kaum gelang, bei den Frontsoldaten diesen Kurswechsel durchzusetzen.

Ehrenburg gehörte zu den russischen Schriftstellern, die von der Parteiführung zur Truppenpropaganda abgeordnet worden waren. NS-Propagandaminister Joseph Goebbels ließ zur Abschreckung Texte des „blutrünstigen jüdischen Bolschewiken", in denen er die Deutschen meist die „Fritzen" nannte, im Reichsrundfunk verlesen und machte ihn somit bekannt. Kein geringerer als Hitler zählte ihn in seinem Tagesbefehl zu Neujahr 1945 außer General Charles de Gaulle und dem amerikanischen Finanzminister Henry Morgenthau, der Deutschland zu einem Agrarland machen wollte, zu den „gefährlichsten Feinden des deutschen Volkes".

Auch heute noch ist Ehrenburg für konservative Kreise in der Bundesrepublik, darunter die Heimatvertriebenen, ebenso wie für Alt- und Neonazis ein Reizwort. Mit seinem Namen wird vor allem die Aufforderung an die Rotarmisten verbunden, deutsche Frauen zu vergewaltigen: „Brecht mit Gewalt den Rassenhochmut der germanischen Frauen! Nehmt sie als rechtmäßige Beute!"

Allerdings haben Archivforschungen des Münchner Instituts für Zeitgeschichte ergeben, dass dieses Zitat, das in Tagesbefehlen der Wehrmacht verbreitet wurde, gar nicht von Ehrenburg stammt. Vielmehr dürfte es sich um eine Fälschung der NS-Propaganda gehandelt haben, die die Wehrmachtssoldaten zum letzten Einsatz bei der Verteidigung der Reichsgrenzen anstacheln sollte. Ehrenburg, der immer seine Autorenschaft bestritten hat, schrieb dazu in *Krasnaja Swesda* in seiner drastischen Sprache: „Die Fritzen selbst sind professionelle Vergewaltiger, es sind Wollüstlinge mit einer soliden Erfahrung, es sind Abkömmlinge von Pavianen... Wir verachten die deutschen Frauen als das, was sie sind – Mütter, Frauen und Schwestern von Henkern. Wir brauchen die blonden Hexen nicht."

Hingegen bekannte er sich stets zu den Flugblättern, auf denen er wie auch die anderen zur Wehrpropaganda herangezogenen Schriftsteller in vielerlei Varianten die Aufforderung wiederholt hat: „Töte den Deutschen!" Immer wieder wies er in harschen Worten darauf hin, dass die Deutschen die Russen als slawische Untermenschen betrachteten, dass sie auch vor der Zerstörung von Kirchen, Theatern, Museen und Bibliotheken keinen Halt machten. Die Blätter mit seinen Texten gingen von Hand zu Hand, er wurde zum Helden der Frontsoldaten. Er schrieb rund fünfzehnhundert Artikel, die sich unmittelbar an die Rotarmisten richteten.

Der britische Moskau-Korrespondent Alexander Werth, der mehrmals von der Front berichten durfte, stellte fest, dass alles, was Ehrenburg schrieb, harmlos gewesen sei im Vergleich zu dem, was die Rotarmisten an „verbrannter Erde" mit eigenen Augen gesehen hätten: „Über jedem Ort, durch den die Deutschen gekommen waren, lag der Geruch verwesender Körper." Werth meinte, es hätte gar nicht der Propagandisten wie Ehrenburg bedurft, um in den Rotarmisten Rachegelüste zu wecken.

In seinen Memoiren schreibt Ehrenburg, die Aufrufe zum Töten seien der puren Notwehr entsprungen. Es

Zerstörung Potsdams 14.4.1945

Das Oberkommando der Wehrmacht meldet: „Das erbitterte Ringen an Ruhr und Rhein sowie im Bergischen Land dauert mit zunehmender Heftigkeit an. Grenadiere, Fallschirmjäger und Panzer schlugen in dem verengten Kampfraum zahlreiche Angriffe überlegener Kräfte unter beiderseits hohen Verlusten ab und wahrten den Zusammenhang der Front." In Wirklichkeit spalten amerikanische Truppen, die von Norden und Süden vorrücken, an diesem Tag bei Hagen den „Ruhrkessel", in dem 325.000 Wehrmachtssoldaten, Hunderttausende Zivilisten und Tausende Zwangsarbeiter eingekreist sind, in zwei Teile auf. Auch an allen anderen Fronten geht der Vormarsch der Alliierten weiter: US-Truppen betreten Bamberg, Bayreuth und Gera, die Rote Armee dringt in St. Pölten ein, britische Truppen drängen die Deutschen in Nordwest-Holland zurück; in Italien weichen deutsche Truppen hinter den Fluss Po zurück. Am späten Abend greift eine Luftflotte der Royal Air-Force die Stadt Potsdam an. Innerhalb weniger Minuten werden mehr als 1.700 Tonnen Bomben auf die Innenstadt geworfen, 1593 Menschen kommen dabei ums Leben; etwa 50 Prozent der historischen Altstadt werden zerstört oder beschädigt. Im Wiener Rathaus beraten Sozialdemokraten und Revolutionäre Sozialisten über eine Parteigründung und eine schnelle Übernahme der Regierung.

hätten alle Kräfte mobilisiert werden müssen, um die deutschen Okkupanten an der völligen Zerstörung des Landes zu hindern: „Vielleicht hasse ich den Faschismus am meisten deswegen, weil er nicht nur eine absurde, barbarische Idee war, sondern auch uns hassen gelehrt hat." Die Ehrenburg-Memoiren lösten in den sechziger Jahren eine heftige Kontroverse in der Bundesrepublik aus – als Teil der großen Debatte über die Schuld der Kriegsgeneration. Ehrenburg starb im Jahr 1967, von den Veteranen der Roten Armee zutiefst betrauert.

Erst nach dem Zerfall der UdSSR konnten Aufzeichnungen Ehrenburgs veröffentlicht werden, die die Zensur zuvor unterdrückt hatte, darunter über seine Arbeit im JAFK, das vor allem bei den amerikanischen Juden um Unterstützung für den Kampf der Sowjetunion gegen Nazi-Deutschland werben sollte. Doch nach innen durfte das JAFK kaum in Erscheinung treten. So konnte zwar eine englische Ausgabe eines „Schwarzbuches" über die Ermordung der sowjetischen Juden durch die deutschen Besatzer erscheinen; das Manuskript der russischen Ausgabe, bei der Ehrenburg federführend war, aber verschwand in einem Giftschrank des Geheimdienstes.

Die Propaganda-Abteilung des Zentralkomitees hatte nämlich darauf zu achten, dass keines der „Völker der Sowjetunion" besonders herausgestellt wurde. Hintergrund für diesen Kurs war zweifellos auch der traditionelle Antisemitismus in Teilen der Parteiführung. Also durfte über das Schicksal der Juden nicht gesondert berichtet werden. So war in der offiziellen Mitteilung über die Erschießung von etwa 40.000 Juden durch ein SS-Kommando in der Schlucht Babij Jar bei Kiew nur von „friedlich eingestellten Sowjetbürgern" die Rede. Dass daran auch ukrainische Freiwillige beteiligt waren, war für die Sowjetzensur ein absolutes Tabu, wie auch die Kollaboration vieler Russen, Weißrussen, Litauer, Letten mit der SS bei der Jagd auf Juden. Ehrenburg hatte dazu Augenzeugenberichte gesammelt.

Die unzensierte russische Version des „Schwarzbuches" erschien erst 1993. Und erst im folgenden Jahr wurden Hintergründe zu dem *Prawda*-Artikel vom 14. April 1945 bekannt, die Ehrenburg wieder in einem anderen Licht erscheinen lassen: Er hatte Anfang 1945 Verbände der Roten Armee in Ostpreußen besucht und dabei von Verbrechen erfahren, die sowjetische Soldaten an Zivilisten begangen hatten; er hatte auch selbst das Leid der deutschen Bevölkerung gesehen. Nach seiner Rückkehr nach Moskau kritisierte er vor hohen Offizieren die „schlechte politische Vorbereitung" der Roten Armee, er sprach von Marodeuren und Plünderern. Seine Kritik blieb dem Kreml nicht verborgen, denn wie alle anderen Schriftsteller wurde auch er streng überwacht. Der *Prawda*-Artikel bedeutete somit das Ende seiner Karriere als Militärkorrespondent. Doch weitere Konsequenzen hatte er nicht für Ehrenburg. Sein Name verschwand für gerade dreieinhalb Wochen aus der sowjetischen Presse – Tausende Leser fragten in dieser Zeit bei den Redaktionen an, warum er nicht mehr schreibe.

Dann übernahm er wieder die Rolle des Propagandisten, der vor allem im Ausland die Sowjetunion als die gerechteste Gesellschaft auf Erden pries. Doch nach Stalins Tod 1953 verfasste er den Roman „Tauwetter", der der damaligen kurzen Phase der innenpolitischen Entspannung den Namen geben sollte. Er schrieb rückblickend: „In den Augen von Millionen Lesern war ich ein Schriftsteller, der stets zu Stalin gehen konnte... In Wirklichkeit war ich genauso ein Zahn eines Zahnrades oder eine kleine Schraube, wie es meine Leser waren." Er habe Stalin nie aus der Nähe gesehen, ihn nie angerufen.

Er bekannte, dass er viele Zweifel am Stalinismus gehabt habe. Dies brachte ihm indes nur den Vorwurf des Opportunismus ein. Er selbst sagte kurz vor seinem Tod, erst spät habe er erkannt, dass er auch die Rolle des „nützlichen Juden" zu spielen hatte: Während der antisemitischen Kampagnen der Parteiführung nach dem Krieg hatte er für das Ausland der lebende Beweis dafür zu sein, dass es in der Sowjetunion keinen Antisemitismus gab.

An Ehrenburg scheiden sich auch im heutigen Russland noch die Geister. Den einen gilt er als Überlebenskünstler, der nicht nur alle Machtwechsel überstanden hat, sondern sogar die Stalinschen Säuberungen. Für die anderen aber hat er einen wichtigen Beitrag zum Sieg über den faschistischen Aggressor geleistet sowie zur Dokumentation des Holocaust. *Thomas Urban*

„Befohlene Propagandaaktion"

„Roosevelt verstorben. An unserer eigenen Situation dürfte sich dadurch nicht viel ändern! Trotzdem tut man so, als bedeute es eine gewonnene Schlacht. Trostkonstruktionen in letzter Stunde... Wir kriegen 100 Hitlerjungen in Verpflegung, noch richtige Kinder. Ein Verbrechen, sie in Uniform gesteckt zu habe. Sie sollen 14 Tage bis drei Wochen ausgebildet werden!... Die Abteilung klebt Plakate im Ort. Befohlene Propagandaaktion. Inhalt: Wir kapitulieren nie! Bis zum Endsieg! Durchhalten! Alles Symptome des raschen Verfalls."

(Tagebucheintrag von Herbert K., 39, evangelischer Theologe der „Bekennenden Kirche" aus Berlin, vom 14. April 1945. K. war damals als Wehrmachtssoldat in Südmähren. Quelle: Tagebucharchiv Emmendingen)

Alles verloren, außer dem Leben

David Savranskij, einst Oberst der Roten Armee, lebt heute in Potsdam und trifft dort ehemalige Soldaten der Wehrmacht

Veteran David Savranskij in Potsdam – mit einem Bild von sich als Rotarmisten.

Als David Savranskij in den Krieg zog, war er gerade siebzehn Jahre alt und besaß nichts mehr außer seinem Leben. Er hatte die Heimat verloren, als die Deutschen in die Ukraine eingefallen waren und die Familie ins Hinterland evakuiert wurde, nach Tadschikistan. Er hatte die Eltern verloren, weil es dort nichts zu essen gab außer Brot, Kartoffeln und Krähen, die man von den Bäumen schießen musste. Seine Eltern erkrankten und starben später im Hospital, ihn brachte die Rote Armee auf eine Fliegerschule nach Sibirien, wo sie ihn zum Piloten ausbildete, zum Aufklärer, der nachts in geringer Höhe über die Front streifen und feindliche Stellungen fotografieren sollte, weshalb es nun so aussah, als könne er bald auch noch sein Leben verlieren.

„Ich war der Jüngste an der Schule", sagt Savranskij, „ich habe sehr geweint. Aber dann kam Oberst Igor Kosjak und adoptierte mich als Regimentskind."

David Savranskij, ein kleiner, freundlicher Mann Ende siebzig, sitzt in einem Büro der Stadtverwaltung Potsdam. Darin gibt es einen Tisch, Regale, ein Radio und ein Schachbrett. Es ist die Zentrale eines Vereins, den er gegründet hat. Er kümmert sich um frühere Angehörige der Roten Armee, Russlanddeutsche und jüdische Umsiedler, so wie er einer ist. Savranskij kam vor neun Jahren nach Deutschland. Es war eine Rückkehr.

Als Aufklärer war er der Front gefolgt, durch Weißrussland und Polen bis an die Oder. Sie saßen zu zweit in der Maschine, Kosjak flog und Savranskij fotografierte Straßen, Brücken, Panzerkolonnen und hörte den Funk ab. Deutsch hatte er an der Fliegerschule gelernt. Einmal, über Polen, sie waren bereits auf dem Rückweg, erwischte sie die deutsche Flugabwehr, Kosjak war getroffen, verlor das Bewusstsein, Savranskij musste die Maschine landen. Sie schlugen nahe eines Waldes auf. Savranskij zog den Oberst aus dem Cockpit und schleppte ihn zwei Kilometer, bis polnische Partisanen sie retteten. Kosjak hat ihm das nie vergessen, und später sollte er auch Gelegenheit bekommen, das zu zeigen.

In den letzten Tagen des Krieges lagerte Savranskijs Luftwaffenregiment wenige Kilometer vor Berlin, in Johannisthal. Es gab nun nichts mehr, das sich aus der Luft hätte aufklären lassen, für die deutschen Soldaten, die sich in den Häusern versteckten, musste man auf den Boden. Savranskij bekam ein Maschinengewehr und Granaten und kämpfte sich mit seiner Gruppe vom Zoologischen Garten auf den Reichstag zu. In den Käfigen saßen noch Tiere, und in einigen Ecken hatten sich deutsche Soldaten versteckt, viele ergaben sich, nur eben nicht alle.

Als er den Reichstag erreichte, sah er, wie zwei Soldaten die rote Fahne mit Hammer und Sichel hissten. Der Krieg war aus. Er hatte in ihm ein Auge verloren und vier Zähne, aber das Leben nicht. Draußen feuerten sie vor Freude Gewehrsalven in die Luft und drinnen schrieben sie ihren Namen an die Wand. Er hat das nicht getan, weil er das Gefühl hatte, so etwas gehöre sich nicht.

„Ich habe nie geglaubt, dass der Krieg das Gesicht des deutschen Volkes ist", sagt er. „Die Deutschen waren keine Mörder, sie waren nur verblendet vom Führer. Wir sind damals nicht als Sieger gekommen, wir haben sie befreit."

In den ersten Tagen des Friedens übernahm Savranskij eine Kolonne von zehntausend Zivilisten, die er zum Schutträumen einteilte. Frauen, Jungen, Greise. Sie hatten sich zur Schlange aufgereiht, da entdeckte er unter ihnen ein Mädchen. Es war, als habe ihn ein Blitz getroffen, sagt er. Sie hieß Erni und war siebzehn. Er bot ihr eine Stelle als Dienstmädchen an, damit sie der harten Arbeit als Trümmerfrau entging. Er weiß, dass zu jener Zeit viele Frauen von russischen Soldaten vergewaltigt wurden. Aber er hält das für Ausnahmen. „Die Menschen sind verschieden grausam", sagt er.

David Savranskij lebte damals in einer Wohnung, die eine reiche deutsche Familie offenbar Hals über Kopf verlassen hatte. Es gab ein Klavier und die Schränke waren voller Dosen. Erni kam jeden Tag. Anfangs hatte sie Angst, aber er sei nicht frech gewesen zu ihr, sagt Savranskij, er kam ihr nicht zu nahe. Er besorgte ihr Lebensmittel, sie kochte für ihn und spielte Klavier, später lehrte sie es ihn auch. Nach sechs Monaten küssten sie sich zum ersten Mal. „Sie war meine erste Frau", sagt er, „ich hatte keine Kenntnisse auf dem Gebiet der Liebe. Ich war ja nur im Krieg."

Nach dem Gesetz war ihre Beziehung verboten, so hielten sie sie geheim, selbst als Erni einen Sohn bekam. Sie nannten ihn Rudolf. Keiner erfuhr, wer der Vater war, außer Oberst Kosjak, er deckte sie. Sechs Jahre ging es gut, dann wurde Savranskij verhaftet. Ihm drohten zehn Jahre Haft. Da legte Kosjak sein Parteibuch auf den Tisch und sagte: „Ich will kein Held der Sowjetunion mehr sein, wenn ihr diesen Mann verurteilt." Damit konnte er ihn retten, nicht Erni und das Kind. Der Geheimdienst NKWD brachte sie fort, Savranskij hat nie erfahren, wohin.

„Ich durfte nicht einmal nach ihr fragen", sagt er. Er hatte sie verloren.

Zwanzig Jahre blieb er in der DDR stationiert, zuletzt als Oberst, dann bekam er ein Haus in Kischinew, in Moldawien, dort lebte er, bis das Land nach dem Ende der Sowjetunion unabhängig wurde, Nationalisten schürten nun den Hass gegen alles Russische, Savranskij wurde in seinem Haus zusammengeschlagen. Er packte seine Sachen und wanderte aus.

Mit den Veteranen seines Vereins, den er kurz darauf in Potsdam gründete, hat er sich inzwischen auch mit ehemaligen Wehrmachtssoldaten getroffen. Sie nennen einander heute Kameraden und mit einigen von ihnen hält er auch Vorträge an Schulen. Wenn sie erzählen, sagt David Savranskij, geht es nicht darum, wer den Krieg gewonnen und verloren hat, nur wie er war. *Marcus Jauer*

Deutschlands zerschlagenes Gesicht

Warum die Fotografen der Siegermächte die Physiognomien des Unmenschen zeigten und die Befreiten unter Generalvorbehalt stellten

Einwohner werden in Nammering/Niederbayern mit Verbrechen der SS konfrontiert. Der Autor des Bildes ist nicht bekannt.

Das besiegte Nazi-Reich wurde auch durch Spott demontiert: Lee Miller in Hitlers Badewanne im Mai 1945, Selbstporträt.

„Displaced Germans“: Bereits einige Monate nach dem Ende des Krieges entdeckten Fotografen der Alliierten auch Deutsche als Opfer. Leonard McCombe hat im Oktober 1945 Flüchtlinge in einem Berliner Verwaltungsgebäude auf Zelluloid festgehalten. Allein die Gesichter der Fotografierten verraten viel über die Erlebnisse der jüngsten Vergangenheit.

15. April 1945

Die ersten Fotos der Befreiung schossen die Alliierten. Was ihre Armeefotografen auf dem Vormarsch in das Deutsche Reich sahen und ablichteten, prägte über Jahrzehnte unser Bild des Krieges und der unmittelbaren Nachkriegszeit. Doch auch die Deutschen fotografierten. Dem Wunsch der Zeitgenossen, ihre Gegenwart im Bild festzuhalten, war mit Verboten nicht beizukommen. Welten trennten die Deutschlandbilder der Sieger und Besiegten in der Zeitluke des Jahres 1945 – je nachdem wer fotografierte.

Seit Oktober 1944 war die private Dokumentation der Bombenschäden und Räumkommandos im Reich untersagt. Ohnehin wurden Filme und Chemikalien knapp. Illustrierte Zeitschriften erschienen nur noch selten. So verdächtigte die Gestapo jeden, den sie mit einer Kamera antraf, der Gräuelpropaganda oder der Feindspionage.

Und doch wurden die offiziellen Durchhalteparolen, die bis zuletzt Siegeszuversicht gepaart mit der Furcht vor Vergeltung verbreiteten, nicht allein durch Knipserbilder und Atelierfotos fürs Familienalbum und die Front dokumentiert. Amateure und Profis bewiesen jenen Realitätssinn, der als Defätismus galt. Sie fotografierten heimlich oder doch ohne offiziellen Auftrag. Die Fotos schossen sie „für später“, denn an eine Entwicklung der Filme war in jenen Tagen nicht zu denken. Ihre Aufnahmen zeigten den Luftkrieg in seiner letzen Phase: den Morgen nach einem Bombenangriff in Köln, das Aufstapeln der Leichen in Dresden oder die Trümmerbeseitigung durch KZ-Häftlinge in ihrer Zebra-Kleidung in Duisburg.

Die Gründe, warum die Leute zur Kamera griffen, waren verschieden. Zahllose Amateure wie der Braunschweiger Hans Steffens und Handwerkerfotografen wie der Kölner Hermann Claasen legten sich ihre persönliche Dokumentation über die zerstörte Heimatstadt zu. Sie begannen damit, sobald ihre nächste Umgebung von Bomben schwer getroffen war. Von den berühmten Wahrzeichen hielten sie Zustände des Übergangs bis zur völligen Zerstörung fest, Zwischenstadien, die am Ende nur auf ihren Fotos überdauerten. Bei jungen Leuten überwog nicht selten die reine Abenteuerlust. Als „rasende Fotoreporter“ wollten sie es daheim den Idolen aus den Propaganda-Kompanien an der Front gleichtun.

Wer sich nach dem Krieg – von wem auch immer – eine Entschädigung für die in Schutt und Asche gelegten Wohnhäuser und Betriebe erhoffte, fotografierte aus Eigennutz. Einzelne Kriegsfotografen der Propagandakompanien wie Hilmar Pabel schufen auf eigene Faust Bildserien von der dramatischen Bergung Verschütteter oder vom aussichtslosen letzten Gefecht des Volkssturms. Andere wie Walter Frentz inszenierten die Ruinen pathetisch als zeitlose Zeichen der Vergänglichkeit von Macht und Herrschaft. Sie alle wurden zu Chronisten der letzen Kriegstage. Doch auf ihren Bildern fehlt etwas. In den Aufnahmen von Rauchwolken und Schwelbränden sind die Alliierten allenfalls als technische Destruktivkräfte präsent. Schnappschüsse vom Vorrücken der Sieger in das Reich, die aus der Hand deutscher Fotografen stammen, haben Seltenheitswert.

Das Überschreiten der Westgrenze des Deutschen Reiches im Winter 1944/45 war für die Alliierten wie ein zweiter D-Day. Martialisch, entschlossen und siegesgewiss blickt Robert Capas Fallschirmspringer in der *Life*-Reportage „The Last Round“ in die Kamera. Seine Einheit sollte im März 1945 hinter dem Rhein bei Wesel abspringen, um die braune Diktatur endgültig in die Knie zu zwingen.

Als der Krieg auf deutschem Boden geführt wurde, konnte der Feind aus nächster Nähe betrachtet werden. Heckenschützen, versprengte Einheiten, die sich ein letztes Gefecht mit den Eroberern geliefert hatten, und Überläufer blicken, die Hände zur Kapitulation erhoben, in die Kamera. Noch behandelt die Bildberichterstattung der Briten und Amerikaner die in der Schlacht Unterlegenen als Personen „auf gleicher Augenhöhe“. Für die sowjetischen Armeefotografen hingegen waren die Besiegten, die einst als aggressive Eroberer und „Herrenmenschen“ ausgezogen waren, anonyme Gestalten, die nun apathisch im Staub hockten und ihr Gesicht verhüllten.

Die bekanntesten Siegesfotos sind gestellt. Besser als jede zufällige Momentaufnahme symbolisierten visuel-

KZ Bergen-Belsen befreit 15.4.1945

Am 15. April übergibt die SS das KZ Bergen-Belsen in der Lüneburger Heide an britische Truppen. Knapp 60.000 Häftlinge erleben den Tag der Befreiung.
Kurz zuvor waren mehrere zehntausend Häftlinge aus den KZ Neuengamme und Mittelbau-Dora nach Bergen-Belsen „evakuiert“ worden. Im Lager herrschen katastrophale Zustände: es ist völlig überfüllt, es gibt kaum mehr Nahrung, überall liegen Leichenberge, Fleckfieber und andere Seuchen grassieren. Trotz der Hilfsmaßnahmen der Briten sterben nach der Befreiung noch 14.000 Menschen, insgesamt sind in Bergen-Belsen etwa 50.000 KZ-Häftlinge und 20.000 Kriegsgefangene gestorben. Die letzten Tage des Lagers gehen als „Inferno von Bergen-Belsen“ in die Geschichte ein. Gleichzeitig befiehlt die SS, auch die KZ Ravensbrück und Sachsenhausen zu „evakuieren“, mehr als 50.000 Häftlinge werden auf „Todesmärsche“ Richtung Westen geschickt. Generalfeldmarschall Model lehnt die Übergabe der Städte im „Ruhrkessel“ kategorisch ab.

le Inszenierungen die vernichtende Niederlage des Dritten Reiches – ob es sich um den gezielten Schnappschuss Robert Capas des „Victorious Yank“ auf der Haupttribüne des ehemaligen Reichsparteitagsgeländes in Nürnberg oder um Jewgenij Chaldejs Foto der fahneschwenkenden Rotarmisten auf dem Berliner Reichstag handelte.

Wie alle Sieger aller Kriege in der Welt haben die Alliierten die besiegte Macht auch durch Spott demontiert. In Hitlers Privatresidenz am Münchener Prinzregentenplatz ließ sich David E. Scherman für *Life* dabei ablichten, wie er sich auf Hitlers Bett ausgestreckt hat, „Mein Kampf“ liest und zum Militärtelefon greift. Und Lee Miller saß als amerikanische Venus in Hitlers Badewanne, für eine Homestory ohne Hausherr in *Vogue*. Die Russen dagegen nahmen das Schlagwort „Hitler kaputt“ wörtlich, feierten Gelage unter zerstörten Hitler-Porträts und demolierten Bronzeköpfe des verhassten Feindes in effigie.

Als die Front weiter vorrückte, stießen die Armeefotografen auf die Vernichtungs- und Konzentrationslager. Sie entrissen dem besetzten Land sein furchtbarstes Geheimnis. Ohne genaue Instruktionen nahmen sie alles auf, was sie unmittelbar nach der Befreiung der Lager sahen: namenlose Tote und zahllose Sterbende, berüchtigte Kapos und SS-Aufseher, gegen die sich die Rache der Häftlinge wandte; aber auch Einwohner und Honoratioren der Orte in der näheren Umgebung, die man zwang, die Lager und Massengräber aufzusuchen und die Leichen ordentlich zu bestatten.

Die Kamera diente der Dokumentation von Verbrechen gegen die Menschheit, der Sicherung von Beweisen, der Ablichtung von Opfern, Tätern und Zeitgenossen und der Beglaubigung durch anwesende Zeugen in der Uniform der Befreier. Von Anfang April 1945 an wurden die Fotos der „Atrocities“ in britischen und amerikanischen Illustrierten, aber auch in den Heereszeitungen und später in den ersten Lizenzblättern für die Bevölkerung veröffentlicht. Über kein Thema wurde bei Kriegsende ausführlicher in Filmen, Broschüren, auf Plakaten und Schautafeln berichtet. Das unbestechliche Objektiv registrierte auch die Reaktionen der Deutschen auf Tatsachen, die nicht zu leugnen waren. Ganzen Gemeinden wurde der Besuch der Aufklärungsfilme über die Konzentrationslager verordnet. Vorher-Nachher-Fotos der Besucher sollten Aufschluss über die Intensität ihrer Reue geben. Wer beim Hinausgehen lachte, musste sich den Film ein zweites Mal ansehen.

Die Konfrontation der Deutschen mit dem „wahren Gesicht“ der braunen Diktatur war in der ersten Phase durch und durch visuell. Die Schock-Pädagogik kreiste um das Vorzeigen und das erzwungene Betrachten der Gräueltaten, die Deutschen sollten zur Einsicht in die eigene Schuld bewegt werden. Nachträglich bestätigten die Fotos die Bedeutung des Krieges und die moralische Berechtigung des Sieges. Für die Alliierten überraschend und enttäuschend, reagierten viele Deutsche abwehrend und verstockt auf die ersten Umerziehungsversuche. Ihr Alltag wurde gleichsam über Nacht als pathologisch und verbrecherisch gebrandmarkt. Die Suche nach einer Bleibe, nach Brennmaterial, Nahrung, Medizin, sauberem Wasser, die Sorge um vermisste Angehörige und verlorene Kinder forderte ihre ganze Kraft. Nicht ganz ohne Grund fühlten viele der Deutschen sich selbst als Opfer eines Krieges, für den sie nun die Verantwortung übernehmen sollten.

Die Entdeckung der Verbrechen gegen die Menschheit änderte alles. Die Feinde von gestern hatten nicht nur den Krieg, sondern vor aller Welt ihr Gesicht verloren. Zum Vorschein kamen Masken und Visagen – die Physiognomien des Unmenschen. Die allermeisten Armeefotografen verrieten in ihren Bildern einen Generalvorbehalt gegen die Mehrheit, von der sie nur ausnahmsweise ganz wenige „gute Deutsche“ unterschieden. Nun erschienen ihnen die Besiegten erstaunlich solide gekleidet und noch immer wohlgenährt. Man erblickte in ihnen die kleinen Profiteure der Unterwerfung und Ausbeutung Europas, die selbst zu wenig gelitten hatten.

In Fotos unternahmen die Alliierten den Versuch, sich selbst die beunruhigende „deutsche Frage“ zu beantworten. Und sie erlagen der Versuchung, Mentalitäten und Ideologien in die Gesichter und die Körpersprache der Porträtierten hineinzulesen. Auf die *Life*-Ausgabe vom 7. Mai 1945, „The German People“, folgten die großen Fotoreportagen des Sommers mit Beobachtungen über die Deutschen, die „zwar unglücklich, aber hart und arrogant“ seien. Ihren Höhepunkt fanden sie in Robert Capas Bildbericht über „Super Babies“, der die Säuglinge eines „Lebensborn“-Heimes der SS präsentierte und den Lesern Gelegenheit gab, ihren Ressentiments gegen propere „Nazi-Babies“ freien Lauf zu lassen.

Auch in einem anderen Sinne hatte Deutschland sein Gesicht verloren. Wenn die Städte die charakteristische Kultur und Zivilisation eines Landes repräsentieren, dann war diesem Land im Bombenkrieg das Gesicht zerschlagen worden. Die Ruinenlandschaft galt den Siegern als Mahnmal selbstverschuldeter Zerstörung. Sie wurde mit Vorliebe in Luftbildern aufgenommen. Die Lufthoheit über dem besiegten Land zeigte unmissverständlich, wer die moralisch legitime Macht ausübte.

Im Sommer 1945 dokumentierte Margaret Bourke-White, die Patriotin, die ihre Bilder stets auf einfache Botschaften reduzierte, die Zerstörung der deutschen Städte. Sie nahm auf, was die Bomben übrig gelassen hatten. Ihre Fotos wiederholten stets die eine Botschaft: Die Vergeltung für die Unmenschlichkeit der Deutschen ist streng, aber gerecht und in Wahrheit schön. Deutsche Fotografen, die ihre Kameras nicht konfiszieren ließen, nahmen eine andere Wirklichkeit auf. Ihre heimlichen Ruinenbilder sprachen vom Verlust des Vertrauten. Die Fotos der Niederlage thematisierten Einzelne im Massenschicksal. Sie konzentrierten sich auf die Anstrengungen, die die Menschen unternahmen, um zu überleben. Sie zeigen zerstörte Verbindungswege – Bahnhöfe, Straßen, Strommasten – und unwirtliche Steinwüsten. Notdürftig richten sich Eingesessene, Ausgebombte, Vertriebene und Entwurzelte darin ein. Mühsam bahnen sich die Menschen ihre Wege.

Dieser Mondlandschaft fehlt das menschliche Maß. Junge Frauen leisten beim Freilegen der Stadt Schwerstarbeit. Ganze Familien hausen in Kellern. Zierliche alte Frauen mühen sich mit riskant bepackten Handwagen. Erschöpfte Flüchtlinge sinken neben ihren Habseligkeiten nieder und scheinen sich selbst in undefinierbare Bündel zu verwandeln. Kinder und Erwachsene suchen in Abfällen nach Essbarem. Von den Angehörigen einer geschlagenen Armee kehren die ersten bereits zurück: ausgebrannt und um Jahre gealtert. Über Nahrungsmittel und Kohlen wacht die Militärpolizei.

Wenn vielen Deutschen jeglicher Sinn dafür abging, wie die Nazis in Europa gewütet hatten, so sahen die Sieger zunächst über die harten Kriegsfolgen für die deutsche Zivilbevölkerung hinweg. Schließlich hatte sie den Krieg selbst verschuldet, und die Wehrmacht hatte ihn unehrenhaft geführt. Auf die unheimliche Fremdheit des menschlichen Chaos regierten sie in aller Regel mit Abwehr und Distanz. Zwar entging ihnen nicht, dass der Krieg auch in Deutschland ein Heer von Toten, Verstümmelten und Traumatisierten hinterlassen hatte. Doch in die Genugtuung über den Sieg mischte sich nur zögernd ein diffuses Mitgefühl für die Zivilisten. Andererseits war das Elend der Nachkriegszeit zu groß, um dauerhaft übersehen zu werden. In sozialdokumentarischen Reportagen berichteten Fotografen bald über das dürftige Leben in Trümmern. Sie konzentrierten sich dabei auf die Not unter den Flüchtlingen. Das massenhafte Schicksal von Flucht und Vertreibung öffnete die Wahrnehmung für das individuelle Leid. Nicht wenig trug zum Bewusstseinswandel die Bezeichnung „Displaced Germans" in der englischsprachigen Presse bei. Sie stellte die Erfahrungen der Flüchtlinge und Ausgebombten denen der überlebenden „displaced persons" aus den Lagern gleichberechtigt an die Seite. Erste Aufnahmen über die Umerziehung Jugendlicher drückten die besonderen Erwartungen der Besatzungsmacht an die kommende Generation aus. Die Gruppenbilder abgestumpft oder arrogant wirkender Jugendlicher unter Werwolfverdacht verschwanden bald aus den englischsprachigen Illustrierten. Auf den Fotos aus den Boys Camps sind einzelne Halbwüchsige zu sehen, die locker beisammen stehen und freundlich in die Kamera blicken. Kinder versuchen sich mit Hingabe beim Baseballspiel. Das neue deutsche Gesicht verlor schnell an Apathie, aber auch an Starre und Verbohrtheit und zeigte stattdessen Neugier, Offenheit und Wissbegier. Im wunderbaren ersten Sommer des Friedens entstanden Fotos von überraschender Leichtigkeit und Entspanntheit. Als gelehrige Schüler westlicher Lebensart waren die Deutschen bald wieder vorzeigbar.

Bereits 1945 näherte sich die Fotografie der westlichen Sieger einem Bildprogramm der Normalisierung an. Sie konzentrierte sich noch immer auf das Beispielhafte und Außergewöhnliche, aber sie verließ die ideologische Vogelperspektive: Bilder, die als visuelle Umsetzung von Symptomen und negativen Klischees, als Bestätigung für einen Generalverdacht und als Beweis für eine kollektive Schuld gelten konnten, wurden seltener.

Allmählich kehrten die Fotografen zum klassischen Fotojournalismus des „Human-Interest" zurück – dorthin, wo die deutsche Fotografie in der kollektiven Erfahrung der totalen Niederlage längst war. Vor allem der amerikanische Bildjournalismus ebnete den Deutschen auf diese Weise den Weg in den Westen. Darüber hinaus erleichterte der frühe Perspektivenwechsel deutschen Fotografen den atemraubend schnellen Zugang zum Bildjournalismus der Nachkriegs- und Aufbaujahre. *Karin Hartewig*

Die Autorin ist Historikerin und arbeitet an einem Buch über die Geschichte des Bildjournalismus: „Wir sind im Bilde. Zum Fotojournalismus in West und Ost. 1945-1967".

„Verwesende Körper"

„An zahlreichen Stellen des Lagers waren die Leichen zu Stapeln von unterschiedlicher Höhe aufgeschichtet; einige dieser Leichenstapel befanden sich außerhalb des Stacheldrahtzaunes, andere innerhalb der Umzäunung zwischen den Baracken. Überall im Lager verstreut lagen verwesende menschliche Körper. Die Gräben der Kanalisation waren mit Leichen gefüllt, und in den Baracken selbst lagen zahllose Tote, manche sogar zusammen mit den Lebenden auf einer einzigen Bettstelle. In einigen Baracken waren Bettstellen vorhanden; sie waren überfüllt mit Gefangenen in allen Stadien der Auszehrung und der Krankheit. Manche verfügten über keine Kleidung und hüllten sich in Decken..."

(Der britische Sanitätsoffizier Glyn-Hughes schildert Ende 1945 seine ersten Eindrücke beim Betreten des KZ Bergen-Belsen. Quelle: KZ-Gedenkstätte Bergen-Belsen)

Gottes Segen, Gottes Furcht

Noch heute findet man rings um Seelow Knochen und Waffen in der Erde – Relikte erbarmungsloser Kämpfe

Nirgends scheint der Gedanke an Krieg, Tod und Verwüstung ferner als im Oderbruch, wenn es Frühling wird. Lerchen tirilieren über Feldern und Wiesen, die ihre Winterstarre verloren haben. Die Erde glänzt nass, überall sprießt Leben. Träge strömt die Oder dahin, verläuft sich in Nebenarmen, umspielt Inselchen. Knapp zwanzig Kilometer westlich döst auf einer Höhe das Kreisstädtchen Seelow, das zum brandenburgischen Märkisch-Oderland zählt. Vor etwa 250 Jahren legte Friedrich II. das Oderbruch trocken, indem er den Fluss dämmen ließ. Besonders stolz soll der Preußenkönig darauf gewesen sein, dass die kluge Landnahme keinem Soldaten das Leben kostete. „Ein Blick von der Seelower Höhe lässt uns in solchen Gottessegen schauen!", schwärmte Theodor Fontane später über diese Landschaft. Aber zwischen dem 16. und 19. April 1945 lag Gottes Segen nicht über dem Oderbruch.

Seit 60 Jahren birgt der schwere Boden zwischen der Oder und den Seelower Höhen Tausende Tote, zerfetzt und verwüstet von Feuer und Stahl. Wer heute durch das Oderbruch reist, stößt am Eingang fast jedes Dorfes auf schmale, braune Hinweisschilder. Ein großes Kreuz inmitten zweier kleiner, daneben nur ein Wort: „Kriegsgräberstätte". Mindestens 33.000 sowjetische und 5.000 polnische sowie 12.000 deutsche Soldaten starben bei einer der schwersten Weltkriegsschlachten, die es auf deutschem Boden gegeben hat. Wobei „starben" vielleicht nicht der richtige Ausdruck ist: Die Männer krepierten. Noch Jahrzehnte später geben die Äcker und Wiesen gelegentlich zersplittertes Gebein und grotesk verbogenes Kriegsgerät frei, durchwühlen Militaria-Sammler den vor 60 Jahren so hart umkämpften Grund. Hier, östlich von Berlin, brach die Rote Armee den letzten Widerstand der Wehrmacht an der Ostfront. Nachdem sie die Seelower Höhen genommen hatten, eilten die Sowjets innerhalb weniger Tage nach Berlin, die Hauptstadt des Deutschen Reiches.

In den letzten Tagen des März war die Festung Küstrin an der Oder gefallen, die Sowjets rüsteten für den Marsch auf Berlin. Von Küstrin aus führte die Reichsstraße 1 über Seelow in die nur etwa 70 Kilometer entfernte Stadt. Im April war jedoch das Ost-West-Wettrennen Richtung Berlin schon zu Ende. Amerikaner und Engländer verharrten an der Elbe. Die Eroberung Berlins hatte Eisenhower der Roten Armee überlassen. Die trug einen internen Wettstreit aus: Jeder der ehrgeizigen Militärs wollte als Erster die rote Fahne auf dem Reichstag hissen. Eine Schlüsselrolle fiel Marschall Georgij Konstantinowitsch Schukow zu. Der Endvierziger galt als ein Heerführer, der Mensch und Material nicht schonte. Aus Küstrin heraus drückte die von ihm befehligte 1. Weißrussische Front mit aller Kraft westwärts. Die Speerspitze der Front zeigte auf Seelow.

Ende 1944 hatte Stalin den schon im Ersten Weltkrieg hochdekorierten Schukow zum Oberbefehlshaber der 1. Weißrussischen Front ernannt. Schukow stemmte sich auf deutscher Seite Generaloberst Gotthard Heinrici entgegen, Oberbefehlshaber der Heeresgruppe Weichsel. Zu ihr zählte auch die 9. Armee unter General Theodor Busse, die Seelow zu halten versuchte. Zehn Jahre nach Kriegsende beschrieb Busse, worum es ihm zwischen Oder und Seelow gegangen war: „Und wenn uns die amerikanischen und britischen Panzer in den Rücken fahren, während wir dem Russen jeden weiteren Schritt vorwärts verwehrt haben, so haben wir vor unserem Volk, unserem Gewissen und der Geschichte unsere soldatische Pflicht und Schuldigkeit getan." Die Lage im Frühjahr 1945 war aus deutscher Sicht mehr als düster; Hitler gab Order, Berlin an der Oder zu verteidigen, vor allem an den Seelower Höhen, dem letzten natürlichen Hindernis zwischen der Roten Armee und Berlin.

Die Kräfteverhältnisse hätten ungleicher kaum sein können. Im Schwerpunkt der Oderbruch-Offensive, zwischen Güstebiese im Norden und Podelzig im Süden, berannte die gut gerüstete 1. Weißrussische Front unter Schukow auf einer Breite von weniger als 50 Kilometern die Seelower Höhen. Bei den Geschützen und Granatwerfern betrug die sowjetische Übermacht 6:1, bei den Panzern 5:1. Den einzigen Vorteil konnten die

16. April 1945

Durchburch an der Oder: von der Roten Armee erbeutetes Kriegsmaterial in Seelow.

Deutsche Volkssturmmänner vor dem Angriff.

abgekämpften Deutschen aus der Topografie ziehen. Aus etwa 40 Metern herab zielten sie von den Seelower Höhen auf die Angreifer. Die wiederum quälten sich durch das Oderbruch, einen frühlingssatten Pfuhl aus Schlamm und Sand. Alles schwere Gerät mussten die Rotarmisten über die Reichsstraße 1 karren. Marschall Schukows Zeitplan für die „Operation Berlin" sah so aus: Durchbruch bei Seelow (1. Tag), Einschließung, Aufspaltung und Vernichtung der deutschen Einheiten, Einnahme Berlins (6. Tag), Erreichen der Elblinie (spätestens 15. Tag). Aus Moskau drängte Stalin, er wollte schnelle Erfolge.

Die Wehrmacht hatte im Oderbruch drei Verteidigungsstreifen angelegt, von denen der letzte die Stadt Seelow war. Am 16. April 1945 um 3 Uhr morgens ging die eigentliche Offensive los. Marschall Schukow hatte seinen Befehlsstand in einen Hügel nahe des Dörfchens Reitwein graben lassen. In seinen „Erinnerungen und Gedanken" ist nachzulesen, dass alle, die mit ihm im Reitweiner Bunker hockten, um die Bedeutung des Augenblicks wussten. „Noch nie bewegten sich die Uhrzeiger so langsam", schreibt Schukow. „Um die restlichen fünfzehn Minuten auszufüllen, beschlossen wir alle, ein Glas heißen Tees zu trinken, das gleich hier im Bunker ein Mädchen zubereitete." Wenig später zerfurchte und zernarbte der Krieg das Oderbruch; aus 9.000 Geschützen bestrich die Rote Armee das Schlachtfeld. Fassungslos wähnte der Infanterist Friedhelm Schöneck „die Dunkelheit aus allen Fugen geraten". Er notierte seine Empfindungen in dem Feuersturm: „Der Boden wankt, bebt und schaukelt wie ein Schiff bei Windstärke 10. Das Bersten und Jaulen der Granaten, das Fauchen und Sirren von Splittern erfüllt die Luft. Wir zittern und beten. Die Perlen des Rosenkranzes gleiten durch dreckige Landserhände. Alle Scham ist von uns gefallen. Herr Gott, erhöre uns, die wir aus dieser Hölle zu dir schreien! Kyrie eleison!"

Schnell gelang es der Roten Armee, die ersten beiden Verteidigungsstreifen der Wehrmacht zu verwüsten. Die Befehlshaber erkannten jedoch, dass sie Kraft vergeudeten und Munition verpulverten. Die Deutschen blieben auf den Seelower Höhen hocken. Beim Ansturm auf die Hügelkette soff der Vormarsch der Roten Armee dann in den sumpfigen Gräben ab. „Die deutsche Panzerabwehr, besonders die 8,8-Zentimeter-Flak, hielt eine furchtbare Ernte", heißt es in einer Schlachtenbeschreibung.

Mit zwei Fehlern verschlimmerte Marschall Georgij Schukow die Lage seiner Männer noch. Um das Oderbruch für den Angriff im Morgengrauen auszuleuchten, hatte er 143 Flakscheinwerfer aufstellen lassen. Sie blendeten die eigene Infanterie jedoch eher, als dass sie sie leiteten. Als sich abzeichnete, dass die Seelower Höhen am ersten Tag nicht fallen würden, ließ der ungeduldige Schukow zur Verstärkung zwei Panzerarmeen über die überfüllte Reichsstraße nachrollen – und richtete ein heilloses Durcheinander an. Am Abend des 16. April erkundigte sich Stalin zum zweiten Mal nach dem Verlauf der Schlacht. Zu diesem Zeitpunkt war längst klar, dass die Seelower Höhen sich nicht – wie geplant – am ersten Tag nehmen lassen würden. Genauso sicher war aber auch, dass dies nur eine Frage der Zeit und der Menschenopfer sein würde.

Obwohl der Krieg verloren war, widerstanden deutsche Soldaten der sowjetischen Übermacht im Oderbruch viel länger, als Schukow vermutet hatte. Beleg hierfür ist eine Nachricht von Schukow an Stalin, die vom Auftaktabend der Offensive stammt. Er müsse „erneut die Schwierigkeiten melden, die wir im Vorgelände der Seelower Höhen hatten". Theodor Busse, General der Gegenseite, notierte am selben Abend: „Der 16. April war in Anbetracht des ungleichen Kräfteverhältnisses ein großer Abwehrerfolg." Propagandaminister Joseph Goebbels hatte vom deutschen Soldaten gefordert, er müsse in den Krieg ziehen wie in einen Gottesdienst. „Einfach verzweifelt" nannte der sowjetische Schriftsteller Konstantin Simonow den Widerstand, der ihm und den Kameraden zwischen Oder und

Großangriff im Oderbruch 16.4.1945

In den Morgenstunden des 16. April beginnt der Großangriff der Sowjetarmeen zwischen Neißemündung und Oderbruch mit Stoßrichtung Berlin. 2,5 Millionen Rotarmisten stehen für den geplanten Zangenangriff auf die deutsche Reichshauptstadt bereit. Auf den Seelower Höhen leisten die deutschen Verteidiger erbitterten Widerstand. Torpedos aus einem russischen U-Boot versenken vor der Halbinsel Hela in der Ostsee den Frachter *Goya*. Von mehr als 7.000 Passagieren an Bord überleben nur etwa 160.

Seelow entgegenschlug. Simonow blieb nur das Staunen: „Gedrillte Kriegsmaschinen" wie die Deutschen gebe es wohl „nicht noch mal auf der Welt".

Die deutschen Soldaten, die Mitte April durch das Oderbruch irrten, sahen allerdings auch kaum eine Möglichkeit, als immer weiter zu kämpfen. Vor ihnen stand „der Russe", der laut Propaganda die Zivilbevölkerung metzelte. „Schützt unsere Frauen u. Kinder vor den roten Bestien", war in weißer Schreibschrift auf einem Scheunentor im Oderbruch zu lesen. Im Rücken lauerten SS-Einheiten auf Deserteure. Sie hatten strenge Order, den „Geist der Resignation und des Sichgehenlassens" rigoros zu bekämpfen. Sie taten dies, indem sie die Verzweifelten standrechtlich erschossen oder am nächsten Baum erhängten.

Marschall Georgij Schukow.

Dabei war es ein bunter, militärisch gesehen trauriger Haufen, der im Oderbruch den Sturm der Sowjets auf Berlin zu verhindern suchte. Die Soldaten waren entweder zu jung oder zu alt oder zu krank. Den Westrand der Stadt Seelow verteidigte zum Beispiel Hitlers Volkssturm – das letzte Aufgebot. Es fehlte an den einfachsten Dingen der Kriegsführung. Oft konnten die versprengten Truppenteile nur erahnen, was einen Kilometer links oder rechts von ihnen geschah, weil es keine Funkverbindungen mehr gab.

Vier Tage tobte die Schlacht um die Seelower Höhen, bis die 9. Armee unter dem Druck der 1. Weißrussischen Front in drei Teile zerbrach. Vergeblich hatte Hitler versucht, General Busses Armee, das letzte Bollwerk vor Berlin, mit allem zu verstärken, was noch laufen konnte. Die Reste der müde und mürbe gekämpften 9. Armee fielen im Kessel von Halbe, südöstlich von Berlin. Allein 60.000 Soldaten und Zivilisten fanden hier den Tod; General Theodor Busse allerdings schaffte in allerletzter Minute den Ausbruch.

Nachdem Seelow gefallen war, ließen die Sowjets einen metergroßen, silbrigglänzenden Schlüssel mit der Aufschrift „1945" über dem Oderbruch abwerfen. Die Rote Armee wollte der Wehrmacht demonstrieren, dass sie sich auf dem Weg nach Berlin nicht mehr stoppen lassen würde. Der Schlüssel ist heute noch in der „Gedenkstätte Seelower Höhen" zu besichtigen. Schukow hatte im Oderbruch jedoch Tausende seiner Männer verloren – und Zeit. Aber der Weg nach Berlin war nun frei.

Arne Boecker

Flucht übers Meer

Die Marine rettete mehr als zwei Millionen Menschen

Bald nach der Großoffensive der Roten Armee vom 12. Januar in Ostpreußen war für viele Menschen die Fluchtmöglichkeit auf dem Landweg Richtung Westen abgeschnitten. Also begann die deutsche Marine, Zivilisten und Verwundete aus den eingeschlossenen Städten zu bringen. Die Operation wurde die größte Evakuierungs-Aktion über See der Geschichte.

Jedoch gab es durchaus Hintergedanken der NS-Führung. Auch wichtiges Kriegsmaterial sollte auf diese Weise in den Westen gelangen, einsatzfähige Soldaten mussten zurückbleiben und weiter „bis zur letzten Kugel" für den „Endsieg" kämpfen. Außerdem zögerte Großadmiral Karl Dönitz viel zu lange, die wertvollen Treibstoffvorräte komplett für die Rettung von Flüchtlingen einzusetzen; dies geschah erst Anfang Mai, als den Letzten klar wurde, dass alles vorbei war. Trotzdem gelang es der Kriegsmarine und den zahlreichen Handelsschiffen, bis zum 9. Mai 1945 wohl mehr als zwei Millionen Menschen aus Ostpreußen und Pommern abzutransportieren. Genaue Zahlen fehlen.Etwa 600 Handelsschiffe und 400 Kriegsschiffe beteiligten sich an der Rettungsaktion. Immer schneller fielen freilich der Roten Armee die wichtigen Häfen in die Hände: Kolberg, Gdingen, Danzig, Elbing, Königsberg und Pillau. Seit Anfang April war die ziemlich gut zu verteidigende Halbinsel Hela vor Danzig die letzte mögliche Absprungbasis in Häfen westlich der Oder und Dänemarks. Täglich kamen Schiffe aus dem Baltikum an, teilweise drängen sich Hunderttausende auf dem schmalen Eiland. Die Unterbringung war nur notdürftig geregelt, als Nahrung diente vielfach Pferdefleisch. Dazu kamen ständige Fliegerangriffe der Roten Armee. Oft gelang es, pro Tag mehr als 10.000 Menschen per Schiff in Sicherheit zu bringen. Dennoch war die Fahrt über die Ostsee alles andere als ungefährlich. Mit Minen, Bombenabwürfen oder Torpedoangriffen musste stets gerechnet werden. Im Vergleich zur Anzahl der Geretteten waren die Verluste erstaunlich gering. Dennoch sind mit der Operation drei der schrecklichsten Schiffsuntergänge der Weltgeschichte verbunden. Am 31. Januar wurde die *Wilhelm Gustloff* auf Höhe von Stolp von Torpedos eines russischen U-Boots getroffen. An Bord waren mehr als 10.000 Flüchtlinge, Besatzungsmitglieder und Soldaten. Die Zahl der Toten ist nicht bekannt, sie wird zwischen 5.500 und 9.000 geschätzt. Am 9. Februar wurde die *Steuben* versenkt, es starben mehr als 3.600 Personen. Am 16. April schließlich wurde der Frachter *Goya* torpediert, es starben etwa 7.000 Menschen. Insgesamt verloren 33.000 Personen ihr Leben bei der Flucht übers Meer.

Robert Probst

In den Straßen der Erhängten

Wie ein 18-jähriger deutscher Soldat das mörderische Inferno auf den Seelower Höhen erlebte

„Alles Friede, Farbe, Duft": So schilderte Theodor Fontane das Oderbruch im Blick von den Seelower Höhen. 85 Jahre später erlebten wir dazu den absoluten Kontrast.

Der Montag, 16. April 1945, sollte ein sonniger Frühlingstag werden. Die vorausgehende Nacht war ungewöhnlich still. Aber dann riss uns ein Höllenlärm aus dem Schlaf. Mit einem Schlag ließen Kanonen und Werfer aus vielen tausend Rohren einen zweieinhalbstündigen Granaten-Hagel auf das Oderbruch niedergehen. Die Rote Armee hatte ihre „Berliner Operation" mit einem dreißigminütigen Trommelfeuer und nachfolgenden Feuerwalzen eröffnet. Unter einer stickigen, grauschwarzen Wolke leiteten russische Streitkräfte, siegesgewisse Stoß- und Gardearmeen, das Finale des Vernichtungskrieges ein.

Wir zwölf Siebzehn- und Achtzehnjährigen, eine Gruppe aus einer Panzerjagdkompanie, taumelten, vom Luftdruck explodierender Granaten hin- und hergeworfen, in einen Keller und reagierten auf dieses mörderische Szenario ungewöhnlich: Einer hatte eine Ziehharmonika ergriffen, und wir brüllten mit rauem Gesang gegen das Fauchen und Donnern nahe niedergehender Geschosse an. Als es endlich dämmerte, wagten wir uns hinaus. Rauch und Staub verdeckten bis zum Mittag die Sonne.

Das Oderbruch wurde binnen Stunden in ein Trichter- und Leichenfeld verwandelt. In der Nähe hatten sieben Artilleristen in einer Mulde Schutz gesucht. Eine schwere Granate schlug mitten hinein. Man fand nur noch einen abgetrennten blutigen Fuß. Der Luftdruck zerriss zwei weiteren Kanonieren die Lungen. Ein verwundeter Fallschirmjäger berichtete, seine Gruppe sei befehlsgemäß in eine zurückliegende Stellung geeilt, aber in Sekunden seien zehn Mann gefallen, sich selbst habe er in einem noch rauchenden Granattrichter wiedergefunden.

Bis zum Abend blieben Tausende auf den aufgewühlten Feldern tot zurück. Die später heimkehrende Bevölkerung musste sie mit Haken und Stangen in Granattrichter und Panzergräben ziehen und mit Erde bedecken: So lagen viele in schmucklosen Massengräbern, Russen und Deutsche, im Leben unerbittlich entzweit, im Tod friedlich vereint. Aber die Überlebenden der ersten Stunden des Infernos mussten das Töten und Sterben fortsetzen. Sowjetverbände stürmten mit acht- bis zehnfacher Übermacht heran. Dennoch war auch ihr Blutzoll hoch. Von rücksichtslosen Befehlen getrieben, liefen sie, das nahe Kriegsende vor Augen, in das Abwehrfeuer hinein.

Der Irrsinn dieses horrenden Endkampfes nahm noch zu. Nahe bei uns stürzte sich eine Gruppe von Siebzehnjährigen in Rauch und Staub den Angreifern entgegen. Ihr Anführer hatte schon in den Tagen zuvor vom Nahkampf geschwärmt. Wir haben sie nicht wiedergesehen. Ein General drohte für den Fall unseres Rückzuges mit „Erschießen". Auf einem Waldweg trafen wir vierzehnjährige Hitlerjungen, jeder eine Panzerfaust geschultert. An Bäumen neben einer der „Straßen der Erhängten" erblickte unsere Kompanie schaudernd von Terrorkommandos umgebrachte Soldaten. Aber unser Kompanieführer schützte uns vor dem Zugriff rabiater Häscher und vor sinnlos befohlenem „Halten bis zum letzten Atemzug". Auch blieb er immer so lange in der Stellung, bis wir Jungen zurückgegangen waren. So kamen wir davon.

Jahrzehnte später las ich Eintragungen ehemaliger Soldaten in das Gästebuch der Gedenkstätte „Seelower Höhen": „Wir kämpften, weil wir mussten." „Es gab nur Verlierer." „Von meiner Einheit (730 Mann) blieben nur 31 übrig." „Der Gedanke an die Toten – wofür?"

Hans-Martin Stimpel

Der Autor ist emeritierter Professor für Pädagogik und lebt in Göttingen.

Nürnberg ist umzingelt 17.4.1945

Die im östlichen Teil des „Ruhrkessels" eingeschlossenen Truppen der Wehrmacht kapitulieren in der Einsicht, dass die Alliierten „an Zahl und Material" weit überlegen sind; die Amerikaner beginnen mit der „Säuberung" der Städte an Rhein und Ruhr. Weitere US-Truppen haben Leipzig und Nürnberg eingeschlossen; in Hof wird der Widerstand „eingestellt"; die deutsche Luftwaffe hat praktisch kaum noch funktionstüchtige Flugzeuge.

18. April 1945

Der brennende Schmerz der Erinnerung

Strafe statt Befreiung: Erst wurden die sowjetischen Kriegsgefangenen von den Deutschen gequält, dann von Stalin. Ein Besuch bei Überlebenden

Es war eines jener Kriegsgefangenenlager, in die man kam und in denen man starb. So wie der Junge, sagt der alte Aristak. War keine 18 Jahre alt und schon nach zwei Wochen verrückt. Brachte sich dann um. War zu dem Zeitpunkt noch nicht mal richtig mager geworden. Hielt es nur nicht mehr aus, sagt Aristak. Hielt es nicht aus, da auf dem Feld in Polen, wo Zehntausende russische Kriegsgefangene hinter Stacheldraht lebten – ohne Essen, ohne Wasser, ohne Baracken. Sie gruben sich Höhlen in den Dreck mit den bloßen Händen, gegen den Regen. Einmal am Tag gab es dünne Suppe – sonst nichts. Einmal verschwand ein Hund, der mit einem deutschen Offizier ins Lager kam. Wurde geschlachtet, sagt Aristak. Der Offizier erschoss dann ein Dutzend Kriegsgefangene. An Pfählen hingen tagelang die Leichen. Die hatten nicht nur Hundefleisch gegessen, sagt Aristak leise. Mehr sagt er nicht. Aristak Arakeljan ist jetzt 86 Jahre alt, ein Austragsbauer in einem Dorf in Armenien, 60 Kilometer von der Hauptstadt Eriwan entfernt. Er lebt in einem dunklen Zimmer mit seiner bettlägrigen Frau. Im Mund hat er noch einen einzigen Zahn, er ist aus Metall. Er wird nicht mehr sehr lange leben, der alte Aristak. Mehr als fünf Millionen russische Soldaten hat die Wehrmacht gefangen genommen, die meisten während ihrer Anfangssiege 1941. Mehr als die Hälfte von ihnen sind in deutscher Gefangenschaft umgekommen, Opfer eines geplanten und bewussten Massenmordes, verhungert und erfroren die meisten. Und die, die überlebt haben, wurden später dafür bestraft – so auch Aristak Arakeljan, der 1941 an der Gomel-Front von Artilleriefeuer betäubt wurde und sich in deutscher Gefangenschaft wiederfand. Mit dem Befehl Nummer 270 erklärte Stalin am 16. August 1941 alle gefangenen russischen Soldaten zu Volksverrätern: Die letzte Kugel hätten sie für sich behalten müssen. Wer bei den Deutschen überlebte, so die Logik Stalins, musste ein Spitzel sein und mit Zwangsarbeit in Sibirien büßen.

Als Aristak 1945 aus der Gefangenschaft zurückkehrte, wurde er in Russland zu 18 Jahren Straflager verurteilt. Er kam nach Murmansk nördlich des Polarkreises. Bäume musste er da schlagen, von morgens sechs Uhr bis abends um acht, sechs Tage die Woche. „Bis 38 Grad unter Null haben wir gearbeitet. Ab 39 Grad minus durften wir in den Baracken bleiben", sagt Aristak. „Viele sind gestorben. Natürlich."

Männer wie Aristak Arakeljan sind die armen Teufel der Weltgeschichte. Zerrieben zwischen Russland und Deutschland, nacheinander dem Wahn von Hitler und Stalin ausgeliefert. Und es scheint, als wenn diese Menschen bis zu ihrem Tod immer weiter auf der Verliererseite stünden. Der deutsche Entschädigungsfonds, der wenigstens den ehemaligen Zwangsarbeitern eine Geldleistung auszahlt, spart die Kriegsgefangenen ausdrücklich aus. Kriegsgefangenschaft sei kein Entschädigungsgrund, heißt es in Paragraph 11 des Stiftungsgesetzes. Selbst dann nicht, wenn die Behandlung der internierten Soldaten allen Konventionen Hohn sprach, wenn sie schwerste Arbeit verrichtet haben wie Aristak. Der Bauer hat Leichen in den Massengräbern der deutschen Gefangenenlager gestapelt. Ordentlich mussten

Erinnerungen an ein Vaterland, das seinen Soldaten nicht dankte: Hrant Nazartjan (rechts im Bild) gründete in Armenien den Verein ehemaliger Kriegsgefangener. Viele leben in bitterer Armut.

Im Archipel der Vergessenen

Der Gnade der Sieger ausgeliefert: Wie der Maler Johannes Friedrich Luxem die berüchtigten „Rheinwiesen" bei Remagen erlebte

An jenem Tag im April beschloss Johannes Friedrich Luxem, kein Selbstmörder zu sein. Er hatte so vieles überlebt – die gewaltige Panzerschlacht von Kursk 1943, die Invasionsfront in der Normandie 1944, den Kampf um die Ruhr im Frühjahr 1945. Er hatte überlebt, und er beschloss, dass dies auch so bleiben sollte. Luxem und seine Besatzung steckten mitten im Ruhrkessel, sie sprengten ihren „Panther"-Jagdpanzer und stiegen vorsichtig einen Hügel hinab, die Amerikaner waren nah. Im Tal stand ein ausgebrannter „Tiger"-Panzer der SS voller Leichen: Die Männer hatten sich selbst darin in die Luft gejagt. Luxem graute es. Aber der Krieg war für ihn noch nicht vorbei. Noch lange nicht.

Die Amerikaner entwaffneten den kleinen Trupp; nicht lang, dann war er im Süden, zwischen Sinzig und Remagen. Am Rheinufer brannten große Feuer; die „Feuer der Barbaren" hat Luxem später im Zorn bei einer Ansprache zu Ehren der Toten gesagt. Aber die, welche die Feuer entzündet hatten, waren ihrerseits in den Krieg gezogen gegen die Barbaren, gegen Hitlers Krieger, die man einst losgeschickt hatte, um die Welt unter ihren Stiefel zu treten und die nun von den GIs gefilzt wurden, „Rituale der Demütigung", wie Luxem sagt; Mäntel, Zelte, Decken, Konserven, Notrationen, alles landete in den Flammen. Nie hat er den dumpfen Knall vergessen, der dem großen Hunger voranging: Als die Konservendosen im Feuer explodierten. Zehntausende deutsche Gefangene wurden auf der „Goldenen Meile" , den Wiesen am Rheinufer, hinter Stacheldraht zusammengepfercht, ohne Unterkünfte, ohne sanitäre Einrichtungen, ohne alles.

Dass er, trotz allem, noch Glück hatte, er ahnte es nicht, als er im Schlamm lag und der Regen auf ihn tropfte; als er Hunger litt und Durst; als er die Toten mit den schwarzen Mündern sah, Zeichen des verzweifelten Versuchs, durch zerkaute Reste von Feuerkohle die Ruhr aufzuhalten; als er nach Knollen in der Erde wühlte wie ein Tier. Er bekam eine Scheibe Brot am Tag, drei Kekse, etwas Milchpulver, ein wenig Tomatenmark. Er hauste in Erdhöhlen. Er war nun einer von elf Millionen deutschen Kriegsgefangenen, der Gnade der Sieger ausgeliefert.

Viele überlebten die Goldene Meile nicht. Die Amerikaner, die Briten wollten freilich keine Rache üben, sie suchten die schnelle Verwahrung der Massen an Gefangenen, und noch war ja Krieg. Misshandlungen gab es kaum, doch wurden die Lager zu einem Archipel der Weggesperrten und Vergessenen. Erst mit der Zeit besserten sich die Verhältnisse.

Gnade aber wurde da am wenigsten gewährt, wo die Deutschen selbst keine gegeben hatten, auch und gerade nicht für die russischen Kriegsgefangenen: in der Sowjetunion. Das Los der mehr als drei Millionen deutschen Soldaten in Stalins Lagern war entsetzlich. Jeder Dritte kam nicht zurück; die Letzten kehrten erst 1956 heim, wie von einem fernen Planeten in ein Land, das sie nicht wiedererkannten. 1943 gingen die Trümmer der 6. Armee bei Stalingrad in Gefangenschaft, „humpelnde und schlurfende Geister in Lumpen", wie der Schriftsteller Erich Weinert schrieb; immerhin noch 90.000 Mann. Nur 5.000 von ihnen überstanden die Folgen von Zwangsarbeit, Unterernährung und Kälte.

Was hat das Lager aus ihm gemacht? Schwer zu sagen, sagt Luxem, ganz schwer zu sagen. Er hat gesehen, was mit anderen geschah: „Manche wurden komisch", der Wahnsinn des Lagers blieb in ihrem Kopf gefangen und konnte nicht mehr hinaus. Einer buk sorgsam Brötchen aus Schlamm und türmte sie zu Stapeln. Andere flüchteten sich in den Hass der Erniedrigten. Luxem nicht. „Vae victis", sagt er, „wehe den Besiegten: Haben sie uns deshalb so behandelt? Ich glaube das nicht." Er hat sogar Verständnis für die Amerikaner: „Die haben ja noch gekämpft, überall in Europa herrschte bittere Not", und dass die geschlagenen Soldaten des Nazireichs auf der Prioritätenliste der Versorgung weit unten standen – „wen wundert es?" Im Juli 1945 ließen sie ihn frei. Und dennoch. Nichts zu gelten, nichts zu sein, ein Mensch wie Alteisen abgestellt unter freiem Himmel – Luxem hat diese Erfahrung zutiefst getroffen.

Vielleicht hat sie aus ihm gemacht, was er heute ist: ein Künstler, dem Schönen zugewandt, mehr als der Politik mit ihren Konflikten. Der 80-Jährige lebt in Ramersbach auf der Höhe, einem für die rheinischen Bausitten ungewöhnlich beschaulichen Eifeldorf mit Fachwerk, Jugendstilkirche und einem ganz altmodischen Kramerladen; sein Haus steht voll wundersamer Dinge, alter Gemälde und bunter Stillleben, schwerer Standuhren und Spielzeug aus allen Zeiten. Luxem, Regierungsdirektor im Ruhestand, malt, mit einem eigenen Stil irgendwo bei Ernst Barlach, beim Expressionismus. Zuletzt hießen seine Bilder wieder „Hunger", „Durst", „die Goldene Meile". Da ist es wieder, das Lager. Es lässt ihn nicht los. *Joachim Käppner*

Johannes Friedrich Luxem:
„Die Goldene Meile".
Hinter Stacheldraht herrschten
auch in amerikanischer
Gefangenschaft zunächst
oft Hunger und Verwahrlosung.

Die Opfer im Land der Täter

Nur wer sich der eigenen Schuld stellt, kann auch das eigene Leid angemessen würdigen

Antje Vollmer sah in die Gesichter einer johlenden Menge. Es waren meist ältere Menschen, nicht wenige im Trachtenanzug, aber sie führten sich auf wie Hooligans in der Nordkurve. Sie grölten und pfiffen so laut und so lange, dass die grüne Politikerin, immerhin Vizepräsidentin des Deutschen Bundestages, nicht zu Wort kam und das Rednerpult verließ. Dabei hätte sie den Sudetendeutschen einiges zu sagen gehabt: über die Mitleidlosigkeit der deutschen Linken gegenüber den Opfern der Vertreibung, über die Notwendigkeit, miteinander ins Gespräch zu kommen. Zehn Jahre ist das nun her und noch immer ein Moment von tiefer Symbolik – für die Sprachlosigkeit zwischen den Generationen, zwischen deutschen Opfern des Krieges und Nachgeborenen, welche diese Opfer der anderen als gerechte Strafe für Auschwitz betrachteten, für den Mangel an Einfühlungsvermögen hier und den zur Selbstgerechtigkeit geronnenen Schmerz dort.

Vollmers Vorstoß auf dem Münchner Pfingsttreffen der Sudetendeutschen 1995 war ein Versuch, das Schweigen zu brechen. Man hatte doch, lange Jahre, wenig über die vielen deutschen Opfer gesprochen, die der Krieg gefordert hatte, auch und gerade in seinen letzten Monaten und danach. Wer sich mit dem Leid befasste, das Massenvergewaltigungen, Vertreibung und Feuerstürme über Deutsche gebracht hatten, stand leicht im Verdacht des Revanchismus. Die Erinnerung an eigenes Leid blieb verbannt ins Private, sie brach sich höchstens Bahn zu später Stunde bei Familienfesten. Die Jüngeren, im Streit mit den Vätern über deren Unfähigkeit zu trauern, waren außerstande, Trauer zu empfinden für die Opfer der Kriegsgeneration.

Sie waren es umso weniger, da jene, welche stets das deutsche Leid im Munde führten, dies nur zu oft aus durchsichtigen Gründen taten. Bald 50 Jahre lang trieb die Mehrzahl aller Autoren, die sich mit Deutschen als Opfern beschäftigten, weniger das Mitgefühl mit diesen an als vielmehr der Wunsch, das aufzurechnen, was nicht aufzurechnen ist: die Luftkriegsopfer von Dresden gegen die von London, die Zahl der Toten in den Konzentrationslagern gegen die der umgekommenen deutschen Kriegesgefangenen. Es war, oft genug, die Absicht, deutsche Schuld zu schmälern durch das Beschreien deutschen Leides.

Gerade die größte organisierte Gruppe deutscher Opfer, die der Vertriebenen, bietet dafür ein beklemmendes Beispiel. Wer ein Pfingsttreffen der Sudetendeutschen besucht, kommt noch heute schwer auf den Gedanken, dass es im deutschsprachigen Sudetenland einst eine starke Arbeiterbewegung, liberale Intellektuelle, ein mehrsprachiges Bürgertum, eine jüdische Minderheit gegeben hat. Die Landsmannschaft, über Jahrzehnte eine völkisch orientierte Lobby, hatte die Erinnerung an die alte Heimat usurpiert für das Ziel, das Rad der Geschichte so weit wie möglich zurückzudrehen.

Erst jetzt, 60 Jahre nach dem Krieg, der die Deutschen desto mehr beschäftigt, je weiter er in die Ferne rückt, hat die Geschichte der deutschen Opfer ein breiteres Publikum. Jörg Friedrichs Bombenkriegs-Buch „Der Brand“ ist ein Bestseller; Günter Grass beschreibt in der Novelle „Im Krebsgang“ den Untergang des mit Flüchtlingen überladenen Kreuzfahrtschiffes *Wilhelm Gustloff* 1945 und eine Anonyma in einem erschütternden Buch die Vergewaltigungen durch sowjetische Soldaten. Der Brite Antony Beevor schildert in „Berlin 1945 – Das Ende“ viele Erlebnisberichte wie den einer Mutter aus Ostpreußen: „Sie kamen in den Keller, wo wir uns versteckt hatten, und führten mich und zwei weitere Frauen mit vorgehaltener Waffe in den Hof. Dort wurde ich von zwölf Soldaten nacheinander vergewaltigt. In der nächsten Nacht brachen sechs betrunkene Soldaten in unseren Keller ein und vergewaltigten uns vor unseren Kindern.“

Kaum ein Abend, an dem nicht betagte Zeitzeugen über solche und ähnliche Schrecken erzählen. Dass sie das aber offener und ausführlicher als je zuvor tun, provoziert gleichermaßen Sorge und falschen Beifall.

Sorgen haben all diejenigen, die fürchten, die Deutschen begriffen sich erneut, wie kurz nach dem Krieg, „als leidendes Kollektiv“ – so der Erinnerungsforscher Harald Welzer, den zugleich ängstigt, einendes Band dieses Kollektivs sei der Glaube, „dass uns keine Schuld mehr trifft“. Norbert Frei, einer der führenden deutschen Zeithistoriker, warnt vor einem erinnerungskulturellen „Gezeitenwechsel“, Hans-Ulrich Wehler, Altmeister der deutschen Sozialgeschichte, gar vor einem neuen deutschen Opfermythos.

Den Beifall klatscht die Gegenseite – diejenigen, die aufrechnen, Opfer gegen Opfer. Es erscheint bedrückend, wenn ein so kluger Mann wie Joachim Fest zufrieden bemerkt, es sei gut, dass die Deutschen durch die Besinnung auf Bombentote und Vertriebenenschick-

Gefangen unter freiem Himmel: Deutsche Soldaten in einem US-Camp.

„Verzweifelte deutsche Frau“
lautet der Titel dieses Fotos
von Frederick Ramage
aus dem Jahr 1945.

sale nun endlich abkämen von der „Rolle des großen Sünders". Und weit rechts außen wird beifällig bemerkt, dass nun Schluss sei mit „Tabus" und „Redeverboten", und es kümmert hier keinen, dass niemand jemals ein solches Redeverbot erlassen oder irgendein regierungsamtliches Tabu erklärt hat.

Die Sorge mag so ehrenwerte Motive haben wie der Beifall fadenscheinige. Und doch erscheint sie unberechtigt. Es ist ja nicht mehr wie in jener Zeit der Verdrängung, über die der Publizist Peter Bender schrieb: Die Deutschen waren in den Nachkriegsjahren „viel zu sehr mit dem eigenen Elend befasst, um zu verstehen, dass sie zuvor anderen noch mehr Elend bereitet hatten". Heute gilt eher das Umgekehrte: Wer sich der eigenen Schuld stellt, kann auch das eigene Leid angemessen würdigen, so wie es im Februar bei den Dresdner Gedenkfeiern anlässlich der Zerstörung der Stadt durch alliierte Bomber geschah – in Würde, in Trauer, im Wissen um Ursache und Wirkung. Das Schreien und Anklagen überließen die Dresdner der NPD, die nicht begriff, warum niemand mit ihr durch die Stadt marschieren mochte. Im Wesentlichen hat die Gesellschaft heute akzeptiert, was vor 20 Jahren noch höchst umstritten war. Dass nämlich, wie Richard von Weizsäcker in seiner berühmten Rede zum 40. Jahrestag des Kriegsendes sagte, die „Ursachen für Flucht, Vertreibung und Unfreiheit" nicht im Ende des Krieges zu sehen seien, sondern „vielmehr in seinem Anfang und am Beginn jener Gewaltherrschaft, die zum Kriege führte". Und damit ist auch der Weg frei, sich mit deutschem Leid zu befassen, ohne das der Juden, der Polen, der Russen gering zu schätzen.

Es war das Verdienst Weizsäckers, den 8. Mai 1945 als das zu beschreiben, was er historisch war: als Tag der Befreiung, an dem die Alliierten die Welt von der Geißel des Nationalsozialismus und damit auch die Deutschen befreiten, diese nicht zuletzt von sich selbst. Und doch hat es seine Berechtigung, wenn heute auch jene erzählen, die das Kriegsende subjektiv keineswegs als Befreiung erlebten: das Kind aus Swinemünde, dessen Eltern im Feuersturm eines späten Flächenbombardements verglühten; der Wehrmachtssoldat, dem ein zehnjähriges Martyrium in sibirischen Lagern bevorstand; die Flüchtlingsfrau aus Pommern, deren Eltern im Pferdewagen erfroren; der Sudetendeutsche, der mitansehen musste, wie eine tobende Menge in Aussig eine junge Frau mitsamt ihrem Kinderwagen in die Elbe warf.

„Diejenigen, die den Wind säten, werden nun den Sturm ernten", sagte Winston Churchill 1943, als die britischen Bomber Nacht für Nacht starteten, um Hitlers Reich zu verwüsten. Churchill führte einen gerechten und überaus notwendigen Krieg. Der Sturm der Bombennächte aber, den die späteren Sieger in Notwehr gegen die Urheber dieses Krieges entfesselten, machte wie alle Stürme keinen Unterschied. Er unterschied nicht zwischen Schuldigen und Unschuldigen, nicht zwischen glühenden Nazis und Nazigegnern, er traf Mitläufer und Verweigerer, Alte und Junge, Männer und Frauen.

Dass nun, kurz vor dem Ende der Zeitzeugen-Ära, die Alten über ihr Schicksal berichten, ist mehr als verständlich. Das Verdrängte drängt zurück an die Oberfläche, es gehört zur Bilanz ihres Lebens wie zur Geschichte dieses Landes. Ihre Zeugnisse sind nicht mehr unerwünscht wie in der alten Bundesrepublik und nicht mehr verboten wie in der DDR, wo die Gräuel des sowjetischen Vormarsches tatsächlich ein staatliches Tabu waren. Der Boom an Erlebnisberichten deutscher Opfer ist daher gar nichts Verwunderliches, er trägt sogar zum Verständnis einer Zeit bei, die den heutigen Jugendlichen bereits so fern ist wie das Kaiserreich – wenn es gelingt, das Erzählte in seinem Kontext zu verstehen.

Das funktioniert nicht immer. Ein beunruhigendes Gegenbeispiel bietet die Erinnerung an die „Speziallager", mit denen die sowjetische Militäradministration in Deutschland Konzentrationslager der Nazis einfach weiterführte. Allein in Buchenwald starben nach 1945 etwa 7.000 Menschen. Die Sowjets hatten dort überwiegend „Funktionsträger" des Nazisystems eingesperrt, wie sie Gedenkstättenleiter Volkhard Knigge nennt, Menschen also, die unabhängig von juristischer Schuld Funktionen im NS-Staat hatten. Freilich waren auch willkürlich Denunzierte darunter sowie Jugendliche, die fälschlich als Mitglieder des „Werwolfs" eingekerkert wurden, der eher fiktiven Nazi-Partisanentruppe.

Fast alle Überlebenden des Speziallagers aber gehören dieser letzten Gruppe an; sie waren halbe Kinder, für Jahre in ein früheres Konzentrationslager verschleppt, wegen Verbrechen, die sie nie begangen hatten. Die meisten fühlen sich heute angeklagt, wenn von „NS-Funktionsträgern" die Rede ist. Diese, die alten Nazis, sind lange tot. Die Kinder von damals aber fühlen sich gemeint, auch wenn sie es nicht sind. Und ihr Bild der Vergangenheit, über das sie Reportern voll Empörung berichten, ist nur ein winziger Ausschnitt, den sie leicht mit dem ganzen Bild verwechseln. „Das Wissen", hat Knigge einmal gesagt, „verwirrt in diesem Fall zunächst die Gefühle, gerade bei Betroffenen."

Joachim Käppner

Zum Frieden ist es nur ein Schnitt

Der andere Sieg: Warum sowjetische Filme im Gegensatz zu allen anderen die Niederringung Hitler-Deutschlands feiern können

Ein Film mit dem Titel „Der Untergang" benennt mit diesem Titel auch eine Perspektive. Ihn mit der Fahrradfahrt zweier Davongekommener in sonnigem Licht zu beenden, wirkt da leicht als eine Konzession oder Korrektur. Bemerkenswert jedoch ist, dass sich Oliver Hirschbiegels Film in diese Stimmung rettet und damit den ansonsten zelebrierten „Zusammenbruch", in dem auch Generäle und SS-Männer als Verteidiger Restberlins auftreten dürfen, hinter sich lässt und in eine Art Befreiung mündet.

Deutsche Filme taten sich nie leicht damit, das Kriegsende darzustellen. Selbst Edgar Reitz gleitet in der ersten „Heimat"-Staffel darüber hinweg, den Bruch vermeidet er vermöge der Kontinuität von Hunsrück-Alltäglichkeit. Und Konrad Wolfs „Ich war neunzehn" aus der DDR besteht ganz aus Szenen des provisorischen Übergangs: Die Kampfhandlungen sind für die russische Propagandaeinheit im Grunde immer schon vorbei. Freilich sind deutsche Filme nicht die einzigen, die Probleme mit dem Kriegsende haben.

Nach 1918 war das gelegentlich anders, durch eine Art visionärer Überhöhung gelang den „Weltkriegsfilmen" ein eindringlicher Blick auf das Kriegsende. In Abel Gances „J'accuse" steht 1919 das Heer der Gefallenen zu einem letzten Marsch auf. Und in „Niemandsland" (Viktor Trivas, 1930) brechen zufällig in denselben Granattrichter geflüchtete Soldaten verschiedener Nationen am Ende gemeinsam auf zum „Krieg dem Kriege". In der Regel aber versagen sich Kriegsfilme solcher Vision. Im Bemühen, den Schrecken des Krieges möglichst realistisch und überzeugend zu inszenieren, handeln sie vom Leben und Sterben kleiner Gruppen – von Milestones „All Quiet on the Western Front" bis zu Steven Spielbergs „Saving Private Ryan". Es geht in dem Genre nicht um das Ende aller Kämpfe, sondern um diesen einen Kampf. Für den Kriegsfilm ist nach der Schlacht unvermeidlich vor der Schlacht. Überlebenden Protagonisten winkt im besten Fall eine Ruhepause, im schlechteren die Gefangenschaft.

Dass einmal wieder Friede sein wird, ist für die meisten Figuren nur eine vage Hoffnung. Doch nach dem Krieg wird Friede sein, und dafür sind andere Filme zuständig, Neorealismen, Trümmerfilme, Heimkehrerdramen. Sie beschränken ebenfalls die Perspektive. Wo der Kriegsfilm nicht enden mag, mögen diese Filme nicht beginnen – ganz auf Wiederaufbau, Reintegration und Bewältigung der Kriegsfolgen konzentriert, setzt ihre Handlung in der Regel deutlich nach Waffenstillstand oder Kapitulation ein.

Die „Stunde Null" ist ein Konstruktionsideal der Geschichtsdarstellung, unerlässlicher Bestandteil historischer Erkenntnis: Sie trennt ein „es war" von einem „daraus wurde". Solche Scheidelinien ziehen Epochengrenzen, bringen Ordnung in das bloße Nacheinander des „und dann", inspirieren große Geschichtsdarstellungen mit der Idee, seit jenem Datum habe die Geschichte ein anderes Aussehen, stünde fortan unter einem anderen Gesetz.

Doch Fiktion beruht auf dem Fluss der Erzählung, formal ist sie der Weg vom Vorher in das Nachher. Die Stunde Null hingegen ist eine Wasserscheide – wenn „nachher" alles anders ist, gefährdet das die Einheit der Erzählung. Neue Prioritäten, andere Handlungsträger, geänderte Gesetze: Die Konsequenzen der Stunde Null bringen das Erzählen in Gefahr, es droht, den Faden zu verlieren. Erstaunlich ist es also nicht, dass es so wenige Darstellungen gibt, die vom Krieg zum Frieden führen. Nach dem 8. Mai 1945 war zunächst aber genau das die Aufgabe von Filmen. Dokumentarische Kompilationen in Ost und West sollten schildern, wie der Krieg zu Ende ging und zugleich zeigen, was der Frieden brachte.

Bei aller Vergleichbarkeit der Aufnahmen der Frontkameramänner könnten die Antworten im sowjetischen und im amerikanisch-britischen Film unterschiedlicher kaum sein. Juri Raismans „Berlin", bereits im Juni 1945 in Moskau aufgeführt, überzeugt noch immer durch seine Bilder und Montage. Sein Kommentar aber wählt den hohen Ton, er schildert die letzte Etappe der Roten Armee von der Oder nach Berlin als Werk Stalins. Obwohl man Soldaten kämpfen und auch sterben sieht und

Um seine Jugend betrogen: Der 1962 gedrehte Film „Iwanowa Detswo" (Iwans Kindheit) handelt von den Erlebnissen eines Kundschafters bei der Roten Armee. Von links: W. Subkow, K. Burljajew und E. Sharikow.

Der Panzerbär

Lesen und weitergeben!

28. April 1945

KAMPFBLATT FÜR DIE VERTEIDIGER GROSS-BERLINS

Wir halten durch!

Die Stunde der Freiheit wird kommen

Heiliges Wort: Berlin

Die Hauptstadt des Reiches ist zur Hauptstadt des Kampfes geworden. In Berlin ergingen die Führerbefehle, die aus der inneren deutschen Zerrissenheit ein einiges Großdeutschland machten und dem Volk die Grundlagen einer mustergültigen sozialen Ordnung gaben. Aus Berlin kamen die Führerbefehle, die Europa Zug um Zug befriedeten. Aus Berlin kamen die Führerbefehle, die während des Krieges trotz aller Schwierigkeiten jahrelang dem von uns besetzten Europa Ruhe und Ordnung, Arbeit und Brot gaben. Berlin war die Hauptstadt der inneren deutschen Ordnung. Berlin war die Hauptstadt der europäischen Ordnung.

Heute schlägt der Bolschewismus auf das verhaßte Berlin ein. Er will das Haupt der deutschen Ordnung, der europäischen Ordnung, tödlich treffen. Wir bekennen uns zu diesem Kampf. Darum ist der Führer in Berlin. Er trägt mit uns alle Belastungen der hart umkämpften Frontstadt. Er steht mit uns im schweren Kampf. Von Berlin aus ergehen wieder seine Befehle zum Freiheitskampf, der Weltgeschichte macht. In Berlin wird es sich entscheiden, ob in Zukunft der Bolschewismus alle Völker unterjochen darf oder ob die Völker ihr Selbstbestimmungsrecht behalten. In Berlin werden wir den Bolschewismus entscheidend schlagen. Darum ist der Führer in Berlin. Er steht auf dem heißesten Schlachtfeld, das die Geschichte kennt. Es scharen sich um ihn die fanatischsten Soldaten, von denen man weiß.

In Berlin wurde der bolschewistischen Weltgefahr der Heilige Krieg erklärt. In Berlin wird dieser Krieg entschieden. Alle Völker, die unter der bolschewistischen Geißel zusammenbrechen, sehen auf Berlin. Alle Staaten, die von der bolschewistischen Weltherrschaft bedroht

Heldischer Kampf um Berlin
Anmarsch der Reserven von allen Seiten

Aus dem Führerhauptquartier, 27. April

Das Oberkommando der Wehrmacht gibt bekannt:

Der Schwerpunkt der Kampfhandlungen in Nordwestdeutschland lag auch gestern in Bremen. In schweren und verlustreichen Straßenkämpfen konnten die Engländer ihre Einbrüche im Stadtgebiet erweitern.

Elbefront im wesentlichen ruhig

An der Elbefront verhielten sich die Anglo-Amerikaner weiterhin ruhig. Lediglich südlich Tangermünde setzten schwächere feindliche Abteilungen über den Fluß.

Im Mittelpunkt der Kämpfe stand auch gestern die Schlacht im Raum Berlin. Schulter an Schulter mit allen waffenfähigen Männern führten unsere Truppen einen heldischen Kampf gegen den bolschewistischen Massenansturm, verteidigten jedes Haus und warfen den Feind durch Gegenangriffe aus dem inneren Verteidigungsring der Stadt wieder zurück.

Die Schlacht im Raum Berlin

Aus dem Raum südlich Fürstenwalde stießen unsere Verbände im Angriff nach Westen in die tiefe Flanke der im Süden von Berlin operierenden Bolschewisten und durchbrachen deren Hauptnachschubverbindung auf der Straße Baruth – Zossen. Unsere im Westen schwungvoll angreifenden jungen Divisionen erreichten den Raum von Beelitz und stehen dort in schweren Waldkämpfen mit den Sowjets. Angriffe auf Brandenburg und Rathenow wurden verlustreich abgewiesen. Beiderseits Oranienburg brachen Uebersetzversuche der Bolschewisten über den Rhin und Hohenzollernkanal verlustreich für den Feind zusammen. Dagegen konnten die Sowjets südwestlich Stettin auf Prenzlau hin weiter Boden gewinnen.

In Süddeutschland

In Süddeutschland hielt der starke feindliche Druck gegen die Donaulinie von Deggendorf bis Ulm an. Bei Dillingen konnten die Amerikaner ihren Brückenkopf nach Südwesten erweitern und nach heftigen Kämpfen in den Nordteil von Ulm eindringen. In der Schwäbischen Alb und nordwestlich des Bodensees kämpften sich eigene Kampfgruppen durch die feindlichen

Propaganda aller Art: Ein wie eine Zeitung aufgemachtes NS-Flugblatt vom 28. April 1945 (links) fordert zum Durchhalten in Berlin auf. Daneben ein Flugblatt der Westalliierten (1945).

land gaben sich große Mühe, die Kampfmoral des jeweiligen Feindes mehr oder weniger subtil zu untergraben.

Die Forschung geht von einer kaum vorstellbaren Zahl aus: Schätzungsweise 20 Milliarden Flugblätter sind in Europa von allen kriegsführenden Parteien hinter feindlichen Linien abgeworfen worden. Besonders intensiv war diese Art der Propaganda von Seiten der Alliierten seit der Landung in der Normandie im Juni 1944. Bis Mai 1945 wurden pro Monat etwa zehn Millionen bedruckte Seiten über Wehrmachtstruppen und deutschen Städten abgesetzt. Im gleichen Maße, wie die Alliierten den Einsatz des gedruckten Worts beim Vormarsch durch Deutschland verstärkten, gingen die Möglichkeiten zur Gegenagitation des NS-Regimes immer deutlicher zurück. In den letzten Kriegswochen mussten die Nazis ihren Feinden die Propaganda – ein Gebiet, das Himmler, Goebbels und Co. beinahe zur Perfektion entwickelt hatten – ohne Gegenwehr überlassen. Den Kampfwillen des Gegners versuchten die kriegsführenden Nationen mit verschiedenen Mitteln zu schwächen. Mehr als 30.000 verschiedene Flugblattmotive soll es gegeben haben. Dazu zählten etwa Passierscheine mit Versprechungen für Soldaten, die ihre Truppe verlassen. Viel häufiger waren jedoch Texte ohne Quellenangabe, die einen objektiven Eindruck erwecken sollten. Der Einfluss auf die Kämpfenden war gering – es fehlen freilich statistische Erhebungen dazu. 1944 machten die Amerikaner eine Umfrage unter deutschen Kriegsgefangenen. Das Ergebnis: Mehr als 60 Prozent kannten die US-Propaganda und waren auch von der Glaubwürdigkeit der Texte überzeugt. Konsequenzen daraus zogen aber wenige. Nur in den allerletzten Kriegswochen ließen sich Wehrmachtssoldaten gern von Westalliierten entwaffnen. Grundsätzlich nicht geglaubt wurden die Versprechungen der Roten

Durchhalten bis zum bitteren Ende: Vielfach gesehene Parole 1945.

Armee, in der Tat entsprachen sie fast nie der Realität. Auch hatte die NS-Propaganda vom hassgetriebenen Bolschewiken längst ganze Arbeit geleistet.

Hauptverbreitungsmittel waren Flugzeuge, mit denen praktisch alle Kampfgebiete erreicht werden konnten. Aber auch per Ballon oder mit eigens entwickelten Flugblattgranaten ließen sich die zersetzenden Botschaften hinter die feindlichen Linien bringen. Besonders erfolgreich und zielgenau arbeitete die US-Luftwaffe nach der Erfindung der „Monroe-Bombe". Diese fasste bis zu 80.000 Blatt Papier, während eines einzigen Einsatzes konnten mehr als zwei Millionen Seiten abgeworfen werden. Oft geschah dies gleichzeitig mit der Bombardierung deutscher Städte. Die Texte lauteten oft kurz und knapp: „Denk bei jeder Bombe dran: Das fing Adolf Hitler an!"

Die Texte fanden bei der Zivilbevölkerung „große Beachtung. Sie gehen von Hand zu Hand und sind ein häufiges Gesprächsthema", heißt es im März 1945 in einem Bericht eines Wehrmacht-Propaganda-Offiziers aus Berlin. Er regte an, dass Soldaten die Papiere „umgehend" nach einem Luftangriff aufsammeln und vernichten sollten. Aufgrund des NS-Terrorapparats wagte kaum ein Deutscher, sich öffentlich positiv über alliierte Flugblätter zu äußern, doch in der Schlussphase des Kriegs waren die zeitungsähnlichen „Nachrichten für die Truppe", die die Westalliierten im großen Stil – ohne Quellenangaben – unters Volk brachten, eine wichtige Informationsquelle. Einen entscheidenden Einfluss dieser Art von Propaganda auf die Haltung der deutschen Bevölkerung verneinen die Forscher allerdings.

Robert Probst

GERM
YOU ARE E
AN ENEMY
KEEP

Achtung Feindesland:
Warnschild in englischer Sprache
bei Aachen im Frühjahr 1945.

Goebbels' Wutausbruch 21.4.1945

Schon seit einigen Wochen versucht der Reichsführer SS, Heinrich Himmler, in Verhandlungen mit dem Vizepräsidenten des schwedischen Roten Kreuzes, Graf Folke Bernadotte, günstige Bedingungen für eine Teil-Kapitulation Deutschlands zu erreichen. Himmler würde gern zusammen mit den Westalliierten weiter gegen die Sowjetunion, den „Feind der Menschheit", kämpfen. Am 21. April trifft sich Himmler – der Organisator des Holocaust – auch mit dem Vertreter des Jüdischen Weltkongresses, Norbert Masur, und verhandelt über die Freilassung von Juden aus den KZ. Bei einer (letzten) Besprechung mit Mitarbeitern des Reichspropagandaministeriums hat Joseph Goebbels einen Wutausbruch: Das deutsche Volk habe versagt, im Osten laufe es davon, im Westen hindere es die Soldaten am Kampf und empfange den Feind mit weißen Fahnen, schildert später der Leiter der Rundfunkabteilung, Hans Fritzsche. Goebbels zynisch weiter: Das deutsche Volk habe das Schicksal verdient, das es jetzt erwarte. Die NSDAP habe die Deutschen schließlich nicht auf „den Weg des kühnen Wagnisses" gezwungen. Fritzsche weiter: „Zur Tür schreitend, dreht er sich noch einmal um und schreit: ‚Aber wenn wir abtreten, dann soll der Erdkreis erzittern.'" Währenddessen kämpfen Truppen der Roten Armee schon in der Vororten von Berlin, weitere Einheiten erobern Cottbus und Bautzen. Das Alliierte Hauptquartier in Italien gibt bekannt, dass US-Truppen die Stadt Bologna „ohne größere Kämpfe besetzt haben". Die Sowjetunion unterzeichnet einen Freundschaftsvertrag mit Polen.

Im Takt des Todes

Ein Sinto in SS-Uniform: Wie der KZ-Häftling Walter Winter von seinen Peinigern gezwungen wurde, vor Berlin gegen die Rote Armee zu kämpfen

Walter Winter wird den Tag und die Stunde nicht vergessen, da er aus der Hölle marschierte, um in den Tod zu fahren. Es war der 13. April 1945 um acht Uhr morgens. Er weiß das so genau, weil im Lagertor eine Uhr den Todestakt angab, den Todestakt des KZ Sachsenhausen. Das eiserne Tor des Lagers öffnete sich für ihn und einen Zug von 150 Elendsgestalten: alles Sinti, die zu Kriegsbeginn in der Wehrmacht gedient hatten und später als Zigeuner ins KZ verschleppt worden waren. Nun sollten sie sterben. Sterben auf dem Schlachtfeld.

Dafür hatte man sie am Tag zuvor in SS-Uniformen gesteckt, perverserweise in die Uniform ihrer Peiniger. Sie, die das Regime als Schädlinge, als Ungeziefer vernichten wollte, sollten ihm nun helfen, seine Agonie hinauszuzögern.

Der Trupp wurde zum Endkampf an die Neiße geschickt, als Teil des so genannten Strafbataillons Dirlewanger. Nur wenige kamen davon, Walter Winter war einer von ihnen. Er überlebte mit einem Granatsplitter in der rechten Schulter und der Last einer ungeheuerlichen Erinnerung im Kopf. Mit heute 85 Jahren gehört er zu der immer kleiner werdenden Zahl derer, die noch als Zeugen vom Genozid an den Sinti und Roma berichten können. Beim Appell im Morgengrauen hatten die SS-Leute die ehemaligen Soldaten unter den Häftlingen aufgerufen, unter ihnen auch Z3105, Walter Winter, den einstigen Matrosen Winter. Namen gab es nicht, Menschen waren Nummern. Z3105 und die anderen wurden in den Krankenbau gescheucht und in die Uniformen gezwungen. Sie bekamen sogar Marschverpflegung: ein Kommissbrot, Marmelade, Margarine. Unglaubliche Schätze für die Halbverhungerten. Die meisten schlangen alles sofort hinunter, hatten bald aufgeblähte Bäuche, weil sie so viel Nahrung auf einmal nicht vertrugen. Winter konnte sich beherrschen, aß den Tag über nur das halbe Brot. Was mit ihnen geschehen sollte, hatte man ihnen nicht gesagt.

Am nächsten Morgen dann der Abmarsch in die Ungewissheit: 150 Mann in Uniformen der Waffen-SS, aber alle ohne Koppel, Gewehr oder Stahlhelm. Am Bahnhof von Oranienburg wartete ein Personenzug, keine offenen Kohlewaggons wie die, in denen Walter Winter noch im Februar bei eisigem Frost aus dem KZ Ravensbrück hierher geschafft worden war. Dieser 13. April war ein schier unerhörter Bruch nach der Ewigkeit in der Unterwelt. Nur Wochen zuvor hatten SS-Leute ihn fast zu Tode gequält, weil sie eine Kartoffel bei ihm entdeckt hatten, und einen anderen Häftling hatten sie aufgeknüpft mit einem Schild um den Hals: Ich habe geplündert.

Jetzt, am Bahnhof, durfte Winter sogar in dem kleinen Edeka-Laden einkaufen unten an der Böschung neben dem Abstellgleis, auf dem die Waggons auf eine Lok warteten. Mit den paar Mark, die er durch die Haft geschmuggelt hatte. „Da hätte ich abhauen können", sagt Winter. Aber ein auf 50 Kilo abgemagerter, groß gewachsener Mann in Uniform der Waffen-SS ohne Papiere wäre wohl nicht weit gekommen in diesen letzten Tagen, da die Standgerichte der SS im Hinterland der Front ihr Terrorregime errichtet hatten. Winter kehrte zurück mit dem, was es noch zu kaufen gab.

Der Zug brachte sie an die Neiße-Front, in die Nähe des Dörfchens Weißagk bei Cottbus. In einem Tannenhain mussten sie warten. SS-Männer kamen, hoben mitten zwischen den Leuten eine Grube im Waldboden aus, schleiften einen jungen Burschen heran. So, höhnten die SS-Schergen, werde es jedem Deserteur gehen. Der Junge musste sein Hemd ausziehen. „Kameraden, schießt gut", waren seine letzten Worte. Abends wurde ihr Haufen an die Neiße geführt, nun erst erhielten sie Gewehre und Munition. Cottbus stand schon in Flammen. Die Wolken waren rot vom Feuer. Alle 50 Meter war ein Erdloch ausgehoben, darin sollten sie warten auf den Sturmangriff der Russen. Und hinter Winter lag im nassen Acker ein Hitlerjunge, ein Pimpf mit Panzerfaust. Er sollte auf sie aufpassen, Kanonenfutter sollte Kanonenfutter bewachen.

Walter Winter berichtet das alles kommentarlos, erzählt von den letzten Tagen des Krieges und von dem endlosen Albtraum davor, als sei er nurmehr ein Chronist seiner selbst. Als wäre das alles nicht ihm widerfahren, nicht dem Walter Winter, dem sie in Auschwitz die Nummer Z3105 auf die Haut und in die Seele geätzt haben. Als gelänge es nur so, den Schrecken zu bändigen, der gallebitter mit der Erinnerung emporsteigt. Und so erzählt er stellvertretend für die Toten, stellvertretend für die halbe Million Sinti und Roma, die nie

Stationen eines Lebens: U-Boot-Lehrgang bei der Kriegsmarine, KZ Auschwitz-Birkenau, KZ Ravensbrück, KZ Sachsenhausen und Strafkompanie; Walter Winter erzählt von seinem endlosen Albtraum.

haben Zeugnis ablegen können von Terror und Mord. Zweimal musste Walter Winter dem Mordregime als Soldat dienen. Bereits kurz nach Kriegsbeginn, am 1. Januar 1940, war er zum ersten Mal eingezogen worden. Damals kam er zur Marine, in den U-Boot-Hafen von Wilhelmshaven. Nahm am U-Boot-Lehrgang teil. Seine Kameraden wurden zu Unteroffizieren befördert, er zunächst auch, nur um bald degradiert zu werden, ohne dass er einen Grund dafür erfuhr. Im April 1942 wurde er entlassen. „N.z.v." haben sie in seinen Wehrpass als Siegel der rassischen Minderwertigkeit gestempelt, „nicht zu verwenden". Anfang März 1943 wurde er verhaftet und von Bremen aus nach Auschwitz deportiert. Winter kam nach Birkenau, Block 18. Weil er Soldat gewesen war, wurde er als Blockschreiber eingeteilt. Täglich kamen neue Häftlinge, täglich starben die Menschen. „Wir mussten die Toten registrieren, damit der Bestand stimmte." Die Leichen schleppten sie vor den Block, „einen neben den anderen, zehn, fünfzehn Kinder jede Nacht."

Anfang August 1944 dann wurde er nach Ravensbrück verlegt. Das war Vorzugsbehandlung für ehemalige Wehrmachtssoldaten und ihre Angehörigen. Alle anderen Sinti und Roma in Auschwitz wurden kurz darauf ins Gas getrieben. In Ravensbrück musste er im Bauhof arbeiten, bei eisiger Kälte Holz fällen. Im Februar dann die letzte Verlegung nach Sachsenhausen, von wo aus es zwei Monate später an die Ostfront ging. Es war der 16. April, als die russischen Panzer auf die KZ-Häftlinge in ihren Erdlöchern an der Neiße zurollten. Der Sturmangriff auf Berlin hatte begonnen. Die kleine Neiße-Brücke, deren Sprengladung Winter hätte zünden sollen, blieb intakt. Alle rannten davon, immer wieder zurückgetrieben von SS-Offizieren. Irgendwann wurden sie eingekesselt. Winter, inzwischen verwundet, hatte Glück: Er kam nach Luckenwalde ins Lazarett, dann war der Krieg vorbei. Fiebernd schlug er sich nach Berlin durch und ein paar Wochen später ins heimatliche Cloppenburg.

Ein Bekannter benachrichtigt die Eltern. Der Vater holt ihn mit dem Pferdewagen ab. Winter erzählt das alles sehr genau. Erzählt, wie der Vater erst das Pferd abschirrt, die dampfende, schwitzende Kreatur, die er so getrieben hat, um so schnell wie möglich da zu sein. Erst dann schließt Winters Vater den verloren geglaubten Sohn in die Arme. Es ist das einzige Mal, dass der 85 Jahre alte Mann seine Gefühle offen zeigt in diesen Stunden, da er seine Erinnerungen an die letzten Tage des Krieges ausbreitet, Zeugnis ablegt von seinem qualvollen, merkwürdigen Schicksal. Es ist das einzige Mal, dass Walter Winter Tränen in die Augen steigen.

Reymer Klüver

Er führte die „Freiheitsaktion Bayern" an: Hauptmann Dr. Rupprecht Gerngroß, Chef einer Dolmetscherkompanie.

Kommando Fasanenjagd

Der Münchner Aufstand einiger mutiger Wehrmachtsoffiziere gegen das NS-Regime war einzigartig – und doch zum Scheitern verurteilt

Der 22. April 1945 ist ein Sonntag, und wer sich in München aus dem Haus traut, sofern es noch existiert, könnte den Lokalderby-Klassiker FC Bayern gegen TSV 1860 anschauen, Anpfiff 16 Uhr. Zudem verbreiten die *Münchner Neuesten Nachrichten* nützliche Tipps zur Beobachtung des Weidenlaubsängers, ansonsten steht in der Zeitung das Übliche: Meldungen über Erfolge bei der Schlacht um Berlin, wo „deutsche Abwehrdivisionen im Orkan des pausenlosen Trommelfeuers" der sowjetischen Truppen ausharren; auch im Raum Ansbach schlagen sich die deutschen Verbände heldenhaft, 17 amerikanische Panzer sind vernichtet, der Gegenangriff rollt. Wem das nicht ermutigend genug ist, erfährt im Leitartikel, dass dem deutschen Volk eine historische Mission aufgetragen sei, die ihm die Kraft gebe, „Entbehrungen und Leiden kaum tragbarer Art auf sich zu nehmen".

Man darf vermuten, dass die meisten der etwa 400.000 Menschen, die noch im zerbombten München leben, genug haben von ihrer historischen Mission. Wenn niemand hinschaut, lesen sie schon mal die Flugblätter, die die Alliierten über der Stadt abgeworfen haben. Darin wird eine andere Sicht der Dinge verkündet: „Männer und Frauen von München!... Die Rohre zahlloser Geschütze sind auf München gerichtet, starke Jabo-Geschwader sind aufstiegbereit für den Einsatz... Denkt an Nürnberg und Heilbronn! In diesen Städten haben die Parteifanatiker und verantwortungslose Befehlshaber der Wehrmacht sinnlosen Widerstand geleistet... Deshalb: Windet den Fanatikern das Heft aus der Hand! Mut gefasst und gehandelt!"

Für ein paar Offiziere der in München stationierten Dolmetscherkompanie VII ist es seit Wochen nicht mehr die Frage, ob sie handeln sollen. Längst sind sie und die ihnen nahe stehenden Widerstandsgruppen zum Aufstand gegen die NS-Machthaber entschlossen. Das Problem ist nur: wann? Ihre Truppen sind bei weitem zu schwach, um mit den verbliebenen SS- und Wehrmachtsverbänden fertig zu werden. Mit deren Kapitulation ist nicht zu rechnen. Im März hatte Heinrich Himmler befohlen: „Jedes Dorf und jede Stadt werden mit allen Mitteln verteidigt und gehalten. Jeder für die Verteidigung eines Ortes verantwortliche Mann, der gegen diese selbstverständliche nationale Pflicht verstößt, verliert Ehre und Leben." Auch Reichsleiter Martin Bormann ließ den Gauleiter für München-Oberbayern, Paul Giesler, nochmals wissen, was er von ihm erwartet: München, die „Hauptstadt der Bewegung", müsse zu einem „positiven Stalingrad" werden.

Der Coup, das ist den Verschwörern klar, kann nur gelingen, wenn sie im Handstreich strategisch wichtige Punkte erobern und die nationalsozialistischen Befehlshaber ausschalten. Gleichzeitig müssen die Amerikaner, die in die Pläne eingeweiht sind, so weit vorgerückt sein, dass sie zu Hilfe eilen können. Am 25. April sehen sich die Anführer des Putschs in der Lage, den Moment des Losschlagens zu bestimmen. Die Aktion soll in der Nacht zum 28. April starten. Die 7. US-Armee hat bereits die Donau überschritten, die abgehörten Vormarschberichte klingen ermutigend.

Kopf der Rebellion ist Hauptmann Rupprecht Gerngroß, seit 1942 Chef der Dolmetscher-Kompanie im Wehrkreis VII. Gerngroß, 1941 in Russland verwundet, ist der Typ des schneidigen Offiziers, ein Troupier durch und durch. Seine engsten Vertrauten sind Leutnant Leo Heuwing und der Sonderführer im Leutnantsrang Ottheinrich Leiling. Die Offiziere gehören einer Widerstandsorganisation an, deren Wurzeln in die Vorkriegszeit zurückreichen. Anfangs waren das kleinere Gesprächsrunden und Freundeskreise, die sich in stiller Opposition zum NS-Staat trafen. Erst in den Kriegsjahren kamen engere Verbindungen zustande. 1942 gab sich die Gruppe den Namen „Freiheitsaktion Bayern", kurz FAB. Ihr gehören vorwiegend konservative, bayerisch-patriotisch gesinnte Männer an. Bayern, so ihr Bekenntnis, „ist alles, was uns heilig ist und was, befreit vom Nazijoch und vom preußischen Militarismus, wieder seine alte Geltung erhalten soll".

Anfang April war es der Gruppe um Gerngroß gelungen, den Kommandeur des Freisinger Panzerersatzbataillons 7, Major Alois Braun, für die Aktion zu gewinnen. Braun schickte zwei seiner Offiziere zu den Amerikanern mit der Zusage, er werde Freising kampflos übergeben. Das würde es der US-Armee ermöglichen, ungehindert nach München zu marschieren. Die Botschaft des Kommandeurs enthielt die Bitte, die Luftangriffe auf Freising einzustellen. Am 24. April um 22 Uhr warfen US-Flugzeuge Leuchtbomben – einen so genannten Christbaum – ab. Es war das Zeichen, dass die Amerikaner Brauns Angebot akzeptierten. Auch Gerngroß hatte Emissäre zu den US-Truppen gesandt, um sie von seinen Plänen zu unterrichten.

Verweigerte seine Teilnahme: Reichsstatthalter Franz Ritter von Epp.

Am Abend des 26. April rückt die erste Einheit der FAB aus. Es ist die 1. Kompanie von Major Brauns Panzerabteilung: 90 Mann mit drei 28-Tonnen-Panzern, sechs Maschinengewehren sowie Handfeuerwaffen. Auf Gut Zengermoos, in der Nähe des Senders Erding, verbergen sie sich in einer Scheune. Nur Brauns Vertraute wissen, welche Aufgabe die Truppe hat: Sie soll den Sender in ihre Gewalt bringen, damit die FAB über ein Medium verfügt, um die Bevölkerung zum Widerstand aufzurufen und die deutschen Einheiten zur Einstellung der Kämpfe zu bewegen. Außer der Gefangennahme der führenden NS-Potentaten hat die Besetzung von Radiostationen höchste Priorität für die Widerstandsgruppe. Auch die Eroberung des Senders Freimann steht auf ihrer Agenda.

Auf Seiten der NS-Führung in München rüstet man sich unterdessen zum letzten Gefecht. Am 27. April befiehlt Gauleiter Giesler dem Major des Pioniersatzbataillons VII, Fritz Barth, alle Isarbrücken sprengen zu lassen. Der aber denkt nicht daran und taucht unter. Auch in der Wehrmachtskommandantur und im Luftgaukommando VII sitzen Männer, die mit der FAB sympathisieren und Gieslers Pläne zu hintertreiben versuchen. Schwierigkeiten sind hingegen von Oberstleutnant Hofmann zu erwarten, Münchens neuem Kampfkommandanten. Er kündigt an, notfalls auch Kinder ins Gefecht zu schicken: „Die Ehre der Hauptstadt der Bewegung erlaubt nicht, dass die Stadt kampflos preisgegeben wird."

Genau das möchten die Mitglieder der FAB erreichen: München vor noch größerer Zerstörung bewahren, einen mörderischen Häuserkampf abwenden. Und dem Ausland zeigen, dass es in Deutschland nicht nur Nazis gibt. Am späten Abend des 27. April lässt Hauptmann Gerngroß seine Truppe in der Saar-Kaserne antreten. Es sei jetzt so weit, sagt er, die Dolmetscherkompanie wolle zusammen mit anderen Einheiten dafür sorgen, dass die Stadt kampflos übergeben und der Krieg in Bayern beendet werde. Dann entbindet Gerngroß die Soldaten vom Eid auf Hitler und versichert: „Wer nicht mitmachen will, der kann wegtreten." Keiner geht. Die Zugführer erhalten die Marschbefehle. Der 28. April, zwei Uhr morgens, gilt als die Stunde X. Das Unternehmen erhält ein beziehungsreiches Codewort: Fasanenjagd. Die goldbetressten NSDAP-Funktionäre heißen im Volksmund „Goldfasane".

Gegen Mitternacht brechen Gerngroß und Leiling zu einer Mission auf, die mitentscheidend ist für den Erfolg des Unterfangens. Ihr Ziel ist der Schornerhof bei Starnberg. Dort residiert der bayerische Reichsstatthalter Franz Ritter von Epp. Gerngroß will ihn dazu bewegen, den Amerikanern die Kapitulation der in Bayern kämpfenden Truppen anzubieten. Gänzlich aussichtslos ist das Vorhaben nicht: Epp ist zwar einerseits ein gnadenloser Kämpfer, der mit seinem Freikorps maßgeblich an der blutigen Niederschlagung der Münchner Räterepublik beteiligt gewesen war, andererseits bot er selbst den Amerikanern in Geheimverhandlungen ein gemeinsames Vorgehen „gegen Himmler und die SS" an. Bei den Nazis hatte Epp an Einfluss verloren, im Landserjargon firmiert der Erzkatholik als „Muttergottes-General".

Gerngroß und Leiling dringen mit vorgehaltener MP in die Telefonzentrale des Schornerhofs ein, schneiden die Kabel durch und verschaffen sich Zutritt ins Herrenhaus, wo Epp mit ein paar Männern beisammen sitzt. Einer von ihnen ist Major Caracciola-Delbrück.

Münchner Neueste Nachrichten

Wirtschaftsblatt, Alpine und Sport-Zeitung, Theater- und Kunst-Chronik

Die große Tageszeitung des deutschen Südens

98. Jahrgang — Sonntag, 29. April 1945 — Sonder-Ausgabe

energischem Zuschlagen umgehend erledigt

…flogener Spuk

München, 28. April

…enblick, da das Ringen auch in Süd- … und um die engere oberbayerische … nem Höhepunkt zutreibt, hatte eine … Desperados dazu ausersehen, durch …streich die Macht an sich zu reißen,

Aufruf des Gauleiters nach dem Putsch

München, 28. April

Gauleiter und Reichsverteidigungskommissar Paul Giesler erließ in den Nachmittagsstunden des 28. April folgenden Aufruf:

Der Krawall, den einzelne Lumpen und Verräter unter Mißbrauch der …

… den tapferen Soldaten, die gegen den Feind kämpfen, in den Rücken fallen, sondern wird ihre Treue zu Deutschland und Adolf Hitler bewahren. In dieser Liebe und Treue verbleiben wir. Es lebe Deutschland! Es lebe der Führer!

Ritter von Greim beim Führer

Berlin, 28. April

Der Führer empfing in seinem Hauptquartier de… Oberbefehlshaber der Luftwaffe, Generalfeldmarscha… Ritter von Greim und hatte mit ihm eine länge… Besprechung über den Einsatz der fliegenden Verbän… und der Flakartillerie in dieser entscheidenden Stun… des deutschen Schicksalskampfes.

„Der Krawall, den einzelne Lumpen und Verräter… heute nacht angezettelt haben, ist beendet.“
Nach dem Zusammenbrechen der Freiheitsaktion wandte sich Gauleiter Giesler am 29. April in den *Münchner Neuesten Nachrichten* an die Bevölkerung. Es war sein letzter Aufruf, und es war die letzte Ausgabe.

Der Major, der Kontakt zu den Männern des 20. Juli hatte, steht in Verbindung zur FAB. Caracciola stellt die Eindringlinge dem Reichsstatthalter vor. Epp laviert hin und her, wertvolle Zeit verstreicht. Das Gespräch endet ohne das erhoffte Ergebnis. Nach längerem Zögern ist Epp bereit, mit den FAB-Leuten nach Freising zu fahren, um mit Major Braun die Verhandlungen fortzusetzen.

Brauns 1. Kompanie pirscht sich um 1.15 Uhr an den Sender Erding heran. Der Coup gelingt, knapp eine Stunde später sind die Sendeanlagen in der Hand der Freiheitsaktion. Etwa zur selben Zeit überrumpelt ein Trupp der Dolmetscher-Kompanie die schlafende Wachmannschaft des Senders Freimann. Einige Techniker erklären sich sofort bereit, bei der Sache mitzumachen. In der Stadt besetzen 56 Mann der FAB die Gebäude des *Völkischen Beobachters* und der *Münchner Neuesten Nachrichten*. Auch das Rathaus erobern die Aufständischen. Dabei treffen die Soldaten des Infanterieregiments 19 auf den Rathausbediensteten Hans Scharrer. Der Mann macht die Infanteristen darauf aufmerksam, dass Christian Weber in dem Gebäude weilt. Weber, ein Duzfreund Hitlers aus den zwanziger Jahren, ehemals Stallknecht und gefürchteter Raufbold, ist eine besonders bizarre Figur unter Münchens Parteibonzen. Außer der Jagd und dem Pferdesport frönt der 160-Kilo-Koloss, der sich als „Herr Präsident“ anreden lässt, üppigen Gelagen und dem Verkehr mit Prostituierten. Die Soldaten nehmen den teils gefürchteten, teils verlachten Mann fest. Hans Scharrer aber wird der Hinweis das Leben kosten.

Zur selben Stunde sind diverse Kommandos unterwegs, um die NS-Befehlshaber auszuschalten. Der Kriminaloberassistent Karl Bauer hat den Auftrag, den Werwolf-Führer Fischer, den Volkssturm-Kommandeur Alfred Salisko sowie den Stadtkommandanten Hofmann zu verhaften. Die Aktion misslingt gründlich, Bauer bekommt keinen der Herren zu fassen. Ebenso scheitert der Versuch eines Stoßtrupps, die Befehlsstelle des Gauleiters zu besetzen und Giesler festzunehmen. Beim stellvertretenden Generalkommando in Kempfenhausen gelingt es den FAB-Leuten zwar, die Wachen zu entwaffnen, einen höheren Offizier finden sie aber nicht vor. Ebenfalls nicht aufzuspüren ist die militärische Führung um Generalfeldmarschall Albert Kesselring. Einem Trupp des Infanterieregiments 61 gelingt es lediglich, in dessen Befehlsstand in Pullach die Telefonzentrale zu zerstören.

Nach den Fehlschlägen sind die Aufständischen auf Gedeih und Verderb dazu verdammt, den unschlüssigen Reichsstatthalter Epp doch noch auf ihre Seite zu ziehen. Major Braun und sein Stab bearbeiten den Mann im Gefechtsstand des Regiments in der Nähe von Freising. Es gibt Momente, da sieht es so aus, als wäre Epp zur Rebellion gegen das NS-Regime bereit. Dann wieder Rückschläge. Die Würfel fallen, als Gerngroß' Stimme aus dem Radio ertönt.

Wegen einiger Pannen hat sich die Inbetriebnahme des Großsenders Erding verzögert. Doch jetzt, kurz nach fünf Uhr, steht Hauptmann Gerngroß vor dem Mikrofon: „Achtung, Achtung! Sie hören den Sender der Freiheitsaktion Bayern… Beseitigt die Funktionäre der Nationalsozialistischen Partei. Die FAB hat heute Nacht die Regierungsgewalt erstritten…“ Dann verliest Gerngroß ein Zehn-Punkte-Programm, das geprägt ist von christlich-sozialen und bayerisch-partikularistischen Vorstellungen. Darin heißt es unter anderem: „Die Regierung beabsichtigt, den Militarismus zu beseitigen.“ Dem alten Haudegen Epp geht das zu weit. Er nimmt den proklamierten Antimilitarismus zum Vorwand, der FAB die Unterstützung zu versagen. Gegen das Ehrenwort, nichts zu verraten, lässt ihn Braun frei. Spätestens jetzt erkennt Gerngroß, dass die schlagartige Entmachtung des Gegners nicht mehr gelingen kann. Er beschließt, die Kräfte zu konzentrieren und die FAB-Truppen am Sender Erding zusammenzuziehen.

In den Morgenstunden des 28. April herrscht im Bunker des Gauleiters größte Verwirrung. Noch ist nicht klar, welche Kreise der Aufstand zieht. Aus dem Radio hallt bedrohlich die Frage: „Paul Giesler, wo bist du?" Meldungen kursieren, in der Stadt würden weiße Fahnen gehisst. Doch in der Wehrmachtskommandantur hat ein Mann das Heft in die Hand genommen, der zu den übelsten Schergen des untergehenden Nazi-Regimes zählt. Generalmajor Rudolf Hübner, Vorsitzender des „fliegenden Standgerichts". Ihm entgeht nicht, dass man in der Kommandantur kaum etwas tut, um den Putsch zu bekämpfen. Hübner holt sofort zum Gegenschlag aus: „Es wird keine Ruhe geben, solange nicht in der Ludwigstraße an jeder Laterne einer hängt."

Über den Sender Freimann, den die FAB gegen acht Uhr aufgegeben hat, wenden sich Oberbürgermeister Karl Fiehler und Giesler an „die lieben Volksgenossen". Giesler poltert los, eine „Abteilung von Drückebergern, die sich leider noch Soldaten nennen", habe versucht, ihn auszuschalten; aber das „Gesindel" werde in wenigen Stunden zusammengeschlagen sein. Der Volksaufstand gegen die Nazis, den die FAB erhofft hat, bleibt aus. Kaum einer will vor dem absehbaren Ende des Krieges sein Leben aufs Spiel setzen. Als sich am Erdinger Sender, dem letzten Stützpunkt der Aufständischen, das Gerücht verbreitet, starke SS-Verbände seien im Anmarsch, entbindet Leutnant Heuwing die Soldaten der Pflicht. In kleinen Trupps versuchen sie, in den Wäldern zu verschwinden. Die Gefangenen lassen sie frei. Gerngroß entgeht den Häschern, indem er sich in einer Berghütte versteckt. Sein Plan, das ist kaum zu bestreiten, hatte erhebliche Mängel. Zudem waren die Aktionen schlecht koordiniert, die interne Abstimmung war ebenso unzureichend wie die mit den Amerikanern.

Major Caracciola bleibt mit Epp auf dem Schornerhof. Um die Mittagszeit bringt ein SS-Kommando die beiden nach München. Hübners Standgericht nimmt seine Arbeit auf. Dabei gelingt es Epp fürs Erste, die Schuld auf Caracciola abzuwälzen. Hübner lässt den Major wegen Hochverrats verhaften und in eine Telefonzelle im Gauleiter-Bunker sperren. Auch der Rathausbedienstete Scharrer, der den Aufständischen den Weg zu Christian Weber gezeigt hat, fällt in die Hände Hübners. Er wird zum Tode verurteilt und sofort erschossen. Insgesamt werden in München und anderen Orten Bayerns mehr als 40 Menschen nach dem FAB-Aufstand von den Nazis ermordet. Epp kommt nur mit viel Glück davon.

Es lässt sich kaum mit letzter Sicherheit feststellen, welche militärische Wirkung der Aufstand der Freiheitsaktion hatte. Einiges spricht dafür, dass ihr Aufruf viele Soldaten ermutigt hat, die Waffen niederzulegen oder unterzutauchen. Zudem hat die Niederschlagung der Rebellion die NS-Befehlshaber von ihrem Plan abgelenkt, München bis zum letzten Mann zu verteidigen. Vielmehr konzentrierte man sich auf den Vollzug der Rache. Am frühen Abend des 28. April steht Caracciola vor einem Exekutionskommando aus drei Volkssturmmännern. Sie geben eine Salve ab, Caracciola bricht zusammen. Den am Boden liegenden Major schießt Hauptmann Salisco aus kurzer Entfernung mit der Pistole ins Genick. Keine 48 Stunden später, am Nachmittag des 30. April, erreicht der erste US-Soldat unbehelligt den Marienplatz. *Wolfgang Görl*

„Auf die Erde gepreßt erwarte ich mein Ende"

„Wache am Osttor. Die ersten Granaten fallen in das Werksgelände. Nach meiner Ablösung will ich meine Frau zum Werksbunker aus der Wohnung holen, werde aber von Tieffliegern beschossen, die auch Splitterbomben werfen. Auf die Erde gepreßt erwarte ich mein Ende, um mich herum regnet es Splitter, die Straße riecht nach Pulver. Bleibe unverletzt. Rette mich ins Werk zurück. Da trifft eine Splitterbombe unseren Aufenthaltsraum und verletzt durch herabfallende Steine eine Frau. In derselben Zeit sind Granaten in die Baracken der Ostarbeiter gefallen und haben drei Frauen getötet und zwei Männer schwer verletzt. Bei starkem Artilleriebeschuß wage ich den Gang noch einmal, erreiche meine Wohnung und bringe meine Frau in den Bunker. Das Essen und Brot, das an uns Männer verteilt wird, teilen wir mit den Frauen. Abends Wache. Später noch einmal zur Wohnung, die Nachbarn begrüßt und die Stiefel gewechselt. Nachts einige Stunden neben meiner Frau sitzend geschlafen, ihren Kopf an meiner Schulter. Und über allem die bange Frage: Was bringt der Morgen?"

(Tagebucheintrag von Karl D. aus Adlershof bei Berlin, das von der Roten Armee beschossen wird, vom 22. April 1945; Quelle: Deutsches Historisches Museum)

Unruhe des Gewissens

Noch wenige Tage vor Kriegsende brach die SS jeden Widerstand

Ist die Freiheitsaktion Bayern mit ihrem Versuch, die Nazi-Funktionäre zu stürzen und Südbayern kampflos zu übergeben, letztlich kläglich gescheitert, so gilt sie in der historischen Gesamtschau dennoch als wichtigste Widerstandsbewegung der letzten Kriegstage. Mit ihrem Signal an die Alliierten, dass nicht alle Deutschen hinter dem Hitler-Regime stehen, haben auch die Männer und Frauen der Freiheitsaktion dazu beigetragen, dass sich Winston Churchill im britischen Unterhaus vor dem deutschen Widerstand verneigte: „Sie kämpften ohne Hilfe von innen oder außen, einzig getrieben von der Unruhe ihres Gewissens. An den Toten ist der Widerstand sichtbar geworden. Diese Toten vermögen nicht alles zu rechtfertigen, was in Deutschland geschah. Aber ihre Toten und Opfer sind das unzerstörbare Fundament eines neuen Aufbaus.“

Obwohl nach der Zerschlagung der Freiheitsaktion Bayern die amerikanischen Truppen schon in Sichtweite herangerückt waren, richteten örtliche Nazis und die SS noch unter unbescholtenen Bürgern Blutbäder an, weil diese etwa weiße Fahnen aus dem Fenster gehängt oder ein falsches Wort gesagt hatten. Außer in München wurden Ende April 1945 zahlreiche Menschen in Penzberg, Götting, Iffeldorf, Burghausen, Landshut, Rottach-Egern und Bad Wiessee hingerichtet. Vor allem die damals von Kardinal Michael Faulhaber angeforderten und jetzt aktuell herausgegebenen Berichte der Pfarrer aus der Erzdiözese München-Freising über den Zusammenbruch des Nationalsozialismus eröffnen die ganze Tragik und Sinnlosigkeit der Geschehnisse.

In diesen Berichten ist auch die Erhebung einer bürgerlich-katholischen Widerstandsgruppe in Altötting dokumentiert, die sich am Morgen des 28. April 1945 formiert hatte. Landrat Josef Kehrer ließ unmittelbar nach dem Aufruf der Freiheitsaktion Bayern die örtlichen NS-Bonzen verhaften und stützte sich dabei auf einen seit längerem bestehenden losen Kreis von Regimegegnern. Diese sperrten zusammen mit Altöttinger Polizeibeamten die NSDAP-Leute im Gendarmeriegebäude ein. Fatalerweise konnten diese von dort aus beobachten, wer an diesem Samstagvormittag im Landratsamt ein- und ausging. Die inhaftierten Nazis erstellten in aller Ruhe ihre „Todesliste“. Noch im Verlauf des Vormittags holte das Regime zum Gegenschlag aus. Gegen 11 Uhr drangen Offiziere der Wehrmacht ins Landratsamt ein, kurz darauf wurde Landrat Kehrer in seinem Dienstzimmer erschossen. Um 13 Uhr erreichten vom Kreisleiter Schwägerl, einem ausgewiesenen NS-Bluthund, angeforderte SS-Leute Altötting und verhafteten die Aufständischen. Hans Riehl, Martin Seidl, Josef Bruckmayer, Adam Wehnert und Monsignore Adalbert Vogl wurden von dem Rollkommando sofort und ohne Verfahren erschossen. Angehörige der Ermordeten beklagten später, dass in anderen Häusern unverhohlen Freudenbekundungen über die Tötungen zu hören gewesen seien. Noch lange lastete diese schändliche Tat über dem Wallfahrtsort. Über dem Hinrichtungsort wurde später eine Kapelle als Gedenkstätte errichtet.

Der Fall Altötting zeigt exemplarisch das Problem des Widerstandes in einer Diktatur. Schlecht informiert und ohne Übersicht über die tatsächliche Lage war es für den Einzelnen kaum möglich, mutig einzuschreiten und dennoch sein Leben zu retten – nicht einmal wenige Stunden vor dem Kriegsende. *Hans Kratzer*

Hitler gibt Krieg verloren 22.4.1945

Die Rote Armee erobert die Berliner Stadtbezirke Pankow und Weißensee. Als Hitler davon erfährt, bekommt er einen Wutanfall. Kurz darauf gibt er erstmals vor Zuhörern in seinem Bunker zu, dass der Krieg verloren sei. Entgegen aller Ratschläge entschließt sich Hitler, in Berlin zu bleiben. Bevor er freilich in feindliche Hände falle, werde er sich erschießen. Am 22. April erscheint in der NS-Wochenschrift „Das Reich“ ein Artikel von Propagandaminister Goebbels – der erst am Tag zuvor zynisch gemeint hatte, die Deutschen hätten kein anderes Schicksal als den Untergang verdient –, in dem er nochmal alle Reichsbewohner zum „Widerstand um jeden Preis“ auffordert. Truppen der Roten Armee befreien das Konzentrationslager Sachsenhausen. Dort finden sie 3.000 Überlebende vor. 33.000 Häftlinge waren am Tag zuvor auf „Todesmärsche“ nach Wittstock nordwestlich von Berlin getrieben worden, wobei Tausende ums Leben kamen. Französische Truppen besetzen die Städte Stuttgart und Freiburg.

Zwischen Schuld und Sabotage

Echo alter Gefühle: Warum es den Skandinaviern nicht gelang, im Weltkrieg ihre Neutralität zu bewahren

Den größten Jubel, die größte Menschenmenge auf den Straßen Kopenhagens seit dem Fest der Befreiung im Jahre 1945 gab es am 16. Juni 1992. An diesem Tag besiegten die Dänen die Deutschen im Finale der Fußball-Europameisterschaft mit zwei zu null Toren. Es war der höchste Triumph in der Geschichte des dänischen Sports. Aber es war auch ein bisschen mehr. In der Inbrunst, mit der die Dänen auf dem Rathausplatz das „Zwei zu Null" skandierten, lag auch ein Echo alter Gefühle gegenüber Deutschland, die auf die Besatzung im Zweiten Weltkrieg, auf die Erinnerung an den Widerstand und auf die früheren Kämpfe zwischen beiden Ländern zurückgehen. Da kann sich die Arena des Konflikts noch so sehr in die friedliche Sphäre der Fußballstadien verlegt haben.

Als reinen Hass kann man diese Gefühle jedoch keineswegs bezeichnen. Eher als eine Reibung durch Nähe. Denn so sehr seit dem Erstarken des Nationalismus im 19. Jahrhundert den Dänen die Bändigung des mächtigen Nachbarn im Süden auch sympathisch ist, so eng sind gleichzeitig die beiden Länder traditionell miteinander verbunden: kulturell, wirtschaftlich, religiös und dynastisch.

Eine solche Ambivalenz gegenüber Deutschland ist, bei allen Unterschieden der Nationalgeschichten, allen Ländern des Nordens gemeinsam, die jetzt auf den Krieg und ihr Verhältnis zum nationalsozialistischen Regime zurückschauen. Als Adolf Hitler im Frühjahr 1940 ansetzte, sein Reich auf das „arische" Nordeuropa auszudehnen, war dem eine jahrhundertelange Nähe dieser lutherischen Länder zur deutschen Kultur vorausgegangen. Allerdings unterschied die kleinen, aber selbstbewussten skandinavischen Nationen von Deutschland, dass sie nicht bereit waren, sich an der Radikalisierung der Politik im 20. Jahrhundert zu beteiligen. Wie schon vor dem Ersten Weltkrieg, so hatten sie auch im Mai 1938 gemeinsam ihre Neutralität im Falle eines europäischen Krieges erklärt.

Doch das half ihnen wenig. Lediglich Schweden gelang es, während des Weltkrieges deutsche Truppen von seinem Gebiet fernzuhalten, allerdings um den Preis einer engen wirtschaftlichen und logistischen Zusammenarbeit mit dem kriegführenden Deutschland.

Am 1. März 1940 gab Hitler den Befehl zum „Fall Weserübung", zur Invasion in Dänemark und Norwegen. Drei strategische Ziele des Angriffs nannte er: den Export von schwedischem Eisenerz über norwegische Häfen sicherzustellen; die Ausgangsposition gegen die Briten zu verbessern; und die Zugänge zur Ostsee zu kontrollieren. Am 9. April 1940 fielen dann gleichzeitig in Dänemark und Norwegen deutsche Truppen ein. In Dänemark kam es zur umgehenden Kapitulation; den Dänen wurde unter einem deutschen Reichsbevollmächtigten ihre Regierung und ihr König gelassen.

Der Film „Kampf um das schwere Wasser" (rechts) erzählte 1948 von einer heroischen Sabotageaktion norwegischer Widerständler gegen eine Fabrik. 1946 lief der Film „Dänemark in Fesseln" (oben). Die Bilder sind dem Katalog der Ausstellung „Mythen der Nationen" entnommen, die im Jahr 2005 im Deutschen Historischen Museum zu sehen war.

In Norwegen gab es mehr Widerstand; im Fjord von Oslo konnte durch Kanonen von der alten Festung Oscarsborg das deutsche Kriegsschiff *Blücher* versenkt werden, was der Regierung und König Håkon VII. die Flucht in den Norden des Landes und später ins Exil nach London ermöglichte. Britische Truppen im Süden des Landes konnten sich nicht halten – Grund für den Rücktritt von Neville Chamberlain am 10. Mai zugunsten der Allparteienregierung von Winston Churchill. Ein wenig länger noch kämpften britische, französische und polnische Truppen gemeinsam mit Norwegern um den wichtigen eisfreien Hafen von Narvik, doch als Hitlers Frankreichfeldzug begann, sahen sich die Alliierten gezwungen, Norwegen ganz aufzugeben. So folgte auch hier am 10. Juni 1940 die Kapitulation. Unter Reichskommissar Josef Terboven – einem fanatischen Nazi, der schon 1923 am Hitler-Putsch beteiligt war – wurde ein strammes Besatzungsre-

DEN NORSKE FILMEN
KAMPEN OM TUNGTVANNET
MED SABOTØRENE FRA KOMPANI LINGE
PRODUKSJON:
HERO-FILM
REGI: TITUS VIBE-MÜLLER
UTLEIE:
A/S
FOTORAMA

gime errichtet, an dem Anhänger der norwegischen faschistischen Partei „Nasjonal Samling“ unter Führung von Vidkun Quisling mitwirkten. Während des gesamten Krieges waren in Norwegen mehr als 300.000 deutsche Soldaten stationiert.

Wurde Schweden von Kämpfen verschont, so hatte im Osten Finnland seine ganz eigenen Probleme. Das erst seit 1917 unabhängige Land musste sich im so genannten „Winterkrieg“ von 1939-40 gegen den Angriff der Sowjetunion wehren, die ihm zehn Prozent seines Gebietes abpresste, aber gerade noch die Selbstständigkeit ließ. Da kam den Finnen der Angriff Hitlers auf die UdSSR gerade recht. Sie erklärten zwar ihre Neutralität und betonten, ihren „Fortsetzungskrieg“ gegen die Russen auf eigene Faust zu führen – aber de facto kämpften sie mit den Deutschen Seite an Seite. Erst als die Sowjetunion 1944 zu einer neuen Offensive gegen das Nachbarland ausholte, musste sich Finnland nach dem folgenden Waffenstillstandsvertrag gegen die Deutschen wenden, die beim Abzug verbrannte Erde hinterließen. Finnland blieb dann nach dem Krieg unabhängig, aber bis zum Zusammenbruch der Sowjetunion im Jahr 1991 unter der Fuchtel Moskaus. Mit der tief sitzenden Angst vor der Übernahme durch den Osten ist bis heute Finnlands Deutschfreundlichkeit und seine unter den nordischen Ländern positivste Haltung zur Europäischen Union zu erklären.

Alle vier nordischen Länder – im Krieg kam noch ein fünftes hinzu, als Island sich von Dänemark unabhängig erklären konnte – haben sich jeweils von der Zeit des Weltkriegs eine dominante Heldengeschichte geschaffen; und in allen vier Ländern wird erst in den letzten zehn bis fünfzehn Jahren verstärkt an einer Belastungsgeschichte gearbeitet, die nach Verstrickungen und Unterlassungen im Umgang mit den Nationalsozialisten fragt.

Die Heldengeschichte geht etwa so: In Dänemark verhinderte die „Zusammenarbeitspolitik“ der Regierung Leid und Zerstörungen. König Christian X. symbolisierte tapfer das Fortbestehen der dänischen Souveränität. Der zunehmende allgemeine Widerstand gegen die Deutschen führte 1943 zum „August-Aufstand“ des gesamten Volkes, zur Gründung der Gegenregierung des „Freiheitsrats“ und zu deutschen Terrormaßnahmen. Im Oktober 1943 verhinderte eine Hilfsaktion der Bevölkerung die Deportation von 7.000 dänischen Juden, die über den Öresund nach Schweden fliehen konnten.

In Norwegen kämpften bis zum Kriegsende etwa 40.000 Bewaffnete in der „Heimatfront“ gegen die Deutschen, es gab Streiks und zivilen Widerstand, Schulen und Kirchen stemmten sich gegen die Nazifizierung. In einem mutigen Sabotageakt sprengten 1943 Widerständler die Elektrolyseanlage der Norsk Hydro, in der so genanntes schweres Wasser (Deuterium) produziert wurde, das für die Entwicklung einer deutschen Atombombe gebraucht wurde. In den beiden besetzten Ländern Dänemark und Norwegen gab es nach dem Krieg Prozesse gegen Kollaborateure.

Schweden wiederum, so die Heldenerzählung weiter, war von den Deutschen umzingelt und vom Welthandel abgeschnitten. Um eine Invasion zu verhindern, blieb dem Land nichts übrig, als Rohstoffe und Produkte nach Deutschland zu exportieren; die Gewinne daraus setzte das Land für humanitäre Politik und den Ausbau eines gerechten Sozialstaats ein. Das Land nahm in den letzten Jahren des Krieges viele Flüchtlinge auf, beherbergte Emigranten wie Willy Brandt und Herbert Wehner. Der schwedische Diplomat Raoul Wallenberg rettete 1944 in Budapest durch die Ausstellung schwedischer Schutzpässe 5.000 ungarische Juden vor der Ermordung, und 1945 konnte das schwedische Rote Kreuz Tausende aus den Konzentrationslagern befreien. Und Finnland, im geheimen Zusatzprotokoll zum Hitler-Stalin-Pakt dem Bereich der Sowjets zugeschlagen, rang um seine Existenz und musste sich mit allen Mitteln verteidigen.

Die Belastungsgeschichte hingegen klingt anders: In Dänemark arbeiteten die Politiker zumal bis 1943 ruhig mit den Nazis zusammen. Deutschland wurde im Krieg zum wichtigsten und lukrativen Handelspartner, und dänische Firmen arbeiteten für die Wehrmacht; etwa 6.000 Dänen meldeten sich freiwillig zur Waffen-SS. In Norwegen gab es ein norwegisch geführtes und ein deutsches KZ, die heimische Polizei half beim Aufspüren von Juden, von denen 770 nach Auschwitz deportiert wurden.

Göring abgesetzt 23.4.1945

Adolf Hitler gerät von einem Wutanfall in den nächsten. Aus Berchtesgaden fragt am 23. April 1945 Reichsmarschall Hermann Göring an, ob Hitler noch volle Handlungsfreiheit besitze. Falls nicht, würde er wie vorgesehen die Gesamtführung des Deutschen Reiches übernehmen. Hitler spricht von „Verrat“ und entlässt Göring aus allen Ämtern. Offiziell wird bekannt gegeben, Görings „chronisches Herzleiden“ sei in ein akutes Stadium getreten. Goebbels befiehlt als zuständiger Gauleiter den Verteidigern Berlins den „Kampf mit letzter Verbissenheit“, schließlich gehe es um eine „gute Sache“. In einem Berliner Gefängnis wird der Schriftsteller und Widerstandskämpfer Albrecht Haushofer („Moabiter Sonette“) mit sechs weiteren Häftlingen ermordet. Die britische Armee erreicht Hamburg-Harburg, die 90. US-Infantriedivision befreit das KZ Flossenbürg in der Oberpfalz. Mehr als 30.000 Häftlinge kamen dort zwischen 1938 und 1945 ums Leben.

Das sozialdemokratisch geführte Schweden verhielt sich bis 1943, obwohl „neutral", wie ein Verbündeter Deutschlands, unterdrückte die Pressefreiheit zugunsten der Nazis, ließ die Züge mit deutschen Soldaten durchs Land fahren, lieferte bis 1944 sein hochwertiges Eisenerz für die deutsche Rüstung und erhielt dafür Geld, das auch aus enteignetem jüdischen Vermögen stammte. Die reichen Vettern des Judenretters von Budapest, Marcus und Jakob Wallenberg, suchten die Lieferung schwedischer Kugellager, die für die Kriegsmaschinerie wichtig waren, so lange wie möglich gegen alliierte Interessen durchzusetzen. Schwedische Rassebiologen agierten schon früh als Vordenker der nationalsozialistischen Eugenik.

Die schwedische Regierung wusste bereits 1942 vom Völkermord an den Juden, unternahm aber nichts. Erst nach Deutschlands Niederlage in Stalingrad 1943 wandte sich Schweden opportunistisch den Westmächten zu, um nach dem Krieg sauber dazustehen. Und in Finnland ist heute noch Stolz auf die Waffenbrüderschaft mit den Deutschen verbreitet, die damals auch die Sozialdemokraten befürworteten; so wollten Ende der neunziger Jahre finnische Veteranen der Freiwilligenbataillons der Waffen-SS mit staatlicher Subventionierung ein Denkmal für die Kameraden in der Ukraine errichten, wofür die Regierung erst nach öffentlicher Kritik ihre Unterstützung zurückzog.

Jahrzehntelang ist in den nordischen Ländern die Heldenversion der Geschichte so monokulturell gepflegt worden, dass in den letzten Jahren, zumal im Ausland, fast die Gefahr besteht, die belastenden Erzählungen überzubetonen. So wird es die Aufgabe der kommenden Jahre sein, die angemessene Balance zwischen den Versionen herzustellen. *Johan Schloemann*

„Wir hielten es mehr für ein Gefängnis"

„Immer mehr hört man von den entsetzlichen Dingen, die in den Konzentrationslagern geschehen sind. Während des Krieges wußten wir wohl von Dachau, wo auch Pfarrer Niemöller ist oder war (?), hielten das aber mehr für ein Gefängnis und Idiotenanstalt. Daß dies aber für so viele Menschen Todeslager waren, ahnten wir nicht. Der Vater unseres Dienstmädchens war heute da, sprach beim Essen darüber, wobei er ohne es zu merken vom ‚Konzertlager' sprach."

(Tagebucheintrag von Rudi B., 16 Jahre alter ehemaliger Hitlerjunge, vom 23. April 1945; Quelle: Tagebucharchiv Emmendingen)

Von guten Taten, undurchsichtigen Motiven und einem Helden

„Aktion Weiße Busse": Bis heute streitet man in Schweden, wem die Rettung von 20.000 Menschen aus deutschen Konzentrationslagern zu verdanken ist

Heinrich Himmler hatte eine schlechte Verdauung und chronische Magenschmerzen. Wenn Adolf Hitler, den Himmler ehrfürchtig verehrte und gleichzeitig fürchtete, einen unvorteilhaften Kommentar abgegeben hatte, wurden die Magenkrämpfe unerträglich. Dann musste Felix Kersten kommen und den Reichsführer SS von den Schmerzen befreien. Himmler nannte den dicken Masseur dankbar seinen „magischen Buddha". In den letzten Monaten des Zweiten Weltkrieges freilich half Kersten mit, Himmler dazu zu bewegen, Tausende Häftlinge aus den Konzentrationslagern freizulassen.

Eine dieser Evakuierungen ging als „Aktion Weiße Busse" oder „Aktion Folke Bernadotte" in die Geschichte ein – es war der Transport von mehr als 20.000 Gefangenen aus den deutschen Konzentrationslagern nach Skandinavien. Der Gesandte der norwegischen Exilregierung in Stockholm, Niels Christian Ditleff, und der norwegische Professor Didrik Arup Seip hatten schon 1943 eine Liste mit dänischen und norwegischen Gefangenen zusammengestellt. Sie schickten diese Aufstellung an das schwedische Außenministerium mit der Bitte, etwas zu unternehmen. Von Himmler wusste man, dass er ein Faible für Skandinavier hatte, weil er sie als Verkörperung des „Germanentums" betrachtete. Außerdem war durchgesickert, dass er hinter dem Rücken Hitlers den Versuch unternahm, durch späte Zugeständnisse sein Image bei den Kriegsgegnern zu verbessern. Schwedens Außenminister Christian Günther bat deshalb den Vizepräsidenten des Schwedischen Roten Kreuzes, Folke Bernadotte, mit Himmler zu verhandeln. Aber in erster Linie sah Günther Himmlers Masseur Felix Kersten als Schlüsselfigur für eine Rettungsaktion. Von Kersten war bekannt, dass er großen Einfluss auf Himmler hatte; und dass er schon 1944 bei der Ausreise von mehreren tausend Juden in die Schweiz seine Hände im Spiel gehabt hatte. Günther konnte Kersten für das Vorhaben gewinnen.

Himmlers „magischer Buddha“: Felix Kersten.

Felix Kersten, ein Baltendeutscher mit finnischem Pass, behandelte Himmler bereits seit 1939. Kersten war kein Nazi-Ideologe. Er war auch nie Mitglied der NSDAP. Er war nur ein Karrierist, der außer Himmler auch Wirtschaftsbosse des Dritten Reiches behandelte. Irgendwann muss Kersten die Möglichkeit gesehen haben, Häftlingen zu helfen. Seine Anhänger sagen, er habe es aus Menschenfreundlichkeit getan. Seine Kritiker meinen, er habe sich um sein Image nach dem Krieg gesorgt. „Wichtig ist die Tat, nicht die Spekulation über die Motive“, schreibt dazu die schwedische Historikerin Lena Einhorn in ihrem Buch „Menschenhandel unter dem Hakenkreuz“.

Im Frühjahr 1945 stimmte Himmler der Freilassung der skandinavischen Häftlinge zu. Die Busse des Schwedischen Roten Kreuzes wurden über eine Fähre ins Deutsche Reich gebracht. Sie waren weiß gestrichen, damit die alliierten Flugzeuge sie erkennen konnten und verschonten. Insgesamt waren etwa 70 Fahrzeuge unterwegs – 30 Busse, außerdem Ambulanzen und Lastwagen. Auf der Innenseite der Windschutzscheiben waren kleine Zettel aufgeklebt mit der Aufschrift: „Rechts halten!“ In Schweden galt damals Linksverkehr.

Die skandinavischen Häftlinge wurden zunächst im Konzentrationslager Neuengamme bei Hamburg zusammengezogen – andere Gefangene mussten Neuengamme verlassen, um Platz zu schaffen. Sie wurden in andere Lager verlegt, in denen schlechtere Bedingungen herrschten; viele starben bereits beim Transport. Die skandinavischen Häftlinge wurden in den folgenden Wochen von Neuengamme nach Schweden gebracht. Später wurden auch Gefangene aus anderen Nationen mitgenommen; insgesamt waren es mehr als 20.000, unter ihnen auch Jüdinnen aus dem Lager Ravensbrück.

Dafür, dass auch Juden freigelassen wurden, hatten sich vor allem Gilel Storch und Norbert Masur eingesetzt. Storch, ein lettischer Geschäftsmann, lebte seit 1941 in Stockholm und war dort der Vertreter des Jüdischen Weltkongresses geworden. Masur, ebenfalls Jude wie Storch, arbeitete als schwedischer Diplomat. Masur traf Himmler am 21. April auf Kerstens Gut Hartzwalde in Brandenburg. Hier genehmigte Himmler den Transport von Juden nach Schweden. „Niemand weiß, wie hoch der Anteil von Juden an den Gefangenen war“, schreibt Lena Einhorn. „Die Ziffer wird oft als irgendwo zwischen 3.500 und 6.500 liegend angegeben.“

Nach dem Krieg entbrannte ein heftiger Streit darüber, wem das Verdienst für die Rettungsaktion zukommt. Folke Bernadotte schrieb ein Buch und stellte seine Verdienste ganz nach vorne. Kersten, Storch, Masur oder Ditleff erwähnte er nicht. Die schwedische Regierung hat diese Darstellung rasch aufgegriffen – schließlich brauchte das Land einen schwedischen Helden, weil es sich während der Hitler-Diktatur nicht gerade vorbildlich verhalten hatte: Das neutrale Schweden hatte jüdische Flüchtlinge an der Grenze abgewiesen, war lange größter Handelspartner des Dritten Reiches gewesen und hatte deutsche Soldaten bei ihrem Angriff auf Norwegen durch Schweden marschieren lassen. Mit einem Schweden als Hauptfigur der „Aktion Folke Bernadotte“ konnte man sein Image aufpolieren – zu Lasten anderer.

„Die fehlende Anerkennung nach dem Krieg tat meinem Vater sehr weh“, sagt Ulf Kersten, der dem 1960 verstorbenen Felix Kersten sehr ähnlich sieht und am Lännasee westlich von Stockholm lebt. Diese Enttäuschung führte dazu, dass Felix Kersten begann, Folke Bernadotte zu diffamieren. Dieser habe Juden in den Weißen Bussen ausdrücklich nicht dabei haben wollen, behauptete Kersten. Dafür gibt es allerdings keine Beweise. Wahr ist, dass die schwedische Regierung die Rettung der Juden ans Ende ihrer Prioritätenliste stellte. In einer Anweisung der Regierung an Folke Bernadotte vom 27. März 1945 hieß es: „... in erster Linie Skandinavier, in zweiter Linie Nicht-Skandinavier, in dritter Linie, sofern es sich anbietet und wenn keine Nachteile dadurch zu befürchten sind,... Juden.“ *Gerhard Fischer*

Himmlers Verhandlungen 24.4.1945

Am 24. April kesselt die Rote Armee Einheiten der Wehrmacht bei Frankfurt/Oder ein. Französische Truppen besetzen Ulm. Heinrich Himmler („Ich gebe zu, daß Deutschland besiegt ist.“) unterbreitet Graf Bernadotte das Angebot, gegenüber den Westalliierten zu kapitulieren. Er geht von Hitlers Tod aus, will aber gegen die Sowjetunion unbedingt weiter kämpfen. In Italien erobern US-Truppen La Spezia, die Briten besetzen Ferrara, die Alliierten erreichen den Fluss Po.

Apokalypse in Berlin

Der grausame Kampf um die Reichshauptstadt

Die Schlacht um Berlin zwischen dem 16. April und dem 2. Mai 1945 war das apokalyptische Finale des Dritten Reichs. Hunderttausende Soldaten und Zivilisten krepierten unter grässlichen Umständen in den Kiefernwäldern Brandenburgs und in den Trümmern der Reichshauptstadt. Es war keine Götterdämmerung, wie dies Adolf Hitler in der Beton-Wahnwelt seines Bunkers kurz vor dem Selbstmord imaginierte. Ja, wir „wissen" aus zahllosen Berichten und Büchern, was damals passierte. Fotos bilden Momente des Grauens ab. Filme wie „Schlacht um Berlin" – ein sowjetisches Werk, unterlegt mit Schostakowitschs Musik – bis zum Kinofilm „Der Untergang" versuchen seit Jahrzehnten nachzustellen, was für jene, die es nicht erlebt haben, unvorstellbar bleiben wird.

Im Berlin des Jahres 2005 sieht man nicht mehr sehr viele Spuren des großen Schlachtens vor 60 Jahren. Im Westen ist es vor allem die Ruine der Gedächtniskirche am Kudamm; im Ostteil der Stadt gibt es an etlichen Häuserfronten noch mehr oder weniger gut geflickte Einschusslöcher. Wenn man aber vor dem Reichstag steht und zum Kanzleramt blickt, muss man wissen, was man alles nicht mehr sieht, um ahnen zu können, was gewesen ist. Rechts steht noch die Schweizer Botschaft, das einzige Überbleibsel des ehemaligen Diplomatenviertels, durch das sich das sowjetische 380. Stoßregiment am 29. April zum Reichstag vorkämpfte. In der Parlamentsruine hatten sich SS und Wehrmacht verschanzt; drei Tage lang wurde Flur für Flur, Zimmer für Zimmer mit Maschinenpistolen, Handgranaten und Flammenwerfern gerungen. „Wir zogen die Faschisten aus den Löchern im ersten Stock, und kaum waren sie tot, wurden wir von hinten und von oben wieder beschossen", erinnerte sich ein Angehöriger des sowjetischen 756. Regiments.

Der Anfang vom Ende des Dritten Reichs: Sturmgeschütze der Roten Armee passieren die Stadtgrenze.

Triumph über den Straßen der Nazi-Hauptstadt: Sowjetsoldaten hissen auf dem Brandenburger Tor ihre Flagge. Im Hintergrund der zerstörte Reichstag. Das Foto entstand am 2. Mai – an diesem Tag kapitulierten die letzten deutschen Truppen.

25. April 1945

Meter für Meter kämpfte sich die Rote Armee ins Zentrum der deutschen Hauptstadt vor: Tote liegen in der Chausseestraße.

Mit bloßen Händen errichten Volkssturmleute eine Panzersperre.

Auf beiden Seiten forderte die Schlacht um Berlin hohe Verluste: Im zähen Straßenkampf musste die Rote Armee Haus für Haus erobern.

Dieses Regiment hatte zuvor Himmlers Innenministerium gestürmt, das dort stand, wo sich heute das Kanzleramt erhebt. Über die Moltke-Brücke waren die Infanteristen unter dem Schutz von T-34- und Stalinpanzern vorgedrungen. Die Kroll-Oper, ein paar hundert Meter vis-a-vis vom Reichstag gelegen und heute völlig verschwunden, hatten sie eingenommen. In der Deckung des Reichstags war ein deutscher Panzer, ein Königstiger der SS-Panzerabteilung 503, aufgefahren. „Wir sahen zur Kroll-Oper hinüber", gab 1980 der überlebende Kommandant des Panzers zu Protokoll, „rechts von uns standen wohl 30 T-34 mit Rohr aufs Reichstagsgebäude gerichtet... Gegen diese große Zahl haben wir das Feuer mit Erfolg aufgenommen."

Tausende solche Szenen ereigneten sich in der Schlacht um Berlin. Görings Luftfahrtministerium, heute Eichels Finanzministerium, wurde von einer zusammengewürfelten Truppe aus Luftwaffe, Heer und Waffen-SS verteidigt. Unter den SS-Leuten waren viele Freiwillige aus ganz Europa: Letten und Franzosen, Dänen, Norweger und Schweden, sogar ein paar Spanier und Russen. Die U-Bahnhöfe Stadtmitte, Französische Straße und Hausvogteiplatz waren Lazarette, Kommandostände und Zufluchtsstätten zugleich. Am 1. Mai 1945 gab es nur noch wenige Inseln des deutschen Widerstandes, und rote Fahnen wehten schon auf Reichstag und Brandenburger Tor. In der Nacht zum 2. Mai versuchten die letzten Reste der Verteidiger des Zentrums mehrmals vom Bahnhof Friedrichstraße aus über die Weidendammer Brücke den Ring der sowjetischen Truppen zu durchbrechen. Etliche entkamen, unter ihnen Hitlers Sekretärin Traudl Junge, die meisten nicht. „Auf der Brücke und die Chausseestraße hinunter lagen Hunderte, vielleicht Tausende Tote", berichtete ein Überlebender, „erst sprang ich über die Leichen, und dann, als ich rannte, trat ich einfach drauf."

Während in Berlin Männer, Frauen und Kinder in Massen starben, unter ihnen Zehntausende sowjetische Soldaten, ereignete sich südwestlich der Stadt ein anderes blutiges Drama. Die deutsche 9. Armee unter General Busse war bei Halbe eingekesselt und machte sich am 28. April gemeinsam mit Zehntausenden Flüchtlingen auf den Marsch, um die Elbe zu erreichen, bis zu der bereits die Amerikaner vorgedrungen waren. Südlich von Potsdam lag die deutsche 12. Armee unter General Wenck, der nach Hitlers Willen („Wo bleibt Wenck?") eigentlich auf Berlin vorstoßen sollte. Die Kiefernwälder der märkischen Heide, durch die sich der Heerwurm der Armee Busse wand, wurden zur Todesstätte einer bis heute ungezählten Menge von Soldaten und Flüchtlingen. Die Armee Wenck kämpfte sich der Armee Busse entgegen. Als die Reste der 9. Armee am 1. Mai 1945 auf Wencks Truppen stießen, waren von den rund 200.000 Menschen, die aus dem Kessel von Halbe ausgebrochen waren, keine 40.000 mehr am Le-

Kinder und alte Männer sollen die Stadt verteidigen.

25. April 1945

Üben für den Endkampf: Volkssturmausbildung im Schützengraben.

ben. Schon vor der Schlacht um Berlin waren die inneren Bezirke der Reichshauptstadt im Bombenkrieg zu mehr als drei Viertel zerstört worden. Die Schlacht selbst, vor allem der Einsatz von Artillerie, machte aus den Ruinen vielerorts Regionen des Chaos. Während der Kämpfe wüteten deutsche Standgerichte gegen Deserteure und „Verräter"; in den von den Sowjets besetzten Vierteln kam es Tage und Wochen lang zu Massenvergewaltigungen, Plünderungen und zu Exekutionen tatsächlicher oder vermeintlicher Nazis. Der Widerstand in Berlin von Teilen der dort konzentrierten deutschen Truppen war oft fanatisch. Angehörige der Waffen-SS fürchteten nach einer Gefangennahme die summarische Exekution; bei sehr vielen Soldaten überwog die Angst vor russischer Kriegsgefangenschaft fast alles andere. Viele von ihnen wussten aus eigener Erfahrung, was die Deutschen in Russland angerichtet hatten. Sie fürchteten die Rache – und sie kannten die Gründe dafür.

Kurt Kister

Zusammen mit seinem persönlichen Adjutanten Julius Schaub besichtigt Adolf Hitler die von Bomben getroffene Reichskanzlei.

Ein Sowjetsoldat sitzt auf dem Sofa im „Führerbunker", auf dem Hitler Selbstmord verübt hatte.

Treffen bei Torgau — 25.4.1945

Das Oberkommando der Wehrmacht meldet: „In der Schlacht um Berlin wird um jeden Fußbreit Boden gerungen." Das sowjetische Informationsbüro gibt bekannt: „Truppen der 1. weißrussischen Front haben alle aus Berlin nach Westen führenden Wege abgeschnitten und sich mit den nordwestlich von Potsdam stehenden Truppen der 1. Ukrainischen Front vereinigt. Dadurch ist die völlige Einschließung Berlins erreicht." Gleichzeitig fliegen die Sowjets schwere Luftangriffe aufs Stadtzentrum mit etwa 1500 Flugzeugen. An der Elbe treffen sich erstmals Soldaten der Westalliierten und der Roten Armee. Bei Leckwitz und nahe von Strehla in Sachsen begegnen sich Soldaten der 69. Infantriedivision der US-Armee und der 58. Gardedivision der sowjetischen Truppen. Während des historischen Treffens kommt es in Torgau zu einer improvisierten Feier. Das Deutsche Reich ist somit endgültig in eine Nord- und eine Südhälfte zerteilt. Die Rote Armee erobert Pillau und verhindert somit den weiteren Abtransport von Soldaten und Zivilisten aus dem nördlichen Ostpreußen über die Ostsee. Die Royal Air Force zerstört bei einem Luftangriff den Berghof auf dem Obersalzberg, Hitlers Residenz bei Berchtesgaden. Die Freischaren des Nationalen Befreiungsausschusses (Resistenza) besetzen die Stadt Mailand. Verhandlungen zwischen den Widerstandskämpfern und Benito Mussolini, dem Führer der faschistischen „Republik von Salo" scheitern. Mussolini versucht sich abzusetzen. In San Francisco beginnt die Gründungsversammlung der Vereinten Nationen mit 850 Delegierten aus 46 Ländern. Ziel ist die Schaffung einer Organisation, die dauerhaften Frieden sicherstellen soll.

„Sie sind da, sie sind endlich da!“

Als die Amerikaner im oberbayerischen Bad Tölz einmarschierten – aufgezeichnet von Marianna Bronner (3. und letzter Teil)

Tölz, Dienstag, 24. April 45. Wir Lehrer sind eine besondere Rasse. Wir halten heute noch eine „Gebiets-Konferenz“ ab – im Grüner Bräu. Das Thema lautet: „Einmaleinsbehandlung!“ Hätte ich doch eine Schallplattenaufnahme aus dieser Konferenz! Die Rede geht etwa so: Schulrat Müller: „Das Einmaleins muß sicher, gut und geläufig geübt werden, besonders das kleine Einmaleins, meine Kollegen. Jeden Vormittag in der ersten Viertelstunde der Rechenstunde.“

„Achtung! Alarm! Sirene! Alarm! Tiefflieger am Ammersee. Kampfgeschwader Richtung München. Mit akutem Alarm muß gerechnet werden... !“ So ertönt es aus dem Radio.

Schulrat Müller: „Ich denke, wir verbleiben im Raum zur Fortbesprechung. Die Methode, mit der Sie nun schwierige Zahlen zur Merkfähigkeit bringen, sind...“ Radio: „Achtung! Voralarm!“ Aber unsere Konferenz über den Rechenunterricht geht immer weiter und weiter.

Mittwoch, 25. April 45. Ein Tag wie Gold; man liebt nur mehr die Minute. Wir sind auf das Warten dressiert, das Warten auf den Tod, auf das letzte Ende. Um 8 Uhr morgens Alarm, Alarm, Alarm, und so geht es weiter bis 1 Uhr mittags. Wir sind schwindelig vom Hungern. Heute stellt die Zeitung ihr Erscheinen ein. Erst heute wird auch keine Post mehr ausgetragen. Man sagt uns, sie werde aufbewahrt für spätere Zeiten. Dann und wann hört man in der Ferne Artilleriedonner. Wie soll das weitergehen? denkt jeder voll Sorge.

Und trotzdem funkeln die Augen der Leute fröhlich bei dem Gedanken: Jetzt kommen sie! Jetzt! Jetzt ist es aus mit „ihnen“! Es ist schon sehr viel, sehr viel Wagemut – dieses Funkeln mit den Augen! Ich habe immer noch ordnungsgemäß Schule. Das „Heil Hitler“ ertönt bei den Kindern nur mehr sehr schwach. Zum ersten Male streiken viele Kinder bei dem Gruß „Heil Hitler!“. Es sickert durch, daß nur mehr heute und morgen in den Geschäften eingeholt werden kann. Dann werden die Geschäfte geschlossen bis zum Einzug der Feinde. Also auf zur Tat der Eroberung! Als Abschiedsgabe gibt es Käse: Sonderzuteilung 1 Pfund pro Kopf. Der Metzger gibt noch pro Kopf 2 Kilo Fleisch und 2 Pfund Leberwurst. Die Tölzer Läden werden heute nachmittags ausverkauft sein. Wie bei einem Jahrmarkt schieben sich die Leute auf der Straße vor den Läden. Die Leute stehen Schlange. Man hört beim Anstehen auch Frauen, die da sagen: „Ob sie uns vergewaltigen werden? Wenn sie kommen. Ob sie uns etwas zu essen geben werden? Ob sie uns abführen und deportieren werden?“ Doppelt so schlimm können die Amerikaner doch nicht sein. Sie stellen doch eine Frau als Standbild in der Hafeneinfahrt in New York auf, als Sinnbild für Freiheit, Friede, Gerechtigkeit. Doppelt so schlimm können sie doch nicht sein.

„Festungszulage“ heißt die Lebensmittelgabe, die wir jetzt bekommen. Tölz ist also keine freie Lazarettstadt, sondern eine Festung. O weh!

Freitag, 27. April 45. Das erste Frühjahrsgewitter steigt auf. Der Gürtel, den ich immer unter dem Kleide trage mit den eingenähten Gold- und Silbermünzen und dem Schmuck belastet und belästigt mich sehr. Zu lange trage ich ihn schon. Alle Leute beschäftigt eine fieberhafte Hast im Einkaufen mehr als die Verteidigung des Ortes. Das Volk frißt auch heute noch gierig die „Zuckerbröcklein“, die ihm sein gestrenger Herr Hitler gibt. Die Leute stehen oft 7 Stunden für die Zigarettenzulage an, 5 Stunden für „punktfrei“ abgegebene Kleider und Strümpfe. Nur eiserne Gitter, welche die Ladeninhaber herunterließen, schützen den Laden davor, daß er gestürmt wurde.

Ich selber trage Notbrote und Notmehl vom „Schuß“ herunter in unser Zimmer im Jodquellenhof. Die „Vorausverpflegung“, die ausgegeben wird, kann ich mir nicht einholen. Es ist mir gesundheitlich nicht möglich, so lange zu stehen und zu warten auf 30 Gramm Schwarztee, 2 Pfund Butter, 2 Pfund Fleisch oder Wurst. Verdammt noch einmal, hat die SS vor, aus Tölz eine Festung zu machen?

Samstag, 28. April 45. Ich frage mich, ob es eigentlich einen Sinn hat, in das Bett im Jodquellenhof zu schlüpfen. Der Jodquellenhof liegt doch an der Heeresstraße, die übersät ist von bereits stehen gelassenen Wehrmachtswagen. Bis nachts 2 Uhr ist mir immer das Herz so voll, so schwer, und will mich der Schlaf nicht übermannen. Es ist schon der dritte Tag, daß Auto an Auto im Auffahrtstempo über die Isarbrücke in Richtung Aibling-Rosenheim fährt. Die Autos rollen gerade unter meinem Schlafzimmerfenster, das heißt unter Hansens Chef-Schlafzimmer am laufenden Band vorüber.

Amerikanische Soldaten fahren in München Richtung Innenstadt, freundlich begrüßt von Einheimischen. Die Stadt wurde kampflos eingenommen.

Sirenengeheul. Wir gehen in den Keller des Jodquellenhofes, wo seit heute die im Krankenhause Verstorbenen unbegraben auf der Kellerbank ruhen. Es ist nur eine Wolldecke über sie geworfen. Wir haben dem Tode so viel ins Auge geschaut, daß ein Toter nebenan auf der Bank unser Gemüt nicht mehr erschüttert. Der 4. „Regierungszug" ist heute aus Berlin eingetroffen: All die ungekrönten Häupter sind aus Berlin geflohen. Sie fliehen in unsere Berge. Alm- und Sennhütten sind ab sofort beschlagnahmt.

Und wohin soll das Volk gehen?

29. April zum 30. April 45. 3 Uhr morgens. Es ist noch dunkel. Mein Atem geht wie der ruhelose Taktschlag meines angsterfüllten Herzens. Der Rundfunk von München antwortet schon lange nicht mehr. Diese Funkstille ist voll Geheimnis. Wissen sie in München nichts mehr von uns? Wo bleiben die bunten Leuchtkugeln der Bombardements auf München, die in den Nächten immer auf die Stadt niedergingen, auf- und niederflogen wie von einem unsichtbaren Gaukler gehandhabt? Soll es am Montąg mit uns ernst werden? Bei diesem Gedanken jagt ein Schaudern durch meine Glieder. Wäre es doch, daß die Feinde morgen kämen! Vielleicht käme es dann zu gar keinem Kampf? Vielleicht marschierten die Amerikaner dann über die Isarbrücke – und Tölz wäre schon ihrer. Hol der Teufel diese jungen Hunde der SS und der Waffen-HJ, mit denen wir alle und die alten Volkssturmmänner zusammengespannt sind! Hol sie der Teufel! Angst durchbebt mich, aber auch Sehnsucht nach dem wunderbaren Frieden.

Montag, 30. April 45. Heute mittags sind Häftlinge der Konzentrationslager freigelassen worden. Sie wanken auf der Straße an mir vorüber: ein Erster – ein Zweiter – ein Dritter – ein Vierter. Sie wanken vorüber. Nie, nie mehr in meinem Leben werde ich den Anblick dieser Menschen vergessen können!

Tölz, Dienstag, 1. Mai 45. Die Nacht ist vergangen, und wieder sind sie nicht gekommen, die Feinde. Wir lagen die ganze Nacht hindurch angezogen auf unseren Betten. Dabei ist das Liegen in Kleidern gar nicht gut, weil wir ja auf all dem eingenähten Schmuck und Gold liegen, was alles wir in den Hüfthalter eingenäht haben. Wenn sie doch rasch, rasch kämen, die Feinde! Warum brauchen sie für die kleine Strecke von Bichl her so lange?

Ich ziehe den Vorhang zurück. Schnee liegt auf den grünen Zweigen wie Blütenpracht. In der Ferne ist das gleichmäßige Rollen von Schüssen. Trotzdem hastet alles noch die Marktstraße hinauf und steht um die „Festungszulage" (120 Gramm Mehl oder Grieß) an. Es sind Schlangen von 60 oder 100 Menschen vor den Läden. Die Leute stürmen die Ladentüre. Plötzlich klinkt ein

26. April 1945

Bub die Ladentüre auf und schreit: „Seid ihr denn verrückt?! Die Feinde kommen schon!"

Im Nu ist die Straße wie abgekehrt. Kein Mensch mehr zu sehen. Nur SS-Männer mit Panzerfäusten über der Schulter marschieren oder radeln daher. Bei der Isarbrücke ist Aufregung. „Wird nun gesprengt? Oder nicht?" Im Villenviertel des Badteiles ist kein Mensch mehr zu erblicken, keine Maus. Rasch am Kurhause vorbei, durch den Garten gerast. Es ist mir, als ob ich die Arche Noah erreicht hätte. Ich lache trotz allen Kummers und aller drohenden Gefahr. Ich lege Ella die uns zugewiesenen 3 Pfund Butter und die 2 Wurstringe von Leoniwurst auf den Tisch des Chefzimmers. Wie eine Katze ihren Jungen, so lege ich ihr meine Beute vor. Da! Da! Da! Ich lache, schnaufe, lache. Das Radio meldet: „Garmisch und Mittenwald sind schon in Feindeshand. Von München sind 3/4 der Stadt nach leichten Straßenkämpfen erobert. Feindliche Panzer rollen bereits in Richtung Chiemsee." Jetzt dringt der Ruf zu uns herauf: „Die ersten Panzer rollen unten auf der Straße herein!" Stimmt das?

Abends, 8 Uhr 35 Minuten.

Sie sind da! Sie sind da! Amerikaner sind es! Amerikaner! Deutschland, das große Konzentrationslager, Deutschland ist gesprengt worden. Endlich! Noch stehe ich im Krankenzimmer von Herrn und Frau O. am Radio und suche noch schnell die „Stimme Amerikas" mit ihren Meldungen auf kurzer Welle. Radio: „Nördlich und südlich von Innsbruck stehen die Alliierten. Mittenwald ist gefallen. Im Isargebiet aber gehen die Kämpfe weiter." Da kommt Herr O. mit dunkelblauem Ulstermantel, weißem Selbstbinder und Filzhut und schreit: „Ja, seid ihr beide verrückt?! Rasch in den Keller! Die ersten Panzer der Amerikaner sind vor unserem Hause in der Badstraße! Marsch! In den Keller!"

Alles im Jodquellenhofe läuft, hetzt. Die Fensterscheiben zittern bei dem Artillerielärm von draußen. Die Kranken werden auf Tragbahren in den Keller getragen. Oberarzt Dr. Tju hat zum ersten Male sein chinesisches Abzeichen angesteckt. Er und der Grieche, Dr. Malachrinos, und der Krankenwärter Laturne, ein Franzose, und der kleine Italiener Mario machen die Vertretung des Hospitals. Viele angsterfüllte Privatleute sind in das Krankenhaus hereingeflüchtet wie in eine Freistatt, wie uns Schwester Herma erzählt. Der Bade-Amtmann, der SS-Mann ist, ist voller Angst. Wir hören, dass der hinter den Amerikanern nachdrängende Pöbel und die freigelassenen politischen Gefangenen am gefährlichsten seien.

Chinese, Grieche und Franzose und der deutsche Amtmann gehen zum Panzerwagen der Amerikaner auf der Straße zur Übergabe des Hauses. Auf dem grünen Rasen des Badplatzes, im dünnen Schnee, liegt Miro, das ausländische Küchenmädchen des Jodquellenhofes. Es war vor heller Freude den amerikanischen Panzern entgegengehüpft: Blumen in der Hand trotz des strengen Verbotes, auf die Straße zu gehen. Als die Amis ihr Zeichen gaben, lief sie scheu davon. Die Amis schossen. Arme Miro! Nun liegt sie tot vor dem Hospital. Arme Miro!

Vom deutschen Amtmann wollte der Amerikaner ein Andenken haben. „German, you give me a memorial present for that moment!" Der Amtmann versteht nicht. Und nun ist er tief betrübt, daß ihm der Ami seinen silbernen Bleistift aus der Brusttasche gezogen hat und wegnimmt. Er jammert entsetzlich darüber. „Warum denn gerade mir?", fragt er immer. Ich glaube, wir werden noch Augen machen, was alles der Ami als „memorial present" von uns allen nehmen wird.

Im Keller drunten ist es ruhig. Kein Mensch spricht. Vom Artilleriebeschuß hört man da wenig. Das Sitzen im Keller dauert ungefähr bis 2 Uhr nachts. Dann erst dürfen die Kranken hinauftransportiert werden auf ihre Zimmer. Meine Schwester saß eine Zeitlang auf einer Leiche, die jetzt nicht zum Friedhof gebracht werden kann. Sie erschrak darüber nicht einmal. Wir sind den Tod und das Sterben gewöhnt. Der Badteil von Tölz ist jetzt amerikanisch.

2. Mai 1945. Das Knattern des Gewehrfeuers klingt nur mehr von weither in den Bergen drinnen, sicher von der „Eng" und der Hinterriß her. Dann und wann hat es eine verdammte Ähnlichkeit mit Böllerschüssen, die verkünden möchten, daß ein anderer Herr in Deutschland regiert. Immer wieder werden drunten in Zivil gekleidete SS-Männer in Reih und Glied vorübergeführt. Sie haben die beiden Arme im Nacken. Was das zu bedeuten hat, wissen wir alle.

Wie sehr habe ich mir immer die Amerikaner als Befreier vom Hitler-System herbeigewünscht. Und nun bin ich doch traurig. Ich fühle immer mehr und mehr ein quälendes Unbehagen. Das Gleichgewicht meines Gemütes scheint in die Brüche gegangen zu sein. Wer sind diese Amerikaner, die an den Wunden des deutschen Volkes herumlaborieren, mit dem Willen, Deutschland nicht vor die Hunde gehen zu lassen? Wer sind sie? Schallplatten- und Radiomusik dudelt aus den amerikanischen Panzerwagen von der Straße herauf. Ich spähe hinter den Gardinen auf die Straße im Badteil hinunter. Heute ist Hausarrest für alle Inwohner des Jodquellenhofes.

Die Ausländer tragen den Kopf sehr hoch, auch wenn sie nur Krankenwärter oder Putzfrau im Jodquellenhofe sind. Sie tragen ihn höher als jeder deutsche Arzt in der Klinik.

2. Mai 1945. Die Armee der Alliierten zeigt einen glänzenden Zustand, im Vergleich zu der Abgeschlamptheit der deutschen Armee, die wenige Tage vorher verwildert heimgekehrt war. Sie ist freundlich, reserviert, eher

Häftlinge aus dem Konzentrationslager Dachau werden am 28. April durch das Würmtal und Starnberg (Foto), in einem Todesmarsch Richtung Berge getrieben.

mitleidig. Wir schauen neugierig wie Rehe auf sie. Die Amerikaner durchsuchen die Häuser nach SS und nach Wehrmachtssoldaten. Diese werden gefangen genommen. Die Isarbrücke ist durch die Sprengung von Seiten der SS nicht vollständig vernichtet worden. Sie ist jetzt schon wieder repariert.

Die ausländischen Arbeiter in der Stadt räumen die Schuhgeschäfte und andere Geschäfte aus. Man kann eigentlich nicht von Plünderung sprechen, denn es verläuft alles zu ruhig und ohne Gegenmaßnahmen. Da und dort sollen die Amis Uhren und Schmuck als Andenken mitnehmen. Meine Schwester und ich eilen jetzt auf den „Schuß" hinauf, wo wir wohnten. Es ist bekannt gegeben worden: „Waffenablieferung bis 1/2 10 Uhr morgens im Rathaus." Wir haben nämlich auf dem Schuß eine Pistole. Wir wollen sie um 3/4 10 Uhr in den Bach werfen. Dort versenken wir also das deutsche Wehr- und Freiheitsleben unserer Familie: ihren Revolver, den wir seit dem Jahre 1919 (Räterepublik!) besitzen. Wir nehmen uns vor, die Pistole in den nächsten Tagen wieder aus dem Bach zu holen.

Auf den Straßen liegen zerspellte Gewehre. Die Männer von Tölz sind alle aus dem Straßenbild von Tölz verschwunden. Ein Bub von etwa 14 1/2 Jahren geht plötzlich aus einem Hause heraus und schießt einen Amerikaner nieder. HJ-Fanatismus!

Ich stehe jetzt vor dem Spiegel. Unter dem Regime Hitlers sind wir alte Frauen geworden. Wir können es kaum glauben, daß wir uns wieder in Ruhe hinsetzen können, uns nicht fürchten müssen, daß die Sirene heult, daß wir in den Bunker hinuntersteigen müssen und um unser bißchen Leben fürchten müssen... Wir können es kaum ausdenken, daß man ohne all diese Schrecken leben kann.

2. Mai 1945. Mit zehnfach geschärften Sinnen lauschen wir auf alle Nachrichten. Die deutsche Armee in Nord und Süd geschlagen. Die Amerikaner durch München hindurchgezogen – Berlin vor der Übergabe... Über allen brennenden Städten nur das eine Wort.

Freiheit! Endlich Freiheit!

Hätten wir doch nur einen gottseinzigen Tropfen Wein! Wir würden die Gläser aufklingen lassen! Gewiß, das eigene Leid war klein; aber im Verein mit den Tausenden von Deutschen war es die 12 Jahre hindurch groß, übergroß. 12 schöne Frühlinge, 12 glühende, prächtige Sommer waren wir älter geworden. Nein, wir waren alt geworden unter dem Regime Hitlers, das ja mit rücksichtsloser Gewalt mit den Füßen niedertrampelte und mit den Ellenbogen zurückstieß, was ihm nicht paßte. Wir ertrugen Demütigungen über Demütigungen. Wir, ja, wir wurden als „Intelligenzbestien" gehaßt. Vor den eigenen Kindern mußten wir eine geistige Mauer aufbauen, um nicht von den eigenen Kindern an die Partei verraten zu werden. Wir wußten, daß uns von all unserem Leid nur das Ausland Befreiung bringen könnte. Zu groß ist jetzt unsere Freude, um unsere Befreiung so plötzlich ganz erfassen zu können, um sie ganz auskosten zu können.

Mein Blick sucht im Metzgerbräu nach der Bildstelle an der Wand, wo das Hitlerbild hing. Es ist nicht mehr da. Ein heller Fleck an der eintönig schmutzigen Wand ist geblieben. Hindenburgs Bild aber hängt noch an der Wand. Wieso? Seine Hand hat Hitler in die scheußliche Zeit hinübergeholfen.

Im Metzgerbräu: Noch immer hängt lang gestreckt das „deutsche Ohr" über den Tisch hinüber in der Richtung des Sprechenden. Noch immer schielt der „deutsche Blick" hinter sich. Gewohnheit... Noch immer zucken gewohnheitsmäßig manche Hände in die Höhe, wie sie sich seit 1933 zum Heilruf emporreckten. Noch... noch... Die Freude über die Befreiung will sich nicht ganz an das offene Tageslicht wagen.

2. Mai 1945. Heute schweigen die Waffen. Endlich, endlich ist der Tag da, auf den mein Herz immer und immer wieder gehofft hatte. Heute ist unser Wiedersehen, Liebster, sicher geworden. Ich zittere bei dem Gedanken, daß das schöne Bild des Friedens vergehen könnte.

Samstag, 5. Mai 1945. Unsere Pistole liegt nicht mehr im Bach. Wie schade! Sie war ein Andenken an den Vater.

Hinter dem Jodquellenhofe ist eine Beamtin der Post oder des Arbeitsamtes tot aufgefunden worden. In unseren Klinikkorridoren treibt sich immer ein besoffener amerikanischer Captain umeinander mit dem Wunsche nach einer Frau, eine Schnapsflasche in der Hand.

6. Mai 1945. Heute um 12 Uhr mittags ist eine „Waffenstillstandsminute". Es ist jetzt die letzte Stunde des Krieges. Die Kirchenfrommen haben eine Wallfahrt zur „Mutter Gottes von Birkenstein" proklamiert, weil das geplante Bombardement auf die Stadt Tölz wegen eines großen Schneetreibens unterblieb. „Wehrwölfe" sind bereits eine schlaue Hilfspolizei im amerikanischen Dienste geworden.

Es liegt soviel Schutt auf unseren Seelen. Wie sollen wir aus diesem Schutt herauskriechen können?

8. Mai 1945. Ich denke an den Aufbau, den Wiederaufbau meines Heimes in München. Ich plane hin und her, wer von den Männern, die ich kenne, mir dabei helfen könnte. Das Erste und Wichtigste wäre ein Passierschein. Wo aber ist er? Außerdem ist mir nach all der Raserei, Schlepperei und dem namenlosen Hungern in der Hitlerzeit endlich der tiefere Sinn des Lebens aufgegangen: die Freude des Genießens, die Freude an Essen und Trinken, am Schlafen, an den 4 Jahreszeiten mit ihrem wundervollen Wechsel, der in das Leben erst den letzten wundervollen Tropfen an Freude schüttet; an Freundschaft, dazu das Glück an Musik und Malerei.

Direktive JCS 1067 26.4.1945

Die amerikanische Regierung legt eine erste Fassung für die „Direktive JCS 1067" vor, nach der Deutschland nicht mit „dem Ziel der Befreiung" besetzt werden soll, sondern als eine besiegte feindliche Nation, für die „Chaos und Leiden" unausweichlich seien. Den Deutschen müsse klargemacht werden, dass sie „nicht der Verantwortung für das entgehen können, was sie selbst auf sich geladen haben". Als Ziele werden angegeben: Entmilitarisierung, Entnazifizierung, Entflechtung der Großkonzerne und Demokratisierung. Bildungseinrichtungen sollten erst wieder eröffnet werden, wenn alle Spuren des Nazismus beseitigt seien. Deutschland soll nie wieder eine Gefahr für den Weltfrieden werden. Der Umgang mit Deutschen wird mit Ausnahme von Dienstangelegenheiten streng untersagt. Ein Fraternisierungs-Verbot gilt freilich schon seit den Tagen, da US-Truppen Deutschland betreten haben – es wird sehr oft nicht eingehalten. An allen Fronten schreitet der Vormarsch der Anti-Hitler-Koalition weiter zügig voran: Die Rote Armee erobert die Hauptstadt Pommerns, Stettin, sowie Brünn in der Tschechoslowakei, US-Truppen dringen in Oberitalien in Verona ein. Der Fluss Etsch wird „fast ohne Widerstand" überschritten. Britische Truppen besetzen den größten Teil von Bremen; nahe der deutsch-holländischen Grenze erreichen sie die Nordsee.

Eine seltsame Stille lag über Wien

Österreich bei Kriegsende: Das Land erklärt sich zum Opfer Hitlers. Die Massaker an Juden und KZ-Häftlingen kurz vor der Befreiung erzählen eine andere Geschichte

Ein alter Witz hat in diesem Frühjahr erneut Konjunktur: Als Adolf Hitler im März 1938 auf dem Wiener Heldenplatz „vor der Geschichte den Eintritt meiner Heimat in das Deutsche Reich" meldet, da heben die Hunderttausende zu seinen Füßen abwehrend die Hand, um ihm zu bedeuten: „Halt, halt, so einfach geht das nicht!" Und so sind die historischen Fotos der jubelnden Massen mit dem Hitler-Gruß entstanden. Reines Missverständnis.

So viel ironische Distanz angesichts von Verstrickung und Opportunismus, von Schuld und Mitverantwortung an der Nazi-Herrschaft und Hitlers Angriffskriegen belegt: Diese Tagen des Gedenkens an das Kriegsende sind anders als frühere, anders als in den langen Jahrzehnten, in denen sich Österreich zum Opfer stilisiert hatte. Auf dem Heldenplatz hatten sich damals, 1938, Hunderttausende für einen Landsmann begeistert, der seine Heimat hasste. Markantesten Ausdruck fand das darin, dass nach dem Willen des „Führers" alle Bezeichnungen ausgetilgt wurden, die an Österreich erinnerten: Aus dem Land selbst wurde die Ostmark.

Als die Rote Armee 1945 auf Wien zurückte, galt das Land den Alliierten schon als Hitlers erstes Opfer. Die sowjetischen Streitkräfte griffen Anfang April 1945 vom ungarischen Plattensee aus in einer großräumigen Umfassung die Hauptstadt der „Ostmark" von Süden und Westen, vom Wienerwald her, an. Zehn Tage dauerte die Schlacht um Wien. Der 13. April, an dem die Kämpfe endeten, galt dem neuen Selbstverständnis zufolge als „Tag der Befreiung" und wurde zum nationalen Feiertag – den man im Kalten Krieg wieder abschaffte.

Sowjetische Quellen nennen 18.000 Gefallene auf eigener, 19.000 auf deutscher Seite. Die tatsächliche Zahl liegt wohl weit niedriger. Die große Stadt wurde von 30.000 Mann der Waffen-SS verteidigt, wenig für eine so entscheidende Auseinandersetzung. Widerständler versuchten, die Übergabe der Stadt ohne Kampfhandlungen auszuhandeln, sie flogen aber auf und wurden öffentlich hingerichtet. Schon vor dem Kampf hatte Gauleiter Baldur von Schirach das Standrecht ausgerufen. Die Greiftrupps brachten vermeintliche und wirkliche Deserteure in bis heute unbekannter Zahl einfach um. Einen zerstörerischen Häuserkampf wie in Berlin gab es in Wien aber kaum. Die Nazitruppen machten sich über die Donau davon, nicht ohne noch zufällig aufgestöberte, versteckte Juden zu massakrieren, und beschossen von Floridsdorf im Nordosten aus die Innenstadt. Dabei brannte das nationale Heiligtum aus, der Stephansdom: Die Pummerin, die größte klingende Kirchenglocke der Welt, zerschellte am Boden des Turms – wahrscheinlich aber keine Folge der direkten Kriegseinwirkung: Plünderer rund um den Stephansplatz legten Feuer und verursachten einen Großbrand, dem der Dom zum Opfer fiel.

In Berlin empörte man sich bald über den geringen militärischen Widerstand und die weithin aufkeimende Kooperationsbereitschaft mit den Russen in Wien. Joseph Goebbels notierte in seinem Tagebuch: „Der Führer hat die Wiener schon richtig erkannt. Sie stellen ein widerwärtiges Pack dar." Sowjetische Chronisten begeisterten sich dagegen über den freundlichen Empfang oder vermerkten mit Verachtung die unterwürfige Art von Amtswaltern und Funktionären. Der Autor Erich Klein berichtet von einem archetypischen Wortwitz jener Tage: Die Abkürzung „LSR" für Luftschutzraum an den Hauswänden wurde in Wien flugs in „Lern schnell Russisch" umgedeutet.

Österreichs Besatzungszeit unter „dem Russen" spiegelt sich bis heute in den gleichen, oft klischeehaften Schilderungen wie in Deutschland, wird aber weit kritikloser schlicht als nationale Plage dämonisiert. Das stellt eine wirklich gespenstische Dimension der letzten Kriegstage Österreichs in den Schatten. In weiten Teilen des Landes wurden Kriegsgefangene, Konzentrationslager-Häftlinge und politische Häftlinge willkürlich erschossen und in Todesmärschen durchs Land gejagt.

Einhellig wird in allen Berichten geschildert, wie auch nichtmilitärisches Personal eifrig, ja mit Leidenschaft mit oder ohne Anleitung der SS mitmachte bei der Jagd auf Elende, Geschundene, Todgeweihte. Sogar der Volkssturm und die Hitlerjugend taten sich dabei mit Grausamkeiten hervor. Beispielhaft traurige Be-

„Lern schnell Russisch“: Einwohner Wiens vor dem Stephansdom am 13. April 1945, dem Tag der Befreiung durch die Rote Armee.

rühmtheit haben etwa Vorfälle im steirischen Eisenerz, wo die Bevölkerung die Opfer eines Todesmarsches ungarischer Juden noch zusätzlich quälte und peinigte.

Ein Augenzeuge berichtete über eine Szene, die sich vor einer lachenden Menge abspielte: „Es war ein Zug von Gespenstern, Nachtmahren am helllichten Tag, ein Zug lebender Leichen. Plötzlich brach direkt vor uns ein Jude zusammen. Keuchend kroch er noch einen Meter weiter, dann schlug er kraftlos mit dem Gesicht auf dem Asphalt auf. Ein schmächtiger, grauhaariger Volkssturmmann trat den Ohnmächtigen mit den genagelten Stiefeln in die Hüfte."

Ähnliche Szenen spielten sich bei der „Mühlviertler Hasenjagd" ab. 419 sowjetische Offiziere waren aus dem Konzentrationslager Mauthausen ausgebrochen. Sie zu stellen, zu erschießen und zu erschlagen – die grausame Jagd nahm in der fanatisierten Bevölkerung beinahe Volksfestcharakter an. Den Kontrast bilden aufopferungsvolle Versuche, überlebende Juden zu verbergen, Verfolgte im Verborgenen aufzupäppeln.

Nach der Befreiung Wiens herrschte für zwei Wochen seltsame Stille. Ein alter Spanienkämpfer wurde für drei Tage Bürgermeister. Stalin selbst soll Karl Renner als neuen Staatenlenker Österreichs ausgesucht haben, trotz eines aberwitzigen Briefes, den dieser aus einem Versteck heraus an den Sowjetdiktator geschrieben hatte, in dem er seine alte Bekanntschaft mit Stalins Intimfeind Trotzki gepriesen hatte. Die erste provisorische Regierung Österreichs galt lange bei den Westmächten als Marionette Moskaus und konnte nicht so recht Fuß fassen. Erst bei einer Länderkonferenz im September erlangte sie volle Akzeptanz und wurde auch durch die einzigen wirklich freien Wahlen im sowjetischen Machtbereich voll legitimiert. Von diesen Wahlen blieben einstige NSDAP-Mitglieder ausgeschlossen.

Österreich wurde wie Deutschland in vier Besatzungszonen geteilt, wie auch die Hauptstadt Wien selbst. Verkehrte Welt übrigens: Die Sozialdemokraten spielten damals die amerikanische Karte, waren auch skeptisch gegenüber der späteren Neutralität Österreichs und hofften auf Westintegration. Heute sind sie die verbissenen Verteidiger der Neutralität, welche die Christsozialen, deren frühere Protagonisten, am liebsten abschaffen würden. Der Staatsvertrag von 1955, den man 2005 zu Recht mit großer Dankbarkeit feiert, sicherte jedoch Österreich zum Preis der „immerwährenden Neutralität" die Einheit und ersparte dem Land die bittere Teilung nach dem Muster Deutschlands.

Noch eine Groteske des Sommers 1945: Eine sozialistische Splittergruppe schlug vor, alle Nazis Österreichs gegen Kriegsgefangene auszutauschen, sie also als die Urheber des Unglücks statt der Landser nach Sibirien zu schicken. Die Empörung war ungeheuerlich, hatte doch fast jede Familie im Lande „ihren" oder gar

Regierung in Österreich 27.4.1945

Nach der Eroberung Bremens wenden sich britische Truppen weiter Richtung Schleswig-Holstein, in Italien besetzen die Amerikaner die Hafenstadt Genua. Widerstandskämpfer nehmen Benito Mussolini fest, der sich auf der Flucht Richtung Deutschland befunden hat. Die Sowjets setzen in Wien eine provisorische Regierung unter Karl Renner (SPÖ) ein. Vier Mitglieder des Kabinetts verkünden eine „Unabhängigkeitserklärung", die Nichtigkeit des „Anschlusses" ans Deutsche Reich von 1938 und die „Wiederherstellung der demokratischen Republik im Geiste der österreichischen Verfassung von 1920". In den KZ Ravensbrück und Dachau werden Tausende Häftlinge auf „Todesmärsche" geschickt.

„Gewohnt an den Anblick brennender Häuser"

„Der Kampf um Berlin ist auf seinem Höhepunkt angelangt. Die Reichshauptstadt bietet das Bild einer Frontstadt. Lastwagen voll mit Panzerfäusten werden entladen, Schlachtflieger jagen über die Dächer der Stadt, und der Schlachtenlärm liegt pausenlos über Berlin… Die Berliner haben sich rasch daran gewöhnt, frontnah zu handeln. Sie sind im Bombenterror zu Einwohnern einer Frontstadt gehärtet, gewohnt an den Anblick brennender und zusammenstürzender Häuser, gewohnt unter Gefahr des Lebens zuzupacken…"

(Schilderung der Kriegsereignisse in Berlin im NS-Parteiorgan „Völkischer Beobachter" vom 26. April 1945)

mehrere Nazis. Der Vorschlag wurde kleinlaut zurückgezogen – ein Vorfall, der zeigt, wie wenig glaubhaft die Selbstfeier des Landes als Hitlers erstes Opfer schon kurz nach dem Krieg war.

Wien und das ganze Land kamen im diesem Krieg relativ glimpflich davon. Zwar waren Österreicher in überdimensionaler Zahl in die großen Verbrechen des Naziregimes verwickelt. Die Zahl der Gefallenen und Zivilopfer – wiewohl fürchterlich – lag dennoch unter denen des Reiches. Auch die der Zerstörungen. Wien war – später gibt es nüchterne Statistiken – zu 28 Prozent zerstört, trotz allen Entsetzens glimpflich gemessen an deutschen Städten.

Einen verheerenden Luftangriff hatte es auf die Innenstadt gegeben, der aber eher ein Irrtum war. Österreich wurde im Krieg meist von der US Air Force bombardiert. Anders als die Briten konzentrierten sich die Amerikaner auf Industrieanlagen, Verkehrswege und strategische Anlagen. So blieben auch die meisten größeren Städte von Flächenbombardements nahezu unversehrt, zumal sie meist auch vom Bodenkrieg kaum berührt wurden. Bei der Kapitulation lagen sie meist noch außerhalb der Kampfzonen, Innsbruck wurde von Widerständlern übergeben, in Bregenz und Linz symbolisch ein wenig herumgeschossen. Außer Teilen Kärntens, wo es wegen des Partisanenwiderstands schon seit 1942 Kampfhandlungen gab, wurden große Teile des Landes erst nach dem 8. Mai besetzt.

So profitierte Österreich auch von einer der groteskesten NS-Legenden, der „Alpenfestung". Die Westalliierten hatten diese Propagandakonstruktion stets ernst genommen, den Vormarsch ins Gebirge vorsichtig und allmählich begonnen, auch in der Hoffnung, den endgültigen Sturm auf die Nazifestung in den Bergen, in der sie wütenden Widerstand erwarteten, durch das vorherige Ende des Krieges vermeiden zu können. So blieben weiten Teilen Österreichs Kämpfe erspart. Die hohen österreichischen Nazis wurden am Ende selbst Opfer der eigenen Legendenbildung: Die meisten setzten sich mit Familie und gestohlenen Schätzen sinnloserweise ins Ausseerland ab, in die „Alpenfestung", die es gar nicht gab.

Im Lande ging der Übergang in die neue Zeit manchmal arg geschmiert ab. In derselben Tageszeitung vom 8. Mai, so berichtete jüngst das Magazin *profil*, verabschiedete sich der Gauleiter als letzter Machthaber der Nationalsozialisten in Kärnten, und zugleich stellte sich die neue Landesregierung vor, deren neuer Chef ebenfalls eine Nazivergangenheit hatte. Bis heute ist die baldige Integration von alten Nationalsozialisten in die neuen Parteien ein schmerzhaftes, mit Bitterkeit diskutiertes Kapitel. *Michael Frank*

Wir hatten den Krieg verloren, aber wir waren die Sieger

Ein selbstkritischer Blick aus Österreich auf den Selbstbetrug, der mit der Unabhängigkeitserklärung 1945 begann und die Zweite Republik zutiefst prägte

Das Kriegsende war „der Zusammenbruch". Auch diejenigen Österreicher, die es als Befreiung begrüßt haben, nannten das Kriegsende so. Weil alle es so nannten. Heute sagen sie das nur mehr im Altersheim. Wir haben dazugelernt.

Wir hatten den Krieg verloren, aber wir waren die Sieger. In unserer Unabhängigkeitserklärung vom 27. April 1945 heißt es: Hitler hatte „das macht- und willenlos gemachte Volk Österreichs in seinen sinn- und aussichtslosen Eroberungskrieg geführt..., den kein Österreicher jemals gewollt hat". Ein paar Nazis, hieß es, hatte es zwar bei uns gegeben, das schon, aber die würden ihrer gerechten Strafe zugeführt. Kaum zu übersehen war allerdings, dass es den Kriegsheimkehrern nicht leicht fiel, sich als Sieger zu fühlen. Das Land war voll von verbitterten Männergesichtern der Verlierer, die daheim ihre Kinder droschen.

Die Widersprüche rund um das Kriegsende 1945 waren Resultat der Widersprüche im österreichisch-deutschen Verhältnis seit der Reichsgründung 1871, der kleindeutschen Lösung mit dem Ausschluss Österreichs. Seit damals hat die Sehnsucht der Nationalen nach dem „Reich" die österreichische Politik vergiftet, zuerst die habsburgische Monarchie, dann die klein gewordene Republik, bis sie im „Anschluss" von 1938 endlich ihre Erfüllung fand und daran krepiert ist. Ab Frühjahr 1945 wollte eine Mehrheit in Österreich mit allem, was „deutsch" ist, nichts mehr zu tun haben, wollte auch nie etwas damit zu tun gehabt haben – von Deutschland „macht- und willenlos gemacht", wie es nun hieß. Da war es nur konsequent, dass in den Zeugnissen der Kinder statt des Schulfachs „Deutsch" ab nun für viele Jahre „Unterrichtssprache" stand. So undeutsch wurden wir. Die Moskauer Deklaration vom 30. Oktober 1943 bildete das Schlupfloch. Darin stellten die Regierungen der Sowjetunion, Großbritanniens und der USA fest, dass Österreich als „erstes freies Land ein Opfer“ der nationalsozialistischen Aggression geworden war. Daran hielten wir uns. So kam es, beginnend mit der zitierten Unabhängigkeitserklärung von Staatskanzler Karl Renner, bereits im Frühjahr 1945 zur umfassenden Schuldabwälzung auf Deutschland. Und so entstand gleichzeitig jener österreichische Opfermythos, der nicht nur international weitgehend geglaubt wurde, sondern sehr bald auch im Lande selbst – bis die Blase mit lautem Plopp vor den Augen der ganzen Welt im Zuge des Streits um die NS-Vergangenheit des damaligen Bundespräsidenten Kurt Waldheim 1986 geplatzt ist.

Staatskanzler Karl Renner bei einer Rundfunkansprache 1945.

Am Anfang hatte es ohne Zweifel den festen Willen gegeben, mit den Nationalsozialisten im Lande abzurechnen. Volksgerichte wurden zu ihrer Bestrafung eingerichtet, es gab Todesurteile, die vollstreckt wurden, und langjährige Kerkerstrafen. 1945 wurde den ehemaligen Nationalsozialisten in der gerade erst wiedererstandenen Demokratie das Wahlrecht entzogen, sie wurden in Kategorien eingeteilt von „Kriegsverbrechern“ bis „Minderbelastete“, wobei es zu Ungerechtigkeiten und grotesken Fehlurteilen kommen musste.

Simon Wiesenthal erzählt gern folgende Geschichte: Im März 1938, nach der nationalsozialistischen Machtergreifung in Österreich, bemühten sich viele, als ehemalige „Illegale“ eingestuft zu werden, das heißt: Sie hätten für die Partei bereits zu jener Zeit gekämpft, als sie in Österreich noch verboten war. Dazu besorgten sie sich Gefälligkeitsatteste von alten Kämpfern. 1945 jedoch galten gerade die „Illegalen“ als besonders verwerflich. In dieser Not erschienen die Beschuldigten neuerlich mit denselben Gewährsleuten vor der Behörde, die nun bezeugen sollten, dass ihre Aussage von 1938 falsch gewesen und nur aus reiner Gefälligkeit abgegeben worden sei.

Es kam, wie es kommen musste: Eine Demokratie unter Ausschluss eines relevanten Bevölkerungsteils ist wider den eigenen Geist. Im April 1948 wurde daher eine Amnestie für „Minderbelastete“ beschlossen und diesen die Teilnahme an den Nationalratswahlen 1949 gestattet. In der Folge entstand nicht nur eine neue Partei als Auffangbecken für die „Ehemaligen“ (die Vorläuferin der heutigen FPÖ), sondern es begann auch der Wettlauf um die Nazistimmen seitens der beiden Großparteien – kein schöner Anblick. Dazu kam, dass die Selbstreinigung der Institutionen nur teilweise funktioniert hatte, in der Justiz, wie zu erwarten, besonders schlecht. Entscheidend aber war, dass die USA, die unter den vier Besatzungsmächten von Anfang an die treibende Kraft bei der Entnazifizierung gewesen waren, spätestens 1948, bedingt durch den Kalten Krieg, ihr Interesse daran verloren.

Den Lernprozess jedoch, auf den sich die Politik des Landes seit 1945 beruft, den hat es tatsächlich gegeben. Er bezog sich allerdings zunächst kaum auf die für lange Zeit verschwiegene Nazigeschichte des Landes, sondern darauf, dass Christliche und Sozialdemokraten, die Bürgerkriegsparteien von 1934, einander 1945 die Hand reichen mussten zum gemeinsamen Regieren. Vorausgegangen war dem die vielzitierte „Versöhnung auf der Lagerstraße“, als Schwarze und Rote gemeinsam in den nationalsozialistischen KZ eingesperrt waren – ein zentraler Mythos am Beginn der Zweiten Republik, wesentlich mitbeteiligt an deren Erfolgsgeschichte.

Dass diese unabwendbare Versöhnung beiden Seiten nicht leicht fiel, liegt auf der Hand. Gerade deswegen wurde das Bündnis so eng, glich lange Zeit mehr einer wechselseitigen Umklammerung – weil sie einander immer noch misstrauten. Das alles änderte jedoch nichts daran, dass die Zweite Republik von ihrem Beginn an zu einem Erfolg geworden ist. Die endgültige Erledigung der deutschen Frage hat ab 1945 dazu geführt, dass sich parallel zum ökonomischen Aufstieg allmählich eine österreichische Identität entwickeln konnte, gar ein Nationalbewusstsein – etwas Neues, bis dahin hatte „national“ in Österreich immer nur „deutschnational“ bedeutet.

Aber langsam ist es gegangen. Im Juni 1987, während der Bundespräsidentschaft Kurt Waldheims, fand eine einmonatige Mahnwache rund um die Uhr vor dem Wiener Stephansdom statt. Dabei wurde ein Flugblatt verteilt, auf dem es hieß, 1945 sei die „Befreiung“ gewesen und: „Hitlers Niederlage war Österreichs Sieg“. Das musste damals noch ausdrücklich festgestellt werden, darüber konnte sogar noch öffentlich gestritten werden. Heute verteilt der Republikanische Club, eine linksliberale Oppositionsbewegung in Wien, einen Aufkleber, auf dem steht: „Österreich 2005: Der Widerstand gegen Hitler wird täglich stärker.“ Das ist natürlich eine Gemeinheit – und ein böses Spiel mit unserer verwickelten Geschichte.

Peter Huemer

Der Autor, geboren 1941 in Linz, ist Historiker und Journalist und leitete lange Zeit die Ferseh-Talkshow „Club 2“ des ORF

„Ich hatte keinen Vater"

Albert Speer, der Sohn von Hitlers Architekt und Rüstungsminister, im Gespräch über diesen Mann, den er auch als Phantom bezeichnet

Albert Speer junior

SZ: Herr Speer, Sie haben sich alle Folgen von Heinrich Breloers Film „Speer und Er" in einem Rutsch angesehen. Wie waren diese acht Stunden?

Speer: Erstens anstrengend, zweitens überwältigend. Ich fand den Film sehr beeindruckend. Aber es ist im Grunde ein Spielfilm mit Dokumentationsszenen.

SZ: Warum haben Sie sich bereit erklärt, sich für den Film befragen zu lassen?

Speer: Ich habe mich mit meiner Frau besprochen, und gemeinsam sind wir zu dem Entschluss gekommen, dass mir eigentlich gar nichts anders übrig bleibt: Ich bin in einem ähnlichen Beruf wie mein Vater, ich stehe im öffentlichen Leben und engagiere mich in der Politik. Da konnte ich mich Breloers Ansinnen nicht verweigern.

SZ: Haben Sie in der Figur, die der Schauspieler Sebastian Koch darstellt, Ihren Vater wiedererkannt?

Speer: Je länger man Koch sieht, um so mehr verschmilzt das alles. Wobei ich dazu sagen muss, dass ich meinen Vater so gut ja nicht gekannt habe. Ich habe ihn nie in einer offiziellen Funktion erlebt. Im Nachhinein schien es mir erstaunlich, was er alles gemacht haben soll und wie rigoros er sich damals durchgesetzt hat. Ich habe ihn so nicht wahrgenommen.

SZ: Der Film hat Ihnen eine Person gezeigt, die Ihnen so nicht bekannt war?

Speer: Das ist ja mein Grundproblem mit der Geschichte mit meinem Vater. Der war für mich als Kind nicht da, und daran hat sich auch später nichts geändert. Nachdem er 1966 aus dem Gefängnis entlassen worden war, hat er mich einmal in meinem Büro besucht. Er hat so getan, als würde er sich dafür interessieren, was ich mache. Aber eigentlich hatte ich das Gefühl, es interessiert ihn nicht.

SZ: Warum nicht?

Speer: In seinen letzten Jahren war er mit seinen Büchern und seiner öffentlichen Rolle sehr beschäftigt. Er ist immer ein Egomane gewesen. Die Familie spielte keine Rolle. Sechs Kinder wurden produziert, aber... Breloer zeigt das sehr schön: Da kommt auf dem Obersalzberg jemand zu den Kindern und macht „Sch-sch". Der Vater sollte nicht gestört werden. Der Einzige, der immer alles durfte, war unser Dackel.

SZ: Ihre Geschwister sagen, dass man in Ihrer Familie zunächst über die Vergangenheit des Vaters nicht geredet habe, weil die Mutter das nicht wollte. Als der Vater nach zwanzig Jahren Haft aus dem Gefängnis entlassen war: Haben Sie versucht, mit ihm über seine Arbeit unter Hitler, mit Hitler zu sprechen?

Speer: Auf die Verbrechen und die Frage, was er wusste oder nicht wusste, habe ich ihn nie angesprochen, weil er mir auch nichts anderes erzählt hätte als das, was er anderen Leuten erzählt hat. Über Architektur habe ich mit ihm zu reden versucht. Was ich als seine wesentliche Leistung betrachte, das ist nicht die „Große Achse" in Berlin und alles Abstruse, was damit zusammenhängt, sondern das ist die wirklich zeitgemäße, an Corbusier erinnernde Gesamtplanung Berlins: das Reinziehen der Grünzone ins Stadtzentrum, das Verkehrssystem. Ich habe ihn mehrfach gefragt, warum er daraus nicht mehr mache. Was mich wirklich fasziniert hat, ist diese städtebauliche Entwicklung von Berlin. Und das zweite, was in dem Film nicht vorkommt, das ist die Architektur meines Vaters bis 1938. Die Neue Reichskanzlei: Die passt in den Stadtgrundriss. Die Weltausstellung in Paris: Ich finde den Bau schön wie auch unser Haus in Berlin-Schlachtensee und das Haus auf dem Obersalzberg. Und dann, das verstehe ich ja auch nicht so richtig, gibt es einen Knacks 1938/1939, einen Bruch im Denken oder in der Architektur meines Vaters. Alles, was danach kommt, hat mit Architektur fast nichts mehr zu tun. Langweilig!

SZ: Wann haben Sie begonnen, sich damit auseinanderzusetzen, was Ihr Vater im NS-Staat gemacht hat?

Speer: Also, begonnen... Das hat natürlich in der Nachkriegszeit eine wichtige Rolle gespielt, aber mehr unterschwellig. Ich weiß nicht mehr genau, wann ich das Stottern angefangen habe, aber das war so schlimm, dass ich von der Schule abgehen musste und eine Schreinerlehre gemacht habe. Begonnen habe ich damit relativ spät. Ich habe gewartet, bis die „Erinnerungen" meines Vaters herausgekommen waren – 1969. Er wollte immer, dass ich die schon vorher lese, aber ich habe gesagt, das mache ich nicht. Dann gab es einen zweiten Schub, als das Kriegsende sich zum 50. Mal jährte. Da habe ich verschiedene Bücher gelesen, bis zu den Memoiren von Reichskanzler Brüning.

SZ: Die „Erinnerungen" erschienen, als Sie Mitte dreißig waren. Haben Sie auch schon vorher über Ihren Vater als Hitlers Architekt und Rüstungsminister nachgedacht?

Speer: Als Student war ich natürlich Bauten aus dem Dritten Reich begegnet. Natürlich war das Thema irgendwie immer da. Ich kannte Bücher über die Neue Reichskanzlei. Die haben mich und meine Arbeit nicht so furchtbar beeinflusst. Zweimal im Jahr habe ich meinen Vater im Gefängnis besucht, je eine halbe Stunde. Da haben wir ein wenig über das Studium oder meine ersten Preise geredet. Die erste wirkliche Auseinandersetzung mit seiner Rolle waren die „Erinnerungen". Da ist mir aufgefallen, was mir bis dahin fremd gewesen war: Dass dieses Dritte Reich aus einem Beziehungsgeflecht, aus Chaos bestand. Jeder, der den Zugang zu Hitler hatte, konnte irgendetwas durchsetzen.

SZ: Was bedeutete diese Erkenntnis für Ihr Bild von Ihrem Vater?

Speer:... Ich habe keine Antwort.

SZ: Sie sind unter Ihren Geschwistern derjenige, der das klarste und härteste Urteil über Ihren Vater zu haben scheint. Das müssen Sie sich irgendwann angeeignet haben. Wie kamen Sie dazu?

Speer: Ich bin jetzt siebzig Jahre alt. Es gibt keinen Zeitpunkt, von dem ich sagen könnte: Jetzt. Es ist kein Thema, das mich Tag und Nacht beschäftigt hätte, es tauchte immer mal wieder auf. Ein gewisses Interesse ist immer da gewesen, weil der Vater als geschichtliche Figur natürlich etwas Faszinierendes hat. In meinem privaten Leben spielte er aber eigentlich keine Rolle, genauso wenig wie ich für ihn eine Rolle gespielt habe. Es ist übrigens sichtlich so, dass Töchter zu ihrem Vater eine andere emotionale Bindung entwickeln als Söhne. Nehmen Sie die Stellungnahmen meiner Schwester Hilde in dem Film: Da ist er Vater. Für mich ist er nicht der Vater. Für mich war mein Großvater wichtig, der ja auch Architekt war. Als alten Herrn habe ich ihn noch erlebt. Da hatte er schon lange nichts mehr gemacht. Aber das war ein gestandener Mann. Auch der andere Großvater, der Vater meiner Mutter, hat eher eine Art Vaterrolle gespielt, er und seine Frau waren oft zu Besuch, auch in Berchtesgaden, wenn die Eltern wieder einmal auf Reisen waren. Der Großvater Weber hat mir beigebracht, wie man mit einem Pinsel und Wasserfarben arbeitet.

SZ: In Breloers Film sehen Sie Ihren Vater als historische Figur, aber nicht als Ihren Vater?

Speer: Ich hatte keinen Vater. Wo soll der plötzlich herkommen?

SZ: Aber, als Sie dann zu stottern anfingen...

Speer: Da war er doch auch weg. Ich glaube auch, dass es mehr dies Rausfallen aus der relativ behüteten Kindheit war. Ich bin in Berchtesgaden zur Schule gegangen, ich hatte da Freunde, die mit mir so bairisch geredet haben, dass meine Mutter mich nicht mehr verstanden hat. Meine wunderschöne, vor Speck stehende Lederhose haben die eines Tages gewaschen! Da habe ich geheult! Das war eine geordnete Zeit, die brach dann ab. Ich bin sicher, dass ich erst nach 1945 angefangen habe, zu stottern, da war ich elf.

SZ: Sie haben gesagt, Ihr Zugang zu Ihrem Vater lief vornehmlich über die Architektur...

Speer: Nein, das war der Ausweg! Die Besuche im Gefängnis: Das waren die längsten halben Stunden meines Lebens. Wir mussten über etwas reden. Wenigstens kannte er die Professoren, bei denen ich studiert habe.

SZ: Warum haben Sie Architektur studiert?

Speer: Keinesfalls aus Berufung, wie man das so sagt. Das hängt mit meiner Behinderung zusammen. Die Schreinerlehre war der Ausweg aus der Schule. Damals hat mir ein Freund gesagt: „Wenn du dann Bauingenieur werden und auf eine Baufachschule gehen willst..." Na, wenn ich etwas nicht mag, dann ist es, zu etwas gezwungen zu sein. Schule heißt: Da muss man morgens um acht da sein. Darum habe ich lieber das Abendschulabitur gemacht. Dann bin ich nach München gegangen, obwohl mein Vater gesagt hat: „Du gehst an eine anständige Hochschule." Da spielte natürlich auch eine Freundin eine Rolle. Dass ich Architektur studiert habe, lag zudem in der Familie, nicht nur mein Vater, auch mein Großvater war Architekt.

Der Chefarchitekt des Dritten Reiches, Albert Speer, stellt Adolf Hitler das Modell des Deutschen Hauses für die Weltausstellung in Paris 1937 vor.

SZ: Nachdem Sie also sozusagen reingerutscht waren in die Architektur, sind Sie allerdings in planerischen Dimensionen angekommen, die mit denen Ihres Vaters vergleichbar sind.

Speer: Mein Thema, Stadtplanung, gab es damals nicht. Dass ich Stadtplaner werden wollte, mag tatsächlich etwas mit meinem Vater zu tun haben. Stadtplanung hat nämlich nichts mit Architektur zu tun. Wenn ich meine architektonischen Entwürfe von früher ansehe, muss ich sagen, dass ich darin auch nicht so gut war. Meine Stärke lag schon während des Studiums eher darin, komplexe Geschichten zusammenzufügen.

SZ: Ihren Vater haben Sie nicht als Stadtplaner gesehen?

Speer: Nein, überhaupt nicht. Die „Große Achse" ist für mich nicht Stadtplanung. Das ist dermaßen übertrieben, und es ist Architektur: Die Stadtplanung darin wird über Architektur definiert, während ich es andersherum mache.

SZ: Nochmal, so schnell geben wir nicht auf: Sie kamen nicht umhin, sie mussten die „Erinnerungen" lesen, sie werden sich gefragt haben: Stimmt das, was der Vater da schreibt?

Speer: Nein, das habe ich nicht getan. Sondern ich habe mir allmählich ein Bild gemacht.

SZ: Man hat den Eindruck, dass Sie ziemlich unüberraschbar und nicht enttäuschbar sind, was Ihren Vater angeht.

Speer: Neues kann doch da nicht mehr kommen. Es gibt in Breloers Film eine Szene, in der mein Vater ein Koppel mit einer Pistole anlegt. Wenn er das wirklich getan hätte, würde es mich wundern. Als Kind hat man doch eine Affinität zu Gewehren oder Pistolen, ich glaube nicht, dass es mir entfallen wäre, wenn ich ihn je so gesehen hätte. Ich kann mich daran aber nicht erinnern. Dann ist da noch etwas anderes, das habe ich dem Breloer auch gesagt: Neben dem Haus auf dem Obersalzberg steht ein Fahnenmast mit der Hakenkreuzfahne. Das halte ich für unwahrscheinlich. An den Fahnenmast kann ich mich erinnern und daran, dass der im Wind gekleppert hat, aber nicht an die Hakenkreuzfahne. Ganz unstimmig ist auch das Kostüm, das meine Mutter in dem Film anlässlich eines Empfanges bei Hitler trägt: So kleinbürgerlich-deutsch hätte meine Mutter sich nie gekleidet. Die hat in Paris eingekauft, die war elegant.

SZ: Da Sie Ihre Mutter erwähnen: Warum hat sie später nicht geduldet, dass über die Nazizeit gesprochen wurde?

Speer: Meine Mutter ist ein Problem für sich. Ihre Mutter hat bei uns gelebt, bis sie gestorben ist: Nina. Die war intelligent, offen, lebendig, fröhlich, aus dem Handwerk kommend, ihre Eltern waren Schlosser. Diese Großmutter habe ich öfters über meine Mutter befragt. Da sagt sie: Die war früher ganz anders. Die ist unter dem Einfluss meines Vaters immer mehr zu dem geworden, was sie dann war: eine Frau, die sich voll im Griff hat. Was die Vergangenheit angeht: Das war für sie eine wunderschöne Zeit, die Erinnerung daran wollte sie sich nicht kaputtmachen lassen.

SZ: Was haben Sie aus Breloers Film erfahren, was Sie bisher nicht wussten?

Speer: Dass mein Vater sich an einem arisierten Grundstück in Berlin bereichert hat, das wusste ich nicht.

SZ: Wussten Sie von dem Steinbruch von Natzweiler, wo auf Betreiben der Generalbauinspektion Ihres Vaters ein Arbeitslager eingerichtet wurde, dessen Insassen den roten Stein brechen sollten, den der Vater für seine Berliner Planungen brauchte?

Speer: Das wusste ich auch nicht. Das ist entsetzlich, was man da sieht... Ich kann doch nicht alles wissen.

SZ: Sie haben einmal gesagt, das Urteil von 20 Jahren Gefängnis für Ihren Vater sei schuldangemessen gewesen. Was war in Ihren Augen seine Schuld?

Speer: Das Eingebundensein in dieses Regime – ob er nun alles gewusst hat oder nicht. Er hätte viel mehr wissen können, wenn er es gewollt hätte. Verdrängungen schaffen wir alle. Wenn etwas unangenehm ist, guckt man weg. Erstaunlich finde ich, dass die Faszination, die mein Vater Hitler entgegenbrachte, bis zum

Mussolini hingerichtet 28.4.1945

In der Öffentlichkeit wird das Kapitulationsangebot von Heinrich Himmler an die Westalliierten bekannt – das mit dem Hinweis zurückgewiesen wird, es müsse auch an die Sowjetunion gerichtet werden. Das Oberkommando der Wehrmacht gesteht ein, dass die Rote Armee den inneren Verteidigungsring von Berlin durchbrochen hat. Der Ausbruch von Soldaten und Zivilisten aus dem „Kessel von Halbe" südöstlich von Berlin endet blutig, 60.000 Tote sind zu beklagen. Die Armee Wenck, eigentlich zum Entsatz von Berlin angefordert, versucht sich als wandernder Kessel Richtung Elbe zu den Westalliierten durchzuschlagen. In München starten Offiziere der Wehrmacht die „Freiheitsaktion Bayern". Sie wollen die sinnlose Verteidigung der Städte verhindern, ihr Aufruf findet keinen Widerhall in der Bevölkerung, der Aufstand bricht schnell zusammen. US-Truppen erobern Augsburg und Regensburg, erste US-Einheiten überschreiten in Tirol die österreichische Grenze. In Italien wird der ehemalige faschistische Staatsführer Benito Mussolini in einem Dorf bei Como von Widerstandskämpfern hingerichtet. Anschließend wird die Leiche in Mailand öffentlich zur Schau gestellt.

23./24. April 1945 anhält. Das ist etwas, was ich nicht verstehe. Aber es ist so. Er war Teil des Systems. Ich glaube, dass man auch dann, wenn man Teil von so einem Regime ist, Dinge nicht sieht, die man nicht sehen will. An einer Stelle in Breloers Film tut er mir richtig Leid. Das ist die Passage am Ende, wo Breloer einzelne Satzfetzen meines Vaters hintereinandergeschnitten hat und man sieht, wie er Ähnliches immer wieder sagt. Da war er schon alt und müde, aber da tut er mir Leid, weil du ihm nicht mehr wirklich glaubst und er verzweifelt versucht, es immer wieder zu sagen. Wenn du in sein Gesicht siehst, hast du den Eindruck, es ist traurig, resigniert. Aber er muss diese Rolle, die er sich zurechtgelegt hat, aufrechterhalten, weil sonst alles andere zusammenbricht. Wobei ich nicht so weit gehe, zu behaupten, er habe viel mehr gewusst als das, was er zugegeben hat.

SZ: Im Film sagen Sie, er habe von Auschwitz gewusst. Das hat er selbst aber nicht zugegeben.

Speer: Eigentlich kann man sich nicht vorstellen, dass er es nicht wusste.

SZ: Glauben Sie, dass die Rechnung über „Leichenhallen" und „Muffelöfen", vulgo Gaskammern und Krematorien, die Breloer in seinem Film zeigt, ihm vorgelegen hat?

Speer: Nein, das glaube ich keinesfalls. Das ist ein bürokratischer Akt, dies Papier hat irgendjemand abgezeichnet. Wenn wir hier, sagen wir, eine Bank bauen, dann unterschreibe ich natürlich alles, das Baugesuch, den Kostenvoranschlag, aber ich gucke mir das nicht an, ich verlasse mich darauf, dass meine Leute das anständig gemacht haben. Das Dokument, das da im Film präsentiert wird, würde ich nicht für zu wichtig nehmen. Heinrich Breloer will ja mit dem ganzen Film nachweisen, dass mein Vater sein Leben in den „Erinnerungen" und in den „Spandauer Tagebüchern" geschönt hat. Nur: Memoiren tun das eigentlich immer.

SZ: Es wundert uns, dass Joachim Fest in seiner 1999 erschienenen Biografie und auch in seinem jüngsten Buch das Bild weiterzeichnet, das Ihr Vater von sich selbst entworfen hat: Speer als der kultivierte Nazi, dessen „bornierter Idealismus" ihm gestattete, das Politische nicht wichtig zu nehmen.

Speer: Es gab ja immer Gerüchte, mein Vater habe seine „Erinnerungen" nicht selbst geschrieben. Das glaube ich nicht. Joachim Fest und Wolf Jobst Siedler haben das Buch nur beeinflusst, sie haben versucht, den Autor an gewisse Grenzen zu bringen. Das ist ihnen manchmal gelungen, und manchmal hat der Herr Minister gesagt: So, jetzt ist aber Schluss. Außerdem waren die beiden natürlich auch daran interessiert, etwas schreiben zu lassen, was Geld bringt. Es war dann ja auch ein Erfolg. Die Weise, wie mein Vater sich da darstellt, hat natürlich auch in die Zeit gepasst: dass einer in dem Regime ein bisschen anders war als die anderen und nicht ein verbohrter Uraltnazi, der Juden selber totschlägt. 1969 hat das große Resonanz gefunden. Heute wäre das nicht mehr der Fall.

SZ: Wie, glauben Sie, ist heute die öffentliche Reputation Ihres Vaters?

Speer: Nach wie vor relativ gut, eher positiv als negativ: Er war der Organisator, der Technokrat, der Künstler.

SZ: Wird Heinrich Breloers Film daran etwas ändern?

Speer: In unserer so schnelllebigen, mit Informationen überhäuften Welt? Ich glaube, eher nicht.

Interview: Franziska Augstein, Andreas Zielcke

„So flüchtet immer einer nach dem anderen"

„Generallt. Dittmar, der mil. Rundfunksprecher, ist in einem Boot mit seinen 16 Jungen über die Elbe in amerikanische Gefangenschaft gegangen. So flüchtet immer einer nach dem anderen, die erst große Töne geredet hatten. Nur der Landser im Osten kämpft und kann nicht einzeln zurück. Himmler soll eine Anfrage wegen bedingungsloser Kapitulation an England und USA gerichtet haben. Sie wurde abgelehnt. Der Kampf in Berlin ist bis in die Stadtmitte vorgetragen. Daß man westlich Berlin jetzt dem Amerikaner den Rücken dreht und mit der Front nach Berlin zu kämpft, macht das militärische Ende immer deutlicher. Man kann nicht mehr. Die Gefangenenzahlen im Westen betragen seit Juni (1944) zwei und eine halbe Million."

(Tagebucheintrag von Herbert K., 39, Theologe der „Bekennenden Kirche" aus Berlin vom 28. April 1945; Quelle: Tagebucharchiv Emmendingen)

Hauptsta
Mün

Symbolische Entsorgung der Geschichte: US-Soldaten entfernen ein Stadtschild von München.

Die Hauptstadt der Bewegung – erstarrt

Warten auf die Amis, lautete zum Kriegsende die Devise in München – Hitlers Lieblingsort aus der Sicht eines US-Historikers

Im Januar 1945, nach dem Scheitern der deutschen Ardennenoffensive, setzte sich George Marshall, Generalstabschef der US-Streitkräfte, für eine Flächenbombardierung deutscher Städte ein. Der Zweite Weltkrieg sollte dadurch rasch beendet werden. Besonders hart wollte Marshall München treffen, um der Zivilbevölkerung in dieser Stadt ihre hoffnungslose Situation vor Augen zu führen. Auch wollte er mit der Zerstörung von Hitlers deutscher Lieblingsstadt – die zugleich „Hauptstadt der Bewegung" und Wiege der Nationalsozialistischen Partei war – die Moral der Nazi-Führung schwächen.

Als die Amerikaner am 18. März 1944 ihre ersten Bombenangriffe über München geflogen hatten, gab die Zeitung *Münchner Neueste Nachrichten* den „jüdischen Köpfen" hinter Washingtons Kriegsanstrengungen die Schuld. Weiter hieß es, die Amerikaner würden gezielt „Nigger-Piloten" einsetzen, um sie über dieser schönen Stadt „ihren instinktiven Haß gegen alle Weißen und ihre kulturellen Errungenschaften" austoben zu lassen. In Wirklichkeit waren weder die amerikanischen Kriegsplaner Juden, noch steuerten Schwarze die amerikanischen Bombenflugzeuge über Deutschland.

Die wenigsten amerikanischen Bomberpiloten waren von dem Wunsch beseelt, Zivilisten zu töten oder architektonisch wertvolle Gebäude zu zerstören. Auch wusste kaum einer von ihnen um Münchens symbolische Bedeutung für die Führung des Dritten Reichs. Einer der US-Piloten, der München während der olympischen Winterspiele 1936 in Garmisch besucht hatte, soll beim Abwurf seiner Bomben gemeint haben: „Hoffentlich treffen wir nicht das Hofbräuhaus."

Die Bombenangriffe erregten in Deutschland zweifellos Hass gegenüber den Alliierten, doch sie brachten die Deutschen auch gegen das Nazi-Regime auf. Dies galt besonders in München, wo alte Ressentiments gegen Berlin neu geweckt wurden durch die offenkundige Unfähigkeit der Zentralregierung, die deutschen Städte und ihre Bürger vor Bombenangriffen zu schützen. Viele Münchner fühlten sich als Opfer nicht nur feindlicher Bomben, sondern zusehends auch ihres eigenen fernen Regimes, das für sie eine neue Form von „preußischer Besatzung" darstellte. In Briefen an Ritter von Epp, Reichsstatthalter in Bayern, beklagten sie sich in dieser Weise.

Starke Ressentiments gab es auch wegen Münchens mangelnden Einflusses in den Kreisen der Nazi-Herrscher. Die Hauptstadt der Bewegung, die vor allem während des Krieges eine untergeordnete Rolle gespielt hatte, wurde in der Endphase noch weiter an die politische Peripherie gedrängt. Je mehr der Krieg zu einem Überlebenskampf wurde, desto weniger zählte der Status der Stadt als „Wiege des Nationalsozialismus" und „Kulturhauptstadt" des deutschen Reichs. Die jährlichen Paraden zum Gedenken an Hitlers Putschversuch im Münchner Bürgerbräukeller endeten nach 1943. Von September 1944 an wurden sämtliche Theater und Kabaretts geschlossen, auch die Orchester und Konservatorien wurden aufgelöst. Hitler besuchte München das letzte Mal am 17. April 1944, um am Staatsbegräbnis für den früheren Gauleiter Adolf Wagner teilzunehmen. Sein Nachfolger Paul Giesler, der Wagners Amt nach dessen Schlaganfall im Juni 1942 übernahm, war in Berlin kaum bekannt und hatte außerhalb Bayerns geringen Einfluss. Giesler, wie auch der Münchner Bürgermeister Karl Fiehler, beklagten häufig „eine bekannte Neigung" Berlins, die Stadt an der Isar nicht aus ihrem Schatten treten zu lassen.

Aus der zunehmenden Distanzierung vieler Münchner von der Nazi-Herrschaft entwickelte sich jedoch – das ist hervorzuheben – zu keiner Zeit ein ernsthafter Widerstand der Bewohner gegen das nationalsozialistische Regime.

Der berühmt gewordene Kreis der „Weißen Rose" wurde nach seinen Aufrufen zum Aufstand gegen die Nazi-Tyrannei im Februar 1943 brutal zum Schweigen gebracht. Bei ihren Studienkollegen – ganz zu schweigen von einer breiteren Öffentlichkeit – stießen die Widerstandskämpfer in München auf wenig Resonanz. Als Graf von Stauffenbergs Attentat auf Hitler am 20. Juli 1944 scheiterte, waren gewiss einige Münchner enttäuscht. Doch angesichts Hitlers starker Bindungen an die Stadt teilte wohl die Mehrheit der Bevölkerung Gieslers öffentlich bekundete Erleichterung darüber, dass der Führer heil davongekommen war.

Gefangene deutsche Soldaten marschieren in einem langen Zug durch das Karlstor in München.

Jubel der Überlebenden: Spätnachmittags trafen Soldaten der 7. US-Armee im Konzentrationslager Dachau ein.

8

reporter schon drinnen, umgeben von einer tausendarmigen Menge. Nur wenig später als der kleine Trupp der „Rainbow-Division" erreichen Angehörige der Division „Thunderbird" unter Colonel Felix Sparks das Lager. Von Westen her stoßen sie auf das riesige SS-Areal vor dem eigentlichen Häftlingslager und liefern sich dort mit der SS ein kurzes Gefecht. Unter den beiden amerikanischen Einheiten wird es später Rivalitäten darüber geben, wer die Erstbefreier waren. Für die Häftlinge ist das keine Frage – sie verdanken ihre Freiheit „den Amerikanern": „Und um 17 Uhr 15 grüßte ein Orkan von Freude und Lebenswillen die Tat der Befreiung", so schildert es der Lagerälteste Oskar Müller.

Für die Häftlinge ist es ein Tag der Freude und des Jubels. Für die Befreier ein Schock. Das Erste, was Sparks' Männer in Dachau sehen, sind Leichen. Berge von Leichen. Sie liegen in 40 offenen Güterwaggons: etwa 2.000 Tote, Häftlinge eines Evakuierungstransports aus Buchenwald, nur noch Haut und Knochen. Eine Hand voll Lebender inmitten – sie können nicht mehr gerettet werden. Leichen auch im Lager, am Krankenrevier, vor dem Krematorium, Hunderte. Sparks vergleicht die Eindrücke mit Dantes Inferno und berichtet, einige seiner Leute, kampferfahrene Soldaten, hätten sich übergeben, andere geweint. Manche waren rasend vor Wut – es kam zu Exekutionen. Bis zu 50 SS-Leute, so schätzen Historiker, kamen auf diese Weise ums Leben.

Die Zahl der Häftlinge, die durch Arbeitsausbeutung, Hunger, Folter, langsame Qual und Ermordung im Konzentrationslager Dachau starben, hat sich bis heute nicht genau ermitteln lassen. Der letzte Forschungsstand nennt 41.566 Todesfälle, beurkundet durch den Internationalen Suchdienst des Roten Kreuzes in Arolsen, nachgewiesen durch Dokumente oder „Feststellung der Zahl von sterblichen Überresten in Massengräbern". Wie Stanislav Zamecnik, Historiker, ehemaliger tschechischer Widerstandskämpfer und KZ-Häftling ergänzt, gibt es noch ungezählte Tote, darunter jene, die auf Evakuierungstransporten starben, und arbeitsunfähige Häftlinge, die 1944 von Dachau nach Lublin-Majdanek (1.000 Personen) und nach Bergen-Belsen (1.400) abtransportiert wurden.

Das KZ Dachau war nicht von vornherein für die systematische Ermordung von Menschen bestimmt. Ein Ort des Todes war es dennoch. „In Dachau nahm der Tod nur selten heldenhaften Charakter an", schreibt Stanislav Zamecnik. „Der Tod war etwas Übliches, er fand überall statt: beim Appell, bei der Arbeit, auf der Blockstraße, auf der Toilette. Im normalen Leben erregt der Tod einer Katze, die auf der Straße stirbt, Aufmerksamkeit und Mitleid. Der ausgehungerte, verelendete, im Sterben liegende Häftling erregte keine große Aufmerksamkeit."

Das Konzentrationslager Dachau wurde am 22. März 1933 auf dem Gelände einer Munitionsfabrik aus dem Ersten Weltkrieg eröffnet. Sein „Fassungsvermögen", wie es in der offiziellen Verlautbarung Heinrich Himmlers hieß, betrug 5.000 Menschen. Sein Zweck, wiederum in den Worten des „Reichsführers SS": „Hier werden die gesamten kommunistischen und, soweit dies notwendig ist, Reichsbanner und sozialdemokratischen Funktionäre, die die Sicherheit des Staates gefährden, zusammengezogen."

Ein politisches Lager zu Beginn, doch in den folgenden zwölf Jahren kommen viele andere Gruppen hinzu: Homosexuelle, Sinti, Roma, „Asoziale", Zeugen Jehovas, Juden, Priester und immer mehr Ausländer: „Anschluss" Österreichs 1938 – Einlieferung österreichischer Häftlinge; Überfall auf die Sowjetunion 1941 – Beginn der Massenerschießungen von mehr als 4.000 sowjetischen Kriegsgefangenen. Am Schluss bilden die Häftlinge aus Polen und aus der Sowjetunion die größten nationalen Gruppen. Insgesamt waren mehr als 200.000 Menschen aus 30 Staaten in Dachau inhaftiert.

Dachau war das erste Lager seiner Art. Es wurde regelrecht zum Muster für alle anderen und zur Mörderschule. Hier liegt das Fundament des SS-Staats, hier beginnt der Weg nach Auschwitz. Theodor Eicke, der erste Kommandant, entwickelte ein Organisationsschema „mit detaillierten Bestimmungen, wie sie später für alle Konzentrationslager gültig wurden", so die Information der KZ-Gedenkstätte. Auch die Einteilung in Häftlingslager und Kommandanturbereich stammte von Eicke. Heute ist diese Aufteilung kaum noch nachvollziehbar, die Gedenkstätte umfasst nur das frühere Häftlingslager. Historisch wichtige Bereiche sind nicht öffentlich zugänglich: all die ehemaligen SS-Ausbildungs- und Wirtschaftsbetriebe, Kasernen und Freizeitanlagen, die Flächen, auf denen SS-Männer Tennis und Fußball spielten und die SS-Totenkopfdivision aufgestellt wurde.

Die Gefangenen werden in Dachau zu Sklavenarbeitern. Sind es zu Beginn die SS-Betriebe, Straßenbau, Kiesabbau und Moorkultivierung, so entsteht während des Krieges ein Netz von 150 Außenlagern und Außenkommandos, die der Rüstungsproduktion dienen, darunter die berüchtigten Komplexe in Kaufering und Mühldorf: unterirdische Produktionsstätten, in denen die Gefangenen unter unvorstellbaren Bedingungen ausgebeutet werden.

Ausgebeutet wird auch die schiere körperliche Existenz der Gefangenen – in medizinischen Experimenten. Hunderte sterben bei Malaria-, Unterdruck-, Unterkühlungs-, Meerwasser- und Medikamentenversuchen. Grausam ist das System der Züchtigungen und Sanktionen – vom Essensentzug über das Strafstehen auf dem Appellplatz bis zum Pfahlhängen. Dabei werden dem

Alliierte Mediziner begutachten einen Waggon voller Leichen.

Häftling die Arme auf den Rücken gedreht, dann wird er an den Händen aufgehängt – mit Ketten an einem Balken. Die Folgen sind unerträgliche Schmerzen, ausgekugelte Gelenke, anhaltende körperliche Schäden. Und dann ist da noch das Gefängnis innerhalb des Gefängnisses: der Bunker, zentraler Ort des Terrors im Konzentrationslager Dachau, 196 Meter lang, 137 Zellen. Unter den dort Inhaftierten sind Prominente wie der Hitler-Attentäter Georg Elser, die Geistlichen Johannes Neuhäusler und Martin Niemöller. Für ungezählte KZ-Häftlinge gibt es vom Bunker kein Zurück, sie werden zu Tode gequält, erhängt, erschossen, in den Selbstmord getrieben.

Das Leben, Leiden und Sterben im Konzentrationslager Dachau umfasst die ganze lange Zeit des NS-Regimes. Zwölf Jahre dauert es, bis die SS endlich zu spüren bekommt, dass sich das Blatt wendet. Im Februar 1945 hält der tschechische Geistliche Bedrich Hoffmann in seinem heimlichen Tagebuch fest: „Die SS-Leute, die zur Kontrolle auf die Blocks kamen, bemühten sich, den Häftlingen klar zu machen, dass sie es doch immer gut mit ihnen gemeint hätten." Doch das Ende ist noch nicht erreicht, die weißen Fahnen sind noch nicht aufgezogen. Erst raffen Unterernährung und Typhusepidemie weitere Tausende Gefangene dahin. Und drei Tage vor der Befreiung des Stammlagers Dachau führt für viele ein unerbittlicher Marsch in den Tod. Je näher die Alliierten rücken, umso mehr fragen sich die Häftlinge, was die SS vorhat. Würde sie das Lager einfach übergeben, samt Häftlingen räumen oder gar alle liquidieren? Tatsächlich treibt die SS in der Nacht auf den 27. April 1945 einen Evakuierungstransport mit beinahe 7.000 Häftlingen in Richtung Süden. Die Stationen dieser letzten Tortur sind heute zu erkennen an bronzenen Mahnmalen. Wie viele Menschen den „Todesmarsch" nicht überlebt haben – auch dies gehört zu den noch nicht abgeschlossenen Dachauer Statistiken. Die Überlebenden werden drei Tage später als die Häftlinge im Hauptlager befreit.

Dort, in Dachau, hat Edgar Kupfer-Koberwitz bis zum Abend des 29. April all das Lachen und die Tränen des Tages festgehalten. Er hat „die Wogen der Erregung" notiert, die Anekdoten von Kaugummi und einem Befreier-Autogramm auf Zigarettenpapier, von einem hünenhaften GI, der „It's a long way to Tipperary" singt, er schreibt über die erschossenen SS-Leute. Er schließt seinen Eintrag: „Wo bleibt also bei der Mehrzahl von uns der Hass, der unbändige Hass, den jeder glaubte, im Busen zu tragen? – Die Freude übersteigt das alles, und Hass ist wohl auch ein Zeichen von Ohnmacht, – jetzt aber sind wir nicht mehr ohnmächtig. Dass wir uns aber nicht so benehmen, wie die SS sich benehmen würde, das ist ja nur in Ordnung, aber es ist doch erfreulich. – Der Tag ist vorbei, dieser 29. April, – ich will ihn mein Leben lang feiern als meinen zweiten Geburtstag, als den Tag, der mir neu das Leben schenkte."

Felicitas Amler

„1000 g Brot, 100g Fett"

„Die Abgabe der Lebensmittel für die 75. Zuteilungsperiode erfolgt auf Abschnitte des Berliner Bezugsausweises (11. Ausgabe). Die sonst üblichen Lebensmittelkarten werden nicht verteilt. Es werden abgegeben: 1. für die Zeit vom 30.4. bis 6.5.1945, also für die 1. Woche der Zuteilungsperiode 1.000 g Brot, 100 g Fett, 250 g Fleisch. 2. für die Zeit vom 30.4. bis zum 27.5.1945, also für vier Wochen, 62,5 g Käse bzw. 125 g Quark, 500 g Marmelade oder 250 g Zucker oder 300 g Zuckersyrup, Obstsyrup oder Kunsthonig. 3.1 kg Gemüse beliebiger Art oder 100 g Trockengemüse. Gegen Abgabe von zwei Abschnitten f 50 kann 1 Dose Gemüsekonserven bezogen werden. 4. 1 Dose Fleischkonserven."

(Aufstellung der Lebensmittelabgabe in Berlin vom 29. April 1945; Quelle: NS-Kampfblatt „Der Panzerbär")

Die Sechs vom Rathausplatz

Einen Tag bevor die Amerikaner Dachau befreiten, versuchten mutige Bürger und Häftlinge einen Aufstand

So vieles hatte Erich Hubmann überlebt: 1934 den Aufstand des sozialdemokratischen „Schutzbunds" gegen die Dollfuß-Regierung in Wien. 22 Jahre war er da alt. Das Exil in der Sowjetunion. Den Bürgerkrieg gegen die Faschisten in Spanien, die letzte große Schlacht am Ebro, 70.000 Tote allein auf republikanischer Seite. Die Internierungslager in Südfrankreich, die verlausten und verwanzten Baracken in Argelès-sur-Mer, die Pyrenäenfestung in Mont-Louis. Dann kam die Gestapo auch nach Frankreich. Sie verfrachteten ihn heim ins Reich, ins heimatliche Graz. Sie wollten ihn als Spitzel anwerben, aber Erich Hubmann lehnte ab. Also brachten sie ihn nach Dachau, ins KZ. Viereinhalb Jahre blieb er dort und lebte immer noch, trotz Hunger und Typhus. Und dann, am 28. April 1945, lag er mit vier seiner Kameraden in Deckung hinter der niedrigen Stützmauer der Jakobskirche in der Dachauer Altstadt, mit einem Wehrmachtskarabiner bewaffnet, und vom Schlossberg herunter feuerte die SS mit Maschinengewehren. Ein Geschoss traf Erich Hubmann in den Kopf. Die Turmuhr von St. Jakob schlug gerade 11 Uhr.

Kapitulation in Italien 29.4.1945

In Caserta unterzeichnen Vertreter der Wehrmacht und der SS die bedingungslose Kapitulation der Heeresgruppe Südwest. Vereinbart wird, alle „Feindseligkeiten" im Mittelmeerraum am 2. Mai einzustellen. Schon seit Tagen gibt es kaum noch organisierten Widerstand deutscher Truppen beim Vormarsch von Briten und Amerikanern Richtung Brenner. Im Führerbunker zu Berlin verfasst Adolf Hitler sein Testament. Er stößt Himmler und Göring aus der NSDAP aus und ernennt Großadmiral Karl Dönitz zum Reichspräsidenten. Hitler verpflichtet die Nation zur „peinlichen Einhaltung der Rassegesetze" und zum „unbarmherzigen Widerstand gegen das internationale Judentum". Französische Truppen besetzen Friedrichshafen. US-Truppen befreien das KZ Dachau.

Das war das Ende des „Dachauer Aufstands", wie man ihn später nannte. Historisch gesehen eine Marginalie, die nichts am Lauf der Geschichte änderte, aber doch symptomatisch war für die Situation in vielen kleinen Städten Süddeutschlands in diesen letzten Kriegstagen. Die Amerikaner rückten näher, gelegentlich konnte man schon den Geschützdonner hören, die Menschen hatten Angst, sie wollten nicht mehr unter die Räder geraten, sie wollten nicht mehr verteidigt werden. In Dachau war die Angst vielleicht noch größer als anderswo, denn unten, im „Lager", da gab es noch immer kampffähige SS-Truppen, und eine Menge „Goldfasane" trieben sich herum, hohe SS-Offiziere, die vielleicht entschlossen waren, den Widerstand bis zur letzten Patrone anzuheizen, wer wusste das schon.

Der Maurer Jakob Schmid, bis 1933 SPD-Stadtrat in Dachau, hatte sich schon lange Gedanken gemacht, wie man es anstellen könnte, Dachau kampflos zu übergeben. Zusammen mit „einem Freund aus dem bürgerlichen Lager", dem Glasmaler Syrius Eberle, hatte er sich einen Plan zurecht gelegt. Eberle hatte mit dem Dachauer Polizeichef Johann Engl Kontakt aufgenommen und die Zusicherung erhalten, dass die Polizei sich passiv verhalten werde, wenn es so weit sei. Schmid weihte Georg Andorfer in den Plan ein, den früheren Führer des „Reichsbanners", der sozialdemokratischen Schutztruppe. In aller Heimlichkeit rekrutierten sie aus ihrem alten Bekanntenkreis in Partei und Gewerkschaft etwa 40 Männer, die bereit waren, das Rathaus zu besetzen und die Nazi-Funktionäre auszuschalten.

Aber Schmid und Andorfer waren nicht die einzigen Dachauer, die sich Gedanken darüber machten, wie man die Stadt vor der Zerstörung bewahren könne. In einer Scheune bei Udlding, nur ein paar hundert Meter außerhalb Dachaus, hielten sich in der Nacht zum 28. April 1945 etwa 15 KZ-Häftlinge versteckt, denen zwei Tage zuvor mit Hilfe des Dachauers Georg Scherer die Flucht gelungen war. Scherer hatte vor dem Krieg bei BMW in München gearbeitet und mit seiner Verachtung für die Nazis nie hinter dem Berg gehalten. Dafür war er ins KZ gekommen. Nach seiner Entlassung 1941 hielt er weiter Kontakt ins Lager. Er wusste, dass es Pläne gab, die Gefangenen eher zu liquidieren, als sie in die Hände der Amerikaner fallen zu lassen. Mit seinem ehemaligen Mitgefangenen Walter Neff wollte er möglichst viele der Kameraden vor diesem Schicksal retten. Unter den Gefangenen, die sie am 26. April aus dem Lager schleusen konnten, waren die Österreicher Erich Hubmann und Toni Hackl und der Mannheimer Kommunist Fritz Dürr, der schon ein Viertel seines 40-jährigen Lebens in den Zuchthäusern und KZ der Nazis verbracht hatte.

Am Fuß des Schlossbergs lag in einer Turnhalle eine Kompanie des Volkssturms, etwa 130 Mann, überwiegend Bauern aus dem Dachauer Hinterland, unpoliti-

Hans Pflügler

Erich Hubmann

Toni Hackl

Fritz Dürr

Lorenz Scherer

Anton Hechtl

sche Leute, die man erst zwei Wochen zuvor eingezogen und in alte SS-Uniformen gesteckt hatte. Der Volkssturm unterstand dem SA-Standartenführer Josef Einöder, und auch dieser hatte sich mit einem seiner Offiziere, dem Wurstfabrikanten Bernhard Huber, verabredet, die Stadt kampflos zu übergeben.

Aber am Morgen des 28. April wurden alle Pläne über den Haufen geworfen. Im Radio ertönte die Stimme des Wehrmachtshauptmanns Rupprecht Gerngroß, der erklärte, die „Freiheitsaktion Bayern" habe in München „die Regierungsgewalt erstritten" – eine voreilige Erfolgsmeldung. Georg Scherer stürmte in die Scheune zu den befreiten Häftlingen: „In München ist Aufstand, wir müssen uns anschließen." Jakob Schmid und Georg Andorfer alarmierten ihre Gefolgsleute, unter ihnen auch Hans Pflügler, der bei Krauss-Maffei arbeitete und mit Frau und drei Kindern ein Gartenhäuschen in Dachau-Süd bewohnte. Kurz vor sieben Uhr wurde das Rathaus besetzt; die im Erdgeschoss stationierten Schutzpolizisten rührten keinen Finger. Der Dachauer Bürgermeister Bäumler, in SS-Uniform mit dem Blutorden auf der Brust, kam nichts ahnend ins Rathaus und wurde festgenommen. Den steilen Karlsberg herauf kam die Volkssturmkompanie marschiert; wer sie führte, ist ungewiss, aber auf halbem Wege wurde den Männern eröffnet, es gehe jetzt nicht mehr gegen die Amerikaner, sondern „gegen die SS". Als Hilde Mühlbauer, die Wirtin im Gasthof Hörhammer, aus ihrem Schlafzimmerfenster schaute, sah sie schräg gegenüber den ihr gut bekannten Volkssturmgruppenführer Lorenz Scherer aus Schwabhausen. „Lenz", rief sie, „was ist denn los?" „Tua dein Kopf weg, Hilde", antwortete der, „mir ham an Aufstand."

Aber in Hilde Mühlbauers Gasthof war seit drei Tagen ein SS-General einquartiert. Als der aus der Tür schaute, krachte aus dem gegenüberliegenden Dachfenster ein Schuss, der knapp neben dem SS-Mann in die Wand schlug. Der General alarmierte telefonisch die SS-Truppen im Lager. Keine Viertelstunde später rückten drei Kompanien an. Es war ein ungleicher Kampf. Die meisten der Volkssturmleute versuchten sich zu verstecken oder davonzulaufen. Die alten Spanienkämpfer lieferten sich ein kurzes Feuergefecht mit der SS, dabei fiel Erich Hubmann. Außer ihm blieben fünf Männer erschossen auf dem Platz vor dem Rathaus liegen: der junge Österreicher Toni Hackl und der Mannheimer Fritz Dürr, der Dachauer Hans Pflügler, und die beiden Volkssturmmänner Lorenz Scherer und Anton Hechtl, ein Bauer aus dem Weiler Schönberg, Hausnummer siebeneinviertel. Er war 1944 heil von der Ostfront heimgekehrt, zu seiner Frau und zu seinem kleinen Sohn, und nun war er tot.

Am nächsten Tag um 10 Uhr rollten die ersten amerikanischen Panzer durch die Straßen Dachaus.

Hans Holzhaider

Die Dynamik des Bösen

Am 30. April beging Adolf Hitler Selbstmord. Wie konnte ausgerechnet er, anfangs eine verkrachte Existenz, zum Urheber eines Weltkriegs werden? Versuch einer Deutung

Adolf Hitler starb am 30. April 1945 um halb vier Uhr nachmittags. Mit einem Schuss in die rechte Schläfe setzte er seinem Leben ein Ende. Eva Hitler, geb. Braun, saß zusammengesunken neben ihm. Sie hatte Zyankali genommen. So flüchteten sich einst Spieler und Bankrotteure aus der Verantwortung für ihr Versagen. Mit seinem Selbstmord betrog Hitler den Henker, der ihm gewiss war. An dieser Absicht hatte er nie einen Zweifel gelassen. Eva Braun musste mit ihm sterben, weil sie tags zuvor Hitlers Frau geworden war.

Diese Eheschließung mutet besonders gespenstisch an. Die Zeremonie wird unter peinlicher Beachtung der einschlägigen Bestimmungen des Bürgerlichen Gesetzbuchs von einem eigens herbeigeschafften Standesbeamten im Bunker unter der Reichskanzlei am 29. April 1945 kurz nach Mitternacht in Gegenwart von zwei Zeugen vollzogen. Eine Ziviltrauung bildete also den gleichsam dramaturgischen Beschluss des Lebens von Adolf Hitler, das für ein in der gesamten Menschheitsgeschichte beispielloses Verhängnis einsteht.

Um diesen so überaus lächerlich anmutenden Ausgang zu erklären, hat Joachim Fest in seiner monumentalen Hitler-Biografie zwei scharfsinnige Deutungen gegeben. Zum einen vermeint er darin „die wagnerisierende Reminiszenz vom Vereinigungstod" zu erkennen, der dem Doppelselbstmord des Paares in Hitlers Verständnis „den versöhnlichen Zug tragischen Debakels" verschaffen sollte. Zum anderen sieht er darin „einen Akt definitiver Abdankung", denn als Führer, so habe Hitler wiederholt geäußert, dürfe er nicht verheiratet sein.

Beide Deutungen unterstellen eine Handlungslogik, die auf große Symbolik spekuliert, wie sie angesichts der Lage, in der sich Hitler wie das Dritte Reich zu diesem Zeitpunkt befanden, nur noch aberwitzig anmutet: Die Angriffsspitzen der Roten Armee standen bereits im Tiergarten und waren damit nur noch wenige hundert Meter vom Bunker entfernt, in den sich der „Führer" verkrochen hatte. Hatte unter solchen Umständen selbst ein Paranoiker wie Hitler noch Sinn für hohe Symbolik? Oder bestimmte den Anti-Bürger Hitler für diese Trauungszeremonie nicht vielmehr der sehr bürgerliche, aber wegen seiner Banalität nicht minder gespenstische Reflex, nicht gemeinsam mit seiner Geliebten, sondern nur mit der ihm rechtmäßig angetrauten Ehefrau in den Tod zu gehen? Das erinnert von ungefähr an ein sehr ähnliches Verhalten seines Vaters, der am 6. Januar 1877 den Eintrag im kirchlichen Standesbuch der Gemeinde Döllersheim im österreichischen Waldviertel ändern ließ, der ihn als den am 7. Juni 1837 unehelich geborenen Alois Schicklgruber, so der Mädchenname seiner Mutter Maria Anna, auswies. Seither führte er den Namen seines angeblichen Erzeugers Johann Georg Hitler, der 1858 gestorben war.

Was veranlasste Alois Schicklgruber zu diesem späten Namenswechsel? Zu vermuten ist, dass er die bürgerliche Reputation, die er sich mit Zähigkeit erworben hatte, nicht durch den Makel seiner illegitimen Geburt trüben lassen wollte. Nach dem frühen Tod der Mutter war der Junge im Alter von 13 Jahren in Wien bei einem Schuster in die Lehre gegangen. Sein ganzer Ehrgeiz aber ließ ihn danach streben, Beamter zu werden. Als Alois Schicklgruber zu Alois Hitler wurde, hatte er als „Zollamtsoffizial" die letzte Stufe der Karriereleiter längst erreicht, die er nach seiner bescheidenen Vorbildung erlangen konnte: Er war uniformierter Repräsentant der Obrigkeit, mithin eine Respektsperson.

In dem Verlangen des Alois Hitler nach Rang und bürgerlicher Lebenssicherheit hat der Journalist Konrad Heiden, der 1936 in Zürich eine der frühesten und hellsichtigsten Biografien Adolf Hitlers veröffentlichte, „bereits ein Stück Hitlerbewegung" erkannt. Das ist ein hübsches Aperçu. Schwer vorstellbar andererseits aber auch, dass die begeisterten Massen, die jener Bewegung ihr Moment gaben, „Heil Schicklgruber" geschrieen hätten.

Nichts deutet jedoch in der ersten Hälfte des Lebens von Adolf Hitler, der am 20. April 1889 in Braunau am Inn geboren wurde, darauf hin, dass ausgerechnet er der Urheber einer Zivilisationskatastrophe sein würde. Im Gegenteil. Adolf Hitler, der schon an der Realschule in Linz scheiterte, schien vielmehr das Schicksal einer verkrachten Existenz beschieden. Mit seinem Wunsch, sich zum akademischen Künstler auszubilden, wozu er sich berufen fühlte, scheiterte er zweimal an der Aufnahme in die Wiener Akademie. Stattdessen schlug er sich mit Gelegenheitsarbeiten durch, verding-

Führerkult im Jahre 1935: Die Tochter des Bildhauers Josef Limburg steht in BDM-Uniform vor einer Kolossal-Büste Adolf Hitlers.

te sich als Anstreicher und lebte in Männerwohnheimen.

Hitlers Wiener Lehrjahre vom September 1907 bis zum Mai 1913 geben Aufschluss über ein elendes, freud- und aussichtsloses Leben, dessen beschönigende Schilderung er in „Mein Kampf" mit den Worten schloss: „Wien aber war und blieb für mich die schwerste, wenn auch gründlichste Schule meines Lebens. (...) Ich erhielt in ihr die Grundlagen für eine Weltanschauung im großen und eine politische Betrachtungsweise im kleinen, die ich später nur noch im einzelnen zu ergänzen brauchte, die mich aber nie mehr verließen."

Aussagen wie diese sind unschwer als Stilisierungen zu erkennen. Außer Frage kann aber auch stehen, dass Hitler im damaligen Wien sich seine Weltsicht erwarb, die ganz entscheidend geprägt wurde vom Erlebnis des unaufhaltsamen Niedergangs Österreich-Ungarns. Die einst führende Macht in Mitteleuropa, die sich ungeachtet ihrer Herrschaft über wenigstens zehn verschiedene Völker als „deutscher Staat" verstand, sah sich seit der Schlacht bei Königgrätz 1866 aus Deutschland hinausgedrängt und auf den Balkan verwiesen. Die Malaise dieser Identitätskrise wurde begleitet und verschärft von einer ebenso stillen wie tiefreichenden gesellschaftlichen Umwälzung, einer sozialen Krise, die mit der Industriellen Revolution einherging.

Das Erlebnis dieser Verwerfungen weckte in breiten Schichten antimoderne Affekte, die rasch in Feindschaft gegen alle Kräfte umschlug, die als Agenten dieser Moderne verdächtig waren. Was diesem Sammelsurium von Ressentiments einen gewissen Zusammenhalt gab, war ein sich rasch radikalisierender Radau-Antisemitismus. Die Juden wurden jetzt als diejenigen identifiziert, die für alle Übel und Bedrohungen der Moderne, für Niederlassungs- und Gewerbefreiheit, Sozialismus und Liberalismus, Kapitalismus und Bürokratismus, Industrialisierung und Proletarisierung, für die alle traditionellen Bindungen zerstörende Demokratisierung wie das Anschwellen der Städte verantwortlich seien. Parteiführer wie der Wiener Bürgermeister Karl Lueger, den Hitler als den „letzten großen Deutschen der Ostmark" rühmte, bedienten sich dieses populären Antisemitismus für ihre politische Programmatik eines reaktionären Modernismus, der bereits wesentliche Elemente des nationalen Sozialismus, wie ihn sich Hitler zurechtschusterte, enthielt.

Die in Deutsch-Österreich verbreitete Malaise und Krisenstimmung war, wenngleich weniger radikal und lärmend, auch im Deutschen Reich verbreitet. In München, wohin Hitler Ende Mai 1913 übersiedelte, war sie nicht so stark ausgeprägt wie im tumultuösen Berlin, aber das änderte nichts daran, dass auch hier „das Unbehagen an der Kultur", wie es Sigmund Freud so treffend nannte, im August 1914 mächtig aufschäumte, der Kriegsausbruch die Massen in einen Taumel der Begeisterung stürzte, sie in einen wilden Rausch aus Opferfreude, Abenteuerlust und reiner Gläubigkeit versetzte. Auch Hitler packte diese Halluzination. Der Krieg war ihm ein Ausweg aus seiner existenziellen Nichtigkeit. Als Freiwilliger trat er in ein bayerisches Infanterie-Regiment ein, das vier Jahre an der Westfront, in Frankreich, stand.

Während der gesamten Kriegszeit war Hitler als Meldegänger zwischen dem Regimentsstab und den vorgeschobenen Stellungen eingesetzt. Er wurde mehrfach verwundet und mit dem Eisernen Kreuz 1. und 2. Klasse dekoriert. Diese Auszeichnungen wie der Umstand, dass er immer der „einfache Gefreite" blieb, er seinem geradezu schicksalhaften Versagen also selbst unter den außergewöhnlichen Bedingungen des Kriegs treu blieb, sollte sich für seine spätere politische Karriere als ungeheurer Vorteil erweisen: Er, der einfache Mann aus dem Volke, der Namenlose und Fremde, war von der „Vorsehung" auserkoren worden, der Retter, der „Führer" zu sein.

Das Kriegsende, die unvermeidliche Niederlage gegen die überlegene Macht der Alliierten, der Zusammenbruch aller hochfliegenden Illusionen, der Kater nach dem Rausch vom August 1914, die Schmach von Meuterei, vermeintlicher Feigheit und Verräterei, die rot-revolutionären Wirren, die große Not, das Hungersterben im Reich – von all dem erfuhr Hitler nur durch Hörensagen im Lazarett von Pasewalk in Pommern, in das er nach einer schweren Verwundung durch Giftgas, die ihn zeitweilig erblinden ließ, geschafft worden war. „Je mehr ich mir in dieser Stunde über das ungeheure Ereignis klar zu werden versuchte, um so mehr brannte mir die Scham der Empörung und der Schande in der Stirn. (...) Ich aber beschloss, Politiker zu werden."

Rote Fahne auf dem Reichstag 30.4.1945

Im „Führerbunker" begeht Adolf Hitler Selbstmord. Das sowjetische Informationsbüro meldet: „Heute mittag um 14 Uhr war das Gebäude des Deutschen Reichstags in der Hand unserer Soldaten, die auf dem Dach die Siegesfahne hissten." Die Rote Armee befreit am 30. April das Frauenkonzentrationslager Ravensbrück in Mecklenburg. Zwischen 1939 und 1945 waren dort mehr als 132.000 Frauen und 20.000 Männer gefangen gehalten worden. München, die „Hauptstadt der Bewegung" wird beinahe kampflos von US-Truppen eingenommen. Jugoslawische Truppen besetzen Triest. Auf Anordnung Stalins wird die „Gruppe Ulbricht" aus dem Moskauer Exil nach Deutschland eingeflogen. Die Männer um Walter Ulbricht sollen von Berlin aus die KPD wiederaufbauen und für die „antifaschistische Umgestaltung" der Gesellschaft wirken.

Die herrschende Unordnung war nicht nur Anarchie, sondern recht eigentlich eine Umwertung aller Werte. Deshalb schlug jetzt Hitlers Versagertum, seine krasse Außenseiterrolle, die asoziale Boheme seiner Vorkriegsexistenz ihm zum Vorteil aus, denn ihm war längst geläufig, was vor dem Krieg nur viele geschreckt hatte, jetzt aber Millionen tatsächlich erlebten: den Absturz aus bürgerlicher Sicherheit, die Vernichtung von Existenzen.

In den Strudeln der unmittelbaren Nachkriegszeit verschwanden die Welt und die bürgerliche Ordnung, die Hitler bislang feindselig gewesen waren, die ihm die Anerkennung und den Platz, den er sich erträumte, hartnäckig verweigert hatten. Darin erkannte er seine Chance, als Führer einer Revolution, die eine neue Ordnung schaffte, zu reüssieren, dem verzweifelten Klassenkampf um ihre Existenz, den Millionen gegen ihre Verelendung, gegen Inflation und Deflation, führten, ein Ziel zu weisen, die als bedrohlich erlebte Komplexität der Welt durch einige wenige, einfache Parolen zu bannen. Hitler begriff, dass es gelte, die grassierende, diffuse Angst eindeutig zu identifizieren. Sein Ziel, so hat er immer wieder versichert, heiße „ganz kurz: Vernichtung und Ausrottung der marxistischen Weltanschauung". Der Marxismus sei aber nur die Firma, eine Spielart des eigentlichen Feindes, den es „fanatisch" zu bekämpfen, zu vernichten gelte: den Juden.

Nicht aber, dass Hitler mit seinem Entschluss, Politiker zu werden, bereits er selber geworden wäre. Es lag noch eine entbehrungsreiche Lehrzeit vor ihm. Er begann als Trommler, avancierte zum politischen Bandenführer, bis er 1924 während seiner neunmonatigen Haft in Landsberg, in der er „Mein Kampf" diktierte, beschloss, die Rolle des charismatischen „Führers" selbst zu übernehmen. Und das geeignete Mittel dazu sah er in der Propaganda; sie sollte die Massen mobilisieren und in einen Rauschzustand versetzen, dem jeder Widerspruch fremd war. Hitler fand darüber bisweilen zu einer dunkel glühenden Wortgewalt: „Siegt der Jude mit Hilfe seines marxistischen Glaubensbekenntnisses über die Völker dieser Welt, dann wird seine Krone der Totenkranz der Menschheit sein, dann wird dieser Planet wieder wie einst vor Jahrmillionen menschenleer durch den Äther ziehen. (...) Indem ich mich des Juden erwehre, kämpfe ich für das Werk des Herrn." Solche nur auf Aufpeitschung des Massengemüts berechnete Endzeitprophetie, die heute nur noch lächerlich wirkt, entfaltete vor allem in den Jahren nach 1929, als die Weimarer Republik im Strudel der Weltwirtschaftskrise wie der galoppierenden demokratischen Selbstdelegitimierung der sie tragenden politischen Parteien versank, die sich mehr und mehr in interessenpolitisch geprägten Auseinandersetzungen verkämpften, eine ungeheuerliche Wirkung. Die verhetzten, verängstigten und orientierungslosen Menschen liefen Hitler damals in Scharen einfach deshalb zu, weil sie alle ihre Hoffnungen auf diesen luziferischen Demagogen konzentrieren konnten.

Hitler hatte keine Rezepte, keine Patentlösungen anzubieten. Aber er vermittelte eine sieghafte Zuversicht, das Gefühl, dass Deutschland unter seiner Führung trotz aller Niederlagen, Demütigungen und Enttäuschungen im Innern geeint und strotzend von Erfolg wie Selbstbewusstsein und nach außen groß und stark sein werde. Hitler war das Versprechen einer wahrhaft nationalen Revolution, die Bauern und Angestellte, Arbeiter und Beamte zu einer starken „Volksgemeinschaft" verschmolz, die einem jeden Status und Sicherheit, Ansehen und Respekt versprach. Angesichts von ständig wechselnden Kabinetten, die sich auf keine parlamentarischen Mehrheiten stützen konnten und deshalb mit präsidialen Notverordnungen regieren mussten, die das Elend der Massen durch ständige Ausgabenkürzungen und Einsparungen gewissermaßen aushungern wollten, ein ungeheuerlich verführerisches Versprechen.

Was Hitler der herrschenden Einfallslosigkeit entgegensetzte, war allein schiere Dynamik. Das war nichts und doch unendlich viel, denn es verhieß das, wonach alle gierten: revolutionären Wandel, Umsturz des Bestehenden und Schlechten, einen neuen Anfang. Hitler verfügte außerdem noch über einen Trumpf, der alles ausstach: Seine Jugend und einen „fanatischen" Glauben an die Zukunft. Das galt auch für seine „Bewegung", für die NSDAP, die er nach ihrem zeitweiligen Zerfall Mitte der 20er Jahre völlig neu aufgebaut hatte und in der das unbedingte „Führerprinzip" galt.

Dieses Führerprinzip wurde das Organisationsmerkmal der Bewegung; es verlieh ihr ungeheure Schlagkraft. Die NSDAP wurde damit zur entscheidenden Kraft auf der Rechten. Bei den Reichstagswahlen am 14. September 1930 gewann sie etwa sechs Millionen Stimmen hinzu. Zwar siegte bei den Direktwahlen des Reichspräsidenten am 10. April 1932 der greise Paul von Hindenburg, der Kandidat einer „großen Koalition" von Hitlers Widersachern. Hitler aber hatte im Wahlkampf alle Register seiner Propaganda gezogen. Bei den Reichstagswahlen vom 31. Juli 1932 wurden die Nationalsozialisten mit 230 Mandaten stärkste Fraktion. Den Gewinn dieser mehr als verdoppelten Mandatszahl verdankten die Nazis einer ungewöhnlich hohen Wahlbeteiligung von 83 Prozent, dem Votum der Jung- und Erstwähler sowie dem Umstand, dass es ihnen gelang, vor allem den liberalen und kleinen bürgerlichen Parteien erhebliche Stimmenanteile abzunehmen.

Die Kombination dieser drei Elemente garantierte den Nazis eine dauerhafte strukturelle Überlegenheit und erlaubte es Hitler, sich auf eine „legale" Eroberung der Macht festzulegen. Die letzten freien Wahlen der

Weimarer Republik, die Nationalsozialisten und Kommunisten im Reichstag die Mehrheit verschafften, machten ein parlamentarisches Regieren unmöglich. Mit den Wahlen vom 6. November 1932 begann der Todeskampf der Republik. Am 30. Januar 1933 ernannte Hindenburg den Mann, den er in vertrautem Kreis nur als den „böhmischen Gefreiten" apostrophierte, weil er dessen Geburtsort Braunau am Inn mit dem Städtchen Braunau in Nordböhmen verwechselte, das er als junger Offizier bei der II. Preußischen Armee auf ihrem Vormarsch im Sommer 1866 auf Königgrätz berührt hatte, zum deutschen Reichskanzler. Hitler war am Ziel.

Er war nun der „Erwählte" der Millionen, der Führer, der Politiker, der mit großem Abstand wie kein anderer seinesgleichen sich ungeteilter Popularität und Zustimmung bei seinem Volk erfreuen konnte. Diese Zustimmung, und dieser Umstand ist für das Wesen und den Werdegang des Dritten Reichs von ganz eminenter Bedeutung, galt einzig ihm, dem Führer, Adolf Hitler, und viel weniger der Partei, der NSDAP.

Hitler wurde auch von den Deutschen akklamiert, bewundert und verehrt, die den Nazis nie ihre Stimme gaben, die von sich deshalb später behaupten konnten, nie Nazis gewesen zu sein, deren Ideologie und Rassenwahn immer zutiefst verabscheut zu haben. Für das bis zuletzt reibungslose Funktionieren des Dritten Reichs, in dem sich auch nach der militärischen Katastrophe von Stalingrad 1943 und unter dem Eindruck der verheerenden alliierten Bombenangriffe mit ihren Hunderttausenden von Opfern, die alle Großsprechereien eines Göring oder Goebbels so offensichtlich widerlegten, bezeichnenderweise keine in breiteren Bevölkerungsschichten verankerte Widerstandsbewegung gegen das Regime formierte, war dies von erstrangiger Bedeutung. Es war diese Verblendung durch den autosuggestiven „Führermythos", in dem eine überwältigende Mehrheit der Deutschen spätestens seit den spektakulären Anfangserfolgen des Regimes ab 1934 befangen war und keineswegs, wie gern behauptet wird, der Terror der Gestapo oder die angeblich lückenlose Gesinnungskontrolle, die bedingungslose Gefolgschaft bis zuletzt erzwangen. Hitler hat sich auch im vertrauten Kreis stets gehütet, an das Geheimnis dieses Zaubers zu rühren. Lediglich bei einem Tischgespräch, das er am Abend des 26. Juli 1942 führte, kam er ganz beiläufig auf dieses Phänomen zu sprechen: „Wenn man über die Grundsätze der Staatsführung nachdenke", so vermerkt das Protokoll, „könne man immer wieder erkennen, dass es mit den Gesetzen (!) der Geheimen Staatspolizei und so weiter allein nicht zu machen sei. Die breite Masse brauche ein Idol."

Es war eben dieser religiös anmutende „Führermythos", der die entscheidende Gewähr für das reibungslose Funktionieren des Dritten Reichs darstellte und der Hitler fast bis zuletzt gegen jede Infragestellung immunisierte. Der Antisemitismus oder andere „fanatische" ideologische Fixierungen des Nationalsozialismus, zu denen sich Hitler wiederholt und öffentlich bekannte, dürften – mit Ausnahme der leidenschaftlichen Parteigenossen wie vor allem auch der SS-Elite des Regimes sowie den unmittelbar mit der Menschenvernichtung befassten Henkern – für die Masse der Partei- und Volksgenossen die längste Zeit mehr eine symbolische denn eine konkrete Bedeutung gehabt haben. Für ihre gläubige Hingabe an den „Führer" blieb all dies ohne größeren Belang oder bindende Wirkung. Was von den massenhaften Gräueln oder gar der systematischen Ausrottung der Juden bruchstückhaft bekannt wurde, verharmlosten viele sogar als Exzesstaten, die dem Führer verborgen wurden. Daher die geläufige Formel: „Wenn das der Führer wüsste..."

Ähnlich dürfte es sich mit den sozialpolitischen Wohltaten des Regimes verhalten haben, wie auch mit der von ihm bewerkstelligten Hebung aller Lebensverhältnisse: Sie waren nicht originär ursächlich für die Loyalität, die von breiten Schichten „Führer" und Regime gezollt wurde, sondern bestätigten den Einzelnen wie die Masse nur in der Richtigkeit des von ihnen sowieso schon gefühlten „Führerglaubens".

Hitler war in der deutschen Geschichte keineswegs ein „Unfall", zu dem er nach 1945 gerne verharmlost wurde, sondern eine Ausnahmeerscheinung, die unter besonderen historischen Umständen und Bedingungen ihre fürchterliche Wirkung entfalten konnte. Was im Weiteren dazu noch zu sagen ist, stand bereits am 2. Mai 1945 im *Manchester Guardian* zu lesen: „Europa hat niemals eine solche Katastrophe seiner Zivilisation erlebt, und niemand kann sagen, wann es beginnen wird, sich von ihren Auswirkungen wieder zu erholen."

Johannes Willms

„Es riecht nach Brand und Pulvergasen"

„Es donnert – nein, Iwan schießt auf den Bahnhof! Mit dieser Feststellung erwache ich. Aber der Bahnhof hält was aus. Dann heißt es: „Spähtrupp!" Zum Reichstagsgebäude. In der Umgebung brennen mehrere Häuser, Artillerieeinschläge erfüllen die Luft mit krachendem Getöse. Dazu das Ssssst der Querschläger. Panzerkanonen verstärken das Konzert. Im Hofe des Gebäudes steht ein Granatwerfer, der eifrig feuert. Kalk und Steinsplitter fliegen in der Luft umher. Es riecht nach Staub, Brand und Pulvergasen.

(Tagebucheintrag von Günther M., 23 Jahre alt, Soldat aus Berlin, vom 30. April 1945; Quelle: Tagebucharchiv Emmendingen)

Der Mörder ist tot, es lebe der Sieger

Sechzig Jahre nach dem Kriegsende kehrt der Diktator zurück auf Podeste und Plakate – und es sind nicht nur die Alten, die ihn rühmen

Allen voran der Diktator: Militärparade am 1. Mai 2005 in Moskau.

Der Oberkommandierende hat es eilig. Schwungvoll setzt er das linke vor das rechte Bein und legt dabei einen Arm in stolzer Pose auf den Bauch. Seine Gesichtszüge verraten fröhliche Siegesgewissheit. Nur an einem gebricht es dem Generalissimus. Es ist, ausgerechnet, Größe. Josef Stalin misst kaum mehr als zwanzig Zentimeter. Er hat also bequem Platz gefunden auf einem Fensterbrett, dort zur Rechten und zur Linken umgeben von zweien seiner Generäle. Ein uniformiertes Trio, das am ehesten an einen Trupp Zinnsoldaten erinnert. Doch man möge das Modell nicht weiter beachten, bittet Wjatscheslaw Klykow. Nur das vollendete Werk sei es schließlich, worauf es ankomme.

Klykow trägt einen legeren grünen Pulli und ausgewaschene Jeans, womit er nicht ganz das Bild abgibt, welches das Bronzeschild am Eingang zum Atelier verheißt: „Bildhauer Klykow. Wjatscheslaw Michailowitsch. Träger des Staatspreises der Sowjetunion. Träger des Repin-Preises der Russischen Föderation“. Der Staatspreisträger bittet nun zum Tee auf der Galerie. Von hier oben sind die neuesten Arbeiten zu besichtigen, Heldenfiguren und religiöse Motive zumeist. „Sie haben nichts dagegen?“, fragt er und zieht eine Pall Mall aus der Schachtel. Klykows Finger sind lang, seine Hände wirken dennoch grob. Es sind die Hände, die Stalin erschaffen sollen. „Zweieinhalb Meter wird er groß. Und der Sockel noch einmal einen Meter“, sagt der Künstler. Er möchte Josef Wissarionowitsch Stalin auf einen Sockel heben – und damit ist er nicht allein im Russland des Jahres 60 nach dem großen Sieg.

In mehreren Städten des Landes kämpfen Lokalpolitiker dafür, dem „Vater der Völker“ aus Anlass der Siegesfeiern ein Denkmal zu setzen, und als die *Iswes-*

lebt hat. Sie bleibt Stalin auf immer dankbar. Dankbar für den Sieg. Wofür aber könnte Antonina Terechowitsch-Lytkina dem Oberkommandierenden Josef Stalin dankbar sein? „Wir starben nicht an Hunger. Es gab ja genug Gras", sagt sie bitter. Der Großvater war Ikonenmaler, was damals als Grund allemal reichte, die Familie zum Ural zu verbannen. Antonina ist Mitglied der Belgoroder Ortsgruppe des Verbandes der Opfer politischer Repressionen. Sie hat sich mit fünf Leidensgenossen in einem kleinen Büro eingefunden. Sie alle haben Dokumente des Grauens mitgebracht, Todesurteile und Protokolle. Es sind Geschichten von Verbannung und vom tödlichen Zufall im Reich des Josef Stalin. Mit Opfern wie dem Vater von Wiktor Schmidt, den sie an die Wand gestellt haben. „Wir hatten ein Plansoll zu erfüllen", verriet ein KGB-Mann dem Sohn später. Mit Opfern wie Alexander Moroschenko, dessen Schuld in einer frechen Frage als frisch rekrutierter Soldat im Polit-Unterricht bestand. Die endlosen Verhöre, die Tage im Karzer, der nicht viel größer war als ein Sarg, verwandelten einen unbedarften Jungen in einen geständigen Spion – verurteilt zu acht Jahren Lager. Es kam der Sieg, es kam Stalins Tod, doch rehabilitiert haben sie Alexander Moroschenko erst 1970.

Beim Opferverband hat wegen der Stalin-Pläne übrigens noch keiner nachgefragt. „Man versucht uns eben zu vergessen", sagt Antonina Terechowitsch-Lytkina. „Deshalb bauen sie das Denkmal." *Daniel Brössler*

„Meine Treue wird unabdingbar sein"

„Mein Führer! Meine Treue zu Ihnen wird unabdingbar sein. Ich werde daher weiter alle Versuche unternehmen, um Sie in Berlin zu entsetzen. Wenn das Schicksal mich dennoch zwingt, als der von Ihnen bestimmte Nachfolger das Deutsche Reich zu führen, werde ich diesen Krieg so zu Ende führen, wie es der einmalige Heldenkampf des deutschen Volkes verlangt."

(Funkspruch von Großadmiral Karl Dönitz ans Führerhauptquartier vom 1. Mai 1945. Dönitz war am 30. April davon unterrichtet worden, dass Hitler ihn zum Nachfolger eingesetzt habe. Vom Selbstmord Hitlers wusste Dönitz zu diesem Zeitpunkt noch nichts; Quelle: W. Lüdde-Neurath, Regierung Dönitz, Göttingen 1964)

Vom Verbündeten zum Opfer Hitlers

Italiens Trauma: Die Kämpfe auf deutscher Seite waren ebenso glücklos wie der Versuch, den Krieg 1943 rechtzeitig zu beenden

Ein alter Armeemantel und eine blaue Arbeitsmontur, eine goldene Ordensplakette und allerlei wertvoller Damenschmuck mit Rubinen und Brillanten – verpackt in Kisten, die mit den Jahren staubig wurden, lagerten mehr als ein halbes Jahrhundert lang im Keller des römischen Schatzministeriums. Erst vor einigen Jahren entdeckte ein Regierungsbeamter die alten Kisten; anhand einer vergilbten Liste, die bei den Sachen lag, ließ sich sogar der einstige Besitzer feststellen: kein Geringerer als Italiens früherer Diktator Benito Mussolini. Er hatte die Dinge bei sich gehabt, als er gegen Ende des Krieges in Italien versuchte, noch im letzten Moment in die Schweiz zu fliehen. Das war am 27. April 1945 in der Nähe der Ortschaft Dongo am Nordufer des Comer Sees, am Tag darauf wurden Mussolini und seine Lebensgefährtin Clara Petacci von Partisanen erschossen.

Zur selben Zeit flatterten im nahe gelegenen Mailand schon die roten Fahnen vor den Fabriken, und durch die Straßen zogen johlend die Partisanen – sie hatten die Stadt bereits weitgehend von der NS-Besatzung befreit, nur noch in einem Hotel bei der Scala hielten sich ein paar deutsche Soldaten auf. Unterdessen war man in Caserta bei Neapel, wo die Alliierten ihr Hauptquartier hatten, gerade dabei, die letzten Einzelheiten über die Kapitulation der deutschen Streitkräfte in Italien auszuhandeln. Am 29. April wurde das Dokument unterzeichnet, drei Tage später, am 2. Mai 1945, sollte es um 14 Uhr Ortszeit in Kraft treten.

Der Krieg in Italien war beendet. Für die Bewohner höchst verwirrend, war das Land zunächst Verbündeter und dann, nach der Besetzung durch die Deutschen 1943, Opfer Hitlers gewesen. Den Süden hatten die Alliierten schon bis zum Herbst 1943 befreit, hier residierte auch der italienische König. Mittel- und Norditalien hielten hingegen die Deutschen, während Diktator Mussolini vom Städtchen Salò am Gardasee aus ein Marionettenregime von Adolf Hitlers Gnaden

Auf der Suche nach Faschisten: Weibliche Partisanen patroullieren durch die Straßen des befreiten Mailands. Mehr als 100.000 bewaffnete Italiener hatten seit 1943 gegen die deutschen Besatzer gekämpft.

dirigierte. Mussolini zog die jungen Italiener zu seinen Milizen ein, die Deutschen deportierten sie zur Zwangsarbeit ins Reich.

In den Wäldern sammelten sich unterdessen mehr und mehr Partisanen, die gegen die Besatzer kämpften. Und in den Städten und Dörfern warteten die Menschen vor allem auf eines: die Ankunft der Alliierten.

Die Italiener hatten schon lange genug vom Krieg. Wie anders war die Stimmung dagegen drei Jahre zuvor gewesen. Am 10. Juni 1940, die deutschen Truppen waren soeben in Frankreich einmarschiert, hatte Mussolini vom Balkon seines Regierungspalastes an der Piazza Venezia in Rom den Eintritt Italiens in den Krieg erklärt. Damals schienen die Zeichen günstig für einen deutschen Sieg zu stehen. Um später bei den ruhmreichen Siegern dabei zu sein, musste Italien jedoch noch „einige Hand voll Tote auf den Friedenstisch werfen können", wie Mussolini sich in einer privaten Unterhaltung ausgedrückt haben soll. Bald marschierten italienische Truppen an der französischen Riviera auf, es zog den Diktator zu Feldzügen auf den Balkan, nach Griechenland und nach Nordafrika.

Doch das Italien des Duce war nicht die Macht, die es gern gewesen wäre. Seine Soldaten wurden auf allen

Richtschnur des Gewissens

Die Armee Wenck sollte Hitler aus Berlin „heraushauen“ – stattdessen half sie Zivilisten und Soldaten bei der Flucht vor der Roten Armee

Wencks ehemaliger Stabschef Günther Reichhelm.

Bis heute wundert sich Günther Reichhelm, wie oft er mit dem Leben davongekommen ist. Der Berufssoldat, damals 31 Jahre alt, hatte seit 1939 an wechselnden Fronten gekämpft; am 11. April 1945 aber trat der Oberst auf Befehl Hitlers die merkwürdigste Reise seiner Kriegszeit an. Zu diesem Zeitpunkt war er freilich mit der Heeresgruppe B im Ruhrgebiet eingeschlossen. Eine Ju 52-Transportmaschine flog ihn aus und brachte ihn – die Luft war voller alliierter Jäger – im Niedrigflug nach Berlin. Dort sollte Reichhelm einen, wie er es heute nennt, „utopischen Auftrag“ erhalten. Beinahe wäre die Landung misslungen: Der Feldflugplatz wurde gerade bombardiert, und so musste Reichhelm sein hastig wieder durchstartendes Flugzeug mit einem waghalsigen Sprung auf die Landebahn verlassen.

Humpelnd gelangte der lädierte Oberst zum Oberkommando des Heeres nach Zossen, wo Generaloberst Jodl ihn zur „Führerlage“ nach Berlin beorderte. Doch vorher sprach Reichhelm mit dem Mann, dem er den Flug hierher verdankte: Panzergeneral Walther Wenck, der Reichhelm zu seinem Generalstabschef machen wollte. Hitler hatte Wenck zuvor zum Befehlshaber der 12. Armee ernannt, einer Armee, mit der der „Führer“ Großes vorhatte: Sie sollte die Heeresgruppe B im Ruhrgebiet befreien.

Reichhelm erlebte in Hitlers Berliner Bunker bizarre Szenen. Als der Oberst in seinem Lagevortrag die aussichtslose Situation im Westen schilderte, plante Hitler weiter Phantasieoffensiven, als habe er nichts gehört. Mit dabei war Reichsmarschall Hermann Göring, nach Reichhelms Eindruck „schwammig aussehend und offensichtlich unter Drogen“. Göring habe während der Besprechung seinen Kopf auf den Tisch gelegt und eine Landkarte über sich gezogen, erzählt Reichhelm, der heute, 91-jährig, als pensionierter Vorstandschef eines Industrieunternehmens in Murnau lebt. Der hochgewachsene alte Herr, der sich sehr gerade hält und noch Geige spielt, hat nach dem Krieg Karriere gemacht, ohne vorher viel mehr als das Offiziershandwerk gelernt zu haben.

Am 13. April traf er im Hauptquartier Wencks bei Dessau ein. Die neue Armee war das letzte Aufgebot der Wehrmacht. Die meisten der etwa 60.000 Soldaten waren jung, sehr jung, sie kamen zum Teil direkt von der Ausbildung. Auch die Vorgesetzten waren jung, aber schon erfahrene, oft hochdekorierte Offiziere, die mitgeholfen hatten, Hitlers Krieg in fast jedes Land Europas zu tragen. General Wenck, der jüngste General der Wehrmacht, war 44 Jahre alt. Reichhelm erzählt, dass Wenck wegen seines heiteren Wesens „der Sonnenvogel“ genannt wurde. Bei der Truppe hieß der Mann, der aus einer Soldatenfamilie kam und als Zehnjähriger in eine Kadettenanstalt eintreten musste, auch „Papi Wenck“. Seiner Aura habe man sich schwer entziehen können.

Während die 12. Armee noch versuchte, die vorrückenden Amerikaner an der Elbe aufzuhalten, hatte am 16. April der sowjetische Großangriff an der Oder begonnen. Im Morgengrauen des 23. April tauchte überraschend Feldmarschall Wilhelm Keitel im Hauptquartier Wencks auf. Keitel forderte, die Armee müsse „den Führer heraushauen“ – eine aussichtslose Mission. Wenck schrieb nach dem Krieg, er habe nun „nach der

Richtschnur des eigenen Gewissens" gehandelt: „Dieser Mann (Keitel) und das Staatsoberhaupt, das er beriet, wussten längst nicht mehr, wie es um den Krieg stand. Das eingeschlossene Berlin konnten wir mit unseren Kräften unmöglich befreien. Wohl aber konnte zahlreichen Menschen geholfen werden, indem wir ihnen durch einen entschlossenen Angriff einen Weg nach Westen öffneten."

Wenck und sein Stabschef waren, so Reichhelm, rasch einig, die militärischen Wahnvorstellungen Hitlers zu ignorieren: „Wir haben von vornherein die Befehle nicht verfolgt." Die beiden Offiziere wählten einen sehr gefährlichen Weg: den des gesunden Menschenverstandes. Das erforderte einen Mut, den die meisten Befehlshaber der Wehrmacht noch im Chaos des Zusammenbruchs nicht hatten. Reichhelm: „Zum Schluss konnte ein Armeeführer gegen Befehle handeln. In den ersten Kriegsjahren nicht."

Wenck und Reichhelm ließen Keitel reden; ihr eigener Plan stand bereits fest. Er sah vor, wohl in Richtung Berlin anzugreifen – doch wollte Wenck mit dem größten Teil seiner Truppen versuchen, die Reste der 9. Armee unter General Busse zu retten, die sich von der Oder nach Westen durchzuschlagen versuchte. Der andere Teil der 12. Armee sollte nach Potsdam marschieren und die eingeschlossene „Heeresgruppe Spree" befreien. Wenck wollte es den Soldaten, aber auch der Zivilbevölkerung und den Zehntausenden Flüchtlingen aus dem Osten, ermöglichen, sich vor den Russen in Sicherheit zu bringen – bei den Amerikanern auf der anderen Seite der Elbe.

Wenck fuhr selber zu den Soldaten, um ihnen seinen außergewöhnlichen Rettungsplan zu erklären. Unter ihnen war auch der junge Hans-Dietrich Genscher, der später von „einem Gefühl der Treue, Verantwortung und Kameradschaft" in dieser Lage sprach. Desillusioniert schrieb der Bataillonskommandeur Peter Rettich am 26. April in sein Tagebuch: „Nun geht es also wieder gegen den Iwan. In einem Fußmarsch von der West- zur Ostfront! Es sagt alles über unsere Lage!"

Während Goebbels den Berlinern versprach, die „Armee Wenck" werde sie befreien – binnen Stunden entstand daraus ein Mythos –, stieß diese nach Osten vor. Südlich von Potsdam befreite sie 3.000 Verwundete, die in den Heilstätten von Beelitz gefangen waren. Die Soldaten, oft noch halbe Kinder, wurden mit Lastwagen und Zügen an die Elbe gebracht, wo sie in US-Gefangenschaft gingen. Gleichzeitig schaffte es der linke Flügel der 12. Armee, an Potsdam heranzukommen. Den 20.000 eingeschlossenen Soldaten und vielen Flüchtlingen gelang der Durchbruch zu Wencks Truppen.

Am 1. Mai – Hitler hatte sich am Tag zuvor erschossen – glückte Wencks zweites Vorhaben. Zahllose Flüchtlinge und die Reste der 9. Armee trafen auf Wencks Einheiten, die einen Fluchtweg gegen die Rote Armee offen hielten. „Es war furchtbar", erinnert sich Reichhelm: „Die Soldaten der 9. Armee waren so erschöpft, dass sie einfach liegen blieben. Wir haben sie auf die Lastwagen, die sie nach Westen fahren sollten, hinaufprügeln müssen." Innerhalb weniger Tage bewegte sich der riesige Heerhaufen – mehr als 100.000 Soldaten, zu denen immer mehr Flüchtlinge stießen – zurück nach Westen, verfolgt von den Panzern der Roten Armee. Mit Lastwagen und Güterzügen, mit Limousinen, Motorrädern und Pferdegespannen, mit allem was fuhr, brachte die 12. Armee die Menschen zur Elbe. Am 3. Mai schickte Wenck einen Unterhändler zu den Amerikanern. Die nahmen die Kapitulation an, wollten allerdings nur Soldaten und keine Zivilisten über den Fluss lassen.

Lange Schlangen deutscher Soldaten schoben sich auf Behelfsbrücken über die Elbe in die Gefangenschaft. Auch eine Fähre holte unablässig Männer ans Westufer. Währenddessen tötete russischer Artilleriebeschuss Tausende in dem immer kleiner werdenden Verteidigungsring. Das Granatfeuer wurde so stark, dass die Amerikaner ihre Truppen vorsichtshalber zwei Kilometer vom Westufer zurückzogen. Darauf hatten die Zivilisten, die verzweifelt am Ostufer ausharrten, gewartet: Insgesamt flohen bis zu 100.000 Menschen über die Elbe, die meisten an diesem 6. Mai: in Schlauchbooten von Wencks Pionieren, mit Kähnen, auf rasch zusammengeschnürten Flössen, an leere Benzinkanister oder Bretter geklammert überquerten Männer, Frauen, Kinder während der Nacht den rasch dahinströmenden kalten Fluss. Hunderte ertranken.

Am 7. Mai setzten die letzten deutschen Soldaten über die Elbe. Zurück blieben Hunderte herrenlos umherjagende Pferde. Zum Schluss setzten am späten Nachmittag Wenck und sein Stab über. Rotarmisten schossen auf das Boot, ein Unteroffizier wurde getötet. Günther Reichhelm und Walther Wenck gingen unverletzt in amerikanische Gefangenschaft.

Cord Aschenbrenner

Unterhaltsamer Schrecken

Nie galt das Wort der Zeitzeugen so viel wie heute. Es gibt in der Erinnerungskultur aber einen Unterschied zwischen Vergangenheitsgerede und Zeugenschaft

Die öffentliche Präsentation und Deutung von Vergangenheit sind seit den neunziger Jahren zunehmend an Zeitzeugenberichte gebunden worden. Zugleich hat sich weit über den Kreis professioneller Geschichtsvermittler hinaus wie selbstverständlich die Auffassung verfestigt, dass erfahrungsgeschichtliche Zeugnisse der Königsweg zur Weckung von Geschichtsinteresse seien wie auch den authentischsten Zugang zur Vergangenheit böten. Andere historische Quellen hingegen treten als sperrig oder zu abstrakt in den Hintergrund, sofern sie überhaupt noch eine Rolle spielen.

Hoch technisierte, mediengeprägte Gegenwart und altmodisches Erzählen gehen Hand in Hand. Besonders deutlich zeigt sich das im Bereich der Erinnerungskultur, nicht zuletzt in Gestalt der durch die Gedenkfeiern aus Anlass der 60. Jahrestage des Kriegsendes und der Befreiung der NS-Konzentrations- und Vernichtungslager angestoßenen Frage, ob Erinnerungskultur ohne Zeitzeugen eine Zukunft hat.

Die Frage hat einen ernst zu nehmenden Hintergrund. Auch wenn in den Lagern Kinder und Jugendliche gefangen gehalten wurden und überlebt haben, die heute noch deutlich weniger als 80 Jahre alt sind, ist das unvermeidliche Schwinden derjenigen, die diese Lager erlitten und erlebt haben, absehbar. Andererseits verweist die Frage aber auch darauf, dass vielen die Auseinandersetzung mit Geschichte jenseits der erlebnisverhafteten, persönlichen Erzählung kaum mehr vorstellbar und fremd, wenn nicht zu wenig unterhaltsam, anstrengend oder gar lästig geworden ist. Stimmte dies auch nur annähernd, dann käme paradoxerweise ein Gutteil des gegenwärtigen Erinnerungsbooms einem Ausweichen vor der Vergangenheit näher (Freud hätte von Deckerinnerungen gesprochen), als dass er der Herausbildung kritischen

Das „Inferno von Bergen-Belsen“: Unter der Aufsicht britischer Wachen tragen frühere SS-Aufseher die Leichen von Häftlingen zu den Massengräbern. Die Bevölkerung muss zuschauen.

Geschichtsbewusstseins diente. Wer die Geschichte der Erinnerung an die nationalsozialistischen Verbrechen in West- und Ostdeutschland kennt, ist zunächst frappiert vom Erfolg der Zeitzeugen. Über Jahrzehnte wollte sie – in der Bundesrepublik – kaum jemand anhören, und in der DDR bekamen sie Stimme nur, wenn ihre Erzählungen mit den Schablonen des SED-offiziellen Geschichtsbildes kompatibel waren. Was Westdeutschland betrifft, erinnere man sich nur daran, in welcher Isolation Überlebende der Lager über lange Zeit Gedenkfeiern an den ehemaligen Orten ihrer Gefangenschaft begehen mussten – sofern diese überhaupt als Gedenkstätten zugänglich waren. Man erinnere sich daran, wie sie nicht selten dort, wo sie als Zeugen auftraten, behandelt worden sind, egal ob in Entschädigungs- und Wiedergutmachungsverfahren oder – vorwiegend von der Verteidigung – in Gerichtsverfahren wie dem Frankfurter Auschwitz-Prozess.

Ihnen wurde vorgehalten, zu übertreiben oder unglaubwürdig zu sein. So sollte ihr Zeugnis entkräftet werden. Das Einpressen der individuellen Erinnerung in parteiamtliche Schablonen lässt sich hingegen gut an der Entstehungsgeschichte der Nationalen Mahn- und Gedenkstätten der DDR nachzeichnen, für Buchenwald etwa am Beispiel Karl Straubs. Als ein kommunistischer Überlebender, der sich von 1945 an hartnäckig für den Aufbau der Gedenkstätte einsetzte, wurde er von Ende der fünfziger Jahre an allmählich aus seinem Amt als Besucherführer gedrängt, weil – wie es eine ihn denunzierende Besucherin formulierte – „die Führung des Genossen Straub so schlecht war, dass (mich) bei jedem politischen Wort, das aus seinem Munde kam, schon vorher ein Schütteln überfiel". Karl Barthel, 1933 jüngster Reichstagsabgeordneter der KPD, musste seine heimlich aus dem KZ Buchenwald geschmuggelten Notizen, die 1946 unter dem Titel „Welt ohne Erbarmen" erschienen waren, in den fünfziger Jahren umschreiben. „Rot färbt sich der Morgen" hießen sie nun.

Es hat bis in die siebziger, achtziger Jahre gedauert, bis einer breiteren Öffentlichkeit bewusst wurde, dass nicht nur Dokumente die Gegenwart mit der Vergangenheit verbanden. Eberhard Fechners Film-Dokumentationen großer NS-Prozesse leisteten Vorarbeit. Methodisch reflektierte Oral History suchte, „kleinen Leuten" und Ohnmächtigen Gesicht und Stimme zu geben. Bürgerinitiativen, die sich für die Errichtung von Gedenkstätten oder den Aufbau von Ausstellungen an Orten wie Neuengamme, Bergen-Belsen, Flossenbürg und Dachau einsetzten, traten mit Überlebenden in enge Verbindung. Gegen die schweigenden Eltern suchten Jüngere das Gespräch mit den Zeugen von Ausgrenzung, Verfolgung und Massenmord.

Allerdings gerät im Rückblick auf diese Aufbruchszeit leicht in Vergessenheit, dass Zeitzeugen ganz anderer Art nach 1945 durchaus ausgiebig zu Wort kamen. Kaum eine Schülerin oder ein Schüler, der zumindest bis in die sechziger Jahre hinein nicht von entlastenden, idealisierenden oder gar begeisterten Kriegserzählungen seiner Lehrer verschont geblieben wäre. Und Melita Maschmanns verständnisheischende Erinnerungen an ihre BDM-Zeit in Polen fanden ebenso ihr Publikum wie die Generalsbiografien, in denen jede Beteiligung an Kriegsverbrechen und Massenmord geleugnet wurde, oder Albert Speers wortreich verlogene Umstilisierung zum verführten und verführbaren Schöngeist, der offenbar nie Rüstungsminister für die totale Kriegsführung des Dritten Reichs gewesen war.

So gesehen stehen diese Jahre weniger für das Aufkommen persönlich erzählender Vergangenheitspräsentation als vielmehr für einen Aufmerksamkeitswechsel als auch den Versuch, erfahrungsbezogene Geschichtserzählungen quellenkritisch zu verorten und ernst zu nehmen.

Allerdings stellt sich die neue Aufmerksamkeit von Anfang an nicht einheitlich dar. Unterschiedliche Akzentuierungen und Interessen lassen sich unterscheiden. Dem affirmativen und entstellenden Blick auf die NS-Verbrechen durch Akten aus Tätersicht wird die Erfahrung der Verfolgten als notwendiges Korrektiv gegenübergestellt. Bereiche, in die keine Akten hineinreichen – wie die Einsamkeit des Exils, die Extremerfahrung der Lager und deren lebensgeschichtliche Wirkung oder der Entschluss zum Widerstand – sollen wenigstens annähernd der Ausdruckslosigkeit entwunden, individuelle Opfer der Anonymität und dem Vergessen entrissen werden.

Geschichte soll anhand des Einzelschicksals vorstellbar und als von Menschen gemacht – und erlitten – verstehbar werden, so dass sie mit Hinblick auf die eigene Gegenwart angeeignet werden kann. Zeitzeugen werden zu Identifikationsobjekten anstelle der unter Verdacht stehenden schweigenden Eltern, ihre Berichte werden zu Kristallisationspunkten politischer und ethischer Orientierungen. Bruchstückhaft, aber lebendig und anziehend blitzen in ihnen Elemente des nationalsozialistisch verworfenen kulturellen und politischen Lebens Deutschlands und Europas vor 1933 auf.

Ein spezifisches, unvermeidliches Moment von Spannung wird hingegen recht selten thematisiert: Der Gegensatz zwischen dem Zeitzeugen als besonderer historischer Quelle, deren Gehalt und Geltung wie der aller anderen historischen Quellen auch quellenkritisch überprüft und begründet werden muss, und dem Zeitzeugen als verletztem, gezeichnetem, wenn nicht traumatisiertem Menschen, dessen Erzählung aufrund der Geschichte, aus der sie resultiert, bereits als solche Respekt und Achtung verdient. Anders gesagt: Wenig reflektiert worden ist das unausweichliche Spannungsverhältnis zwischen der sachlichen Dimension des Vergangenheit vergegenwärtigenden Sprechens und des-

»Endlösung« – Die Todesmaschinerie der SS

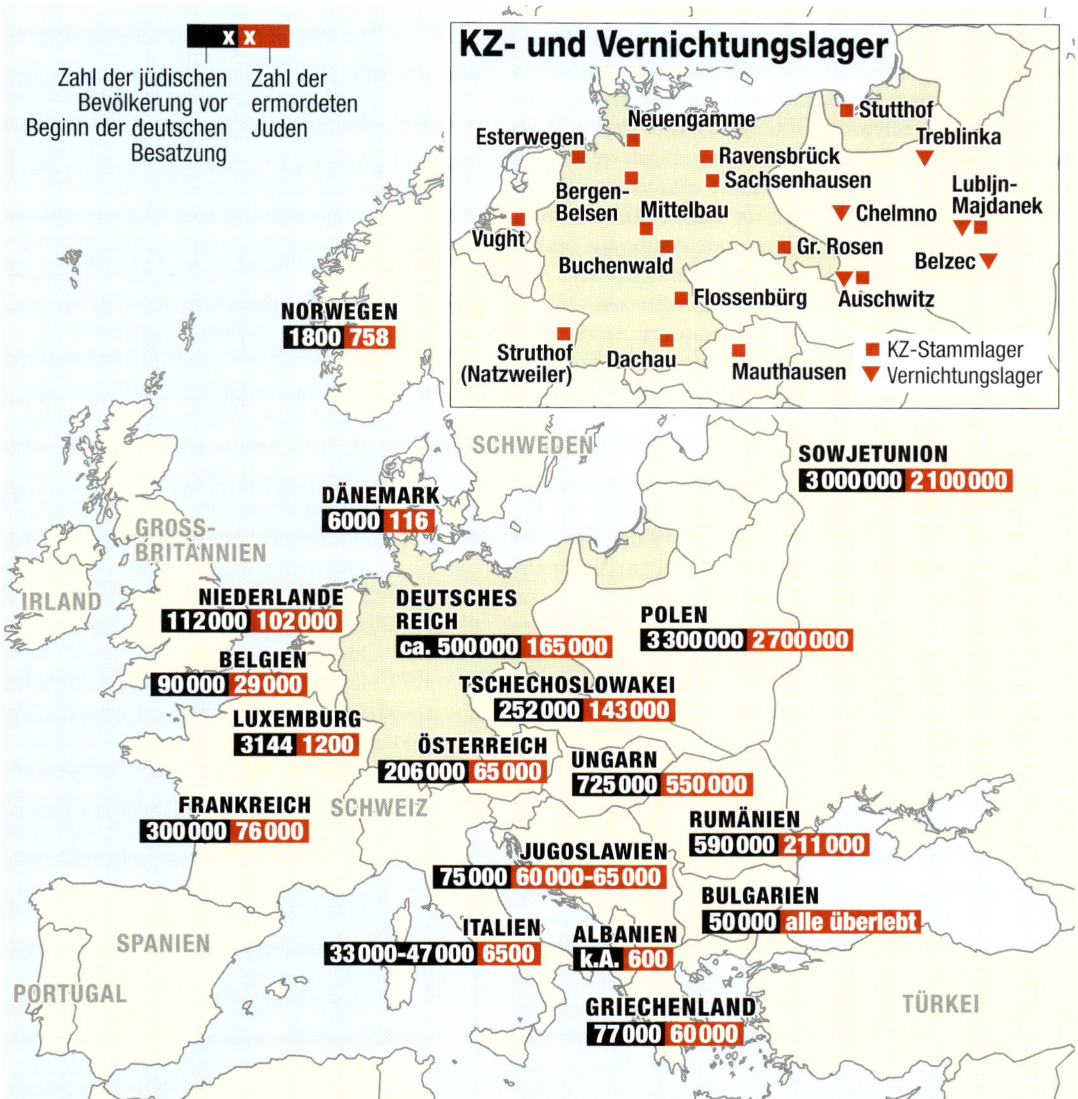

SZ-Karte: Mainka / Quelle: Schätzungen nach Wolfgang Benz, Dimensionen des Völkermords, München 1991

sen individueller symbolischer Bedeutung, die immer auch darin besteht, dass der Sprechende Anerkennung bei denen sucht, die ihm zuhören. Das rein affirmative Zuhören jedoch hilft den Überlebenden letztendlich nicht aus ihren Traumatisierungen heraus. Welche Herausforderungen sich hieraus ergeben können, mag an der Tatsache ermessen werden, dass immer mal wieder Überlebende Buchenwalds bei Gedenkstättenbesuchen erschütternd und detailliert von den Gaskammern in diesem KZ berichten. Gaskammern aber hat es in Buchenwald nie gegeben. Solche Aussagen müssen, auch um Holocaust-Leugnern keinen Vorschub zu leisten, richtiggestellt werden. Ob durch eine Richtigstellung dem subjektiven Wahrheitsgehalt solcher Erinnerungen auch nur annähernd Gerechtigkeit widerfährt, steht auf einem ganz anderen Blatt. Hier können deshalb nicht nur Historiker etwas von Psychoanalytikern und deren Unterscheidung zwischen manifestem und latentem Gehalt, zwischen Sprechen als Aussagen und Sprechen als Artikulation lernen. Solches Lernen hat partiell stattgefunden, wird aber durch den Mainstream des gegenwärtigen Umgangs mit Zeitzeugen und erlebnisgeschichtlichen Zeugnissen erschwert. Methodisch verantwortungsbewusste Historiker und Geschichts-

Geisel-Odyssee im Hochpustertal

Die Geschichte einer außergewöhnlichen Rettung: Wie die Wehrmacht in Südtirol 139 prominente KZ-Häftlinge aus den Händen der SS befreite

Am Morgen des 28. April 1945 macht Therese, die Tochter des Konditors Wassermann, in Niederdorf im Südtiroler Hochpustertal eine sonderbare Beobachtung: Eine Gruppe von Fremden nähert sich mit schwer bewaffneten Begleitposten der SS und des SD dem Dorf. „Um 9 Uhr vormittags", schreibt sie in ihr Tagebuch, „hörten wir ein Gehen von vielen Menschen auf der Straße, wir gingen zum Fenster und erschraken. Zuerst kamen Kinder, dann bewaffnete Soldaten, dann Zivilisten mit Frauen, wieder Soldaten, dann Militärs (hohe) in fremden Uniformen und wieder deutsche Mannschaft dazwischen. Viele dieser Personen gingen matt und müde, aber auch wieder solche in stolzer Haltung mit erhobenem Kopfe und mit Lachen. Es war unheimlich... Emma (*die Schwester, Red.*) stand beim Haustor, da kam einer heran und fragte, ob er nicht Wasser haben könne. Als wir sagten, die Konditorei sei geschlossen, bemerkte er, er habe Hunger. Wir luden ihn ein, hereinzukommen, und hörten zu unserem Erstaunen, er und seine Mitgefangenen kämen vom Konzentrationslager in Dachau."

Die Ankunft des Häftlingstransports, dessen fünf Omnibusse auf der Landstraße vor Niederdorf stehen, spricht sich im Dorf schnell herum. Die 139 Gefangenen sind zum größten Teil prominent, sie kommen aus 17 Ländern Europas. Unter ihnen befinden sich der frühere österreichische Bundeskanzler Kurt von Schuschnigg mit Frau und Tochter, der ungarische Ministerpräsident Miklós von Kállay, der Oberbefehlshaber des griechischen Heeres, General Alexandros Papagos, der ehemalige französische Ministerpräsident Léon Blum mit Ehefrau und Angehörige des Obersten im Generalstab, Claus Schenk Graf von Stauffenberg, der am 20. Juli 1944 das Attentat auf Hitler verübt hatte.

Die Sippen- und die Sonderhäftlinge, wie das Reichssicherheitshauptamt (RSHA) in Berlin die Gefangenen bezeichnet, sind noch am Ende des Zweiten Weltkrieges als Geiseln der SS in die „Alpenfestung", die auch Südtirol einschließt, verschleppt worden. Dort sollen

Gruppenbild in Freiheit: Vor dem Hotel „Pragser Wildsee" stellen sich die ehemaligen SS-Geiseln nach der Ankunft der Amerikaner am 4. Mai 1945 den Fotografen. Vorne Vera von Schuschnigg mit Tochter Sissy.

Am Pragser Wildsee wird den Gefangenen in der Gemeinschaft der Mithäftlinge nach all dem Erlittenen, das hinter ihnen liegt, zum erstenmal bewusst, dass sie doch alle, wie Vermehren schreibt, Bewohner des „gleichen Hauses Europa", „Bürger dieser einen Welt sind". Diese Tage in Prags, betont sie, „glichen dem Wiedersehen alter Freunde, denen das Bild voneinander durch böse Intrigen getrübt worden war, und in dem Glück, sich wiedergefunden zu haben, verzieh man es sich gegenseitig leicht, jemals schwankend geworden zu sein im Vertrauen zueinander. Die nationalen Grenzen waren kein unübersteigliches Hindernis mehr, sondern nur der Gartenzaun um das Grundstück des anderen, dessen Pforte einladend weit geöffnet war".

Am 4. Mai 1945 treffen amerikanische Soldaten ein und beenden die Zeit in der Bergeinsamkeit. Sie übernehmen die Häftlinge von der Wehrmacht, die bisher das Hotel mit Posten gegen eventuelle Übergriffe von herumstreifenden Marodeuren abgesichert hat, und fordern die überraschten Hotelbewohner mit sanfter Gewalt auf, mit ihnen nach Süditalien zu kommen. Schweren Herzens nehmen vor allem die Österreicher, die ihrer Heimat so nahe gewesen sind, Abschied von Südtirol und begeben sich auf die unfreiwillige Reise, die über Verona und Neapel nach Capri führt, wo schließlich die Odyssee der Geiseln durch halb Europa endet.

Doch vor der endgültigen Rückkehr liegt für viele im Mai 1945 noch ein weiter Weg. Denn die Amerikaner durchleuchten in langen Verhören genau die politische Vergangenheit jedes Einzelnen. Und so erwartet manchen, wie den ehemaligen Reichswirtschaftsminister Hjalmar Schacht und den Großindustriellen Fritz Thyssen, wieder die Haft – nun in alliierter Gefangenschaft, in der sie sich wegen ihrer anfänglichen Unterstützung Hitlers verantworten müssen. *Hans-Günter Richardi*

Der Autor ist Publizist und hat seine Recherchen in dem Buch „SS-Geiseln in der Alpenfestung", Edition Raetia, zusammengefasst.

Die Fesseln einer späten Befreiung

Wilhelm Mentink musste acht harte Jahre auf die Stunde Null warten – für ihn kam sie erst, als er 1953 aus russischer Gefangenschaft heimkehrte

Die Mentinks haben ihr Häuschen in Leubsdorf gebaut, nah an der Eisenbahn und nah am Rhein. Die Gleise verlaufen parallel zum Fluss, ständig bewegt sich etwas von da noch dort. Nahverkehrszüge fahren nach Köln und nach Koblenz, dahinter tuckern die Rheinfähren, deren Lichter auf die Wasseroberfläche gelbe Spiegelbilder werfen, die gebrochen werden von kleinen Wellen. Ein paar hundert Meter bergan in der Gemeinde Leubsdorf ist die Kreuzstraße, da wohnen die Mentinks, man muss auf dem Weg zu ihnen ein paar Gassen hochgehen, an einer Kneipe vorbei, im Hintergrund Zugrauschen und Musik von Ausflugsdampfern. Vielleicht ist es Zufall, dass sie gerade hier wohnen, aber nachdem man sie besucht hat, kann es einem so vorkommen, als hätten sie sich den Platz zum Leben absichtlich hier gesucht, wo es ruhig zu sein scheint, aber wo nie etwas zur Ruhe kommt.

Der Platz passt zu ihrem Leben.

Wilhelm Mentink ist 88 Jahre alt, sein Haar ist nicht mehr grau, sondern weiß wie Kreide, aber er hört und sieht gut und arbeitet noch manchmal stundenlang im Garten. „Ja, der Willi hat sich ganz gut gehalten für sein Alter", sagt Loni, seit 65 Jahren seine Frau. Sie kann das beurteilen, sie ist schon 90. Die beiden sitzen im Wohnzimmer an einem Tisch, und während Wilhelm Mentink erzählt, schaut seine Frau ihn von der Seite an, leicht von unten, was daran liegen kann, dass ihr Sessel etwas tiefer steht als seiner. Vielleicht bewundert sie ihn auch. Am Telefon, bei der Terminabsprache, hatte sie jedenfalls gesagt, man solle am besten nochmal anrufen und mit dem Chef reden: „Der Chef ist heute Abend wieder da." Um was es denn gehen solle, hatte Wilhelm Mentink, der Chef, am Telefon gefragt.

„Aber das ist nicht unser Kriegsende."

Aber das ist ja die Geschichte.

Im Wohnzimmer hört man, wie unten ein Zug vorbeirauscht, es klingt, als spritze jemand Wasser aus einem Gartenschlauch in einen Plastikeimer. Wilhelm Mentink erzählt. Wie es kam, dass man von den 65 Jahre Ehe eigentlich die Zeit zwischen 1945 und 1953 abziehen müsste. Warum sie nur einen Sohn haben, Wolfgang, der unten im Haus wohnt. Warum er diesen Sohn zum ersten Mal gesehen hat, als der schon fast neun war.

Gut eine Woche vor dem Kriegsende, das nicht sein Kriegsende ist, bekam seine Einheit vor Berlin, in Märkisch Halbe, den letzten Befehl. Vom Feind überrollen lassen, den Feind von hinten bekämpfen. „Da haben wir uns eingegraben, mit 18 Mann in neun Löchern, da war der Russe schon zwei Tage über uns weg, aber dann haben sie die Gegend mit Hunden abgesucht. Und da haben sie uns dann gefunden." Eine Scheune in der Nähe war das erste Gefängnis für den Unteroffizier Mentink und die anderen, die er nicht Einheit der Armee nennt. Er nennt sie „Haufen". Er findet, das ist der richtige Begriff für den Zustand der Truppe in den letzten Kriegstagen. Wilhelm Mentink, 1917 geboren in Rheinhausen, sagt, er war weder in der Partei noch bei der SS, er war stolzer Soldat gewesen und jetzt einer aus diesem Haufen, den die Russen einsperrten in einer Scheune in der Nähe von Berlin.

Der Krieg war aus, seine Frau war schwanger, aber er konnte ihr nichts mehr ausrichten lassen. Was hätte er auch sagen sollen? Leb wohl? Von der Scheune ging es in ein Gefangenenlager nach Frankfurt/Oder, danach in einem Viehwaggon nach Russland. „Wir wussten doch, was auf uns zukommt in Russland." Die Russen, die ihn bewachten, riefen sich was zu, was er nicht verstand, weil er nicht Russisch konnte. Aber er wird es lernen. Er wird auch lernen, was Skorbut ist, wie man ganz klein und trotzdem leserlich schreibt und wie man aus weißem Pulver heiße Milch machen kann. Er wird an Loni denken und an den Rhein. Er wird viel Zeit haben, bis 1953. Da wird er zurückkommen, am 4. Oktober. Es wird ein Sonntag sein.

Im Wohnzimmer der Mentinks läuft eine Volksmusiksendung im Fernsehen. Auf einem anderen Kanal gibt es bestimmt auch eine Sendung zum Kriegsende, es ist abends, kurz nach acht, da laufen im Moment überall Sendungen zum Kriegsende. Die Mentinks schauen sich das nur selten an, es ist nicht ihr Kriegsende, über das da berichtet wird, und Wilhelm Mentink sagt, dass diese Sendungen oft von Redakteuren gemacht werden, die „den Kriech" nicht mitgemacht haben. Er sagt „Haufen", wenn er Soldaten meint und „Kriech", wenn er Krieg meint. Er findet, dass da oft nur Gefühle abgefragt werden, einmal war das Fernsehen auch bei ihm. „Da mussten wir das Wohnzimmer total umräumen, überall kamen Beleuchtungslampen

„Naja, was soll man schon sagen":
Der einstige Fährmeister Wilhelm Mentink und seine Frau Loni beim Betrachten der Bilder ihres Lebens.

hin, du lieber Gott", sagt Loni Mentink. „Die haben stundenlang gedreht, aber gezeigt haben sie nur die zwei Minuten, wie mir fast die Tränen gekommen sind", sagt Wilhelm Mentink. Das hat ihm nicht gefallen. Er hat sich überlegt, ob er je wieder einen Medienmenschen ins Haus lässt, aber einer von der Zeitung, das geht noch, da muss man wenigstens nicht die ganze Bude auseinandernehmen.

Wilhelm Mentink hat am 1. April 1931 seinen Dienst als Rheinschiffer bei der Rhenania-Reederei angetreten. 34 Jahre, abzüglich Krieg und Gefangenschaft, ist er auf dem Rhein gefahren, die Längsfahrt Rotterdam-Basel. Vom 1. April 1965 an war er Fährmeister in Leubsdorf, noch mal siebzehn Jahre. Seine Stimme ist die eines Fährmeisters, voll und laut. Am 1. April 1982 ist er in Rente gegangen. Vom 1. April über den 1. April bis zum 1. April, ein Leben in geplanten Bahnen, zwischen die der Krieg eine Schneise geschlagen hat.

Mentink sagt, ein Kriegsgefangener wie er, ein deutscher Kriegsgefangener, das sei eine Art Zwischenwesen. Einerseits war er Soldat und damit in den Augen vieler ein Täter, andererseits war er Gefangener und damit Opfer. Er hat in Gefangenschaft gehungert und acht Monate im Jahr die Sonne nicht gesehen. Er hat ein großes Opfer gebracht. Andererseits haben Millionen, Russen und Juden, ein größeres Opfer bringen müssen, ihr Leben. Wenn man sich Krieg und Völkermord als Topografie vorstellt, als Landkarte, auf der alles Elend ein reißender Fluss ist oder ein gewaltiger Krater – daneben verliert sich fast der Leidensweg eines Kriegsgefangenen.

Auch wenn er monströs aussieht, für den, der ihn geht. Als der Krieg zu Ende war, als es jedenfalls ein Datum im Kalender gab, von dem die Politiker sagen konnten, der Krieg sei aus, zog Wilhelm Mentink weiter, von Lager zu Lager. Im Don-Gebiet bekam er Typhus und wäre fast gestorben, später wurde er verurteilt, als Faschist und Kriegsverbrecher, zum Tode, das wurde abgeändert zu 25 Jahren Strafarbeitslager. Es war kein fairer Prozess, jemand hatte ihn beschuldigt, „es gab genug, die die Kameraden verblasen haben für einen Schlag Suppe". Beim Prozess war eine Dolmetscherin dabei, die falsch übersetzte, sagt Mentink, so viel Russisch verstand er jetzt schon. „Da sind Soldaten Dinge zur Last gelegt worden, die konnten gar nicht geschehen sein, das war absurd. Einem haben sie vorgeworfen, er hätte in wenigen Tagen 5.000 Frauen vergewaltigt, stellen Sie sich das vor."

In ihrem Sessel lacht Frau Mentink und ruft: „5.000 Frauen, na, da hätte der sich aber ranhalten müssen." Loni Mentink spricht weiches Rheinisch, das nach Karneval und Rainer Calmund klingt. Wilhelm Mentink klingt eher nach Ruhrgebiet und Jürgen von Manger.

Sie brachten ihn immer weiter weg, nach Moskau, nach Stalino, bis nach Workuta, da kam er Mitte Januar 1948 an, in Workuta hatte es minus 54 Grad. Sie trugen leichte Schuhe und rieben sich die Beine mit Schnee, weil Schnee tatsächlich wärmer war als Luft. „Wenn es minus 48 Grad und ein Strich Wind war, brauchten wir später nicht raus, aber bei minus 45 Grad?" Sa rabotu!, rief ein Russe, an die Arbeit, „und auch wenn es im Laufe des Tages kälter wurde, haben sie uns nicht reingeholt". Mentink arbeitete in der Ziegelei, der Lehm für die Ziegel kam von der anderen Seite des Flusses rübergeschippert, da dachte er manchmal an den Rhein, während sie den Lehm zu Ziegeln brannten und die fertigen Ziegel nach draußen trugen, alles war weiß umwölkt, so dampften die heißen Ziegel, so schwer atmeten die Männer.

„In Workuta bin ich dreimal dem Deibel von der Schippe gesprungen", sagt Wilhelm Mentink. Er hatte Skorbut. Ein Offizier sagte zu ihm: Vom Rhein kommst du? Du wirst den Rhein nicht wiedersehen. „Von da an habe ich bestohlen und beklaut, die Russen belogen. Und ich seh' den Rhein doch wieder, hab' ich mir gesagt." Sie kriegten Trockenmilch, da hat er sich eine größere Ration besorgt und nachts, das war verboten, mit Wasser heiße Milch draus gemacht. Über einer Feuerstelle, das war auch verboten. Dreimal in einer Woche trank er diese heiße Milch. Er trinkt noch immer fast nichts lieber.

Der Geschmack heißer Milch löst ein Gefühl aus in ihm, eine Erinnerung. Was ihn sonst erinnern könnte, hat er vernichtet, Auszeichnungen, Dokumente, alles. Er sagt, er hat sich auch bemüht, die russischen Wörter aus dem Kopf zu kriegen, aber er hat gemerkt, dass es schwerer ist, eine Sprache zu verlernen, als sie zu lernen. Seine Frau hat aber die Postkarten aufbewahrt, die er ihr geschrieben hat. Als er aus Workuta raus war, kam er nach Stalingrad, Häuser wieder aufbauen. Von da konnte er schreiben. Loni Mentink sagt, sie weiß, wo die Karten liegen, sie sind in einem kleinen Umschlag. Er sagt, er weiß nicht, was das jetzt bringen soll. Sie sagt, sie kann sie eben holen. Er sagt, denk dran, du hast gerade einen Oberschenkelhalsbruch überstanden.

Ach ja, der Löffel fällt ihm noch ein, genauer gesagt war es ein Klapplöffel, eine Seite Löffel, die andere Gabel. „So spitz waren am Ende die Zinken." Er zeigt mit Daumen und Zeigefinger, wie spitz sie waren, ein halber Zentimeter vielleicht, total abgenutzt. Den Klapplöffel mit der Gabel dran hat er durch alle Gefängnisse geschmuggelt, „irgendwie hing ich da dran, ich weiß auch nicht warum, aber den wollte ich den Aufpassern nicht geben. Den habe ich zur Not auch mal im After versteckt, ich sag es Ihnen, wie es ist."

Aber dann, 1953, nach Moskau und Stalino, nach Workuta, Stalingrad und der Stadt Asbest, wo sie Asbest abgebaut haben, kommt irgendwann einer und sagt: Mentink, du stehst auf einer Liste, du kannst bald heimfahren. „Ach, das Lied singt ihr uns doch dauernd vor", sagt Mentink. Neinnein, 180 Namen, deiner steht auch drauf. Nachdem die Regierung der UdSSR 1951 ohne Begründung alle Transporte von Heimkehrern gestoppt hatte, durften zwei Jahre später etwa 10.000 Gefangene heim.

Also, sie machen sich fertig für die Abfahrt, und da gibt er dem Aufseher seine Klamotten zur Kontrolle und vergisst den Klapplöffel in der Tasche. Der Aufseher fragt: Schto eto takoje? Was ist das? „Na, was wird das sein, 'n Löffel und 'ne Gabel, siehst du doch." Da bricht der Russe die Gabel ab. So kurz die Zinken waren, sie hätten als Waffe benutzt werden können. „Da nehm' ich den Löffel und schmeiß' ihn auff'en Boden und sag ihm: Hier, nimm den auch noch, is' eh schon egal."

So kam es, dass Wilhelm Mentink doch noch den Löffel abgegeben hat, so kurz vor der Heimfahrt.

Loni Mentink hat die Postkarten gefunden. Sie sind in einem Umschlag. „Briefe aus der Gefangenschaft" steht drauf. Die Karten sind ganz eng beschrieben, möglichst viel sollte draufpassen, ein paar Sätze sind durchgestrichen, das war die Zensur.

„Lies mal", sagt die Frau.

„Naja", brummt der Mann, aber er hat schon die Lesebrille auf und liest: Heute kann ich dir wieder ein paar Zeilen schreiben. Deine Karte und Paket mit Bildern und sonstige schöne Sachen habe ich am 25.3.1952 auf unserem Hochzeitstag dankend erhalten.

Wilhelm Mentink sagt. „Naja, was man so schreibt."

Loni Mentink sagt: „Lies weiter. Lies noch den Schluss."

Er liest den Schluss: Für dich, liebes Frauchen, auch liebe Grüße. Einige Küsse. Dein Willi.

Späte Heimkehr: Erst im Jahr 1955 kamen auf Initiative von Bundeskanzler Konrad Adenauer die letzten Deutschen aus sowjetischer Kriegsgefangenschaft frei.

Wilhelm Mentink sagt: „Naja, was man so schreibt." Er ist dann heimgefahren, im Viehwaggon durch Russland, dann über die Grenze, nach Eisenach. Sie wusste schon, dass er kommen würde, im Radio hatten sie es gebracht, die Heimkehrer von A bis L erst, dann kamen Nachrichten, „da musste ich noch ein paar Minuten warten und hab gedacht, mein Gott, auch das noch." Nach den Nachrichten wurden die Namen von M bis Z verlesen, da war er dabei. Mentink. Wilhelm Mentink.

Von Friedland aus hat er angerufen. „Da gab es eine Zelle, da hat uns noch so ein Frollein geholfen mit dem Telefon, wir wussten ja nicht, wie man mit sowas umgeht." Dann weiter, mit dem Zug nach Duisburg, von da mit dem Taxi nach Rheinhausen. 100 Mark hatte jeder Kriegsheimkehrer in Friedland gekriegt, eine Art Begrüßungsgeld, „von denen hat der Taxifahrer mir gleich zwanzig wieder abgenommen, der Halunke". In Rheinhausen lebte die Mutter, und von der Mutter brachte ihn ein Freund nach Hause, zu seiner Frau und dem Sohn, den er zum ersten Mal sah. Er hatte ihn 1944 gezeugt. Jetzt war er fast neun.

Transparente an den Häusern, Blaskapellen, ein Fackelumzug. Ein Mann von der Reederei war da und hat gesagt: Willi, jetzt ruhst du dich erstmal ein paar Wochen aus. Es war der 4. Oktober 1953, ein Sonntag. Da war der Krieg vorbei.

Wie das war, dieser Augenblick? Klasse, sagt Loni Mentink. „Das Beste, was es gab für mich."

Wilhelm Mentink sagt: „Also, in dem Moment, das war alles zu viel." Es war der Moment, an dem ihm bei den Filmaufnahmen wohl die Tränen kamen, aber weil sie da nur die Tränen gezeigt haben, hält er sie jetzt zurück. Er hat das gelernt, das Sich-im-Griff-haben.

Vielleicht hätte man sich ein romantischeres Ende gewünscht, mit Geschichten von Umarmungen und gemeinsam zum Rhein runtergehen, zum Rhein, den er nie mehr hätte wiedersehen sollen. Aber so war es nicht, jedenfalls können sich die Mentinks nicht erinnern. Der Krieg war zu Ende, aber so ein Krieg geht nie zu Ende. Wilhelm Mentink fuhr ein paar Monate später wieder auf dem Rhein, sie bauten das Haus, einmal haben sie von Montagmorgen bis Donnerstagabend durchgebaut, immer nur eine Mütze Schlaf dazwischen. Ein Leben, aus der Bahn gebracht, wurde in geplante Bahnen zurückgepresst. Sie arbeiteten, fuhren nicht in Urlaub, sie arbeiteten und redeten nicht viel über den Krieg und die Gefangenschaft. „Was soll man schon sagen?", fragt Wilhelm Mentink.

Aber manchmal war er so traurig und niedergeschlagen, wochenlang, und da half nicht mal heiße Milch.

Loni Mentink steckt die Postkarten in den Umschlag und streicht das Kuvert mit dem Handrücken glatt. Wilhelm Mentink ruft: „Kann ich Ihnen einen Schnaps anbieten?" Er hat, unten in der Kellerbar, ein paar Flaschen im Kühlschrank, auch Weißwein. Die Kellerbar hat er selbst gebaut, sie hat sogar ein eigenes Klingelschild an der Haustür.

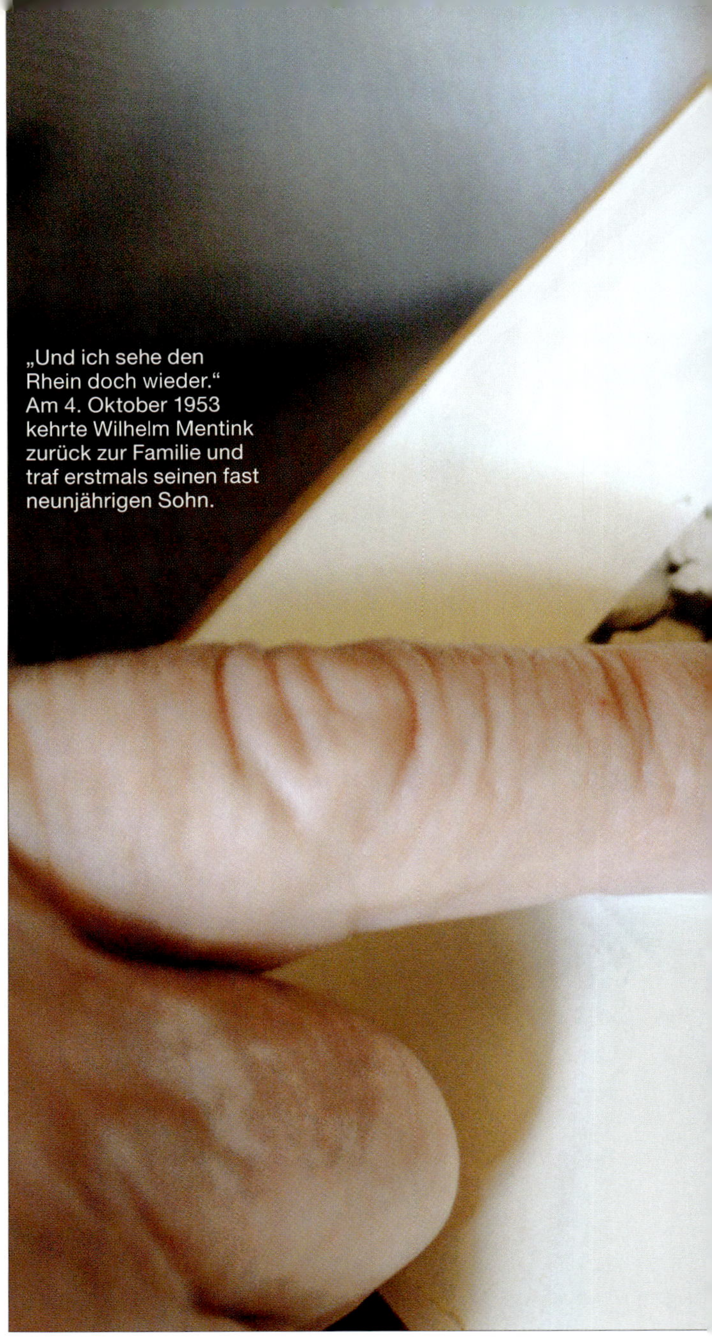

„Und ich sehe den Rhein doch wieder." Am 4. Oktober 1953 kehrte Wilhelm Mentink zurück zur Familie und traf erstmals seinen fast neunjährigen Sohn.

Wilhelm Mentink geht voraus, weil er das Licht noch anmachen will, damit man nicht stolpert. Dann öffnet er den Kühlschrank, holt Schnaps und Wein und schaltet die Stereoanlage an, es laufen Schlager auf Radio Melody. Am Morgen hat er die *Bild*-Zeitung gelesen, da stand, der alte Papst sei jahrelang vom polnischen Geheimdienst bespitzelt worden. „Sehn'se, die Polen haben immer noch einen Geheimdienst, und die Russen auch, die haben jeden Fetzen Papier aufbewahrt, das konnte eine Zigarettenschachtel sein." Deswegen würde er nie mehr nach Russland fahren, „da könnt' mir jemand die Reise schenken, nee, niemals". Er fürchtet, dass jemand in den gehorteten Papierbergen nachschaut und sieht, dass er, Wilhelm Mentink, in Russland schon mal eingesperrt gewesen war. Da würde der vielleicht forschen und ihn am Ende nochmal einsperren, wer weiß.

Aufstand in Böhmen 5.5.1945

Die kaiserlich-japanische Regierung, bisher Kriegsverbündeter des Deutschen Reichs, protestiert bei der „geschäftsführenden Reichsregierung“ gegen die Verhandlungen über eine Kapitulation der Wehrmacht mit den USA und Großbritannien. Die Japaner kündigen sämtliche Vertragsvereinbarungen und brechen die diplomatischen Beziehungen zum Deutschen Reich ab. Am 5. Mai treffen erstmals Einheiten der US-Armee im KZ Mauthausen bei Linz ein. Die SS hatte das Lager am 2. Mai verlassen. 100.000 Menschen wurden in dem KZ nahe Linz ermordet. Im „Reichsprotektorat Böhmen und Mähren“, wo noch zahlreiche deutsche Einheiten stehen, beginnt der Aufstand tschechischer Widerstandskämpfer gegen die deutschen Besatzer, in Prag sind heftige Straßenkämpfe im Gange. Die deutsche Bevölkerung sieht sich „Sühneaktionen“ ausgesetzt. Die französische Armee erreicht Berchtesgaden.

Er sagt, dass er oben nicht alles erzählen wollte, wegen seiner Frau, um sie nicht so aufzuregen.

Dann erzählt er von Russen, die im Lager nie den Mantel geschlossen hatten, weil sie so besser an die Messer in ihrer Brusttasche kamen. Er erzählt vom Fleisch der Gestorbenen, das sie Kamelfleisch nannten, und er lässt offen, ob auch sie davon aßen. Er redet über Schuld und Angst und über Russen, die sie Banditen nannten oder Schlangen. Aber es gab auch sehr freundliche.

„Die waren wie wir. Total verhetzt. Eine Generation, über die der Kriech weggegangen ist. Die haben uns alles kaputt gemacht. Aber wir ihnen ja auch, das muss man so sagen.“

Wilhelm Mentink, Krieger, Kriegsgefangener und Kriegsheimkehrer; einer der Letzten, die am Leben sind und erzählen können, sagt jetzt nichts. Er blickt an die Wand, wo Dutzende Biergläser hängen. Er rückt eines gerade und geht zur Stereoanlage und dreht Radio Melody ein bisschen lauter. *Holger Gertz*

Die 23-Tage-Epigonen

Die neue Regierung kapitulierte bedingungslos, ansonsten ranken sich um Reichspräsident Karl Dönitz viele Legenden

„Das Deutsche Reich starb an dem sonnigen Morgen des 23. Mai 1945 in der Nähe des Ostseehafens Flensburg." So beschrieb das US-Magazin *Time* die medienwirksame Verhaftung der so genannten Regierung Dönitz. Ganze 23 Tage war diese Epigonen-Regierung nach dem Selbstmord Hitlers im Amt, ihre einzige bedeutende Tat war der Befehl zur Unterzeichnung der bedingungslosen Kapitulation – und doch ranken sich jede Menge Legenden um Großadmiral Karl Dönitz und seine im Grunde machtlose Verwaltung im Norden Deutschlands.

In der Marineschule Flensburg-Mürwik hatte Dönitz' Karriere bei der Marine im Jahr 1910 auch begonnen. Tief geprägt vom Ende des Ersten Weltkriegs – bei dem 1918 meuternde Matrosen das „schmähliche" Ende eingeleitet hatten – war der Sohn eines Ingenieurs aus der Nähe von Berlin stets darauf fixiert, dass die Kriegsmarine in absoluter Loyalität den Staatszielen zu dienen hatte. Später stellte sich Dönitz, der seit Ende Januar 1943 als Oberbefehlshaber der Kriegsmarine agierte, gern als „unpolitischer Soldat" dar. „Ich habe nach meinem Gewissen gehandelt. Ich müsste das genauso wieder tun", sagte er als Angeklagter im Nürnberger Kriegsverbrecherprozess 1946. Doch Dönitz hatte bis zuletzt Hitlers verbrecherischen Kriegskurs aufgrund seiner nationalsozialistischen Überzeugung mitgetragen und mit Hilfe „fanatischer" Durchhaltebefehle gestützt. In aussichtsloser Lage ließ er den U-Boot-Krieg kompromisslos fortsetzen und Zwangsarbeiter in den Werften schuften, gab aber später an, von „KZ-Greueln" erst im Mai erfahren zu haben.

Vor allem seine bedingungslose Loyalität zum „Führer" brachte ihm am 1. Mai 1945 völlig überraschend per Testament des Diktators das Amt des Staatenlenkers eines untergehenden Reichs und des Oberbefehlshabers der Wehrmacht ein. Dönitz war ganz einfach der letzte „unabdingbar" treue Paladin Hitlers. Wie immer tat Dönitz, was man ihm befohlen hatte. Aber er zog erstmals Konsequenzen: Der Krieg war verloren. Dönitz wollte das Blutvergießen beenden, eine Gesamtkapitulation „mußte ich jedoch so lange wie möglich hinausschieben", schreibt er in seinen Memoiren. Nichts fürchtete er mehr als „Chaos". Er gab das Ziel aus, das Ostheer vor der sowjetischen Kriegsgefangenschaft zu retten. Dazu setzte er auf Zeitgewinn, ließ auch im Westen weiterkämpfen und fand sich zunächst nur zu scheibchenweisen Teilkapitulationen bereit. Auch der Durchhalteterror wurde weiter aufrechterhalten, Militärgerichte sprachen bis zuletzt Todesurteile aus.

Gern sah sich Dönitz als Initiator der „größten Rettungstat der Geschichte". Der längst angelaufenen Evakuierung von Soldaten und Zivilisten aus den eingeschlossenen Ostprovinzen über die Ostsee gab er freilich erst am 4. Mai 1945 volle Priorität, als er den U-Boot-Krieg beendete und den dringend nötigen Treibstoff für die Transporte bereitstellte. Auch die Rettung des Ostheers gelang nicht, sie wurde nach neuesten Forschungen durch Dönitz' Taktik eher behindert.

Auch die Reichsregierung der „23 Tage" unter Lutz Graf Schwerin von Krosigk war keineswegs unpolitisch. Vielmehr setzte sie sich aus bekannten und weniger bekannten NS-Größen zusammen. Trotz allem versuchte Dönitz eine Art Regierungstätigkeit aufrecht zu erhalten – obwohl die Alliierten seit Mitte Mai gar nicht mehr mit ihm sprachen. Produktionsminister Albert Speer schrieb später: „Wir verfaßten Denkschriften ins Leere, versuchten unserer Unwichtigkeit durch eine Scheintätigkeit entgegenzuwirken. Wir waren auf dem besten Weg, uns lächerlich zu machen, oder vielmehr, wir waren es schon." In der Tat: Die Regierung Dönitz war eine Marginalie, von den Alliierten kaum beachtet, von den Deutschen kaum wahrgenommen. Dönitz kam in Nürnberg mit zehn Jahren Haft davon. Bis zu seinem Tod 1980 hörte man kein Wort des Bedauerns oder des Mitgefühls über die Verbrechen des NS-Regimes von ihm.

Robert Probst

„Ich komme mir ganz komisch vor"

„Die Iwans durchsuchen die Häuser. Nach Soldaten, Waffen, auch nach Frauen. Ich komme mir ganz komisch vor. Eine Welt, in der ich gelebt habe, eine Idee, für die ich als Soldat kämpfte, sind zusammengebrochen. Dazu die Verwundung und mein sonstiger Zustand – ich bin nicht glücklich, daß ich gerettet bin, daß dieser Krieg mit seinem Massenmord endlich zu Ende ist."

(Tagebucheintrag von Günther M., 23, aus Berlin vom 5. Mai 1945; Quelle: Tagebucharchiv Emmendingen)

Hunderttausende Wehrmachtssoldaten gingen in Gefangenschaft.

Nach tausend Jahren: Stunde Null

Gleich, leistungswillig, mobil und larmoyant: Wie die Deutschen von sich selbst befreit wurden und es nicht merkten

Um die imperialen Ziele Hitler-Deutschlands stand es am 8. Mai 1945 schlecht. Weder hatte die Wehrmacht den „deutschen Lebensraum" im Osten dauerhaft verteidigt, noch konnte sich das Herrenvolk weiterhin auf Kosten des Lebensrechtes Dritter bereichern. Dennoch verwirklichten sich in der Niederlage zentrale Projekte der braunen Revolution.

Erstens war Deutschland so „rassenrein" wie nie zuvor. Hatten eben noch mehr als 17 Millionen arische Krieger ihre sämtlichen Nachbarn überfallen, waren bis zum Nordkap, zum Kaukasus und fast bis zum Nil vorgedrungen, so hockten sie nun – ganz unter sich – zusammen. Die Grenz- und Übergangsregionen im Westen und im Osten des Reiches wurden abgetrennt, die Blutsdeutschen in das Kernland vertrieben, sofern sie nicht schon während der letzten Kriegsmonate dorthin geflohen waren. Die Juden waren ermordet, und das Millionenheer der Zwangsarbeiter verließ das Land.

Zweitens hatte der Krieg den größten Teil der deutschen Städte zu der von der NS-Regierung immer wieder herbeigewünschten Tabula rasa gemacht. Ungestört von historischen Gassen, alten Gemäuern und Besitzständen konnte der Neubau beginnen. Es herrschte Planungsfreiheit. Wo Bomben, Artilleriegranaten und schließlich der Endkampf in den zu Reichsfestungen erklärten Städten nicht ausgereicht hatten, verfuhren die Stadtverwaltungen in Magdeburg wie in München, in Ost- wie Westberlin bald nach der Maxime „Hauweg". Ganz im Sinne eines Albert Speer überbot die zweite, im Namen des Wiederaufbaus vorgenommene Zerstörung die Schäden des Luftkriegs deutlich. Ein Stadtplaner, der eben noch Auschwitz als Industriestadt der Zukunft gedanklich entwickelt und am Reißbrett mit gewaltigen Verkehrstrassen bestückt hatte, die um den – für weitere zwanzig Jahre vorgesehenen – Lagerkomplex Auschwitz-Birkenau herumführten, entwarf wenig später mit ungebrochenem Schwung das moderne Hannover. In dieser Stadt war Hannah Arendt geboren worden, die 1933 nach Paris fliehen musste. Gelegentlich ihrer ersten Deutschlandreise wunderte sie sich 1948 über die Stumpfheit, mit der die Deutschen den mutwillig herbeigeführten Verlust ihrer historischen Schätze hinnahmen.

Vor allem aber verhalf die Stunde der Niederlage dem besonders populären nationalsozialistischen Staatsziel einer leistungsgebundenen Chancengleichheit zu starkem Auftrieb. Hitler war es gewesen, der immer wieder gefordert hatte: „Es muss jedes Arbeiter- und

Symbolisches Ende: Vor der Reichskanzlei betrachten zwei Rotarmisten den abgestürzten deutschen Adler.

Bauernkind, wenn es von Gott begnadet und gesegnet ist, durch die Art und die Hilfe unserer Organisationen und dank der bewussten Führungsauslese emporsteigen können bis zur höchsten Führung der ganzen Nation.“ Anders als noch im Ersten Weltkrieg fiel das Abitur als Voraussetzung für die Offizierslaufbahn 1942. Das kam bei den Millionen von Infanteristen und Panzergrenadieren gut an. Völlig perplex berichtete der amerikanische Spezialist für psychologische Kriegsführung Saul K. Padover, wie sich ein aufrechter, durch und durch antinazistischer Sozialdemokrat bei ihm für die Befreiung Krefelds im April 1945 bedankte und im selben Atemzug „stolz erzählte“, dass sein Sohn Hauptmann in der Wehrmacht sei.

Blickt man in die von den Westalliierten lizenzierten Zeitungen der ersten Nachkriegsjahre, dann fällt zunächst das entschlossene Durchgreifen der Besatzungsmächte auf. Unter der Rubrik „Kriegsverbrecher richten sich selbst" – und nicht ohne Lust am Detail – meldete die Presse beispielsweise, wie es der vormalige Führer der Deutschen Arbeitsfront, Dr. Robert Ley, Anfang 1946 angestellt hatte, seinen irdischen Richtern zu entgehen: „Ley erhängte sich mit Hilfe eines Stückes seines Badetuches, das er an der Rohrleitung der Toilettenspülung befestigen konnte. Den Mund stopfte Ley mit einem Stück seiner Unterkleider." Im April 1947 beschritt Hitlers Ernährungsdiktator Herbert Backe denselben Weg. Er war es gewesen, der ganz Europa gnadenlos ausgeplündert und immer wieder verlangt hatte, dass „zig Millionen" Nicht-Arier sterben müssten, um die üppige oder wenigstens zureichende Ernährung der deutschen Zivilbevölkerung und der Soldaten sicherzustellen.

In Rastatt überstellte das *tribunal général* ehemalige KZ-Bedienstete dutzendweise dem Scharfrichter. Ein Teil des KZ-Personals von Theresienstadt wurde in Leitmeritz zum Tode verurteilt. In Belgrad traten der lokale Gestapo-Chef Müller und acht seiner Mitarbeiter den Weg zum Galgen an, sechs Wehrmachtgeneräle folgten im Februar 1947, im April sieben Offiziere der in Jugoslawien eingesetzten SS-Gebirgsjäger-Division „Prinz Eugen". In Mährisch-Ostrau wurden drei ehemalige Gestapo-Mitarbeiter hingerichtet, in Wuppertal verurteilte ein britisches Militärgericht den früheren Befehlshaber des SD in Paris, Helmut Knochen, zum Tod durch den Strang.

Im Januar 1947 wurden die Ärztin Ilse Wernicke und die Krankenschwester Helene Wieczorek in Berlin-Moabit guillotiniert, weil sie mindestens 600 deutsche Geisteskranke in Meseritz-Obrawalde ermordet hatten. In Straßburg verurteilte ein französisches Militärgericht einen beträchtlichen Teil der badischen Gauleitung wegen der Germanisierungsverbrechen im Elsass zum Tode. Im Dachau-Prozess wurden 28 Todesurteile ausgesprochen, im Neuengamme-Prozess elf, der Prozess in Celle gegen die Aufseherinnen verschiedener Frauenkonzentrationslager endete mit drei Todesurteilen. Unnachsichtig verfolgten alliierte Militärgerichte die Lynchmorde an den westalliierten Bomberpiloten, die sich per Fallschirm aus den abgeschossenen Maschinen hatten retten können.

In Prag ging der frühere Reichsprotektor, der sudetendeutsche Politiker Karl Hermann Frank, zum Schafott. Egon Erwin Kisch stand bei der öffentlichen Hinrichtung unmittelbar neben ihm und schrieb darüber eine seiner letzten Reportagen: „‚Das deutsche Volk', hauchte" Frank demnach, „‚wird leben, auch wenn wir sterben müssen. Es lebe das deutsche Volk, es lebe der deutsche Geist.'" Am 16. Oktober 1946 wurden die Todesurteile des Internationalen Militärgerichtshofs in Nürnberg vollstreckt, Göring hatte sich wenige Stunden zuvor mit Hilfe einer Blausäurekapsel dem Strang entzogen. Einen Tag später gab die Viermächtekommission bekannt: „Die Leiche Hermann Wilhelm Görings" sei zusammen mit den Leichen der regulär hingerichteten Kriegsverbrecher „verbrannt und die Asche im Geheimen in alle Winde verstreut worden".

Bis zum Mai 1946 hatte allein die amerikanische Besatzungsmacht „250.000 Nazis verhaftet". In Norwegen saßen zu diesem Zeitpunkt 1.100 deutsche Kriegsverbrecher in den Gefängnissen des Landes. Polen forderte Anfang Mai 1946 die Auslieferung von 7.000 Kriegsverbrechern. Insgesamt wurden einige Tausend offizielle Todesurteile vollstreckt.

Verhaftungen, Galgen, Guillotine und Erschießung bildeten ein wichtiges Hilfsmittel der Reeducation. Sie ermöglichten dem großen Rest der Deutschen den Neubeginn, die für Jahrzehnte stabile Einbildung, man sei nur Mitläufer, Minderbelasteter oder doch eigentlich Herzenswiderständler gewesen. Sie erlaubten es, die breite Beteiligung, das massenhafte Dulden der ungeheuerlichsten Verbrechen zu verdrängen und dem Selbstmitleid freien Lauf zu lassen. Padover notierte über seine ersten Gespräche mit den Besiegten: „Sie fließen über vor Selbstmitleid. Diese Larmoyanz ist eine mehr oder weniger unbewusste Methode zur Rechtfertigung des eigenen Mitläufertums. In all den Kriegsjahren waren die Deutschen die wohlgenährtesten Leute in Europa, und bis auf die Ausgebombten und Flüchtlinge haben sie weniger gelitten als alle europäischen Völker. Trotzdem klagen sie unablässig." Am 15. April 1947 stand in der von Theodor Heuss mitbegründeten *Rhein-Neckar-Zeitung* diese Kurzmeldung: „Rudolf Höß, der ehemalige Kommandant des Konzentrationslagers Auschwitz, wird heute in Block 11, in dem Tausende Häftlinge getötet wurden, durch den Strang hingerichtet."

Gegenüber derart verkürzten Mitteilungen nahmen die Meldungen über den Krieg in und um Palästina deutlich mehr Raum ein, sie trugen volksnahe Überschriften wie diese: „Juden drohen mit Bürgerkrieg", „Raubmord jüdischer Terroristen", „Jüdische Repressalien". Ebenso bildeten „die polnischen Ausweisungsmethoden" große Themen, das „völkerrechtliche Unrecht" gegen die Deutschen, verschleppte deutsche „Frauen in russischer Gefangenschaft", und ganz generell forderten deutsche Blattmacher der amerikanischen Zone: „Nicht Rache, sondern Recht".

Über die harschen Holz- und Lebensmittelforderungen der französischen Besatzungsmacht, über die Gefährdung des deutschen Waldes und der deutschen Bevölkerung klagte die im amerikanischen Sektor erscheinende *Neue Zeitung*. Den Bericht schrieb „unsere in die französische Zone entsandte Sonderkorres-

Die Flucht vor der Geschichte

Täter erklärten sich zu Verführten, Mitläufer zu Opfern: Warum die Deutschen so lange brauchten, bis sie sich ihrer NS-Vergangenheit stellten

Eintrag im Tagebuch des Schriftstellers und späteren Diplomaten Wilhelm Hausenstein, niedergeschrieben in Tutzing am Starnberger See am 8. Mai 1945: „Heute Nachmittag im Dankgottesdienst, dem eine recht würdige Aufführung einer Messe von Haydn einigen Glanz gab. Der Cellist Hoelscher wirkte mit, er hatte vom Hakenkreuz auf die Orgelempore hinaufgefunden... Ach, keiner will jetzt ‚dabei' gewesen sein; keiner hat das Parteizeichen im Rockumschlag ernst gemeint; die Charaktere stehn in Blüte. Es ist zum Speien. Im Rathaus drängen sich Geschäftemacher, suspekte Figuren mit nazistischer Vergangenheit in den Vordergrund. Das Leben scheint nicht anders zu sein. Von einer Umkehr merkt man kaum ein Anzeichen."

Und am nächsten Tag fährt Hausenstein fort: „Sie weinen, wenn man ihnen (fürs Erste) die Wohnungen wegnimmt, um Offiziere und Soldaten einzuquartieren; das heißt: sie weinen über den Verlust der noch immer hergebrachten Bequemlichkeit, aber sie beziehen nichts, rein nichts auf den Gedanken der Züchtigung, deren jeder Deutsche harren muss (jeder, und ich nehme mich wahrhaftig nicht aus). Wollte nun endlich die Kirche das Wort ergreifen! Wollte sie Prediger aussenden, wie Savonarola einer gewesen ist!"

Vom Hakenkreuz auf die Orgelempore: So wie der Cellist Ludwig Hoelscher das schon gleich am ersten Tage schaffte, so schnell schafften das nur wenige; im Lauf der Jahre aber fast alle, zumal dann, als 1949 die von den Alliierten betriebene Phase der Säuberung vorbei war. Im Westen ging das so: Die Nazirichter rissen sich das Hakenkreuz von der Robe – und machten einfach weiter. Die Professoren tilgten die braunen Sätze aus ihren Büchern – und blieben großenteils auf ihren Lehrstühlen oder kehrten bald zu ihnen zurück. Die Beamten hängten Adolf Hitler von der Wand, gelobten einem neuen Dienstherrn die alte Treue – und verwalteten weiter. Der Tag der Befreiung war ein Tag der Befreiung von den Äußerlichkeiten des alten Regimes; man streifte die alte braune Haut ab.

Die Spruchkammern zur Entnazifizierung, eine gut gemeinte Erfindung der Amerikaner, taten nicht sonderlich weh und stellten ihre Tätigkeit bald wieder ein. Entnazifizierung hieß, das alte Parteibuch zu verbrennen und so zu tun, als sei man schon immer dagegen gewesen: Die vormaligen braunen NS-Volksgenossen verwandelten sich in die braven Bürger der Bundesrepublik.

Die Täter erklärten sich zu Verführten, die Mitläufer machten aus sich Opfer; Straffreiheits- und Wiedereingliederungsgesetze, von allen Parteien betrieben, halfen ihnen dabei. Vom ersten Tag an standen in der jungen Bonner Bundesrepublik die Zeichen auf Pardonisierung, Amnestie und Integration. Nie mehr wieder seitdem hat Resozialisierung so einvernehmlich und so umfassend funktioniert. Auch ein Wilhelm Hausenstein hat – in den „Pariser Erinnerungen" an seine Zeit als Adenauers Botschafter in Frankreich – den Adenauer-Staatssekretär Hans Globke, der Kommentator der Nürnberger Rassegesetze gewesen war, sehr milde beurteilt.

Die Parteien in der Bonner Republik konkurrierten um die „nach Millionen" zählenden „Verführten", wie das Eugen Gerstenmaier, CDU-Abgeordneter und Bundestagspräsident ab 1954 formulierte; er hatte zur Widerstandsgruppe des Kreisauer Kreises gehört: Man sei nicht gewillt, so Gerstenmaier, beim „Neuaufbau des deutschen Vaterlandes" auf diese „Verführten" zu verzichten. Und als dann dieser Neuaufbau erreicht und das Wirtschaftswunder etabliert war, attestierte der CSU-Vorsitzende Franz Josef Strauß dem Volk, „das diese wirtschaftlichen Leistungen erbracht hat", ein Recht, „von Auschwitz nichts mehr hören zu wollen".

Am 3. November 1951 erschien in den deutschen Tageszeitungen folgende Agenturmeldung: „In Stadt Oldendorf, Kreis Holzminden, wurden in Anwesenheit aller Ratsmitglieder die Entnazifizierungsakten im Ofen des städtischen Gaswerks verbrannt. Der Bürgermeister wies darauf hin, dass Stadt Oldendorf als erste Stadt der Bundesrepublik einen Schlussstrich unter die gesamte Entnazifizierung ziehe. Er übergab eine dickleibige Akte mit den Fällen von etwa 400 Entnazifizierten den Flammen."

Dies geschah im dritten Jahr der Bundesrepublik: Es war keine Zeit mehr für Vergangenheit, es war Zeit zum Aufbauen, und das Verdrängen und Vergessen ging da-

Aus braunen Volksgenossen werden brave Bürger der Bundesrepublik: In Trier wird am 12. Mai 1945 unter Aufsicht eines US-Soldaten aus der Adolf-Hitler-Straße die Bahnhof-Straße.

Bahnhof- Str.
Adolf Hitler-Str.

mit Hand in Hand: Der Krieg war „Scheiße", und „das mit den Juden" eine Sauerei, die nicht hätte „passieren" dürfen; aber die anderen seien ja auch kaum besser gewesen, hätten schließlich die deutschen Städte zerbombt, Millionen aus der Heimat vertrieben. Krieg sei eben Krieg. Und letztlich seien alle Opfer dieses Krieges gewesen, den, so sah man das, zwar Hitler allein angefangen hatte, aber am Ende alle verloren hatten. Und jetzt war Frieden. Jetzt galt es, die Ärmel aufzukrempeln und sich möglichst nicht um Politik zu kümmern. Das Desaster, vor dem man stand, galt auch als Folge davon, dass man sich in die Politik hatte „hineinziehen" lassen.

Für die Flucht vor der Vergangenheit in eine geschichtslose Gegenwart fand sich in der Bundesrepublik noch ein triftiger Grund: die kommunistische Gefahr. Die westdeutsche Politik und die westdeutsche Strafjustiz warfen sich mit solcher Verbissenheit in den Kalten Krieg, dass für die Vergangenheit keine Zeit blieb. In den Jahren 1950 bis 1960 waren Staatsanwaltschaften und Gerichte mit der Aburteilung von 125.000 kleinen Kommunisten der KPD beschäftigt: Unter ihnen waren sehr viele ehemalige Widerständler gegen den Nationalsozialismus. Sie wurden vielfach von Richtern verurteilt, die schon unter Hitler gerichtet hatten. Täter urteilten also über Verfolgte, Verfolgten wurde erneut nachgestellt. Zur Verfolgung der Nazi-Verbrechen hatte diese Kalte-Kriegs-Justiz keine Lust und keine Energie: Wenn sie NS-Täter überhaupt verurteilte, dann über viele Jahre hin so, als habe es nur einen einzigen Täter, im Übrigen aber nur Gehilfen gegeben.

Die Nachkriegsjustiz tat so, als habe Adolf Hitler persönlich die Juden zusammengetrieben, in die Gaskammern gestoßen und die Verbrennungsöfen persönlich befeuert. Weil die bundesdeutsche Justiz in den NS-Massenmordprozessen die üblichen Regeln über Täterschaft und Teilnahme nicht anwenden wollte, wurden Massenmörder, wenn überhaupt, nur zu ein paar Jahren Zuchthaus wegen Beihilfe verurteilt.

Aber die Justiz war lernfähig – sehr spät freilich, mit einer neuen Richtergeneration und an einem anderen Subjekt: Als es nach der Wiedervereinigung von 1990 darum ging, nicht mehr die gesamtdeutsche NS-Vergangenheit, sondern speziell die DDR-Vergangenheit aufzuarbeiten, da war auf einmal alles möglich, was vorher nicht möglich gewesen war: Nun wurden auch Schreibtischtäter als Täter und nicht mehr nur als Gehilfen angeklagt und verurteilt. Nun war auch der Tatbestand der Rechtsbeugung auf einmal anwendbar: Ehemalige DDR-Richter wurden sehr wohl wegen Rechtsbeugung verurteilt. Gegen einen NS-Richter war der bundesdeutschen Justiz hingegen ein rechtskräftiges Urteil wegen Rechtsbeugung niemals gelungen; selbst die Richter des so genannten Volksgerichtshofs waren der Strafe entgangen.

Während die frühe Bundesrepublik vor der Vergangenheit in die Gegenwart des Wirtschaftswunders flüchtete, flüchtete die DDR vor einer oft bedrückenden Gegenwart in die Geschichte. An der Seite des östlichen Befreiers, der Sowjetunion, fühlte man sich nämlich wie ein Sieger; das Thema Flucht und Vertreibung wurde daher komplett umgangen. Die DDR klinkte sich aus der gesamtschuldnerisch-deutschen Haftung für die NS-Vergangenheit aus, setzte den Widerstand gegen Hitler und den Sieg über das Dritte Reich als moralisches Kapital ein. Die DDR nahm für sich in Anspruch, „der braunen Vergangenheit energischer entgegengetreten zu sein und deren Restbestände durchschlagender bereinigt zu haben als der westliche Nachbar" , wie ihr dies der frühere israelische Botschafter in Bonn, Yohanan Meroz, 1986 attestierte.

Das hatte anfangs auch wirklich gestimmt – bis der staatlich verordnete Antifaschismus zum heroisch-hohlen Ritual wurde. Die SED erklärte einfach mit der Abschaffung des Monopolkapitals die Wurzel des braunen Übels für ausgerottet. Nach der Wiedervereinigung musste man freilich erleben, dass der angeblich ausgerottete Rassismus und der angeblich ausgerottete Antisemitismus nur tief überwintert hatten – und nun, in Rostock-Lichtenhagen, Hoyerswerda und anderswo, gewalttätige Urständ feierten; Neonazis konnten „ausländerfreie Zonen" proklamieren. Und die Westdeutschen, die angewidert in den Osten zeigten, vergaßen darüber nur zu gerne die Wahlerfolge rechtsextremer

Deutschland kapituliert (1) 7.5.1945

Am 7. Mai um 1.41 Uhr mitteleuropäischer Zeit unterschreibt Generaloberst Alfred Jodl im Auftrag der Regierung Dönitz die Kapitulation aller deutschen Streitkräfte vor den Alliierten im westfranzösischen Reims. Die Deutschen hätten gern nur gegenüber den Westmächten kapituliert, der Oberkommandierende der Westalliierten Streitkräfte, General Dwight D. Eisenhower, will jedoch nur die bedingungslose Kapitulation an allen Fronten, sonst, so droht er, ließen die US-Armee und die Briten die Westfront „dichtmachen"; die Flucht vor der Roten Armee wäre so unmöglich. Da entschließt sich Reichspräsident Karl Dönitz, der Kapitulation zuzustimmen. Anschließend sagt Jodl zu Eisenhower: „Herr General! Mit dieser Unterschrift sind das deutsche Volk und die deutsche Wehrmacht auf Gedeih und Verderb dem Sieger ausgeliefert." US-Präsident Harry S. Truman spricht im heimischen Rundfunk: „Die westliche Welt ist von den bösen Mächten befreit, die fünf Jahre und länger Menschen ins Gefängnis geworfen und die Leben Millionen und aber Millionen freigeborener Männer zerbrochen haben."

Parteien auch in der alten Bundesrepublik. Die Betrachtung der ersten Phase bundesdeutscher Vergangenheitspolitik ist nicht nur deswegen so erregend, weil sie so empörend ist. Sie ist es auch deswegen, weil bestimmte Kennzeichen von damals heute, in der Erinnerungsflut zum 60. Jahrestag des Kriegsendes, wiederzukehren scheinen – nämlich die Konzentration aufs eigene Schicksal und das Erschaudern am Leid des eigenen Volkes. Der Fokus des kritischen Interesses, so hat der Zeithistoriker Norbert Frei das formuliert, „verlagert sich von 1933 auf 1945". Die Geschichte des Nazi-Reiches zerlegt sich derzeit in Tausende Einzelerinnerungen, welche die heute Achtzigjährigen wie ihr Testament verfasst haben.

Im Zentrum der Erinnerung von heute stehen nicht die Opfer der deutschen Verbrechen, sondern die deutschen Opfer von Bombenkrieg, Flucht und Vertreibung. Diese eigenen Opfer boten vor 50 Jahren den Westdeutschen die Möglichkeit, zu versichern, dass sie ermessen könnten, was andere erlitten haben – da sie ja selbst nicht weniger gelitten hätten. Die eigenen Verluste, die nationalen Leiden, waren Posten in der großen Bilanz zur Aufrechnung der Vergangenheit. Hans-Christoph Seebohm, Adenauers Verkehrsminister von der Deutschen Partei, hatte das damals so gesagt: „Die Methoden, die seitens der nationalsozialistischen Führung gegen die Juden angewandt wurden, und die wir aufs Erbittertste verurteilen, stehen durchaus den Methoden zur Seite, die gegen die deutschen Heimatvertriebenen angewandt worden sind."

Gibt es heute eine Seebohmisierung der Vergangenheit? Zwischen Seebohm und heute liegen Jahrzehnte der angestrengten und anstrengenden Vergangenheitsbewältigung, dazwischen liegen der Auschwitz-Prozess von 1963, der Kniefall von Kanzler Willy Brandt vor dem Ehrenmal des jüdischen Gettos in Warschau von 1970, das Verjährungsaufhebungsgesetz von 1979, die Befreiungs-Rede Richard von Weizsäckers von 1985 und das Holocaust-Mahnmal von 2005; hier bleibt freilich anzumerken, dass die Aufhebung der Verjährung 1979 nicht nur für NS-Morde, sondern für alle Morde galt und gilt. Die Massenmörder der Konzentrationslager wurden also damals dem normalen Mörder gleichgestellt, die NS-Verbrechen wurden in den allgemeinen Mord hineinnivelliert – ein Vorgang, dessen Kern einige Jahre später im so genannten Historikerstreit wieder auftauchte.

Zwischen Seebohm und heute liegen viele Jahre, in denen die vielen Defizite der Vergangenheitsbewältigung eingestanden wurden und in denen nachgeholt wurde, was noch nachholbar war: 1991 hat das Bundessozialgericht angeordnet, dass Hinterbliebene der Soldaten, die von der NS-Militärjustiz wegen „Fahnenflucht" oder „Wehrkraftzersetzung" hingerichtet wurden, eine Entschädigung zu bekommen haben. Bis dahin waren die Opfer der Militärjustiz schlechter gestellt gewesen als zum Beispiel die Angehörigen der Waffen-SS. 1995 hat der Bundesgerichtshof ein Geständnis abgelegt und sich von seiner bisherigen Rechtsprechung distanziert: „Eine Vielzahl ehemaliger NS-Richter hätte wegen Rechtsbeugung in Tateinheit mit Kapitalverbrechen zu Verantwortung gezogen werden müssen."

Zwischen Seebohm und heute liegen Schindlers Liste und die Entschädigung der Zwangsarbeiter, die Rehabilitierung von verurteilten Widerstandskämpfern, die Anerkennung der zwangssterilisierten Frauen, der Homosexuellen und der Euthanasie-Geschädigten als NS-Opfer. Die Achtundsechziger-Generation hat ihre Eltern geschüttelt. Eine Wehrmachtsausstellung ist heftig diskutiert, geschlossen und wieder eröffnet worden.

Die eigene Täterschaft ist im historischen Gedächtnis der Deutschen angekommen – und aufgenommen worden. Sie ist verankert in Berlin, im Zentrum der Hauptstadt, sie spricht aus jeder Stele des Holocaust-Mahnmals. Daran werden Neonazi-Abgeordnete nichts ändern, wenn sie sich in einem Landtag einer Gedenkminute für Auschwitz lärmend verweigern. Daran können auch literarische Krebsgänge nichts ändern, selbst wenn sie es wollten. „Daher kann", meint Wolfgang Sofsky, „die Erinnerung an die eigenen Opfer getrost zurückkehren".

Getrost? Getrost nur dann, wenn diese Rückkehr nicht als der Weg in die Befreiung von eigener Schuld verstanden wird. *Heribert Prantl*

„Die Disziplin der Truppe"

„Die Engländer haben an verschiedenen Stellen den Deutschen Gruß [Hitlergruß] verboten und den früheren militärischen Gruß für die deutsche Wehrmacht angeordnet. Die Disziplin der Truppe erfordert eine einheitliche Regelung. Daher wird für die gesamte deutsche Wehrmacht die sofortige Anwendung des militärischen Grußes angeordnet. Es wird gegrüßt: a) mit Kopfbedeckung durch Anlegen der rechten Hand an die Kopfbedeckung; b) ohne Kopfbedeckung durch Stillstehen oder Annehmen gerader Haltung; c) bei Meldungen der Truppe: mit „Heil Grenadiere, Pioniere, usw." d) Wehrmachtshelferinnen durch Neigen des Kopfes."

(Bekanntmachung des Oberkommandos der Wehrmacht vom 7. Mai 1945; Quelle: E. Murawski, Der deutsche Wehrmachtsbericht 1939-1945, Boppard 1962)

Ein Zivilisationsbruch ohnegleichen

Der Zweite Weltkrieg, den Hitlers Deutschland entfesselt hatte, dauerte 2077 Tage und kostete bis zu 60 Millionen Menschen das Leben

Der große Tag des Sieges über Deutschland ist gekommen. Von der Roten Armee und den Truppen unserer Verbündeten auf die Knie gezwungen, hat sich das faschistische Deutschland für besiegt erklärt und bedingungslos kapituliert", sagte Josef Stalin in einer Radioansprache an die Sowjetvölker am 9. Mai. Ein Tag der Freude, hieß es überall in der Welt, bald sprach man vom VE-Day („Victory in Europe"). Gefeiert wurde das Ende eines Krieges, der ohne Beispiel war. Ein Krieg, der bis zu 60 Millionen Menschen das Leben gekostet hatte. Im letzten Bericht des Oberkommandos der Wehrmacht heißt es: „Der deutsche Soldat hat, getreu seinem Eid, im höchsten Einsatz für sein Volk für immer Unvergeßliches geleistet."

Adolf Hitler hatte den Zweiten Weltkrieg am 1. September 1939 gegen 4.45 Uhr mit dem Überfall auf Polen begonnen. Am 8. Mai 1945 um 23.01 Uhr mitteleuropäischer Sommerzeit schwiegen die Waffen. Dazwischen lagen 2.077 Tage Tod, Mord, Elend und Zerstörung in kaum vorstellbaren Dimensionen. Der Zweite Weltkrieg war der größte Konflikt der Weltgeschichte, nur wenige Staaten blieben während der knapp sechs Jahre neutral, in Europa lediglich die Schweiz, Schweden, Spanien und Portugal.

Hitler hatte den Krieg von Anfang an als Expansions- und Vernichtungskrieg im Sinne seiner Weltherrschafts- und Rassenideologie geführt. Ziele waren die Ermordung der „bolschewistischen Führungsschicht" im Osten und die Ausrottung der Juden in Europa. Wie nie zuvor wurde auch die Zivilbevölkerung in die Kriegshandlungen involviert. Mit Abstand die meisten Opfer waren in der Sowjetunion zu beklagen. Weit mehr als zehn Millionen Zivilisten überlebten das deutsche Schreckensregiment nicht, andere Forscher rechnen mit bis zu 17 Millionen Toten. Die Zahlen können freilich nur geschätzt werden. Besonders schlimm traf es auch Polen, dort starben mehr als sechs Millionen Menschen. Nicht erfasst ist die Zahl deutscher Zivilopfer. Bei Luftangriffen sind wohl mehr als 500.000 Menschen gestorben, während der Flucht aus den östlichen Provinzen oder der organisierten Vertreibung bis zu zwei

Ende eines fast sechsjährigen Krieges: Generaloberst Alfred Jodl (Mitte) unterzeichnet die Kapitulationsurkunde in Reims. Links General Wilhelm Oxenius, rechts Generaladmiral Hans Georg von Friedeburg.

Millionen Deutsche. In den Konzentrations- und Vernichtungslagern kamen sechs Millionen Juden ums Leben. Sie wurden ins Gas getrieben, erschossen, „durch Arbeit vernichtet“ oder starben an Unterernährung und Krankheiten – ein Zivilisationsbruch ohnegleichen. Insgesamt dürften im Krieg weit mehr als 30 Millionen zivile Opfer zu beklagen gewesen sein.

Neueste Forschungen beziffern die Zahl der gefallenen Rotarmisten auf mindestens 15 Millionen, die der Wehrmacht auf 5,3 Millionen. Das NS-Regime hatte insgesamt 18,3 Millionen Männer mobilisiert. Lange Jahre war die Forschung von drei bis vier Millionen toten Soldaten ausgegangen, doch inzwischen ist klar, dass die Bedeutung der Endkämpfe unterschätzt worden ist. Bis zum Attentat auf Hitler am 20. Juli 1944 waren „erst“ 2,7 Millionen Wehrmachtssoldaten gefallen. Dies bedeutet: Knapp die Hälfte aller Verluste hatten die Deutschen in den letzten zehn Monaten vor der Kapitulation zu beklagen – als der Ausgang des Krieges bereits nicht mehr angezweifelt werden konnte. In den letzten 50 Tagen starben aller Wahrscheinlichkeit nach mehr als 500.000 deutsche Soldaten. In sowjetischer Kriegsgefangenschaft sind etwa eine Million Deutsche zu Tode gekommen.Die Amerikaner beklagten 175.000 Tote in Europa, die Briten 260.000.

Ebenfalls nur schätzen lässt sich die Gesamtzahl der Verwundeten mit mindestens mittelschweren Verletzungen, genannt werden 35 Millionen; drei Millionen galten als vermisst.

Im Pazifik und in Ostasien dauerte der Zweite Weltkrieg wesentlich länger. Schon seit 1937 hatte es harte Kämpfe zwischen den in China eingedrungenen Japanern und der chinesischen Armee gegeben. 1941 griff Japan die USA an. Insgesamt wird die Zahl der Toten auf mehr als 20 Millionen geschätzt, der Krieg endete erst am 14. August 1945 nach dem Abwurf zweier Atombomben durch die US-Luftwaffe auf die Städte Hiroshima und Nagasaki. *Robert Probst*

Deutschland kapituliert (2) 8.5.1945

„Wir, die hier Unterzeichnenden, die wir im Auftrag des Oberkommandos der Deutschen Wehrmacht handeln, übergeben hiermit bedingungslos dem Obersten Befehlshaber der Alliierten Expeditionsstreitkräfte und gleichzeitig dem Oberkommando der Roten Armee alle gegenwärtig unter deutschem Befehl stehenden Streitkräfte zu Lande, zu Wasser und in der Luft.“ So lautet Punkt 1 der Kapitulationsurkunde, die Generalfeldmarschall Wilhelm Keitel in der Nacht zum 9. Mai um 0.16 Uhr im sowjetischen Hauptquartier in Berlin-Karlshorst unterzeichnet. Der Machthaber der Sowjetunion, Josef Stalin, hatte auf der Wiederholung der Kapitulation in seinem Machtbereich bestanden. Als Zeitpunkt für das Ende aller Kampfhandlungen gilt das Datum: 8. Mai, 23.01 Uhr mitteleuropäischer Zeit, gemäß der damals geltenden deutschen Sommerzeit: 9. Mai, 0.01 Uhr. Der letzte Bericht des Oberkommandos der Wehrmacht meldet am 9. Mai: „Seit Mitternacht schweigen nun an allen Fronten die Waffen.“ Der Weltkrieg in Europa ist beendet.

„Die Feindseligkeiten einstellen“

„Am 9. Mai 1945 00.00 Uhr sind auf allen Kriegsschauplätzen von allen bewaffneten Organisationen oder Einzelpersonen die Feindseligkeiten gegen alle bisherigen Gegner einzustellen. Jede Zerstörung oder Beschädigung von Waffen und Munition, Flugzeugen, Ausrüstung, Gerät jeder Art, sowie jede Beschädigung oder Versenkung von Schiffen widerspricht den vom Oberkommando der Wehrmacht angenommenen und unterzeichneten Bedingungen und ist im Gesamtinteresse des deutschen Volkes mit allen Mitteln zu verhindern. Diese Bekanntmachung gilt für jedermann als Befehl, der auf dem militärischen Dienstwege einen solchen nicht erhalten haben sollte.“

(Bekanntmachung des Oberkommandos der Wehrmacht von Generaloberst Alfred Jodl im Auftrag der Regierung Dönitz vom 8. Mai 1945. Quelle: E. Murawski, Der deutsche Wehrmachtsbericht 1939-1945, Boppard 1962.)

Dachau verweht

Nachdem das Lager befreit war, war es immer noch da – nun als Abenteuerort. Über eine 60er-Jahre-Kindheit auf dem Boden des Grauens.

Die Amis kommen", rief einer. Und wirklich: Man vernahm zuerst das Dröhnen eines starken Dieselmotors. Der Lärm kam von jenseits der Kurve in der Kiesstraße; Büsche und krüppelige Bäume versperrten die Sicht dorthin. Jetzt war auch ein mahlendes Geräusch von Metall auf Stein zu hören, unterlegt mit dem typischen Quietschen von Ketten. „Die kommen mit einem Panzer!", rief ein anderer, „Panzer!". Das Wort pflanzte sich fort in der Gruppe von vielleicht dreißig Menschen an der Kiesstraße. „Panzer, Panzer, Panzer" schrien die Kinder aufgeregt.

Dann sah man das Monstrum zwischen den Büschen. Ein Stahlklotz von dunklem Olivgrün, der sich über die linke Kette um die Kurve schob. Seitlich an der Wanne war ein weißer Stern aufgespritzt. Einen Turm mit Kanone hatte er nicht. Dafür aber einen Kran mit einem Stahlseil, an dessen Ende ein Haken baumelte. Vor dem Kran saßen auf dem Panzer zwei Neger in grünen Uniformen. (Damals hieß es noch Neger. Kein Mensch sagte Afroamerikaner.)

Der Panzer hielt wippend an. Die Neger blieben sitzen. Hinter dem Kran stand ein weißer Soldat, und der sprang auf den Kiesweg. Er sagte etwas, was zunächst keiner verstand, weil er es auf Englisch sagte. Dann drängte sich einer durch die Gruppe, „lasst mich mal durch hier", und fing an, mit dem Ami zu kauderwelschen. Das war der Bauleiter. Er hatte zwei Kugelschreiber in seiner Hemdtasche. Sonst hatte keiner in der Gruppe einen Kugelschreiber. Kugelschreiber im Hemd waren damals so etwas Ähnliches wie beim Militär silberne Sterne auf den Schulterklappen.

Der Bauleiter erklärte dem Ami die Lage. Aber eigentlich gab es gar nicht viel zu erklären, weil alles deutlich zu sehen war. In dem Tümpel neben der Kiesstraße steckte ein Lastwagen. Der Lkw war abgerutscht, und als der Fahrer den Wagen die Böschung wieder hinauf bugsieren wollte, kippte der Lkw nach hinten. Meine Freunde und ich, lauter Fünf- und Sechsjährige, hatten das Manöver staunend beobachtet. Gut zwei Stunden lang versuchten die Arbeiter, den Lkw wieder flottzukriegen. Erst mit einer Seilwinde, dann mit einem weiteren Lastwagen. Es klappte nicht. Irgendwann sagte der Bauleiter: „Ich ruf beim Ami an. Ich kenn da jemand."

Dann verschwand er auf seinem Motorrad, weil man damals, 1962, zum Telefonieren noch ins Büro fahren musste. Telefonzellen gab es nicht, zumindest nicht bei uns. Jedenfalls war der Ami nun wirklich da. Nach dem Palaver mit dem Bauleiter sagte der weiße Soldat Dinge zu den zwei Negern. Dann wurde im Innern des Bergepanzers ein Motor angeworfen, und von einer Trommel hinter dem Kran spulte sich ein Metallseil ab. Die Neger nahmen das Ende des Seils und schleppten es zum Lastwagen. Halb im Wasser stehend, befestigten sie die Trosse an dem Lkw. „Okay", schrie der eine Neger, und das verstand nicht nur der Bauleiter, sondern wir alle verstanden es: okay. Okay war so etwas wie Tschuinggam oder Hello oder Haudujudu. „Okay, okay", rief mein Freund Franzi, und ich fiel ein: „Okay, okay, okay!"

Der Windenmotor ruckte aufs Neue an. Das Seil spannte sich. Der Lastwagen im Tümpel kam in sachte Bewegung. „Okay", rief der Neger wieder und schlug mit dem Arm in die Luft. Jetzt kroch der Lkw aus dem Wasser, die Böschung hoch. Über dem Heck des Panzers stand eine schwarze Dieselwolke. Wir liefen hin und her, mal zum Panzer, mal zu den Negern. Der weiße Soldat stand auf dem Panzer. Der Bauleiter stützte sich mit einer Hand an dem Panzer ab, so als gehöre er irgendwie zu den Amis. Dann stand der Lastwagen schließlich auf der Kiesstraße. Die Neger entfernten das Metallseil, gegenseitiges Schulterklopfen, Zigaretten wurden geraucht.

Was die nicht alles konnten, die Amis. Am Nachmittag mit einem Panzer daherkommen, mit Negern und viel Okay in sieben Minuten erledigen, was zwanzig Deutsche vorher in Stunden nicht geschafft hatten. Irgendwie waren das ja doch auch unsere Amis, aus dem Camp, das offiziell Eastman Barracks hieß.

Das Camp mit den Amis gehörte 1962 zu unserer Stadt, es war seit Kriegsende ein eigener, kleiner Stadtteil. Gekommen waren die Amis am 29. April 1945. Viele Städte in Deutschland waren schon vorher von den Amerikanern, den Engländern, den Russen und den Franzosen besetzt worden. Weil meine Heimatstadt im südlichen Teil Bayerns liegt, hatte es bei uns etwas länger gedauert. Der 29. April 1945 steht als Tag der Befreiung meiner Heimatstadt in sehr vielen Geschichtsbüchern auf der ganzen Welt. Mein Geburtsort, meine Heimatstadt heißt Dachau.

Als Kind wusste ich natürlich nichts davon, dass der Name meiner Heimatstadt in vielen Ländern und bei

sehr vielen Menschen ein Synonym für das Grauen war. Doch, das Konzentrationslager, das KZ oder KL, wie die Älteren sagten, kannte ich schon, auch mit fünf oder sechs Jahren. Erstens wohnten wir seit 1959 in Dachau-Ost in einem Block mit fünf Aufgängen zu jeweils zehn Parteien. Das Haus war der erste große Sozialwohnungsblock in Dachau-Ost, und der Tümpel, in dem der Lastwagen versank, lag schräg gegenüber. Wenn man von unserem Block aus die Sudetenlandstraße stadtauswärts hinunterlief, sah man nach zehn Minuten das ehemalige Wirtschaftsgebäude des KZ, in dem heute das Museum untergebracht ist. Damals, 1962, war in dem Gebäude, glaube ich, ein Textilbetrieb. Irgendwann in den frühen sechziger Jahren brannte einmal der Dachstuhl, und wir fuhren mit den Rädern hin, um das Feuer und die Feuerwehr zu beglotzen.

Das KZ übrigens war zu meiner Kinderzeit auch ein Stadtteil von Dachau. Offiziell hieß es Wohnsiedlung Dachau-Ost. In den KZ-Baracken lebten seit 1948 mehr als 2000 Heimatvertriebene aus dem Osten, aus dem Sudetenland, Schlesien oder Pommern. Es gab da eine Kirche, eine Volksschule, einen Lebensmittelladen. Anfang der sechziger Jahre hatten die meisten Bewohner dieser sonderbaren Siedlung anderswo, meistens in dem langsam wachsenden Stadtteil Dachau-Ost rings um unseren Block, Wohnungen gefunden. Ein paar Hundert lebten aber auch 1962 noch, nun ja, im KZ.

Manchmal gingen wir in Begleitung schon älterer Kinder die zwanzig Minuten bis zum Lager. Wir spielten auf dem ehemaligen Appellplatz Fußball, und wenn wir mutig waren, schlichen wir bis zum Krematorium, wo es uns gruselte, weil wir gehört hatten, dass dort „früher“ Menschen verbrannt worden waren. Als ich ein bisschen älter war, erzählte mir die Oma, die seit Mitte der dreißiger Jahre in Dachau lebte, wie es damals, „früher“, war. Sie sagte dann, dass man so ab 1943 am Eicke-Platz, wo sie mit ihrem Mann und den beiden Töchtern wohnte, gerochen habe, wenn die Feuer im Krematorium brannten. „Du weißt doch, wie es riecht, wenn man ein Haar anzündet“, sagte sie. „So hat es gerochen. Nur viel stärker.“

Der Eicke-Platz übrigens war benannt nach Theodor Eicke, dem ersten Kommandanten des KZ Dachau. Er lag 400 Meter vom Eingang des KZ entfernt. Neben dem Konzentrationslager erstreckten sich seit Mitte der dreißiger Jahre eine Kaserne der SS sowie eine Siedlung für jene SS-Leute, die das Konzentrationslager betrieben, bewachten und verwalteten. Meine Großeltern lebten in dieser Siedlung, weil mein Großvater ein SS-Mann war, ein KZ-Wächter, ein Verbrecher. Ich habe ihn nie kennen gelernt, weil ihn die Amerikaner Ende April 1945 erschossen haben.

Während 1948 die Heimatvertriebenen die Baracken des Konzentrationslagers bezogen, nahmen die Amerikaner die SS-Kaserne in Beschlag. Das war das Camp, das waren die Eastman Barracks, aus denen jener Bergepanzer zu unserem Tümpel rumpelte. Ohne dass ich es damals, Anfang der sechziger Jahre, verstanden oder auch nur gewusst hätte, ballte sich in unserer Nachbarschaft alles an Geschichte zusammen, was es nur gab in jenem schrecklichen deutschen Jahrhundert. In der einstigen Siedlung der Nazis wohnten die Befreier aus Übersee; in den Kasernen der SS waren die GIs untergebracht. Hinter dem schmiedeeisernen Lagertor mit der Inschrift „Arbeit macht frei“ waren zwischen 1933 und 1945 Zehntausende krepiert oder ermordet worden. Auf dem selben Gelände lebten dann bis Mitte der sechziger Jahre die Ostflüchtlinge. Das Camp aber war für uns Kinder aus Dachau-Ost ein Ort der Sehnsucht.

Weil zahlreiche Offiziere und Unteroffiziere der US-Army dort mit ihren Familien lebten, gab es einen Spielplatz! Das war der tollste, größte und bestausgestattete Spielplatz in Dachau. Sie hatten eine Batterie von Schaukeln, ein Karussell und eine riesige Kletteranlage aus Holz. Der Spielplatz hinter unserem Block dagegen bestand aus einem kleinen Sandkasten und einem S-förmigen Metallgestell, das wie das Gerippe eines in der Wüste abgestürzten Flugzeugs aussah. Manchmal also nahmen wir unsere Räder mit den dicken Ballonreifen und fuhren zum Camp. An der Wache wurde der mutigste und blondeste von uns vorgeschickt. Das Sprüchlein hatten wir auswendig gelernt: „Please, soldier sir, we want to go playground.“ Meistens wurden wir reingelassen. Der Wachposten sagte dann etwas, was wir nicht verstanden, und dazu lachte er. Zum Spielplatz ging es die große Straße runter, an den Panzerhallen vorbei und dann rechts.

Einmal im Jahr gab es einen Tag der offenen Tür in den Eastman Barracks. Kinder durften nur in Begleitung Erwachsener rein. Glücklicherweise gab es genug Omas und Mütter, denen man sich anschließen konnte. Die Amis setzten uns auf ihre Schützenpanzer und karrten uns durchs Camp. Der Höhepunkt am Tag der offenen Tür war die Schießwiese. Auf einer Freifläche, von der aus man den Zaun des KZ sehen

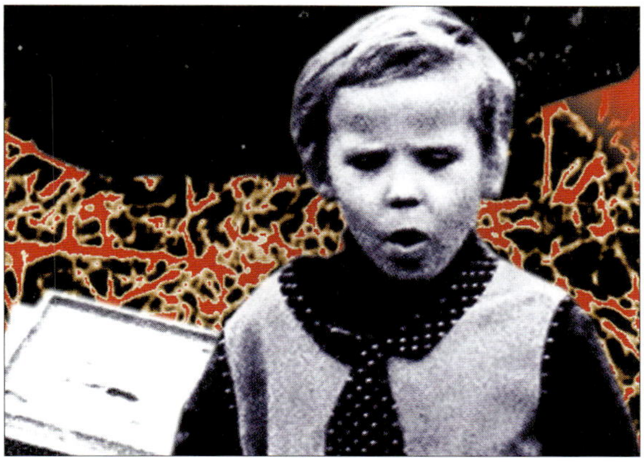

konnte, hatten sie hinter Sandsäcken Maschinengewehre aufgestellt. Riesenlange messingglitzernde Gurte voller Platzpatronen lagen in grünen Blechbehältern. Kinder sollten eigentlich nicht schießen. Wenn man den Sergeant aber lang genug anbettelte und gerade kein Offizier in Sicht war, durfte man sich trotzdem hinter das MG legen. Rattatatata machte es, der Kolben schlug hart gegen die Schulter.
Einmal war meine Oma am Tag der offenen Tür dabei. Sie nahm mich an der Hand, und wir liefen durch das Camp, ziemlich weit. Dann blieben wir am Ende einer Straße stehen und sie sagte: „Das war der Eicke-Platz. Hier haben wir früher gewohnt." Ich kann mich nicht mehr an ihren Gesichtsausdruck erinnern, aber ich weiß noch, dass sie mir hinterher ein amerikanisches Softeis kaufte. Vanille und Schokolade. Softeis gab es damals nur im Camp.
Meine Oma hat mir später, als ich älter war, viel über ihren Mann, meinen Opa, den KZ-Wächter erzählt. Das ist eine lange und traurige Geschichte, sie gehört auch nicht nach Dachau in die sechziger Jahre. Aber es gibt noch ein paar Fotos aus der Eicke-Platz-Zeit, kleine kontrastarme Schwarz-Weiß-Aufnahmen, acht mal fünf Zentimeter. Ihr weißer Rand ist gezackt, so als habe man sie nicht beschnitten, sondern gerissen. Auf einem der Fotos ist das Ehepaar am Eicke-Platz zu sehen, sie in einer Art Dirndl-Kleid, er in der SS-Uniform mit dem Totenkopf am Band der Schirmmütze. Ein anderes Foto zeigt eine Gebirgslandschaft mit einem See und einem Hotel im Hintergrund. Auf der Rückseite steht handschriftlich in Sütterlin: Wiesee am Tegernsee wo Röm ausgehoben wurde. Wenn man sich die Orthografie richtig denkt, also statt „Wiesee" Bad Wiessee und statt „Röm" Ernst Röhm einsetzt, dann weiß man, worum es geht. In der Nacht zum 30. Juni 1934 verhafteten SS-Leute den SA-Stabschef Ernst Röhm in einem Hotel in Bad Wiessee am Tegernsee. Im Zuge des so genannten Röhm-Putsches wurden einige hundert SA-Chargen und politische Gegner ermordet. Meine Oma erzählte, dass ihr Mann in dieser Zeit „sechs Wochen Lagersperre" gehabt habe, was auf Deutsch heißt, dass er dienstlich verschwunden war. Als er wieder nach Hause kam, habe er „nix gesagt, gar nix". Nicht nur das Foto mit der Aufschrift legt nahe, dass der Opa dabei war, als Röhm „ausgehoben" wurde. Am Eicke-Platz war ich seitdem nie wieder, und die Häuser dort gibt es auch gar nicht mehr. Nach den Amerikanern, die 1973 das Camp verließen, zog dort die Bayerische Bereitschaftspolizei ein. Das Camp wurde modernisiert, die Häuser am Eicke-Platz wurden abgerissen. Allerdings habe ich aus dem Nachlass der Oma noch eine Bestätigung der Schutzpolizei Dachau vom 18. Dezember 1946, dass „sämtliche Möbelstücke, Wäschestücke usw." im Mai 1945 aus der Wohnung am Eickeplatz 10 „geplündert" worden seien. Aus dem Schriftstück geht nicht hervor, ob es die Amerikaner, die befreiten Häftlinge oder Dachauer Bürger waren. Außer den Amis gab es in Dachau 1962 kaum Ausländer. Zwar waren nach der Befreiung etliche KZ-Häftlinge und Zwangsarbeiter in Dachau geblieben. Das führte zu der sehr sonderbaren Situation, dass nicht nur in unserem Wohnblock ehemalige SS-Leute Tür an Tür mit ehemaligen Zwangsarbeitern und KZ-Häftlingen lebten. Einige kannten sich sogar von „früher".
Uns Kindern war das alles egal. Mein Freund Franzi zum Beispiel trug einen polnischen Nachnamen; sein Vater war, soviel ich weiß, im Krieg aus Polen deportiert worden und hatte überlebt. Er wohnte eine Etage unter uns. Schräg gegenüber lebte die Familie eines ehemaligen SS-Offiziers. Der Familienvater zog allerdings ein Jahrzehnt später ein als seine Frau und die Kinder. Er war wegen nachgewiesener Morde an KZ-Häftlingen zu „Lebenslang" verurteilt worden und kam erst nach seiner vorzeitigen Haftentlassung in unseren Wohnblock. Er war ein freundlicher, kleiner Mann.
Franzi, ich und Heini (sein Vater war auch bei der SS, und zwar nicht als Wehrpflichtiger) fuhren manchmal mit den Rädern zur Würmmühle. Da waren wir schon zehn oder elf Jahre. Die Würmmühle lag hinter dem KZ, und wenn man eine Straße überquerte, kam man zum alten Schießstand. Nun ja, so alt war der Schießstand nicht, er stammte aus dem Jahr 1937. Es waren zwei lange, mit Gestrüpp bewachsene Schießbahnen, die in einem bunkerartigen Kugelfang aus Beton mündeten. Wir spielten da gerne Cowboy und Indianer. Manchmal spielten wir auch Soldaten. Wenn man auf dem Schießplatz ein bisschen buddelte, fand man jede Menge Patronenhülsen. Ich hatte ein ganzes Säckchen davon. Auf dem SS-Schießstand waren 1941/42 mindestens 4000 sowjetische Soldaten und Offiziere erschossen worden. „Kommissare, unverbesserliche Kommunisten und Aufwiegler", wie es in den Nazi-Dokumenten hieß.
Der Krieg war damals – 1962 im Camp, 1967 am Schießstand – lange her. In Deutschland herrschte Wirtschaftswunder, in Dachau belebten die Amis die örtliche Konjunktur, alle blickten sehr angestrengt nach vorne.
Heute wundere ich mich darüber, was damals die Erwachsenen und so auch wir Kinder als normal empfunden haben.

Kurt Kister

Die letzten 50 Tage **Inhaltsverzeichnis**